Eine liebenswerte alte Dame überquert mit ihrem Papagei die Alpen, um ihren Freund aus der Kindheit zu finden. Ergreifend erzählt Romina Casagrande vom Schicksal der »Schwabenkinder«. Und voller Humor von einer ganz besonderen Reise mit wunderbaren Begegnungen. Denn es ist nie zu spät, um aufzubrechen in die Welt und zu uns selbst.

»Dieser Roman ist entstanden aus Liebe zu meiner Heimat Südtirol und dem Wunsch, ein vergessenes Kapitel der deutsch-italienischen Geschichte erlebbar zu machen: das der ›Schwabenkinder‹. Jahrhundertelang sind arme Bergbauernkinder im Frühling über die Alpen gewandert, um unter harten Bedingungen in der Fremde zu arbeiten. Mit Ednas Reise wollte ich ihnen zur Heimkehr verhelfen, auch in unsere Herzen. Edna begegnet ganz unterschiedlichen Menschen, und im Leben ist es wie auf einer Reise: Oft kommt Hilfe von unerwarteter Seite, und aus jeder Begegnung gehen wir verändert hervor.«

Romina Casagrande

»Bewegend schreibt Romina Casagrande über die Geschichte der ›kleinen Sklaven‹ und auch über das Reisen als Bild für das Leben an sich.«
Corriere della Sera

Romina Casagrande, geboren 1977, lebt in Meran in der Provinz Bozen in Südtirol. Ihre Mutter ist deutsch, ihr Vater Italiener. Mit ihrem Roman »Als wir uns die Welt versprachen« gelang ihr auf Anhieb der Durchbruch als Autorin; das Buch wird in viele europäische Sprachen übersetzt. Romina Casagrande hat klassische Literatur und Geschichte studiert, für Museen in Südtirol gearbeitet und unterrichtet als Mittelstufen-Lehrerin. Sie liebt die Natur, besonders die Berge; ihr Zuhause teilt sie mit ihrem Mann, drei Papageien und zwei Hunden.

Katharina Schmidt und *Barbara Neeb* übersetzen seit vielen Jahren aus dem Italienischen, Französischen und Englischen, oft gemeinsam im Tandem. Die beiden Frankfurter Übersetzerinnen sind in Belletristik, Sachbuch und Kinder- und Jugendliteratur gleichermaßen zu Hause.

Weitere Informationen finden Sie auf www.fischerverlage.de

Romina Casagrande

Als wir uns die Welt versprachen

Roman

Aus dem Italienischen
von Katharina Schmidt und Barbara Neeb
unter Mitarbeit von Lisa Grüneisen

FISCHER Taschenbuch

Aus Verantwortung für die Umwelt hat sich der S. Fischer Verlag zu einer nachhaltigen Buchproduktion verpflichtet. Der bewusste Umgang mit unseren Ressourcen, der Schutz unseres Klimas und der Natur gehören zu unseren obersten Unternehmenszielen.

Gemeinsam mit unseren Partnern und Lieferanten setzen wir uns für eine klimaneutrale Buchproduktion ein, die den Erwerb von Klimazertifikaten zur Kompensation des CO_2-Ausstoßes einschließt.

Weitere Informationen finden Sie unter: www.klimaneutralerverlag.de

FSC www.fsc.org
MIX
Papier aus verantwortungsvollen Quellen
FSC® C019821

Erschienen bei FISCHER Taschenbuch
Frankfurt am Main, Juni 2022

Die italienische Originalausgabe erschien 2020
unter dem Titel »I bambini di Svevia« im Verlag Garzanti, Mailand

Karte: Riccardo Gola / PEPE nymi
Satz: Dörlemann Satz, Lemförde
Druck und Bindung: Druckerei C. H. Beck, Nördlingen
Printed in Germany
ISBN 978-3-596-70056-1

Voranschreiten bedeutet zurückzukehren.

LAOTSE

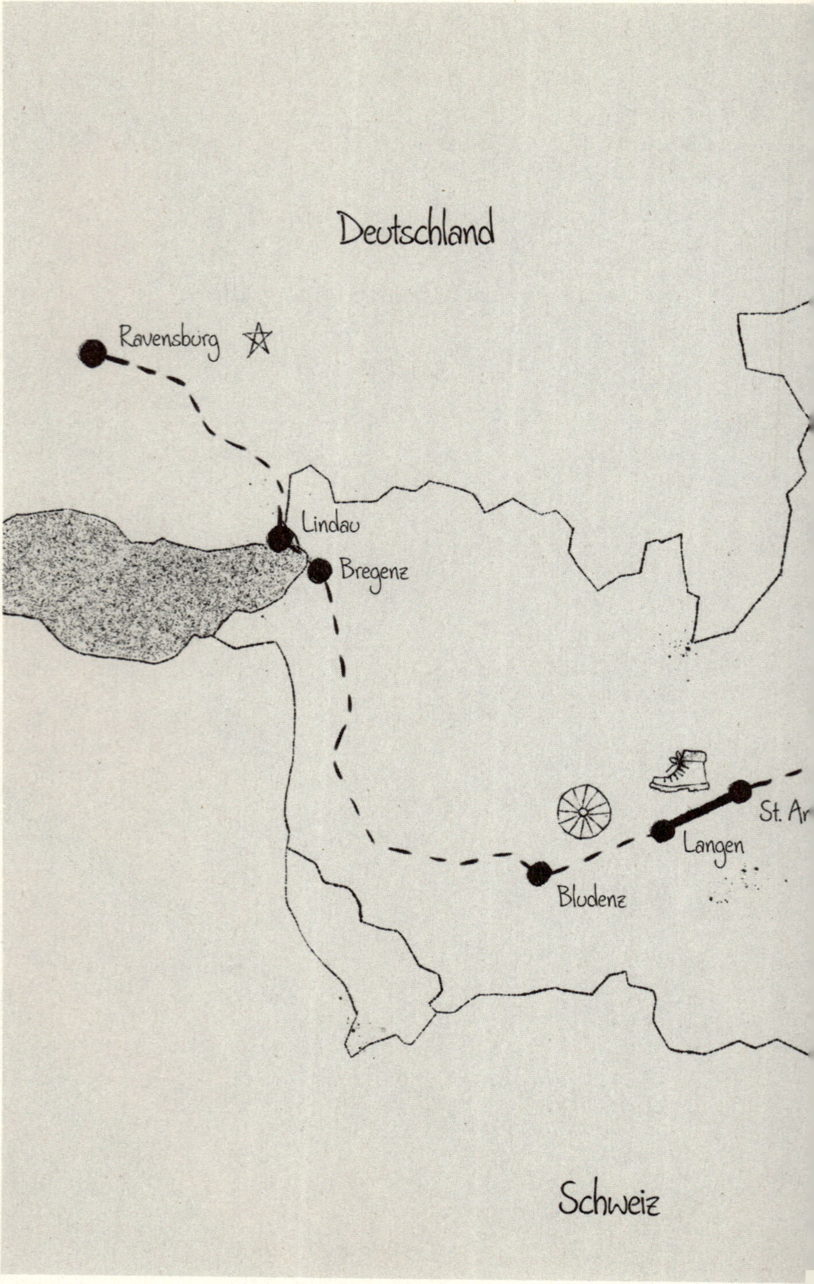
Deutschland
Ravensburg
Lindau
Bregenz
Bludenz
Langen
St. Ar
Schweiz

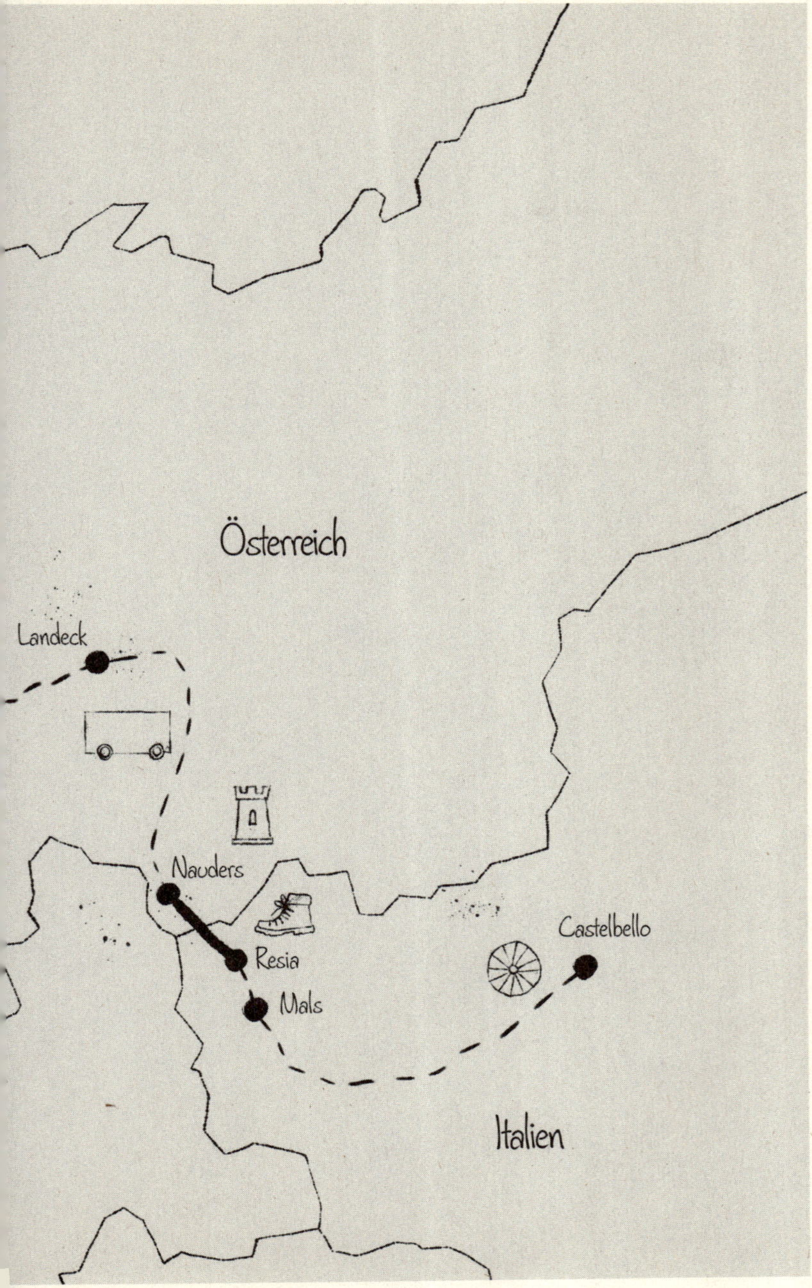
Österreich
Landeck
Nauders
Resia
Mals
Castelbello
Italien

Prolog

Das Mädchen rannte, bis ihr die Knöchel in den schweren Schuhen brannten. Sie hatte einen erdigen Geschmack im Mund, und ihre Hände waren schweißnass vor Angst. Sie blickte sich nicht um und atmete erst auf, als sie den Kirschbaum auf dem Hügel sah und ihr Blick *ihn* fand, den Jungen mit den traurigen Augen, der dort oben auf sie wartete. Ihr Herzschlag beruhigte sich. Nun fühlte sie sich nicht mehr allein. Doch die Zeit lief ihnen davon, das wusste sie. Bald würde der Abend kommen und die Bauersleute würden durchzählen, da durfte niemand fehlen. Aber wenn sie mit ihm zusammen war, kam es ihr vor, als bliebe die Zeit stehen. Das Mädchen holte so tief Luft, als hätte sie den ganzen Tag über den Atem angehalten, bis zu diesem Moment.

Sie setzte sich zu ihm. Ihr Herz klopfte heftig, während er so ruhig blieb, der Junge mit den traurigen Augen, der sich vor nichts fürchtete. Der Kirschbaum war ihre Zuflucht, ein geheimer Ort, an dem sie sich sicher fühlten, selbst wenn es auf dem Hof keine Sicherheit gab. Geheim konnte man den Ort eigentlich auch nicht nennen, denn der Hof war ein Ungeheuer mit vielen Augen, die alles sahen, und Ohren, die sogar ihre Gedanken hören konnten. Doch wenn sie hier unter dem Baum mit den Händen übers feuchte Gras streiften, schmerzten sogar die Schnitte darin nicht mehr so.

An der Farbe der Knospen, aus denen sich zuerst Blüten entwickelten und schließlich Früchte, an den Kerben in der rauen

Rinde, die sich unter dem heftigen Regen immer tiefer eingruben, bemerkte sie, wie die Zeit verging. Wie viele Tage sie von ihrer Heimat trennten.

»Es sind so viele«, flüsterte das Mädchen.

Sie vermisste die Stimme ihrer Mutter. Es tat weh, dass sie sich kaum noch an sie erinnern konnte. Wenn sie sich nicht mehr an ihre Stimme erinnerte, wie sollte sie dann weiter in Gedanken mit ihr reden? Wenn sie nur noch ein stummer Geist war, der langsam davonschwebte, so weit fort? Was, wenn sie auch noch die Farbe ihres Haars vergaß oder ihre warmen, zärtlichen Hände?

»Wir kommen wieder nach Hause, versprochen«, sagte der Junge, die Augen gespannt auf die dunklen Schatten gerichtet, die sich zwischen den Zweigen bewegten.

»Wir beide. Zusammen«, versicherte sie ihm.

Eins wusste sie tief in ihrem Innern: Nichts konnte sie je auseinanderbringen. Niemand würde sie je trennen.

I

Guten Morgen, Signora Edna

Es gab keinen verlässlicheren Kalender als ihren Garten, der sich im Laufe der Monate und Jahreszeiten veränderte, dachte Edna, während sie stolz die Luft einsog und ihre Lungen mit Melissenduft füllte. An der Farbe des Grases erkannte sie, wie die Zeit langsam und unversehens voranschritt, an der Art, wie die Zweige ihr Blätterkleid anlegten und sie vor der kräftigen Sonne schützten. Die Spuren der Wildtiere verrieten es ihr, die in der Sommerhitze den Schatten ihres Gartens suchten, oder die Schlupflöcher der Eidechsen und Igel, die in der weichen Erde vor Winterbeginn in Schlaf fielen, nur von einer dünnen Eisschicht beschützt.

Edna hatte die Vorhänge zur Seite geschoben und betrachtete den Rasen, seine harmonischen Linien, die im Ausschnitt des Fensterrahmens wie die Bildkomposition eines Malers wirkten. Jetzt in der Übergangszeit veränderte sich alles mit atemberaubender Geschwindigkeit.

Zwischen den Büschen lugten die ersten Rosen hervor und sorgten für weiße Tupfer, die Klematis mit ihren hartnäckigen Kletterranken überwucherte allmählich das Spalier mit winzigen rosafarbenen Blüten. Bald würde sie etwas Eisen besorgen müssen, um das Wachstum der Hortensien zu unterstützen.

Emil hörte als Erster die Fahrradklingel von Adele, einer Nachbarin, die Edna seit vielen Jahren kannte und die einmal die Woche bei ihr nach dem Rechten sah. Der Papagei schüttelte seinen großen roten Kopf und kratzte sich unruhig mit seinem faltigen Krallenfuß, während das Geräusch immer eindringlicher wurde, je näher es kam. Edna dagegen lächelte, als sie die Frau auf dem mit Taschen und Tüten vollbepackten Rad sah.

»Ein Glück, dass Sie zu Hause sind, Signora Edna«, sagte Adele keuchend, während sie die Einkäufe auf den Küchentisch wuchtete. »Ich habe völlig das Zeitgefühl verloren. Ich hätte nie gedacht, dass es so schwierig ist, einen Wohnungswechsel zu organisieren. Die ganzen Papiere, die man so braucht, und dann die Behörden ... Und glauben Sie bloß nicht, dass Max, dieser schrecklichste Ehemann von allen, mir irgendwie zur Hand geht«, seufzte sie und verdrehte die Augen.

Edna wusste jedoch, dass Adele diesen kleinen Mann förmlich anbetete, der nie um ein Wort verlegen war. Die Frau hielt größte Stücke auf ihn, obwohl sie selbst das nie begriffen hatte.

»Und dann ist da noch meine Tochter, die jeden Abend zur Probe muss, und mein Enkel Lukas würde am liebsten jeden Tag bei uns zu Abend essen. Ich komme mir vor wie damals, als ich dreißig war. Ich habe Ihnen doch erzählt, dass Lisa wieder mit dem Theaterspielen angefangen hat, oder?«, fragte Adele und blies die Strähne hoch, die sich in ihrer Augenbraue verfangen hatte.

Obwohl es noch früh am Morgen war, hatte Adele nicht auf ihren auffälligen Lidschatten verzichtet – »Blau mit einem Hauch Goldschimmer«, wie sie immer sagte, wobei ihr wohl nicht klar war, dass Blau eine Unzahl sehr unterschiedlicher Nuancen umfasste. Der Farbton ihres Lidschattens hieß Ultramarin. Adele war nicht gut im Beschreiben von Dingen. Auch »Wohnungswechsel« traf es nicht genau. Schließlich wechselten sie nicht nur die Wohnung, sondern zogen in einen anderen Ort, dessen Namen Adele bisher nur zweimal erwähnt hatte, näher an die Stadt.

Edna hatte sich auf die Küchenbank gesetzt und wartete geduldig darauf, dass Adele ihr zeigte, was sie mitgebracht hatte. Ihr gehörte der Lebensmittelladen im Dorf, und ohne dass Edna darum gebeten hatte, hatte sie irgendwann angeboten, ihr die größeren Einkäufe vorbeizubringen.

Umsichtig goss Edna ihr eine Tasse Melissentee ein, bevor sie Adele weiter dabei zusah, wie sie Dosen, Flaschen und anderes mehr auspackte. Die Tetrapaks mit Apfelsaft (zwei Stück, keine Schorle), eine Ausgabe des *Stern* (die neueste), Minzsirup und Pflanzenöl (im Blechkanister). So wie jeden Donnerstag, wie auf Rezept und ohne Abweichungen von der Regel.

»Frisches Brot für Sie, dann müssen Sie heute nicht mehr ins Geschäft kommen«, sagte Adele, während sie lächelnd die Nylontasche zusammenfaltete. »Zum Frühstück habe ich ein Stück Kuchen mitgebracht, damit Sie mal was anderes haben als Ihre Roggenbrote, und eine Mango und einen halben Granatapfel für Emil.« Sie holte eine Tüte und das Obst aus einer zweiten Tasche. »Nur die frischesten, wie immer«, sagte sie, sichtlich stolz. »Ich hab ja nie begriffen, wie dieser kleine Teufel so viel fressen kann.« Dann griff sie tief hinein in die Tasche. »Die hier sind auch für ihn, von meinem Enkel. Er weiß, wie verrückt dieser Vogel danach ist.« Sie ließ die Walnüsse auf den Tisch kullern, ehe sie sie ordentlich zu einem Häufchen zusammenschob.

Adeles Enkel war ein netter, aufgeweckter Junge. »Jedes Mal, wenn ich in den Laden gehe, bettelt er, ich solle doch nächstes Mal Emil mitbringen«, sagte Edna, während sie die Serviette einmal faltete und langsam unter die Untertasse schob. Die Keksdose stand auf dem Tisch und wartete wie immer auf Adele. Edna räumte sie nie weg: Sie stand immer genau in der Mitte des Tisches, neben der Glasvase mit den Goldknöpfchen.

Adele trank so hastig einen Schluck Tee, dass sie sich die Zunge verbrannte, und nahm sich schnell einen Butterkeks.

»Ach, wo habe ich heute nur wieder meinen Kopf!«, sagte sie dann mit einem verlegenen Lachen und schlug sich mit der Hand gegen die Stirn.

Edna lächelte. Das war ihr Donnerstagsspiel, das sie inzwischen nur zu gut kannte.

Adele schob das Exemplar des *Stern* auf den Tisch. Auf der aktuellen Titelseite hatte man Fotos zu einer Collage zusammengestellt. Im Leitartikel ging es jedes Mal um einen Skandal oder eine andere aufsehenerregende Enthüllung.

»Hier, für Ihre Sammlung!«, sagte Adele und deutete auf den wuchtigen Küchenschrank, in dem sich Dutzende Zeitschriften mit dem gleichen Schriftzug und dem weißen Sternlogo auf der Titelseite stapelten. »Eines Tages werden Sie mir verraten, warum Ihnen so viel daran liegt. Ich würde ja gern wissen, haben Sie jemals eine Ausgabe weggeworfen, nur eine einzige?«

»Ich habe die ganze Woche darauf gewartet«, bedankte sich Edna und ließ Adeles Frage unbeantwortet, während sie die Zeitschrift zur Tischkante schob, in sichere Entfernung zu den Teeflecken, die Adele in ihrer Unbeholfenheit hinterlassen hatte. Zwischen den Seiten lugte ein Prospekt hervor.

Adele räusperte sich. »Den soll ich Ihnen von Max geben. Dann können Sie sich schon mal einen Eindruck verschaffen. Keine Sorge, ich helfe Ihnen beim Packen. Wir sind ja noch ein paar Tage hier«, sagte sie lächelnd.

Max hatte ihr alles genau erklärt. Während Adele Wörter benutzte, die nie so recht passen wollten wie zu große oder zu kurze Tischtücher, verpackte Max die einfachsten Dinge in viele Lagen Blümchenstoff. Das verwirrte Edna zwar einigermaßen, aber er konnte sie nie ganz täuschen. Sie nannten es

»Seniorenresidenz«, was sich ja zunächst gar nicht schlecht anhörte. Man bekam ein Zimmer mit Aussicht auf die Berge und dazu ein Eckchen im Gemüsegarten (was war mit ihren Blumenzwiebeln?). Es gab einen Pool, einen Massageraum und einen Koch, der für jeden einen individuellen Ernährungsplan zusammenstellte, aber mit ihr würde er kaum Extraarbeit haben (gut sechzig Kilo, fast Idealgewicht für eine Größe von einem Meter siebenundfünfzig – *Stern*, eine Septemberausgabe).

Bei jedem ihrer Einwände hatte Max den Kopf geschüttelt, war schnell zum nächsten Punkt übergegangen und meinte, sie solle sich nicht an Kleinigkeiten stören und immer nur nach dem Haar in der Suppe suchen.

Aber wenn das Ganze so etwas wie ein Erholungsurlaub war und sie dort wirklich tun und lassen konnte, was sie wollte, warum durfte sie Emil dann nicht mitnehmen?

»Sie wissen schon, dass es nur zu Ihrem Besten ist? Denken Sie doch mal daran, wie es Ihnen geht und was neulich passiert ist ...«

Vielleicht meinte Adele ihr Hüftgelenk, das heftig protestierte, sobald die Abende feuchter wurden. Oder diese dumme Geschichte, von der Edna immer noch nicht so ganz überzeugt war. »Ich bin sicher, dass da wirklich jemand eingebrochen ist, Adele. In meinem Portemonnaie hat Geld gefehlt.«

»Das hatten Sie in dem Umschlag hinter dem Bild versteckt.«

(Zweites Bild, rechte Wand. Ja gut, nicht das vierte, wie sie erst gedacht hatte. So was konnte doch mal vorkommen.)

»Und was war, als ich Sie im Bad gefunden habe und die Tür abgesperrt war? Max musste sie aufbrechen.«

»Der Schlüssel ist nie wieder aufgetaucht«, entgegnete Edna trotzig, während sie sich bemühte, ihre Erinnerungen zu unterdrücken. Das Gefühl, eingesperrt zu sein und nicht hinaus zu können, war noch zu gegenwärtig und schnürte ihr nach wie vor die Kehle zu. Wochenlang hatte sie nur schwer einschlafen können, weil die Bilder im Traum immer wiederkehrten. Jeden Sommer, ja, wirklich immer im Sommer, wenn die gleißende Sonne alles schonungslos ans Tageslicht zerrte, zuckten Gedankensplitter in ihr auf, Bruchstücke aus der Vergangenheit, die sich im Lauf der vielen stillen Jahre zu einem immer klareren Bild zusammensetzten.

Adele konnte das nicht verstehen. Doch in einem hatte sie recht: Edna hatte sich tatsächlich wieder schutzlos gefühlt, nach so langer Zeit. Sie hatte sich überzeugen lassen. Das Gute an der Entscheidung war, dass sie nicht endgültig war. Man hatte nur ihren Namen in eine Warteliste eingetragen. Und jedes Kind wusste, dass noch nichts entschieden war, wenn man auf einer Warteliste stand. Als sie dann am anderen Ende der Leitung die Stimme der Sekretärin gehört hatte, war sie davon ausgegangen, dass es sich nach all den Monaten um einen Irrtum handelte.

»Sie werden sich wie zu Hause fühlen. Nur dass man Sie dort mehr verwöhnt«, meinte Adele nun lächelnd. Und nachdem sie einmal tief durchgeatmet hatte, fuhr sie fort: »Edna, Sie dürfen sich diese Gelegenheit nicht entgehen lassen, das begreifen Sie doch, oder? Es stehen noch viele andere Anwärter nach Ihnen auf der Warteliste, die diesen Platz haben wollen. Außerdem ist es keine gute Vorstellung, dass Sie hier ganz alleine wohnen, wenn Max und ich weggezogen sind.«

»Emil und ich sind immer ganz gut klargekommen«, brach es aus Edna heraus. Ihr war nicht bewusst, dass dieser Gedanke auf einmal eine Stimme bekommen hatte. Ihre Stimme. »Es ist doch danach nichts mehr vorgekommen ...«

»Signora Edna ...«

Edna nickte. Sicher, über das Thema hatten sie schon so oft gesprochen.

»Da steht noch der Müll, Adele«, sagte sie. Heute Morgen würde sie einmal Hilfe annehmen. »Zwei Säcke. Ich habe sie fest zugebunden. Wenn ich sie zu lange im Garten lagere, reißen die streunenden Katzen sie auf und verteilen alles auf dem Rasen.«

Mit einem Lächeln nahm Adele die Säcke und wollte sich von Emil verabschieden.

Der Papagei hatte die ganze Zeit auf seiner Stange neben der Tür zum Flur gesessen und sich geschäftig die Flügelfedern mit dem Schnabel geputzt. Das machte er jedes Mal, wenn er sie sah, als würde ihn ein unerträglicher Juckreiz plagen.

Adele beobachtete ihn aus respektvollem Abstand und schien zu überlegen, ob auch Papageie ähnlich wie Hunde Flöhe bekommen konnten.

»Guten Morgen, Zimperliese!«, schnarrte es Adele aus der Dunkelheit des Hausflurs entgegen.

»Das heißt ›Auf Wiedersehen‹, Emil. Haben Sie ihm das immer noch nicht beigebracht, Signora Edna?«, bemerkte Adele lachend. »Es ist nicht sehr höflich, andere Leute ›Zimperliese‹ zu nennen.«

»Emil hat seinen eigenen Kopf. Es war das erste Wort, das er gelernt hat, und er erinnert sich immer noch daran.« Edna ging durch den Garten voran und öffnete Adele das Tor.

Sie betrachtete die Berge, grimmige Riesen aus Erde und Fels, die mit den Gipfeln am Himmel kratzten. Wenn man sie aus dieser Perspektive sah, konnte man sich gar nicht vorstellen, dass sie voller Leben waren. Und wie winzig die Häuser, der Fluss und die Straße von dort oben wirkten. Edna wusste es. Aber sie hätte es beinahe vergessen.

Sie drehte sich zu ihrem Haus mit dem Dach aus roten, etwas lose sitzenden Ziegeln um. Es war in einen beruhigenden

Kokon aus Kletterpflanzen gehüllt, fast wie in eine Decke, dichter als das Gras. Edna schob ihre Brille hoch, während die Morgensonne sie sanft umfing. Dann ging sie wieder hinein und schloss geräuschlos die Tür hinter sich.

2

Nimm mich mit

Obwohl der Tee nur noch lauwarm war, schmeckte er gut. Edna rührte etwas Zucker hinein und tunkte die Spitze des Kuchenstücks ein.

»Du kannst jetzt aufhören, dich zu verstecken«, sagte sie zu Emil, der den Kopf schief gelegt hatte. Nun knabberte er nicht mehr unablässig an seinem Krallenfuß, und seine Federn lagen glatt am endlich zur Ruhe gekommenen Körper an.

»Ich verstehe nicht, was du gegen Adele hast. Zugegeben, manchmal ist sie ein wenig aufdringlich, und ja, sie hat ihren eigenen Kopf. Aber sie bringt dir Walnüsse und Obst mit. Und jetzt hör auf zu schmollen.«

Edna strich sanft über das glänzende Cover der Zeitschrift, die sie neben ihre Serviette auf den Tisch gelegt hatte. Sie mochte die Struktur des Papiers, dessen Duft und die Art, wie sich die Überschriften, Artikel und Fotos zu einem Ganzen zusammenfügten. Es gab immer eine Reportage über praktische Themen, die Affäre irgendeines Stars oder den mutigen Kampf einer Schauspielerin gegen eine bösartige Krankheit, deren Verlauf bis ins kleinste Detail beschrieben wurde.

Rasch blätterte sie die Seiten durch, um sich einen ersten Überblick zu verschaffen. Danach hatte sie eine ganze Woche Zeit, um die Artikel ausführlich zu studieren.

Der Aufmacher der Ausgabe war den Unwettern gewidmet, die über halb Europa tobten.

Betroffen betrachtete Edna die Fotos von Bauernhöfen mit

abgedeckten Dächern, von Flüssen, die über die Ufer getreten waren und mit ihren Schlammfluten das Land überschwemmten. Das Dach eines grauen Wagens war von einem riesigen Baum eingedrückt worden; die beeindruckenden, noch mit Erde bedeckten Wurzeln lagen frei.

Ihr Atem beruhigte sich ein wenig, bis ihr Blick auf eine Abbildung ganz am Ende der Seite fiel, die halb von ihrem Daumen verdeckt wurde. Plötzlich spürte sie, wie sie nach Luft rang, als ob jemand den gesamten Sauerstoff aus dem Zimmer gesogen hätte.

Etwas an diesem Foto jagte ihr einen Schauder über den Rücken. Aus all dem Grau, den erdig-schlammigen Farben stach das Lächeln dieses Mannes heraus.

Die abfallenden Augenwinkel bildeten einen auffälligen Gegensatz zu den nach oben gezogenen Mundwinkeln. Sie kannte diese Augen, die stets ein wenig traurig gewirkt hatten, selbst wenn ihr Blau im Licht erstrahlte. Das linke Lid (das linke, es war wirklich das linke) war von einer wellenförmigen Narbe überzogen, die es so schwer machte, dass der Augapfel fast darunter verschwand. Vor allem dieses unverwechselbare Merkmal hatte ihr den Atem verschlagen.

Nun fehlte nur noch ein Name.

Edna folgte mit dem Finger den Zeilen, um sicherzugehen, dass sie nicht im Text verrutschte, obwohl die Versuchung groß war, sich weiter das Foto anzusehen, und sie hin und wieder danach spähte. Das Gesicht des Mannes war zum Teil hinter Bartstoppeln verborgen und von Falten durchzogen, so tief wie Ackerfurchen.

Eine Schlammlawine hatte ihn in seinem Haus überrascht (das er mit eigener Hände Arbeit gebaut hatte) und mitgerissen.

Edna las weiter: *Krankenwagen. Verletzte. Das Krankenhaus von Ravensburg. Zwei Kinder. Eine Familie.*

Ihr Finger hielt an jedem Wort inne, manchmal kehrte er zum Satzanfang zurück, um bei einem Komma wieder neu zu beginnen. Oder bei einem Punkt? Dann endlich der Name, den sie suchte: Jacob.

Jacob Kneip.

Es war merkwürdig, denn seinen Nachnamen hatte sie nie erfahren.

In Ednas Brust mischten sich Freude und Angst.

3

Jacob

Sie sah einen Jungen vor sich, mit diesen traurigen Augen und dem Schnitt am linken Lid, rot wie eine offene Wunde. Er rannte. Sah seine Hand, die sich nach ihr ausstreckte, während die Welt um ihn, die schneebedeckten Bäume, die Steine auf dem Weg verschwammen. Wie ein Pfeil schnellte er vor in dem Versuch, sie zu erreichen, streckte den schmutzverkrusteten Arm nach ihr aus. Doch sie sah ihn nur an. Anstatt sich hinauszulehnen und ihm auf den Karren zu helfen, der immer mehr Meter voller Schlamm und Wind zwischen sie legte, saß sie einfach starr da, gelähmt vor Furcht.

Edna betrachtete das Foto, das sie neben die Zeitschrift gelegt hatte.

Sie hatte es von der Innenseite des alten Küchenschranks abgenommen, in dem sie alle Exemplare des *Stern* aufbewahrte. Ihr war immer klar gewesen, dass sie sie noch einmal brauchen würde. Genau wie das Foto, das dort mit einer Reißzwecke angeheftet war und sie jeden Tag begrüßte, während die Jahreszeiten wechselten und sie selbst, die Straße und die Welt um sie herum sich veränderten.

»Ich habe dich gefunden, Jacob«, sagte sie langsam und gewichtig.

Es hörte sich an, als sei sie zufrieden, dass sie recht behalten hatte. Fast ein wenig triumphierend.

Sie betrachtete die exakt aufgestapelten Zeitschriften. Es war viel Zeit vergangen, doch der Staub hatte dem Foto, das ihr nun vom Tisch entgegenblickte, nichts anhaben können. Die bräunliche Farbe des Papiers ließ sie alle gleich aussehen, als hätten ihre Einheitskleidung, die schmutzigen Gesichter und die schweren Schuhe nicht genügt. Ein Dutzend Kinder, die mit ihren kleinen Erwachsenengesichtern in Reih und Glied vor der Fassade des Bauernhofs standen.

Zu Frühlingsanfang waren sie nach einer langen Reise aus ihren Heimatdörfern in der Fremde angekommen, aus ihren Dörfern, die einige von ihnen niemals wiedersehen sollten. Die es am schlimmsten traf, waren bei Einbruch des Winters nicht nach Hause zurückgekehrt. Ihr Lebensmut hatte nicht ausgereicht, um die Krankheiten und die Erschöpfung zu überstehen oder den Willen derer zu ändern, die über sie entschieden hatten. In ihren Blicken las Edna dieselbe schicksalsergebene Traurigkeit.

Jacob und sie standen auf dem Foto ganz dicht nebeneinander.

Sie betrachtete die Zeitangabe auf der Rückseite des Fotos: *1938/1939*. Drehte das Bild wieder um und verglich es mit dem in der Zeitschrift. Nun ja, Jacob war nicht nur gewachsen. Er war alt geworden, ziemlich alt, genau wie sie selbst.

Doch die Jahre hatten nichts gegen die Verletzung von damals ausrichten können. Sie hatten das nach unten hängende Lid und die Trauer in seinen Augen nur noch stärker ausgeprägt, als sie sie in Erinnerung gehabt hatte.

»Ich hab dir doch gesagt, das wird niemals heilen, Jacob.«

Edna las die Bildunterschrift. Man hatte ihn zusammen mit den anderen Verletzten ins Ravensburger Krankenhaus gebracht. Jetzt musste er natürlich erst einmal gesund werden. Wenn man unter tonnenweise Schlamm und Steinen begraben wurde, brauchte es dazu schon etwas mehr als Schlaf und ein paar Ingwerpastillen.

Der Verfasser des Artikels hatte in ein paar Sätzen den Lebensweg des Mannes umrissen, der für sein Engagement als Umweltschützer bekannt war. Edna schüttelte den Kopf. Was sonst hätte Jacob werden sollen, wenn nicht jemand, der sich für die Schwächsten einsetzte?

Sie seufzte einmal tief und sah Emil an, der ihren Blick reglos erwiderte, dann klappte sie die Zeitschrift zu und sammelte, bevor sie aufstand, noch ein paar Kuchenkrümel auf.

Sie warf die Krümel in den Spülstein, ließ das Wasser laufen und scheuerte die Emaille mit dem Schwamm, bis sie glänzte. Danach schnitt sie einen Granatapfel auf und füllte die Kerne in Emils Schüsselchen. Als sie zu ihm ging, um sie ihm hinzustellen, tauchte zwischen seinen blauen Federn kurz das Bild zweier Kinder auf, die voller Angst durch den dunklen Bauch des Waldes liefen und einen Papagei im Rucksack versteckt hatten.

Edna tauschte das schmutzige Wasser gegen sauberes aus und warf die Goldknöpfchen weg, die bereits welkten. Sie trocknete die Teetassen ab und öffnete wie jeden Morgen die Fenster, um frische Luft hereinzulassen. Dann ging sie in den Garten, um Blumen für ihre Vase zu schneiden. Während Emil mit schnarrender Stimme versuchte, ihre Aufmerksamkeit zu erregen, wanderten ihre Gedanken in die Vergangenheit zurück, schneller, als ihr Blick über die Berge vor ihr streifen konnte.

Dann kamen die Bilder, zusammenhanglos wie einzelne Mosaikteilchen, ohne erkennbare Logik bohrten sie sich wie Splitter in ihr Fleisch. So ist das mit den Erinnerungen: Sie entscheiden selbst, wann der Moment gekommen ist, sich zu zeigen. Manchmal lenken sie die Hände schneller als der Verstand. Manchmal folgt das Herz dem Kopf oder es verliert sich in ihnen. So auch jetzt, während sie ein bisschen Unkraut entdeckte und es mit einer kurzen Drehung des Handgelenks aus dem Boden riss. Es war die harte, perfekte Bewegung, die sie gelernt und unzählige Male immer gleich ausgeführt hatte, um Hunderte von Federn aus fleischigen Körpern zu reißen.

Bevor jede verfügbare Hand für die anstrengende Ernte gebraucht wurde, wurden auf dem Hof die Gänse gerupft. Die Federn mussten je nach Länge in drei verschiedene Körbe sortiert werden, die dann in große Säcke geleert wurden. Von außen betrachtet war es eigentlich ganz einfach: Man fing eine Gans ein, setzte sich auf einen Schemel und klemmte sie zwischen den Oberschenkeln fest. Dann riss man ihr die Federn aus, zuerst unter den Flügeln, und arbeitete sich langsam nach hinten, ohne zu viel an einer Stelle auszurupfen.

Doch Edna musste schnell feststellen, dass Gänse unerwartet schwer waren und sehr böse wurden, wenn sie sich gegen ihre Hände verteidigten. Sie zwickten sie so heftig mit ihren Schnäbeln, dass ihr die Tränen kamen.

Doch es war nicht nur der Schmerz, der Edna zum Weinen brachte. Die qualvollen Schreie der verängstigten, leidenden Tiere sollte sie nie mehr vergessen.

Es war die »Sonntagsmusik«, wie die Kinder es nannten. Sie blickten nicht einmal auf, während sie die Erde umgruben – darunter auch Jacob.

Edna konnte sich noch bis in jede Einzelheit an den Hof erinnern, auf dem sie einander begegnet waren. Von dort, aus jener Fremde hinter den Bergen, stammte auch Emil. Inzwischen hatte sie mit diesem aufgeplusterten Papagei ihr ganzes Leben verbracht und nach und nach gelernt, ihn zu lieben, obwohl er sie anfangs mit Schnabelhieben traktiert hatte, bis es blutete.

Im Gegensatz zu ihr blieb Jacob keine Wahl. Er lag in einem Krankenzimmer und hatte gerade sein Haus verloren so wie schon viele Jahre zuvor Emil, nachdem er ihn zuerst gerettet und für ihn gesorgt hatte. Und nur sie war schuld daran, dass ihre Schicksale irgendwann vertauscht worden waren. Andernfalls hätte sie in diesem Krankenhausbett liegen können. Jacob hatte Ravensburg nie mehr verlassen.

In der Nische neben dem Küchenschrank lehnte ein Stock aus entrindetem Holz an der Wand. Daneben stand ein Rucksack, und über einem Bügel hing ein wollener Umhang. Alles befand sich noch am selben Platz, wo sie die Sachen damals abgelegt hatte, als sie als zehnjähriges Mädchen vom Hof zurückgekehrt war, und schien nur darauf zu warten, sie erneut auf eine Reise zu begleiten. Um Jacob endlich heimzubringen.

Während ihr Blick durch das Küchenfenster auf Rucksack und Wollumhang fiel – natürlich fehlten die schweren Schuhe von damals, doch von denen waren nach ihrer Rückkehr nur noch die Sohlen übrig geblieben – und auf Emils Transportkasten, der darunter stand, die Räder exakt zur Tür ausgerichtet, gingen ihr unzählige Fragen durch den Kopf.

Was zählten schon die Träume zweier Kinder, denen man ihre Welt genommen hatte, um sie hinter die Berge auf einen alten Bauernhof zu verbannen? Was zählten ihre Gespräche, zusammengesponnen aus vermessenen Träumen und überlagert von einer dunklen, albtraumhaften Wirklichkeit?

Und was zählte das Versprechen, das sie einander gegeben hatten? War es wirklich stark genug, die Zeit und die Entfernung zu überdauern? Nur ein Versprechen. Vielleicht hatte er es ja vergessen.

»Guten Morgen, Zimperliese!«

Edna fuhr herum. Sie war so daran gewöhnt, dass Emil sie bei diesem Spitznamen rief, dass sie normalerweise nicht mehr darauf achtete. Er hatte ihn von dem Jungen gelernt, der ihm vor vielen Jahren das Leben gerettet hatte. Doch diesmal ging es ihr durch und durch: Sogar im Kopf eines kleinen, verletzlichen Tieres wie Emil hatte sich die Erinnerung an sie beide festgesetzt.

Als Edna später wieder aus dem Garten ins Haus kam, steckte sie die Hortensien- und Rosenknospen, die sie gerade geschnitten hatte, in die Vase und ordnete sie so an, dass sie sich nicht gegenseitig das Licht nahmen. Sie sah auf die Notizen an der Wand: *Eisen für die Hortensien, Zwiebeln für den Herbst einlagern.*

Dann nahm sie die Zeitschrift mit dem Artikel über Jacob wieder zur Hand. Knickte die Seite sorgfältig um, damit kein Wort abgeschnitten wurde, und riss sie sorgfältig am Falz entlang heraus, während sie überlegte, ob in Ravensburg wohl endlich wieder die Sonne schien.

Schwabenkinder

Immer wenn auf dem Hof das Glück so wild davonzustürmen schien wie ein durchgehender Gaul, der mit seinen Hufen Erde und Gras zerstampfte, musste Edna all ihre Kraft zusammennehmen, um sich nicht mit fortreißen zu lassen. Sie hielt sich stets abseits von den anderen Kindern, die sie inzwischen schief ansahen und hinter vorgehaltener Hand über sie tuschelten, seit es hieß, sie habe eine italienische Mutter. Natürlich traf das nicht nur auf Edna zu. Ihre Bettnachbarin zum Beispiel kam aus demselben Tal. Aber Deutsch war zu Hause die Sprache des Vaters gewesen, und nur das galt hier, obwohl das Deutsch in dieser Gegend so anders klang, dass alle es nur schlecht und recht verstanden. Edna konnte nicht begreifen, wie ein und dieselbe Sprache derart unterschiedliche Färbungen haben konnte. Und sie setzte alles daran, genauso zu sprechen wie die anderen. Im Grunde hatte ja auch bei ihr zu Hause der Vater das Sagen gehabt und die Regeln vorgegeben, bis Edna schließlich glaubte, sie müsse in allem so sein wie er. Auf dem Hof galten mehr oder weniger die gleichen Regeln.

Als sie weggegangen war, hatten ihr die Eltern gesagt, sie würde es dort gut haben. Dazu solle sie nur Padre Gianni auf einer langen, schönen Reise über die Berge folgen, ohne wie sonst auf die Zeit achten zu müssen. Sie würde den gesamten Frühling, Sommer und Herbst auf dem Hof verbringen.

Edna hatte den Eltern vertraut, auch wenn es ihr schwergefallen war, als sie scheinbar wie im Nichts verschwanden. Sie hatte den Kopf eingezogen und sich bemüht, mit den anderen Schritt zu halten und ihre Anerkennung zu gewinnen. Am Ende eines jeden Tages verdrängte sie die Hänseleien der anderen Kinder und das Geschrei des Großbauern, so wie man verdrängte, dass man Höhenangst hatte, wenn man am Rand eines Abgrunds stand.

Wenn ihr die Kraft fehlte, umklammerte sie ganz fest den Holzsplitter des heiligen Christophorus, den sie bei einer Rast in einer Bergkapelle aus der Statue gebrochen hatte, als sie dort gebetet hatte. Padre Gianni hatte ihr gesagt, sie würde sich gleich besser fühlen, wenn sie ihn mit den Fingern berührte. Padre Gianni hatte allerdings vieles gesagt, und nicht alles hatte gestimmt. Er hatte ihr zum Beispiel nicht gesagt, dass es so hart werden würde.

Weckzeit auf dem Hof war um vier Uhr in der Früh.

Edna musste sich um das Vieh kümmern. Die Kühe melken und den Stall ausmisten, aber vorher erst die Futtertröge der Schweine bis zum Rand füllen. Flachs ernten und Ähren aufklauben, abspülen, Betten machen, Böden schrubben und Getreide dreschen, das alles waren anstrengende Aufgaben.

Die Männer und Jungen kümmerten sich um die Felder, die Mädchen unter der strengen Kontrolle der Bauersfrau um den Hof. Hatte sie keine Zeit, trat deren Schwester an ihre Stelle, eine Frau, die kaum einmal lächelte und immer so wirkte, als sei sie mit dem falschen Fuß zuerst aufgestanden.

Einige Mädchen konnten gut nähen und stricken, Edna nicht. Sie stach sich immer in den Finger, verhedderte die Fäden oder verzählte sich beim Muster. Aber deshalb durfte sie noch lange nicht untätig sein. Neben der Stallarbeit – sie und ein Junge namens Bastian kümmerten sich um zehn Milchkühe, vier Arbeitspferde, dazu um die Hühner und Gänse –

ging sie den Knechten dabei zur Hand, Zäune zu errichten, Kartoffeln zu ernten oder das Obst von den Bäumen zu schütteln. Aber Edna war in allem langsamer als die anderen. Und ihren ganz persönlichen Platz hatte sie dort nie gefunden.

Die Rangordnung war streng. Der Hof gehörte dem Großbauern und seiner Frau. Sie hatten zwei Söhne, die wie die deutlich älteren Knechte behandelt wurden. Die beiden genossen zwar mehr Freiheiten, aber Edna sah sie oft miteinander streiten und raufen, wie Hunde, die ihre Stellung im Rudel noch finden mussten. Und wer zu schwach war, um sich durchzusetzen, blieb auf der Strecke – so wie Edna, hätte Jacob sie nicht beschützt. Einem Hund wäre es dort auf dem Hof besser ergangen. Denn der Großbauer sorgte gut für seine Jagdhunde und respektierte sie.

Der älteste Sohn hatte die Regeln zu spüren bekommen. Er war aus irgendeiner Stadt, an deren Namen sie sich nicht mehr erinnerte, nach Hause zurückgekommen, und die Mutter kochte tagelang nur für ihn, so freute sie sich, dass er nun wieder auf dem Hof war. Derart köstliche Gerichte, dass schon der Duft Edna das Wasser im Mund zusammenlaufen ließ. Aber als er dem Großbauern gegenüber die Stimme erhob, scherte der sich nicht darum, dass es sich um seinen eigenen Sohn handelte, und jagte ihn vom Hof. Edna hatte ihn beneidet, weil er frei war und über die Felder davonging, nur den Rucksack auf dem Rücken, mit dem er gekommen war.

Sie und die anderen Kinder dagegen kamen nie vom Hof weg, obwohl sie ständig auf den Beinen waren. Ednas Bestimmung schien es zu sein, rastlos von einem Ort zum anderen zu schwirren wie eine Biene auf der Suche nach ihrem Stock, bemüht, alles gut zu machen, da sie doch zu nichts gut war.

In den Wochen der Mahd musste sie den Bauern mit einem kleinen Handkarren das Essen bringen. Jeder bekam eine Portion Brot, Käse, Eier und *Retting*, eine Art Fladenbrot, das auf Stein gebacken wurde, dazu ein Glas Most. In den heißesten Stunden des Tages musste sie die schweren Krüge schleppen und damit mehrmals von der Küche zum Feld laufen, bis graue Punkte vor ihren Augen tanzten und sie vor Erschöpfung taumelte.

Der Großbauer und die Bauersfrau – die Herrschaften – aßen allein mit den Söhnen und der Schwester. Die Knechte blieben für sich, von den Kindern getrennt, die ihre Mahlzeiten in einem kleinen Raum neben der Stube einnahmen. Die Suppe für alle kam in einer einzigen großen Schüssel. Jedes Kind hatte seinen Holzlöffel, aber es war nicht einfach, seinen Anteil zu bekommen, denn es gab immer jemanden, der schneller war, und zwar ganz egal, ob Mädchen oder Junge.

Nachts schliefen alle in einem großen Raum, der im Winter nicht geheizt wurde, im Sommer dafür schrecklich heiß war. Als Trennwand zwischen Jungen und Mädchen dienten aufgestapelte Heuballen. Edna hatte sich ein eigenes Eckchen abstecken können, in hinreichendem Abstand zu ihrer Bettnachbarin Anja, einem Mädchen in ihrem Alter. Manchmal schlief Edna mit dem Splitter vom heiligen Christophorus in der Hand ein, nachdem sie die zwanzig *Beschütze mich, Gott* gesprochen hatte. Dieses Gebet hatte Padre Gianni ihnen an den Abenden der gemeinsamen Reise beigebracht. Aber nun war er weit weg und konnte sie nicht mehr ausschimpfen, wenn sie darüber einschlief oder nur unverständliche Worte murmelte. Es war ihr zur Gewohnheit geworden, und der Gedanke, dass dieses Gebet sich an jemanden richtete, der ihr zuhörte und für sie da war, tröstete sie.

4

Tag 1 – Distanz: 1 km

Zwei Straßen, einen Tag und einen Kilometer entfernt hatte Adele noch nicht alle Fensterläden geöffnet. Der Gedanke daran, was sie noch alles zu tun hatte, bedrückte sie. Sie war so müde, als hätte sie die ganze Nacht kein Auge zugetan. In ihren rosafarbenen Filzpantoffeln schlängelte sie sich an Kartons vorbei, die am Abend zuvor noch nicht dort gestanden hatten.

Die Beschriftungen mit rotem Textmarker stammten von Max. Sie erkannte seine langgezogene Handschrift, die geraden, ein bisschen zittrigen Buchstaben und sah sofort ihren Ehemann vor sich, wie er Dinge in Papier einschlug und in Kisten packte und dann mit konzentriertem Blick und einer Falte mitten auf der Stirn den Textmarker zwischen seinen plumpen Fingern hielt.

Adele lächelte zärtlich bei der Vorstellung, doch ein kälteres, düsteres Gefühl, das sie nicht beschreiben konnte, drängte sich in ihre Liebe. Für Max war dieser Umzug sehr wichtig, und er tat auch viel dafür. Sicher, er hatte mit seinen Modellen angefangen, während sie nichts als Möbel sah, die leergeräumt, und Kleidung, die zusammengefaltet werden musste. Alten Kram, den man aussortieren musste.

Adele warf einen letzten Blick auf die ordentlich gestapelten Kartons: Jetzt war es so weit. Sie taten es wirklich.

Sie stellte die Espressokanne auf den Gasherd und trat auf den Balkon. Ihre Wohnung lag im ersten Stock eines Neubaus. Ein zu groß geratener, unproportionierter Betonwürfel, der wirkte, als sei er zufällig im Ort gelandet, um nun die Harmonie der Landschaft zu stören. Die Felder konnte Adele nur aus der Ferne sehen.

Die starre Ordnung der regelmäßig angelegten Häuserreihen, die sich bis zu den Berghängen erstreckten, wurde ab und zu von den Dächern der Bauernhöfe aufgelockert. Die meisten hatte man in hübsche Frühstückspensionen mit Swimmingpools umgewandelt, deren Wasser zu blau schimmerte, als dass es seine natürliche Farbe sein konnte, mit englischem Rasen und gepflegten Blumenbeeten.

Gerade bog ein Lastwagen in die kleine Straße und wirbelte jede Menge dunklen Staub auf, der sich wie ein Rußschleier über die Beete legte. Max würde das nicht gefallen. Adele hoffte inständig, dass er nicht gerade jetzt herauskäme. Jedes Frühjahr ärgerte er sich über die Bauarbeiten seiner Nachbarn. Nach dem Tod von Bernies Schwiegermutter hatten sie das heruntergekommene Haus zu einem netten *Bed & Breakfast* umgebaut. Zugegeben, es war nun wirklich ein Traum. Die grünen Fensterläden, der helle, cremefarbene Anstrich. Und die vielen Blumenrabatten.

Adele ging wieder hinein und ließ sich auf einen Stuhl fallen. Zuvor nahm sie noch eine Zeichnung von der Wand ab, die Lisa in der Grundschule gemalt hatte. Sie stellte das Bild auf die Anrichte und betrachtete es. So aus der Entfernung sah es nicht übel aus, dachte sie mit einem Anflug von Stolz. Sie blickte sich um: Von den Küchenwänden blätterte in den Ecken der Verputz ab, die Kühlschranktür schloss nicht mehr richtig. Doch in dieser Küche hatte Lisa laufen gelernt. Es waren die Erinnerungen, die sie gemütlich machten.

Max kam herein und überraschte sie mit einem Kuss. Sein Duft nach Seife und frisch gewaschener Haut hüllte sie ein.

»Du bist schon auf?«, sagte er mit einem Lächeln, schnappte sich die Espressokanne und goss sich Kaffee ein. Die Tasse mit dem abgeplatzten Rand hatte Adele für sich genommen. So hatten sie es schon immer gehalten: Derjenige, der zuerst aufstand, deckte den Tisch und nahm sich dann auch fürsorglich die Tasse mit dem abgesplitterten Rand.

Max trug gestreifte Shorts wie sonst nur im Urlaub am Meer und dazu ein blaues T-Shirt. Keine langen Hosen oder eine dicke Fleecejacke. Adele fiel das auf, denn für seine Arbeit bei der Obst- und Gemüsegenossenschaft musste er sich normalerweise immer warm anziehen.

»Ich fühle mich schon wie ein ganz anderer Mensch, Adele. Und Bernie hat mir von der Solaranlage erzählt.«

Seit wann unterhielten sich Max und Bernie und gaben einander Tipps?

»Darüber sollten wir auch nachdenken, weißt du? Ein Steuervorteil von fünfzig Prozent, Abschreibungsmöglichkeiten von hundertdreißig Prozent, hohe Effizienz und mindestens dreißig Jahre Garantie.«

»Max, meinst du nicht, dass du da zu voreilig bist?«

Während er entschieden den Kopf schüttelte, fiel Adeles Blick auf die Zeitschriften und Broschüren, die ihr Mann am Vorabend auf dem Stuhl liegen gelassen hatte. Hefte für Heimwerker, Prospekte mit Gartenmöbeln und Pagodenzelten oder *»Hühnerstall – schnell und einfach selbstgebaut«*.

»Adele, es ist jetzt schon fast ein Jahr her, dass wir das Haus von meiner Tante geerbt haben, und nichts hat sich getan. Du bringst alten Weibern die Einkäufe mit dem Fahrrad nach Haus, und ich friere mir im Lager einen ab wie ein Kabeljaufischer in der Arktis. Es ist an der Zeit, unser Leben zu ändern, meinst du nicht auch? Weißt du eigentlich, wie viel Bernie und Clara mit der Zimmervermietung verdienen?«

Max riss die Balkontür auf. Vom hereinwehenden Staub bekam er einen Hustenanfall, aber selbst der konnte nicht das stolze Lächeln in seinem Gesicht auslöschen.

Dann wandte er sich wieder Adele zu. »Warte erst mal, bis du unser *Bed & Breakfast* siehst, Adele«, flüsterte er ihr zu, als würde er ihr ein Geheimnis anvertrauen. »Bernies wird dagegen wie ein Schuppen aussehen!«

Adele rang sich ein Lächeln ab.

»Hast du gut geschlafen?«, fragte Max, als nähme er sie erst jetzt richtig wahr.

Sie nickte. »Gestern Morgen habe ich bei Signora Edna vorbeigeschaut. Ich sorge mich ein wenig um sie. Dass sie so an dem Papagei hängt ... Es macht alles viel komplizierter.«

Max winkte energisch ab.

»Edna ist eine starke Frau und noch einigermaßen in Schuss, aber wenn du sie nicht hin und wieder in diesem düsteren Haus besuchen würdest ... Hast du ihren Garten gesehen? Mit diesen ganzen Bäumen und Kletterranken, die die Mauern überwuchern! Da müsste man mal richtig ran!«

»Ihr gefällt es aber ...«

»Ja, weiß Gott, was sie daran findet. Sie ist alt und hat ihre ganz eigene Vorstellung von der Welt. Genauso gestrig wie sie selbst«, sagte er und verzog das Gesicht. »Außerdem sollte man in ihrem Alter nicht in so engem Kontakt mit Tieren sein. Psittakose, weißt du, was das ist? Die Papageienkrankheit, eine schreckliche Infektion. Erst denkt man, es sei eine normale Grippe, dann eine Lungenentzündung, aber es handelt sich um winzige Bakterien, die sich in deinem Blut verbreiten.«

Adele erinnerte sich, wie Emil sich immer am Kopf kratzte. Max hatte recht.

»Der Tierarzt hat eine Voliere im Garten. Sogar Edna hat verstanden, wie glücklich der Papagei wäre, wenn er dort endlich zusammen mit seinen Artgenossen herumflattern dürfte, anstatt bei ihr Kräutertee zu trinken. Und die Wildvögel beobachten, die am Himmel vorüberziehen. Und sie kann ihn jederzeit besuchen, wenn sie will.«

Adele dachte nach. Von ihrem Platz aus konnte sie sehen, dass auf dem Regal im Flur noch ein Teil von Max' Sammlung stand. Wikingerschiffe.

»Empathisch zu sein bedeutet nicht, sich von seinen Gefühlen mitreißen zu lassen, Adele. Oder das Leid der Mitmenschen anzunehmen, als wäre es das eigene. Man muss vernünftig bleiben und die nötige Distanz wahren, um das Richtige zu tun. Um Gutes zu tun.« Die letzten Worte hatte er langsam und gewichtig ausgesprochen.

Von Empathie hatte Max während eines Fortbildungskurses für die Arbeiter gehört, den die Kooperative anbot. In diesem Kurs hatte er auch die Spiegelneuronen für sich entdeckt. Sie hatten sein Leben verändert. *Das musst du dir merken, Adele.* Spiegelneuronen waren der Schlüssel für alles.

»In ihrem Alter fällt einem das Laufen immer schwerer. Selbst die einfachsten Tätigkeiten werden zum Problem«, setzte Max nach. »Du hast ihr immer die Einkäufe gebracht. Wie soll sie das denn machen ohne Auto? Der nächste Lebensmittelladen ist über einen Kilometer weit weg. Die würde verhungern, sag ich dir. Außerdem braucht Edna festgesteckte Grenzen und sichere Räume. Sie ist doch nie über ihren Garten hinausgekommen. Glaub mir, es ist ein Riesenglück, dass sie sie dort genommen haben. Wir geben ihr das, wonach sie immer gesucht hat: Mauern, hinter denen sie sich sicher fühlt. Es hat ein wenig gedauert, aber am Ende hat sich doch alles perfekt gefügt.«

Max atmete tief aus, als hätte er während der ganzen Zeit mit Edna gelitten.

Hm, das lag wohl an der Empathie und den Spiegelneuronen. Max hatte die Realität im Blick wie durch das kreisrunde Visier eines Zielfernrohrs. Wenn Adele die Dinge aus einer anderen Perspektive betrachtete, mit mehr Distanz, begriff sie, wie recht er hatte.

5
Der Zug

Eigentlich sollte es ganz einfach sein. Es gab den Zug, Postbusse und dann noch die Seilbahnen, obwohl die Vorstellung, einfach in der Luft zu hängen, Edna Angst einjagte. Nein, das konnte sie sich nicht vorstellen, ohne festen Boden unter den Füßen. Blieben also die Busse und der Zug, für Adele die einzig wahre Innovation im Tal. Aber sie musste darauf achten, dass sie Verkehrsmittel nur so nutzte, wie es laut ihrer Karte erlaubt war. Bei einer durchgezogenen Linie würde sie sich nur auf ihre Beine und ihre festen Schuhe verlassen; auf den mit Rädern gekennzeichneten Abschnitten würde sie sich eine schnellere und bequemere Fortbewegungsart gönnen. Wie auf ihrer letzten Reise damals, bei der Rückkehr vom Hof.

In Ednas Kopf überschlugen sich die Gedanken, während die Räder des Transportkastens im feuchten Kies einsanken und bei unvermittelten Schwenks Grashalme und Löwenzahn in sich hineinfraßen, um dann plötzlich zu stocken. Wie schwer das Ding doch war! Das letzte Mal, als sie Emil hineingesetzt hatte, war er noch ein zerrupfter Jungvogel gewesen, mehr tot als lebendig und halb so schwer. Wie lange war das her? Der Wollumhang kratzte am Rücken, er schlotterte um ihre Schultern und bedeckte sie dennoch nicht einmal ganz. Sie hatte nicht gedacht, dass sie viel kleiner gewesen war, als sie vor beinahe achtzig Jahren die Kleidung für ihre Reise zurechtgelegt hatte.

Edna atmete tief durch. Die Luft roch nach Apfelholz, ein leichter Wind trieb die Wolken sanft vor sich her. Hinter den Bergkämmen lugte die Sonne hervor und tauchte sie in einen rosafarbenen Schimmer. Es war ein schöner Tag. Der perfekte Tag, um sich auf den Weg zu machen. Sie bog auf die Hauptstraße ein und folgte dem schmalen Bürgersteig.

Die Räder des Transportkäfigs ratterten auf dem Asphalt wie ein alter Zweitaktmotor. Fieberhaft überlegte Edna, ob es noch einen anderen Weg gab. Aber sie hatte keine große Wahl. Sie musste zum Bahnhof. In der stillen Hoffnung, dass der Lärm niemanden geweckt hatte, sah sie sich um. Wie ärgerlich, wenn sie jetzt mit einem ihrer Nachbarn sprechen müsste oder jemand sie so sah. Welche Antwort konnte sie geben, wenn einer fragte, was sie vorhatte? Eine alte Frau mit einem Wanderstock in der einen Hand, mit der anderen einen Papagei in einem Transportkasten für Hunde hinter sich herzerrend, auf dem mehr schlecht als recht ein Rucksack festgebunden war.

Sie kam an einer Gärtnerei vorbei, deren riesige Fenster auf den Asphalt äugten. Einen Moment lang kämpfte sie gegen die Versuchung an, sich auf eine der Bänke davor zu setzen. Das dunkle Holz war von der Sonne ausgebleicht und verwittert vom warmen Frühlingswind, der in den frühen Märztagen durch das Tal fegte und für eine kurze Atempause die Winterkälte vertrieb.

Durch einen Schlitz des Kastens blickte sie ein Auge an, schwarz und rund wie ein Stecknadelkopf.

»Ja, Emil, jetzt wird es wirklich ernst.«

Edna überprüfte erneut, ob ihr Rucksack auch fest auf der Kiste angebunden war, und ging im Kopf noch einmal durch, ob sie nichts vergessen hatte, auch wenn es nun eigentlich zu spät war, um umzukehren. Sie erinnerte sich, dass sie die Wollstrümpfe auf dem Tisch aufgereiht hatte (drei Paar), die ihre Füße vor Kälte und Blasen schützen sollten, dann die in Butterbrotpapier gewickelten Roggenbrotschnitten (sieben) gegen den Hunger, die Trinkflasche (neu), das Glas mit den eingelegten Gurken und den Heidelbeerlikör (zur Stärkung), die Arnikasalbe (gegen schmerzende Muskeln) und die Ingwer-Minz-Pastillen (gegen alles Übrige). Im letzten Moment hatte sie auch noch die Baseballkappe eingepackt, die Max im vergangenen Sommer in ihrem Garten vergessen hatte. Sie war knallrot, was ihr recht gut gefiel – seltsam, eigentlich gab es nicht viel, was ihr an Max gefiel –, und sie war ganz praktisch, trotz dieser Aufschrift vorn, die Edna nicht verstand. Ihre Augen waren zu alt, um das unerbittliche Sonnenlicht zu ertragen, das gleißend hell vom Gletscher zurückstrahlte.

Richtig stolz war sie dagegen auf ihre festen Schuhe, die Schnürsenkel zu einem Doppelknoten gebunden. Ohne Trinkflasche konnte man kein Gebirge überqueren, das war richtig, aber wenn man seine Füße schlecht behandelte, kam man auch nicht weit. Edna hatte den ganzen Nachmittag gesucht und im Keller schließlich die Schuhe gefunden, die sie getragen hatte, als sie noch jung und stark gewesen war und eine vogelwilde rote Mähne ihr sommersprossiges Gesicht umrahmte. Natürlich waren es nicht mehr dieselben wie damals, als sie zehn war, aber diese hatten ihr lange treue Dienste geleistet.

Als sie die Schuhe anprobierte, passten sie genau.

Die perfekte Größe, dachte sie beinahe andächtig. Von allen Maßen, die man für eine Personenbeschreibung brauchte, war ihre Schuhgröße immer die zuverlässigste gewesen. Vielleicht lag es daran, dass sie schon als kleines Mädchen schwielige Füße gehabt hatte, knubbelig wie die Wurzeln eines Haselnussstrauchs. Natürlich waren ihre Füße später noch gewachsen, aber irgendwann hatten sie sich nicht mehr verändert, ihre Schuhgröße war all die Jahre über gleich geblieben.

Den Splitter aus der Statue des heiligen Christophorus, Schutzpatron der Reisenden, hatte sie nicht lange suchen müssen. Er lag sicher verwahrt in der Nische neben dem Küchenschrank, zusammen mit der Reisekleidung von damals, der Karte und ihrem Wanderstock.

Dort hatte er viele Jahre lang gelegen. Wenn sie über seine unregelmäßigen, von der eiligen Hand der Zeit geglätteten Ränder fuhr, vermittelte es ihr auch jetzt ein Gefühl von Sicherheit. Als marschiere sie fest und unbeirrbar auf ein Ziel zu. Vor langer Zeit hatte dieses kleine Stück vom heiligen Christophorus die Berge überquert, hatte wolkenverhangene Himmel und schneebedeckte Wege gesehen. Hatte ihr Mut gemacht im Dunkel der Wälder und wenn sie mit nackten Füßen durch eiskalte Wildbäche watete. Hatte ihr über die Berge geholfen.

Ein lautes »Kraaak« unterbrach Ednas Gedanken. Sie wandte sich Emil zu, suchte sein dunkles Auge hinter den Gitterstäben.

»Nein, Emil. Diesmal wird es viel leichter. So viel leichter, das glaubst du gar nicht!«

Eigentlich sprach sie sich selbst Mut zu, während sie den Holzsplitter tief in ihrer Tasche versenkte und sich fest auf den Stock stützte, um die letzte Steigung anzugehen.

Sie spürte, wie sich jeder ihrer Wirbel mühsam streckte und Knochen und Sehnen knirschend aneinander rieben wie die Zahnräder eines verrosteten Getriebes, das einmal gründlich geölt werden musste.

Endlich tauchte zwischen den Kronen der Apfelbäume der Bahnhof auf. Ein hübsches rustikales Gebäude, weiß gestrichen mit grünen Fensterläden. Die Regenrinnen leuchteten rot wie das Vordach, auf dem in schnörkellosen Blockbuchstaben der Name des Ortes stand: CASTELBELLO.

Edna hatte sich einen der ersten Frühzüge ausgesucht, da er sicher nicht allzu voll sein würde. Sie hatte jeden einzelnen Abschnitt ihres Weges genau im Kopf, der Schritt für Schritt auf der Karte eingezeichnet war. Und vor allem wusste sie, dass dort jenseits der Berge Jacob auf sie wartete. Der natürlich nichts von ihrer Reise ahnte, aber das war im Augenblick nebensächlich.

Sie wollte niemanden um sich haben. Keinen, der ihr auf die Nerven fiel oder dem sie dankbar sein musste. Und schon gar keinen, der sich Sorgen um sie machte oder für sie Entscheidungen traf.

Nur sie und Emil, ganz wie früher.

»Ist da ein Hund drin?«

Überrascht drehte Edna sich um. Sie rückte die Brille auf der Nase zurecht und musterte ein kleines Mädchen, das unter einem rosafarbenen Fahrradhelm mit einem aufgedruckten geflügelten Pferd hervorsah.

Edna blickte sich suchend nach der Mutter oder jemand anderem um, der sich um das Mädchen kümmerte, aber der Bahnhofsvorplatz war leer. Noch war kein Zug da, trostlose Ruhe lag über dem Parkplatz. Nur am Fahrkartenschalter passierte etwas: Eine Frau redete wild gestikulierend auf den Mann dahinter ein, den sie mit ihrer imponierenden Statur weit überragte. Wohl die Mutter des Mädchens.

Da fuhr der Zug ein, und schnell lief Edna den Bahnsteig entlang.

Nachdem sich die Tür hinter ihr geschlossen hatte, wählte sie einen Fensterplatz am Ende des Waggons. Sie vergewisserte sich, ob sie auch in den richtigen Zug gestiegen war. Einer fuhr nach Süden, der andere in die entgegengesetzte Richtung zur Grenze, immer am Fluss entlang durch das enge, kalte Tal, das von hohen, von Lärchen- und Kiefernwäldern bedeckten Bergen umschlossen war. Edna studierte die schwarze Linie über den Fenstern, auf der mit roten Punkten die Stationen eingezeichnet waren. Sie musste bis zur Endstation fahren, im äußersten Norden des Landes. Danach würde sie sich dem heiligen Christophorus anvertrauen und seine Hilfe erbitten. Oder nein, vermutlich würde sie sich einen Bus suchen.

Sie hatte den Waggon mit den wenigsten Sitzen gewählt, wo es in der Mitte einen freien Stellplatz gab, und saß nun mit dem Blick auf die Ötztaler Alpen mit ihrer eigentümlichen Vegetation aus kargem Buschwerk und nacktem Fels in verschiedenen Rottönen. Jenseits der Straße lag die Burg, der das Dorf seinen Namen verdankte, und irgendwo weiter unten die Mühle – dort hatte Edna vor langer Zeit, nach ihrer Rückkehr vom Hof, als der Krieg ihr nicht nur ein zweites Mal ihre Träume, sondern auch ihren Vater genommen hatte, gearbeitet. Dort hatten sie und ihre Mutter nach den Bombenangriffen neu angefangen, nach alldem, was in diesem seltsamen Mai 1945 passiert war. Lange nach dem Sommer mit Jacob.

Das Mädchen mit dem rosafarbenen Fahrradhelm hatte sich ihr gegenüber hingesetzt und fragte nun seine Mutter, die hochgewachsene Dame vom Fahrkartenschalter, wer denn diese Frau mit dem Holzstock war.

Edna starrte aus dem Fenster, während ihr die gleiche Frage durch den Kopf schwirrte.

Ja, wer war diese Edna?

6

Eine Frage der Perspektive

Edna konnte alle Dörfer im Tal in der richtigen Reihenfolge benennen, ohne einen einzigen Fehler, während sich ihr Blick im Grün der Wiesen verlor.

Die Mutter des Mädchens mit dem rosafarbenen Fahrradhelm ließ sie nicht aus den Augen. Sie konnte den Blick nicht von Ednas Wollumhang und den schweren Schuhen losreißen, Details, die sie offensichtlich nicht einordnen konnte.

»Fahren Sie sehr weit?«, erkundigte sich die Frau und verzog dabei den Mund auf eine Art, die Edna daran erinnerte, wie Adele sie immer ansah, wenn sie ihr – leider recht erfolglos – versicherte, dass sie durchaus in der Lage sei, allein für Emil zu sorgen. Als ob sie das nicht mehr schaffen würde! Stolz richtete sie sich auf.

»Sehr weit, Signora. Emil und ich überqueren das Gebirge. Wir müssen nach Ravensburg.«

Sie hob das Kinn, während sie sich selbstbewusst mit beiden Händen auf den Knauf des Wanderstocks stützte wie ein Tempelritter auf sein Schwert.

»Das ist eine weite Reise.«

»Ich habe sie schon einmal gemacht.«

Nun hätte sie eigentlich erklären müssen, dass es sehr lange her war, aber was änderte das schon? In ihrem Rucksack steckte die Karte, die sie als kleines Mädchen auf der Rückreise gezeichnet und in der sie jede Etappe genau vermerkt hatte, dazu alle Transportmittel, die sie benutzt, und die Wege, die sie zu Fuß zurückgelegt hatte. Und während die Edna von damals versucht hatte, den Stift gerade zu halten und sauber zu führen, hatte sie sich ermahnt, nur ja keine Einzelheit zu vergessen. Jacob hatte immer behauptet, sie habe ein schlechtes Gedächtnis, aber sie würde ihm beweisen, dass er sich irrte, sobald sie sich wiedersahen. Schließlich war er schlau, schlauer als sie, er würde es schon begreifen.

Vielleicht hatten sie nur ihre überbordende Phantasie oder ihre Schuldgefühle in dem festen Glauben bestärkt, dass sie einander wiedersehen würden.

Denn die Karte war zusammengefaltet und ungeöffnet geblieben. Doch sie hatte auf Edna gewartet, sicher in der Nische und einem Winkel ihres Gedächtnisses verwahrt, wo die Erinnerungen noch immer pochten wie eine offene Wunde, allen erlebten Enttäuschungen und der langen Zeit zum Trotz.

Jetzt endlich war der Moment gekommen, den Staub davon zu entfernen. Es war die sicherste Route, die einzige, die sie kannte und die sie mit Jacob verband. Sie hatte immer gewusst, dass diese Karte irgendwann ihren Zweck erfüllen würde: zurückzukehren, um ihn zu holen. Das hatte sie ihm an jenem Tag versprochen (selbst wenn er es damals nicht hören konnte). Und dann noch einmal, als sie während des Rückwegs auf dem Arlbergpass gedankenverloren den Wolken nachgeschaut hatte, die über den Himmel jagten.

Diesmal durfte sie ihn nicht enttäuschen. Nicht nachdem sie schon einmal ihr Wort gebrochen hatte. Mit schrecklichen Folgen. So ein Versagen konnte man einmal verzeihen, doch beim zweiten Mal machte es dich zur Lügnerin.

Und eine Lügnerin war sie nie gewesen.

Das Mädchen und seine Mutter sprachen jetzt leise miteinander, zeigten auf Bäume und Dörfer, die am Fenster vorbeizogen. Edna war erleichtert, dass sie keine weiteren Fragen mehr beantworten musste.

Der Zug verlangsamte die Fahrt; gleich würden sie den Bahnhof von Laas erreichen. Edna schaute aus dem Fenster, um sich abzulenken. Es hatte sich alles sehr verändert. Sie konnte zwar nur einen Blick auf den Bahnsteig und die Neubauten erhaschen, die sich an den Berghang klammerten, aber sie wusste, dass dort oben, von Wolken umgeben wie ein düsteres Omen, das Munitionsdepot lag. Und etwas weiter unten ein Platz.

Dort hatten die deutschen Soldaten vor vielen Jahren, in den ersten Tage jenes seltsamen Mais 1945, elf Männer zusammengetrieben, die beschuldigt wurden, zwei Kisten Munition aus dem Depot gestohlen zu haben. Edna erinnerte sich noch genau an das Gesicht ihrer Mutter, als sie die gefesselten Söhne und Ehemänner ihrer Freundinnen auf dem Mannschaftswagen an deren leeren Augen vorbeifahren sah. Erinnerte sich an das Geräusch von Schüssen in der Ferne. Und daran, was sie in diesem Augenblick gedacht hatte.

Sie hatte inständig gehofft, dass Jacob, wo auch immer er war, nicht ein ähnliches Schicksal erlitt, hatte mit jeder Faser ihres Herzens gehofft, dass es ihm trotz allem gutging. Und dass er glücklich war.

Im Dorf wurde nie über die Kinder gesprochen, die fortgegangen waren. Das Geheimnis hing schwer über dem Tal wie der kalte Novemberregen mit seinen dunklen Wolken, die die Sonne verbargen, während man auf den ersten Frost wartete.

Nur die alten Leute erinnerten sich noch.

Manchmal kehrten einige von denen, die fortgegangen waren, mit ein wenig Geld zurück. Von anderen hörte man nie wieder etwas. Edna war überzeugt, dass diese Kinder im Grunde niemanden interessierten. Niemanden außer ihr, die sie mit einem abgrundtief schlechten Gewissen an Jacob dachte.

Als der Zug zwanzig Minuten später in Burgeis hielt, stieg Edna aus. Sie blieb auf dem Bahnsteig stehen, spürte die schneidende Kälte aus den Eisrinnen der Berge auf ihrer Haut. Ihr Blick fiel auf das tote Gleis, und sie fragte sich, wie es sein konnte, dass hier auch nach so vielen Jahren immer noch die Welt zu Ende war.

Doch das schien niemanden außer ihr zu bekümmern. Die Radtouristen in ihren grellen Trikots bildeten Farbtupfer auf den Bahnsteigen, Eltern und Kinder kauften Smoothies am Kiosk. Alle schienen ein Ziel zu haben und den Weg dorthin klar vor Augen.

Auch die Mutter und das Mädchen schoben unbeschwert ihre Fahrräder über den Bahnsteig. Die Sonne ließ die silberglänzenden Flügel des Pferdes auf dem Helm des Mädchens aufblitzen.

So ein Unsinn. Wer brauchte schon ein Pferd mit Flügeln, dachte Edna lächelnd und wandte sich dem Bahnhof zu. In der Hand hielt sie ihren *Südtirol-Pass 65+*, mit dem sie alle Verkehrsmittel in der Region benutzen konnte, ohne einen Fahrschein zu lösen.

Eine frische Brise wehte den Geruch nach Harz und feuchtem Gras heran. Es war ein herrlicher Tag. Wie dazu geschaffen, die Berge zu überqueren.

Böse Kinder beten nicht

Von Jacob hatte sie gelernt, dass harte Arbeit hier mehr zählte als ein Gebet. Sie war gerade erst auf dem Hof angekommen und tat sich schwer, Freundschaften zu schließen. Tagsüber gelang es ihr zumindest, das Heimweh zu unterdrücken, weil es immer etwas zu tun gab. Entweder musste sie eine Aufgabe ordentlich erledigen oder so sehr den Buckel krumm machen, dass ihre Gedanken in den Wasserpfützen auf dem Fußboden eingesperrt blieben, den sie putzen sollte. Doch abends meldeten sich brennend die Erinnerungen. Anja, ihre Bettnachbarin, kam manchmal erst spät zu ihnen. Die anderen Kinder kicherten, wenn sie sie bemerkten, als wüssten sie etwas, was Edna entging. Anja redete nicht mit ihr, sondern warf sich nur stumm auf ihre Matratze und wickelte sich in ihre Decke wie eine Raupe in ihren Kokon. Sie antwortete nicht einmal, wenn Edna ihr gute Nacht wünschte. Vielleicht schlief Anja ja auch gleich so tief und fest, dass sie nichts mehr hörte.

Auch an diesem Abend war sie allein in ihrer Ecke. Das Heu verbarg sie vor den Blicken der anderen Kinder, aber trotzdem konnte sie nicht einschlafen. Sie kniete nieder und wiederholte ihre Abendgebete. Dann hätte sie für den nächsten Abend schon einmal vorgebetet. Es erfüllte sie mit Stolz, dass sie sich so eifrig an Padre Giannis Ermahnungen hielt. Vielleicht betete sie dabei unbewusst ein wenig inbrünstiger.

»Warum betest du?«

Als Edna herumfuhr, sah sie hinter sich den Jungen mit den

Augen, die schwärzer waren als die Nacht. Edna zwang sich, sich die Angst nicht anmerken zu lassen, mit der ihr das Herz bis zum Hals schlug.

Über diesen Jungen erzählte man sich die übelsten Geschichten. Manche Kinder behaupteten sogar, einmal habe er einem Neuankömmling fast das Ohr abgebissen, weil der ihm zum Spaß die Schuhe versteckt hatte. Die älteren Kinder machten einen Bogen um ihn, aber nicht etwa, weil er schmutziger war als sie oder streitlustig. Edna war aufgefallen, dass sie immer ein wenig den Blick senkten, wenn er vorbeikam oder den Raum betrat, obwohl sie vorher laut über ihn gelästert hatten.

»Ich bete, weil Padre Gianni das gesagt hat«, beantwortete sie seine Frage.

»Tust du alles, was man dir sagt?«

Edna dachte nach. »Ich will alles richtig machen und ins Paradies zu den Engeln kommen, wie meine Oma.«

Jacob lachte nur laut.

»Sprichst du dann für mich ein paar Vaterunser mit? Ich such inzwischen was zu beißen.«

»Das geht nicht«, entgegnete sie ihm und riss furchtsam die Augen auf. »Wenn man dich dabei erwischt, wie du etwas aus der Küche klaust, wirst du bestraft.«

»War mir doch klar, dass du so eine bist«, sagte Jacob kopfschüttelnd, aber er grinste weiter. »Ich wette mal, du hast sogar Angst vor kaltem Wasser. Bis dann, Zimperliese.«

»Warte, was bedeutet *Zimperliese*?«

Doch Jacob war schon auf dem Weg zur Küche und rief ihr laut zu, ohne sich daran zu stören, dass die anderen Kinder schon schliefen: »Hab ich doch gesagt. Du traust dich doch nur mit den Füßen ins Wasser, wenn es schön warm ist, und fürchtest dich vor allem. Zimperliese.«

Edna sah ihm nach, wie er in der Dunkelheit verschwand,

und hielt den Splitter des heiligen Christophorus ganz fest in ihrer Hand. An jenem Abend betete sie für Jacob, dass er nicht entdeckt und bestraft würde.

Damals gab es noch nicht die Flügel eines Paradiesvogels, die sie beschützen konnten, denn noch war Emil nicht in ihr Leben getreten.

7

Die Bar der schamlosen Gartenzwerge

Edna interessierte es nicht, dass das ungehaltene Raunen hinter ihr immer lauter wurde. Jetzt war sie an der Reihe, und niemand würde sie von dort wegbringen.

»Signor …«, fuhr sie fort und versuchte krampfhaft, das Namensschild auf der blauen Uniformjacke des Mannes zu lesen.

»Bernard.«

So wie diese großen Rettungshunde, die mit einem Schnapsfässchen um den Hals Menschen retteten, die sich in den Bergen verirrt hatten. Bernard wirkte allerdings eher selbst so, als habe er sich verirrt.

»Ich muss einen Bus nehmen. Egal welchen, Hauptsache, ich komme zur Grenze. Und meine Karte ist völlig in Ordnung. Überprüfen Sie das ruhig noch einmal«, sagte Edna und schob die Chipkarte energisch unter dem Schalterfenster durch. Sie begriff nicht, was es da noch zu überprüfen gab. Ihm den *Südtirol-Pass* zu zeigen, war anscheinend keine gute Idee gewesen. »Weiss. Edna Weiss.«

Der Mann am Ticketschalter wich ihrem Blick aus. Er wischte sich mit einem Taschentuch den Schweiß von der Stirn und schob ihr schließlich verstohlen die Karte zurück. Sie blieb auf halbem Weg unter dem Schalterfensterchen auf der Ablage liegen, auf die sich Edna mit dem ganzen Gewicht ihres Oberkörpers abstützte.

»Noch einmal, Signora Weiss. Theoretisch könnten Sie mit diesem Pass sämtliche Verkehrsmittel unserer Region benutzen, genau wie Sie es schon seit ungefähr ...«, er sah auf die Uhr an der Wand, »zwanzig Minuten erklären. Aber« – und dieses »aber« betonte er besonders, während er heftig ausatmete – »Ihr Pass ist ungültig.«

»Das kann gar nicht sein. Er ist neu, ich habe ihn nie benutzt«, entgegnete Edna im Brustton der Überzeugung, während sie den Arm ausstreckte, um ihm den Pass wieder zuzuschieben, wobei sie so nahe herankam, dass sie mit der Stirn die Scheibe des Schalters berührte. Flink wie ein Croupier angesichts eines Stapels Chips schob der Mann ihn zurück.

»Wie sind Sie denn bis hierher gekommen?«

»Mit meinem Pass«, antwortete Edna.

»Haben Sie die Karte in den Automaten im Zug gesteckt?«

»Was für einen Automaten?«

»Vermutlich sind Sie keinem Kontrolleur begegnet, Signora Weiss.«

»Nein, da war keiner. Genau, das wollte ich Ihnen auch noch sagen: Es sollte mehr kontrolliert werden, bei allem, was man so hört ...«

»Der Pass muss jährlich verlängert werden. Sie haben ihn seit mindestens sieben Jahren nicht benutzt, deshalb ist er ungültig.« Er schnippte den Pass so weg, dass er an Ednas Arm landete. Sie rührte sich nicht, während der Mann die Hand zurückzog und tief Luft holte.

»Ich will Ihnen ja helfen. Es ist doch nur zu Ihrem Besten. Und sieben Jahre sind eine lange Zeit. Erzählen Sie mir nicht, Sie hätten ihn nie gebraucht.«

»Ich verlasse mein Zuhause nicht sehr oft, Signor ...«

»Bernard«, erklärte der Mann und blickte auf die Schlange von Leuten hinter Edna, die immer aufgebrachter wurden. »Sehen wir uns mal Ihre Route an und suchen nach einer Verbindung. Aber noch einmal, Sie können sich einfach ein normales Busticket kaufen und damit problemlos zur Grenze fahren. Von dort kommen Sie dann weiter nach Deutschland und ...«

»Ja, ja, schon gut. Können Sie mir sagen, wann der nächste Bus fährt?«

Edna folgte dem Blick des Mannes, der nun zum Parkplatz hinüberschaute.

Genau in diesem Moment schlossen sich mit einem dumpfen Schnauben die Türen des Busses, der dort stand. Beide sahen noch, wie er hinter einer Kurve verschwand, während ein Sonnenstrahl seine verdunkelten Scheiben aufblitzen ließ.

»Der nächste fährt in einer Stunde.« Der Mann am Fahrkartenschalter fuhr sich mit seinem Taschentuch über die Schläfen und tupfte sich die Lippen ab. »In der Zwischenzeit könnten Sie ...«

Wortlos verließ Edna die Warteschlange und zog den Transportkasten hinter sich her, den sie nicht einen Moment losgelassen hatte.

Bernard hatte ihren Kopf mit seltsamen Namen von Städten und Haltestellen angefüllt. Aber wenn er dachte, er könnte sie damit verwirren, nur weil sie eine alte Frau war, hatte sich der junge Mann geschnitten. Sie würde sich jetzt einen Espresso macchiato mit einem Hauch Kakao darauf gönnen. Und ein Stück Kuchen. Vielleicht hatte der kleine Zwischenfall ja auch sein Gutes.

Edna überquerte die Außenterrasse der Bar und wich den Gartenzwergen aus, die überall verteilt standen.

Als die Kellnerin sich über den Tisch beugte, um das Tablett mit dem Kuchen und dem Brot abzustellen, die Edna für sich und Emil bestellt hatte, hatte Edna einen Augenblick nur Augen für das ausgestopfte Tier am anderen Ende des Gastraums. Sie fand es merkwürdig, dass diese Trophäen aus gegerbtem

Leder mit ein paar Fellbüscheln und diesen toten Glasaugen noch immer als Dekorationsobjekte benutzt wurden. Sie hatte eigentlich gedacht, so etwas gehöre der Vergangenheit an. Das makabre Ding erinnerte sie an die Wirtsstube, in der vor vielen Jahren ihre Reise über die Berge begonnen hatte. Ein düsterer Raum voller Augen, Schnäbel, Hörner und Geweihe von Tieren, die sie wie das Reh stumm anglotzten und in der Mitte ihres Labyrinths festbannten. In jeder Stube roch es gleich, und sie meinte, diesen Geruch nach Most und Geräuchertem noch heute in der Nase zu haben.

Damals, in jener Stube, hatte man ihr gesagt, dass sie fortgehen musste, nachdem sie sich den mageren Bauch mit Padre Giannis Roggenbrot und Speck vollgeschlagen hatte. Während sie mit der Zungenspitze Kümmelsamen zwischen den Zähnen herauspulte, hörte sie die Worte des Paters, ohne sie zu begreifen, und sah, wie Geld in die Hände des Vaters wanderte. Forschend hatte sie in sein düsteres Gesicht aufgeblickt, gezeichnet von schorfiger Erde und Erschöpfung. »Wenn du brav bist und fleißig schaffst, gibt dir der Bauer, für den du arbeitest, etwas Geld. Diese Reise ist für alle ein Segen, Edna. Auch für dich«, hatte er zu ihr gesagt, aber seine Miene war ernst geblieben. Sie war weder verzweifelt gewesen, noch hatte sie sich gewehrt. Nein, sie hatte ihm geglaubt. Vielleicht, weil mit vollem Magen alle Probleme verschwanden und die Welt einem tröstlicher vorkam. Oder weil sie nur ein kleines, zehnjähriges Mädchen gewesen war.

»Warten Sie auf den Zug?«

Edna blickte hoch, ihre Augen verloren sich noch in den Nebeln der Vergangenheit, die aber im Nu in Vergessenheit gerieten. Die Kellnerin kniete vor der Box und kraulte durch die Gitterstäbe Emils Köpfchen.

»Nein, nein, ich muss Richtung Grenze.«

»Dann warten Sie auf den Bus. Wissen Sie, ich habe noch nie einen Papagei gesehen. Haben Sie ihn dabei, weil Sie nicht wissen, bei wem Sie ihn lassen sollen? Ich nehme meinen Kater auch immer mit. Obwohl er nicht gern von zu Hause wegwill.«

Die Frage konnte Edna zunächst nicht beantworten. Die Worte erstarrten in ihrer Kehle zu Eis.

»Ich muss ihn einem Freund wiederbringen«, sagte sie schließlich ausweichend, als wäre diese Geschichte viel zu ausführlich und langweilig, um sie zu erzählen.

»Dürfen Sie ihn nicht mehr behalten? War er ein Geschenk?«

Edna nickte stumm. In das Lächeln der Kellnerin mischte sich ein Hauch Traurigkeit, während sie Emil noch etwas zärtlicher kraulte.

»Ich glaube, es wird höchste Zeit, dass ich und dieser kleine Faulpelz uns auf den Weg machen, damit wir unseren Bus bekommen«, sagte Edna und stand auf.

Sie würde mit dem Bus über die Grenze fahren. Heute war es viel einfacher, die Berge zu überqueren. Damals als Kind war es ein siebentägiger Fußmarsch gewesen, bis zu den Knöcheln in eiskaltem Wasser oder im Schnee, die Haut von der Sonne verbrannt, dem kalten Wind ausgesetzt.

Als die Kellnerin sie an der Tür verabschiedete, fiel Edna auf, was mit den überall auf der Terrasse verteilten Gartenzwergen nicht stimmte: Neben ihr stand ein Zwerg mit rosafarbenen Pobacken und heruntergelassenen Lederhosen. Die junge Frau sah ihnen mit einem Lächeln nach und winkte, bis sie den Busparkplatz erreicht hatten. Edna hatte beinahe ein schlechtes Gewissen, weil sie ihr nicht die Wahrheit erzählt hatte. Sie hätte ihr sagen müssen, dass Emil gar kein Geschenk war, sondern ihr nie gehört hatte. Emil kehrte nun nach Hause zurück.

Edna seufzte und richtete ihre Brille. Der Bus wartete schon unter der gewaltigen Krone eines Kirschbaums, umringt von zahlreichen Menschen.

Erstaunt stellte sie fest, wie viele Frühaufsteher schon unterwegs waren, um das Tal zu durchqueren. Die Touristen standen Schlange vor dem Bus, um ihre Rucksäcke im Gepäckraum zu verstauen.

Ein junger Mann half ihr beim Einsteigen mit dem Transportkasten, dann waren sie und Emil endlich im Bus. Durch die Fenster fiel warmes Sonnenlicht und erfüllte die Luft mit goldenen Staubkörnern. Mit gesenktem Kopf lief Edna durch den zu engen Gang und zog mühsam den Rollkasten hinter sich her, der nun aus irgendeinem unerfindlichen Grund schwankte. Sie legte den Umhang ab, band ihn sich um die Taille und schleppte sich dann weiter.

Den Chihuahua bemerkte sie erst, als er in ein hohes dünnes Kläffen ausbrach.

Durch die Transportkiste ging ein heftiger Ruck, der sie nach hinten zog, als Emil ans Gitter hüpfte und sich dort festklammerte. Der Papagei stieß einen so schrillen Schrei aus, dass die Fahrgäste erstarrten, als wäre gerade eine Granate explodiert, gefolgt von wüsten Beschimpfungen und Krächzen, so laut, dass die Fenster beinahe zersprangen.

Das ging minutenlang so weiter, bis der Busfahrer sie schließlich zu sich winkte. Edna starrte auf ihr Spiegelbild in der Sonnenbrille des schmächtigen Mannes in Uniform. Uniformen hatte sie noch nie gemocht und schon gar keine Männer, die sich die Haare seitlich über den Kopf kämmten, um darunter ihr ach so großes Geheimnis zu verstecken.

»Ist da ein Adler drin?« Der Mann musste seine Stimme erheben, um den Lärm zu übertönen.

»Ein Papagei.«

»Entweder Sie bringen ihn zur Ruhe, oder er muss raus aus dem Bus.«

Der Besitzer des Chihuahuas hatte sich inzwischen umgesetzt, um Edna Platz zu machen und eine gewisse Entfernung zwischen den Hund und den Papagei zu bringen.

Doch Edna wusste genau, dass Emil einen beinharten Willen hatte.

Nervös fuhr sich der Busfahrer mit der Hand über den Nacken, während Edna versuchte, den Käfig festzuhalten, der ein Eigenleben entwickelt hatte.

»Gute Frau, unten ist ein komfortabler Stauraum für das Gepäck.«

»Sie wollen doch nicht etwa ...«

Der Fahrer nickte.

»Emil ist kein Gepäckstück. Selbst wenn ich meinen Platz verlassen und zu Fuß gehen muss, Signor ...«

8

Im Hexenwald

Bernard und *Ottavio*. Diese Namen musste sie sich merken, notfalls musste sie sie aufschreiben, denn am Ende ihrer Reise würde abgerechnet. Sie stellte sich vor, wie sie es den Frauen in der Bar erzählte, in der sie jeden Morgen die Zeitung las. Ein Kerl, der Emil in den stickigen Gepäckraum stecken wollte, ohne Luft und dazu der Krach der Reifen … Sie hatte genügend Beweise, um einen Boykott aller Postbusse im Tal anzuzetteln.

Ein Schritt nach dem anderen. Für sie hörte es sich an, als würde das Stampfen ihrer schweren Schuhe die Namen dieser Männer skandieren wie ein Marsch im abwechselnden Zweier- und Dreier-Takt. *Ber-nard, Ot-ta-vio*. Es übertönte den Verkehrslärm, dröhnte durch die engen Gassen des kleinen Ortes Burgeis und ließ keinen Raum für anderes. Manchmal ging Edna langsamer und betrachtete ihr Spiegelbild in den Schaufenstern der Geschäfte, den gebeugten Rücken und den Arm, der die Transportkiste hinter sich herzog, als wären Emil und sie ein einziges, seltsames Geisterwesen, das im Hell-Dunkel-Spiel von Sonne und Schatten dahinschwebte.

Wenn sie atmete, brannte ihre Lunge, und jeder Atemzug trug ein wenig Wut mit sich fort.

Es war ein herrlicher Tag. Der perfekte Tag, um die Berge zu überqueren.

Sie musste nur den Kurven des grauen Asphaltbands folgen und sich dabei auf dem weichen Grasstreifen halten. Direkt oberhalb des Fahrradwegs tauchte überraschend die Fürstenburg auf ihrem rötlichen, sich von den Lärchen abhebenden Felsen auf.

Dahinter, ganz weit oben, erhoben sich die dunklen Dächer der mächtigen Abtei Marienberg aus dem Wald. Mit ihren hoch aufragenden Mauern, den schießschartenartigen Fenstern und den dunklen Fialen, die im Winter, wenn sich der Rest der Abtei im alles beherrschenden Weiß verlor, als Einzige aus der Schneedecke hervorragten, sah sie eher wie eine Festung aus.

Edna wollte unbedingt sehen, ob es auf der Burg immer noch den Brauereiausschank gab, in dem Padre Gianni und sie zu Beginn der Reise eingekehrt waren. Beinahe musste sie lachen bei dem Gedanken, wie Padre Gianni dort drinnen die Zeit vergessen hatte, während sie draußen wartete und brav die fünfzig *Ave Maria* aufsagte, die er ihr aufgetragen hatte, in dem festen Glauben, dass er hineingegangen war, um einigen Gläubigen Trost zu spenden, und dass er bald wieder herauskommen würde, vielleicht noch vor ihrem letzten Gebet. Sie glaubte wirklich alles, das hatte Jacob gleich erkannt.

Ein wenig enttäuscht stellte Edna fest, dass der Platz, wo damals Tische und Bänke gestanden hatten, nun mit Autos zugeparkt war und es nicht mehr nach Malz und Holz, sondern nach verbranntem Gummi roch. Sie blieb ein wenig abseits unter einer Kastanie stehen. Die steinernen Mauern und der wehrhafte, viereckige Turm sahen noch genauso aus wie in ihrer Erinnerung. Aus diesem Blickwinkel schien die Zeit stehengeblieben zu sein.

Edna musste an den Tag denken, an dem Jacob und sie einander das Versprechen gegeben hatten. Damals hatten sie noch geglaubt, dass Emil ein Paradiesvogel wäre und magische Kräfte besäße. Jacob hatte nichts als ihn im Kopf, und so fand sie es nur folgerichtig, ihm zu versprechen, sie werde alles dafür tun, dass niemand ihm Emil wegnahm. Jacob hatte nur gelacht und abfällig gemeint, dass Versprechen etwas Ernstes seien und nichts für kleine Mädchen. Keiner werde ihm Emil wegnehmen, da solle sie sich mal keine Sorgen machen. Er wiederum gab ihr ein Versprechen, das echten Mut erforderte: Er würde sie vom Hof wegbringen. Sie würden zusammen fliehen.

Jacob hatte sein Versprechen gehalten, er hatte sie gerettet. Sie hingegen hatte ihn verraten. Und sogar noch etwas mitgenommen, das ihm gehörte: Emil.

Doch auch wenn Jacob es nicht wissen konnte, war das Versprechen, das sie ihm an jenem Tag gegeben hatte, aus tiefstem Herzen gekommen: Denn sie kannte den Schmerz, den man empfand, wenn einem etwas fortgenommen wurde, was man liebte.

Vom Bahnhof aus war sie schon über eine Stunde gelaufen; auch die kurze Rast unter der Kastanie hatte die schmerzenden Muskeln der Beine und des Arms, mit dem sie den Transportkasten zog, nicht entspannt. Emil war inzwischen etwas kooperativer und warf sich nicht mehr von einer Seite zur anderen, sondern schien nun still den Geräuschen im Wald zu lauschen. Aber das machte es nicht weniger anstrengend, zu laufen und dabei diesen Riesenkasten hinter sich herzuzerren.

Der Pfad verlief entlang des Gebirgszugs, dessen gewaltige Erd- und Gesteinsmassen über ihr aufragten. Zahllose Füße, die versucht hatten, ihm Gewalt anzutun. Hände, die ihn ausgehöhlt und in ein Korsett gezwungen hatten. Es machte sie schwindeln, wenn sie die Bergspitzen betrachtete, die sich vor ihr auftürmten und das Tal wie Wächter einrahmten. Wie viele Schattierungen von Grün gab es auf der Welt?

Solange sie noch genügend Puste hatte, war es bestimmt angenehmer, dem Radweg zu folgen als der stark befahrenen

Landstraße, denn dort gab es keinen Bürgersteig. Zumindest auf einem Stück.

Dass Emil sich nach dem Höllenlärm, den er veranstaltet hatte, so ruhig verhielt, kam ihr merkwürdig vor. Sie spürte ein merkwürdiges Kribbeln unter der Haut, als wären dort winzige Insekten gefangen.

»Singen vertreibt die Müdigkeit«, glaubte Edna auf einmal Padre Giannis Stimme zu hören, die auf sie einredete. Ihr wurde klar, wie lange sie nicht mehr an ihn gedacht hatte. Das Leben von damals kam ihr vollkommen fremd vor.

Hatte diese Edna je existiert? Der Schweiß, das Kribbeln in den Händen und die schmerzenden Schultern, an denen der Käfig zerrte, der über den rissigen Asphalt holperte, verankerten sie fest in der Gegenwart. Und doch wanderten ihre Gedanken dorthin zurück, wie eine vorwitzige Welle, die ans Ufer rollt, um ihm eine Handvoll Sand abzutrotzen und mit sich in die Tiefen des Meeres zu ziehen.

9

Struwwelpeter

Auf ihrem Weg durch Felder und das eine oder andere Dorf begegneten Edna und Emil anfangs vor allem Touristen, die sich in den unterschiedlichsten Sprachen unterhielten und bei ihrem Anblick nur lächelten.

Etwas später hielten die Leute auch schon mal an und erkundigten sich, ob sie etwas bräuchte, Wasser oder einen Apfelsaft. Aber Edna beherrschte nur der Gedanke, dass sie den See erreichen musste. Eigentlich hatte sie diesen Abschnitt mit dem Bus zurücklegen wollen, aber es war nun mal anders gekommen und nicht mehr zu ändern.

Auf dem Hof hatten die Kinder immer gesagt, dass es drei Joker gebe, eine Art Freikarte.

Krankheit. Wenn man Fieber hatte, wurde man nicht zum Arbeiten geschickt, und das war immer noch besser, als sich den Rücken krumm zu schuften und aufstehen zu müssen, wenn es draußen noch dunkel war. Edna vermutete allerdings, dass diese Fürsorglichkeit mehr aus Angst vor Ansteckung als aus Mitgefühl resultierte.

Regen. Wenn alle Arbeiten erledigt waren, die man drinnen verrichten konnte, durfte man die restliche Zeit für sich selbst nutzen. Meist nähte man dann oder schnitzte sich etwas aus Holz.

Und dann der Struwwelpeter. Das war eine Gestalt aus einem Buch mit Gedichten für Kinder, ein schrecklich schmutziger Junge, der so lange Haare und Nägel hatte, dass er aussah wie ein Stachelschwein. Niemand konnte sagen, wer von ihnen so mutig gewesen war, damit anzufangen, aber schließlich nannten sie alle den Großbauern so. Natürlich nur heimlich, wenn er ihnen den Rücken zudrehte und sie auf dem Feld weit genug entfernt waren. Der Struwwelpeter konnte alles: einem die Pläne verhageln oder einen bestrafen. Oder einen belohnen, wenn man am wenigsten damit rechnete.

Seit damals hatte Edna in ihrem Leben viele Struwwelpeter kennengelernt. Normalerweise nur welche von der schlimmsten Sorte. So wie den Mann in Uniform, der Emil und sie aus dem Postbus geworfen hatte.

Dennoch, als sie an diesen Mann dachte, musste sie unwillkürlich lachen.

Sie schob die Baseballkappe hoch und wischte sich den Schweiß von der Stirn. Ihre Hand, die den Griff des Transportkastens umklammerte, war von tiefen roten Furchen durchzogen, die brannten, wenn sie losließ und ein Windhauch darüberstrich. Die Luft kam ihr glühend heiß und drückend vor, gesättigt mit Feuchtigkeit, die die Haut mit einem klebrigen Film überzog und sich schwer auf die Lungen legte. Als sie die ersten Tropfen auf den Wangen spürte, war es wie eine Liebkosung.

In dieser Jahreszeit kam es häufig vor, dass gegen Abend eine Front dunkler Wolken heranzog, die sich wie dampfende Tücher über die Gipfel senkten. Nachts ergoss sich dann Regen über das Tal, füllte die Luft mit Moosduft und die Regenrinnen mit seinen Wassermassen, die darin gurgelten wie Sturzbäche.

Sie würde sich irgendwo unterstellen müssen.

Edna stützte die Hand in die Hüfte und stutzte, als sie dort nur den Stoff der Hose spürte. Befühlte die Stelle noch einmal. Hastig zog sie den Reißverschluss des Rucksacks auf und wühlte zwischen Tüten und Flaschen, warf alles auf den Boden, bis der Rucksack leer war. Dann sah sie sich noch einmal genau an, was sie auf der Erde verteilt hatte, sortierte die Dinge grob, zwang sich, ruhig zu bleiben. Doch der Umhang blieb verschwunden. Der Umhang selbst war nicht das Problem, sie kam gut ohne zurecht. Wenn sie nicht – und sie erinnerte sich genau an das Grinsen von einem der Zwerge mit heruntergelassenen Hosen – beim Verlassen der Bar ihr Portemonnaie in die Tasche des Umhangs gesteckt hätte. Sie wusste genau, dass sie ihn noch um die Hüfte geschlungen hatte, als sie in den Bus gestiegen war. Wo dann gleich darauf die Hölle losgebrochen war.

Nachdem sie minutenlang keinen klaren Gedanken fassen konnte, machte Edna sich ein Bild von der Lage und stellte fest, dass sie schon zu weit gelaufen war, um umzukehren. Außerdem gab es keine Garantie, dass sie den Umhang auch wiederfand, und bald würde es dunkel werden. Ihr blieb nur eine Möglichkeit: Sie musste weitergehen. Später würde sie schon irgendwo ein Telefon finden und beim Busbahnhof anrufen, um zu erklären, was vorgefallen war.

Doch dafür musste sie zur Landstraße zurück und sich dort nach einer Bar umsehen. Natürlich hatte sie noch einen Notgroschen an einer Stelle versteckt, wo niemand ihn vermutete: in ihrem rechten Schuh nämlich. Aber das bisschen Geld reichte gerade für ein wenig Essen oder eine Busfahrt. Mit einem tiefen Atemzug sammelte sie Kraft und hockte sich hin, um ihre Sachen einzupacken. Dann stand sie auf, packte den Griff des Transportkäfigs und ging entschlossen weiter, quer durchs Unterholz, um zur Straße zu gelangen. Der Regen tanzte nun eine wütende Tarantella, und ihr rechter Schuh fühlte sich beim Laufen nicht mehr so schwer an. Ihre Hand umklammerte die letzten Münzen, die ihr geblieben waren.

Von nun an würde sie die Zähne zusammenbeißen und überlegen müssen, was gerade am wichtigsten war. Es gab immer etwas, was man nicht unbedingt brauchte, auf anderes hingegen konnte man nicht verzichten.

Doch manchmal entschied das Schicksal für einen.

Die Puppe

Während der Reise mit Padre Gianni und später auf dem Hof hatte sie schnell gelernt, dass das Leben aus lauter Regeln und Verboten bestand. Und sie hatte sich bemüht, sie bis in jede Einzelheit zu beachten (jedenfalls jene, die sie begriff).

Jacob hingegen schien sämtliche Regeln zu übertreten und trotzdem damit durchzukommen.

Die älteren Kinder machten einen Bogen um ihn. Sie hatten zwar Respekt vor ihm, aber niemand redete gern mit ihm. Man munkelte, er sei so arm, dass er sich für die Firmung unter den Säufern aus der Dorfkneipe einen Patenonkel habe suchen müssen. Und als sie aus der Kirche kamen, habe der Mann sich vor ihm aufgebaut und ihm befohlen, für ihn Zigarettenstummel aufzusammeln. Edna stellte sich Jacob vor, wie er da allein am Boden kauerte und Zigarettenstummel aus dem Sand klaubte, während alle anderen Kinder schon mit ihren Eltern feierten und der Mann längst in die Kneipe zurückgekehrt war.

Der Hof ähnelte keinem von denen, die sie aus ihrem Heimattal kannte. Ein niedriges, langgestrecktes Gebäude, ein großer Block, den man genau in der Mitte geteilt hatte. In der vorderen Hälfte mit der hübschen Fachwerkfassade und den Geranien vor den Fenstern lagen die Zimmer des Großbauern und seiner Familie, die andere Hälfte war für die Tiere.

In ihrem Dorf dagegen hatten die Häuser der armen Leute,

solche wie das ihrer Familie, einen kleinen dunklen Stall im Untergeschoss. Bei den reicheren lagen Heuschober und Ställe vom Wohnhaus getrennt.

Einmal hörte sie, wie der Großbauer einigen Bauern stolz erklärte, sein Hof sei einer der ältesten in der Gegend, und sich gleichzeitig darüber beklagte, dass er nicht genug Platz habe. Doch die Geschäfte, gerade beim Milchverkauf, liefen gut, und bald würden sie sich vergrößern, sagte er.

Edna zerbrach sich danach noch lange den Kopf, aber sie konnte sich beim besten Willen nicht vorstellen, wie dieser Hof noch größer werden konnte und bis wohin er sich noch erstrecken sollte, wo er ihr doch schon jetzt wie ein ganzes Dorf vorkam. Auf diesem Raum hätten der Dorfplatz, die Kirche und auch ihr Haus mit dem handtuchgroßen Stückchen Wiese Platz gehabt – und sämtliche Nachbarhäuser noch dazu, rechnete sie aus, als sie die Größe des Hofes im Kopf überschlug.

Bei der Ankunft, sie saß noch auf dem Wagen, der sie und die anderen Kinder ans Ziel bringen sollte, hatte sie staunend die Augen aufgerissen. Ihr Blick war über die Weiden zum Hof gewandert, dann zum Backhaus mit dem schwarzen Giebeldach, das zwar kleiner war als die anderen Gebäude, aber immer noch viermal so groß wie ihr altes Zuhause. Dort mussten ja Unmengen Brot gebacken werden ... Während ein Knecht erklärte, wozu die mit Moos bedeckten Holzschuppen dienten – dort waren Tiere und Gerätschaften untergebracht –, und etwas über die Bienenstöcke und über die Windmühle erzählte, fragte Edna sich laut, wozu dieser plumpe Betonklotz diente.

»Elektrizität«, erklärte ihr Bastian, der Junge aus Landeck, der ein großes Muttermal auf der Wange hatte. Edna drehte sich überrascht zu ihm um.

»Da kommt jetzt Strom her«, flüsterte er ihr zu, damit die

anderen es nicht hörten. »Der Bauer, bei dem ich letztes Jahr war, hatte auch so einen.«

Anscheinend sah sie ihn so verständnislos an, dass er kurz schnaubte und dann alles noch einmal langsam wiederholte, als wäre sie schwer von Begriff.

»Der bringt Licht in die Zimmer. Man knipst es mit einem Schalter an. Und es gibt warmes Wasser.«

Mit großen Augen sah Edna ihn an. Ihr Herz schlug hoffnungsfroh.

»Das bedeutet bloß, dass du mehr arbeiten musst«, beendete Bastian barsch seine Erklärungen.

Aber sie hatte ihm nicht geglaubt. Ihr Blick war schon zu den Gebäuden weitergewandert, die gerade neu gebaut wurden, zu den Knechten, die Bretter sägten und Balken trugen, sich dabei mit Pfiffen und lauten Rufen verständigten, die ihr nichts sagten. Etwas oberhalb davon lag die Viehweide: Tiere mit grauem Fell schliefen im Gras, so unendlich viele, dass vom Grün fast nichts mehr zu sehen war. Und es war wirklich viel Gras! Weiden, so weit das Auge reichte, die sich den Platz mit mächtigen Lärchen streitig machten.

Kurz nach ihrer Ankunft hatte man die Kinder in den als Heuschober genutzten Gebäudeteil zwischen Wohntrakt und Stall gebracht, ihnen Arbeitskleidung gegeben und eine Matratze zugewiesen. Auf diesem Raum – keine anderthalb Quadratmeter – richtete Edna sich ein. Dort bewahrte sie ihre Habseligkeiten auf.

Sie hatte nicht viel mitgebracht, denn es hatte geheißen, dort, wo sie hingehe, würde sie nichts brauchen außer einem Kopf, der fest auf den Schultern saß, und gutem Willen. Doch ihr Rucksack enthielt alles, was ihr wirklich wichtig war. Voller Stolz zeigte Edna Jacob ihre Sachen, aber keineswegs von oben herab, denn Padre Gianni hatte sie schließlich gelehrt, dass Hochmut eine Todsünde war. Jacob hatte sie gebeten, ihm alles zu zeigen, und sie hatte es ihm nicht abschlagen können.

Zu den Dingen, die sie unterwegs gesammelt und zu den wichtigen Sachen gepackt hatte (ein Pullover, ein Schlüpfer), gehörten ein Kiefernzapfen, der wie ein Eichhörnchen aussah, ein Marmorbröckchen, das sie auf dem Weg zum Pass aufgehoben hatte, und der Splitter aus der Holzstatue des heiligen Christophorus. Und dann war da die Puppe, die Edna als Erstes in den Rucksack gelegt hatte, weil sie sie nötiger brauchte als Brot, ja sogar als den Wollpullover.

»Die ist doch nichts Besonderes«, sagte Jacob zu ihr.

Edna betrachtete die Puppe mit der etwas schief aufgemalten Nase und den Augen und der unregelmäßigen Strohfüllung, durch die sie Dellen und Knubbel hatte wie eine Kartoffel.

»Ich finde sie wunderschön.«

Die Puppe hatte ihr Bruder gebastelt und ihr zu Weihnachten geschenkt. Martin war nicht nur der Ältere gewesen, sondern er hatte alles, was er tat, besonders gut gemacht. Das hatte auch ihr Vater immer gesagt.

Wenn sie die Abendgebete gesprochen hatte, überprüfte Edna, ob alle Bewohner ihres kleinen Reichs an dem Platz waren, den sie ihnen zugewiesen hatte, genau an den Ecken der Matratze, einen Schritt entfernt auf dem Boden. Edna ließ sie immer an derselben Stelle, und sie dankten es ihr, indem sie nachts auf sie aufpassten und sie beim Aufwachen gleich begrüßten, während ihr Blick langsam und gründlich über die vertrauten Silhouetten glitt und in jeder einzelnen einen Freund erkannte. Dann spürte sie, dass alles gut war, und wurde von einer Ruhe erfüllt, die ihr die Kraft verlieh, aufzustehen und sich wieder an die Arbeit zu machen. Denn der Junge mit dem Mal auf der

Wange hatte recht gehabt: Das Leben auf dem Hof war nicht so leicht, wie Edna gehofft hatte. Für all diese Größe musste man teuer bezahlen, mit Stunden härtester Arbeit. Sicher, es gab elektrisches Licht und heißes Wasser. Aber nicht für sie. Als sie das erkannte, fühlte sie sich noch einsamer und fror innerlich.

Und als hätte diese Erkenntnis nicht genügt, um ihr die Arbeitstage noch grauer und eintöniger erscheinen zu lassen, hatte sie in letzter Zeit beim Aufwachen bemerkt, dass etwas anders war als sonst und sie noch ein Problem hatte: An der Stelle, wo sie mit angezogenen Beinen schlief, war die Matratze feucht und roch unangenehm beißend. Das Gleiche galt für ihren Schlüpfer.

Bevor sie noch recht begriff, was passiert war, hatte eines der Kinder aus Landeck kichernd auf sie gezeigt und so die anderen auf sie aufmerksam gemacht.

Edna merkte schnell, dass sie ins Bett machte, wenn sie nachts an den Wald dachte, der den Hof wie ein Ring aus undurchdringlichem Nebel umgab und in dem sich unaussprechliche Wesen verbargen. Oder wenn sie von Martin träumte, wie er wächsern auf seinem Bett lag und nicht mit ihr redete oder auf ihre Fragen antwortete. So hatte sie ihn noch einmal sehen dürfen, bevor die Männer ihn mitgenommen hatten, um ihn so, wie er war, in einen Sarg zu stecken.

Eines Morgens stürmte wütend die Bauersfrau in den Raum. Sie ging auf Edna los, zerrte das Mädchen aus dem Bett, obwohl der Hahn noch gar nicht gekräht hatte, und während Edna dastand und vor Kälte bibberte, fuhr die Frau mit der Hand über die Matratze. Sie warf dem Mädchen einen vernichtenden Blick zu, und Edna musste mitansehen, wie die Frau all ihre Habseligkeiten auf dem Boden zerstreute. Dann schlossen sich die Finger der Bauersfrau um die Puppe, und sie nahm sie mit.

Bevor sie ging, zischte die Frau noch, auf dem Hof könne man keine Zeit mit kleinen Spielkindern verschwenden und schon gar nicht mit solch schwächlichen Mischlingen wie ihr. Das sei arbeitsscheues Pack, dumm und nutzlos wie mit Wasser gepanschter Wein. Von da an musste Edna auf einem Strohsack schlafen.

Hieß Großwerden wirklich, dass sie Martin, ihr Zuhause und alles, was jenseits der Berge lag, vergessen musste?

Trotzig sammelte sie den Splitter aus der Statue des heiligen Christophorus, das Marmorbröckchen und den wie ein Eichhörnchen geformten Kiefernzapfen auf. Der hatte allerdings einige Schuppen eingebüßt und sah nun gar nicht mehr wie ein Eichhörnchen aus. Doch das kümmerte sie nicht. Es dauerte einige Zeit, dann lag jeder Gegenstand wieder sorgfältig an seinem angestammten Platz. Da, wo ihre Puppe gesessen hatte, klaffte nun eine Lücke.

Es schmerzte, dass man ihr die Puppe weggenommen hatte, doch Edna war entschlossen, ihre kleine Welt wiederaufzubauen. Während sie versuchte, sich nicht vom Heimweh überwältigen zu lassen, fragte sie sich, ob sie ihr Zuhause niemals wiedersehen würde. Genauso, wie sie Martin niemals wiedergesehen hatte.

10

Wasser

Edna war es kalt. Es regnete heftig, wie Pfeile prasselten die Regentropfen aus allen Richtungen auf ihre ungeschützten Arme.

Sie blieb stehen, um sich im Wald zurechtzufinden, aber da waren nur Bäume und noch mehr Bäume. Die Transportkiste ließ sich auch nicht mehr ziehen. Immer widerspenstiger versank sie im Schlamm. Es regnete, und als ob das nicht genügte, war Edna ohne Umhang und ohne Geld unterwegs, weit weg von zu Hause und noch Hunderte Kilometer von ihrem Ziel entfernt. Es schienen immer mehr zu werden, genau wie die dunklen Umrisse der Baumreihen vor ihr.

Ihr Atem ging schneller, bei jedem Schritt stiegen Dunstwölkchen aus ihrem Mund auf und beschlugen ihre Brille. Edna wurde das Gefühl nicht los, dass sie aus dem Unterholz Augen anstarrten.

»Lauf, Edna!« Eine Stimme in ihrem Kopf befahl ihr zu fliehen. Aber in welche Richtung? Und wovor überhaupt? *»Lauf, Edna.«* Die Stimme klang beharrlich und doch sanft wie die eines Kindes. Jacob war bei ihr. Aber da war auch die dunkle Silhouette des Schuppens. Jener Ort, der sie immer noch erschaudern ließ und der sie als Kind um den Schlaf gebracht hatte. Und doch hatte sie es beinahe geschafft, ihn zu vergessen.

Ein Donner brach sich hallend an den Bergen, es krachte, als ob Felsen in einer Lawine abgingen, zerbarsten und Gesteinssplitter überallhin schickten.

»Lauf, Edna!« Doch die erwachsene Edna, die mit dem Buckel und den weißen Haaren, wollte anhalten und in diesen Schuppen von damals schauen. Ein Gebäude, das sich in den Schatten ihrer Erinnerung verbarg.

Sie richtete sich auf und lockerte ihre Schultern. Sie könnte umkehren und sich einreden, dass alles mit einem heißen Bad in Ordnung kommen würde. Sie könnte sogar vergessen, dass sie Jacob wiedergefunden hatte, als sie den Artikel gelesen hatte. Wenn Adele nicht an dem Tag vorbeigekommen wäre. Wenn sie selbst nicht seit den sechziger Jahren alle Exemplare des *Stern* gesammelt hätte. Jede Woche, jeden Donnerstag, wie an Hunderten anderen Donnerstagen ihres Lebens.

Doch jetzt war es passiert, der Mechanismus ließ sich nicht mehr aufhalten, und nur Zimperliesen kehrten um, wenn sie Angst hatten. Natürlich könnte sie es tun. Es würde sie nur eine Lüge kosten, dieselbe, die sie sich schon ihr ganzes Leben lang erzählt hatte.

Am Morgen, nachdem sie den Artikel gefunden hatte, hatte sie den Bericht noch einmal gelesen. Und während sie mit dem Finger die Buchstaben entlangglitt, hatte sich ihr Leben rückwärts vor ihr aufgeblättert wie ein Kalender, dessen Seiten der Wind auffächerte. Oder wie eine Handvoll Spielkarten. Edna musste sie nur noch in umgekehrter Reihenfolge lesen. Sie sah all die Spitznamen, die man ihr verpasst hatte, wie die Etiketten auf ihren Marmeladengläsern.

Als sie vom Hof nach Hause zurückkehrte, hatte sie geglaubt, dass nun alles wieder gut würde. Sie hätte nicht einmal im Traum daran gedacht, ihrer Mutter etwas über diese Zeit zu erzählen. Es genügte ihr, dass sie mit Emil darüber reden konnte, während sie alles versuchte, um ihn zum Fressen zu bringen, damit sein zerrupfter kleiner Körper wieder Federn bekam. Damals hatte sie ständig gefürchtet, er würde eines Morgens steif neben ihrem Bett liegen, wenn eine Winternacht einmal kälter als sonst gewesen war.

Hätte sie für ihre Tage als Tochter eine Farbe wählen müssen, es wäre Schwarz gewesen. Das Schwarz des Krieges, das eine unüberbrückbare Entfernung zwischen Jacob und sie geschoben hatte. Als die Welt wie die vereiste Oberfläche eines Sees zersprungen war und sie beide wie Schollen auseinandergedriftet waren, während alles um sie herum in Trümmer ging. Der Krieg ließ sogar die Schrecken auf dem Hof verblassen, denn nichts aus der Vergangenheit, wie schlimm es auch gewesen war, war so furchterregend wie die Gegenwart. Das wurde Edna bewusst, als sie die Schüsse hörte und das Echo des Maschinengewehrfeuers in den Bergen, und sah, wie die Jungen aufbrachen, um nie zurückzukehren. Sah, wie die Mütter weinten.

An die Zeit als Ehefrau hatte sie wenige Erinnerungen. Es war wahrlich keine Liebesheirat gewesen, doch damals hatte sie geglaubt, dass ein Leben allein zu beschwerlich wäre. Später hatte sie gemerkt, dass ein Mann – selbst jemand, der so großmütig war wie Albert – nicht die Lösung für ihre innere Leere sein konnte. Sie hatte gehofft, Mutter zu werden würde den Abgrund schließen, in den sie zu stürzen drohte. Doch sie hatten keine Kinder bekommen, und mit der Zeit war Edna zu der Überzeugung gelangt, dass kein Kind der Welt die Büchse der Pandora hätte verschließen können.

Nun hatte sie die Chance, die Karten neu zu mischen. Doch diesmal würden sie und Jacob den Ausgang des Spiels selbst bestimmen. Und das war alles, was sie sich jemals gewünscht hatte: ihn wiederzusehen.

Edna atmete tief durch und entschied sich für eine Richtung.

Niemand wusste, wo sie war. Nur Adele würde vielleicht in ein paar Tagen nach ihr suchen.

Ihre Gedanken wanderten zu Emil, und plötzlich traf sie eine neue, erschreckende Erkenntnis: Was sollte aus ihm werden, wenn ihr etwas passierte? Eingesperrt in einen Transportkasten, der zu seinem tödlichen Gefängnis werden würde. Oder frei und schutzlos in einer natürlichen Umgebung, die er nicht kannte. Emil, der glaubte, dass die Sonne mit einem *Klick* aufging, und der nur in Nächten schlafen konnte, die niemals ganz dunkel waren. Die Vorstellung, er könnte allein hier zurückbleiben, drehte ihr den Magen um.

Mit neuer Kraft zerrte Edna am Griff der Transportkiste und kümmerte sich nicht um das Seitenstechen. Sie konzentrierte sich auf ihren Atem. Noch ein Schritt. Einen Fuß vor den anderen setzen. Sie dachte an Emil, der mit »Guten Morgen!« nach ihr rief, auch wenn Abend war, nur um sich zu vergewissern, dass sie noch da war. Das Portemonnaie kam ihr in den Sinn. Und ihr Wunsch, es um jeden Preis zu schaffen.

Schließlich stieg ihr ein Geruch in die Nase, noch verborgen unter Schlamm und verrottendem Laub. Brackwasser. Dann sah sie Nebel über einer blank polierten Fläche. Wasser.

Der See.

II

Roland

Edna bemerkte, dass die Kirche dicht an der Landstraße errichtet worden war, die am See entlangführte, und somit direkt dem Verkehr ausgeliefert war. Oder war es andersherum, und man hatte die Landstraße an der Kirche entlang gebaut? Wie auch immer, dahinter war die Bar. Ein Gebäude mit cremefarbenem Anstrich, langen Holzbalkonen und blumenumrankten Fenstern. An der Wand unterhalb des Wintergartens stand in sauberen roten Buchstaben: CAFÉ RESTAURANT – APERTO / GEÖFFNET.

Vor der Bar parkten Autos. Weiter hinten auf dem Platz zwischen der kleinen Kirche und der Bar standen einige schwarze, chromblitzende Motorräder mit breiten Ledersätteln und daneben Männer in schweren Jacken mit langen Fransen an den Ärmeln. Edna fand, dass sie albern aussahen. Sie drückte den Rücken durch und bahnte sich höflich einen Weg durch tätowierte Arme, die Bierflaschen hielten. Die Transportkiste folgte ihr jetzt wieder gehorsam, darin ein ungewöhnlich kleinlauter Emil, der sich kaum rührte. Die Männer waren deutlich größer als Edna und ziemlich kräftig. Sie machten ihr Platz, ohne ihre Gespräche zu unterbrechen.

Einer der Männer rauchte eine angenehm süßlich riechende Zigarette. Es hatte Zeiten gegeben, da hatte auch Edna geraucht. Aber jetzt war nicht der richtige Moment, wieder damit anzufangen. Sie hatte so schon nicht genügend Puste für die lange Wanderung, die vor ihr lag.

Edna bestellte ein *Sportwasser*, Wasser mit einem Spritzer Zitronenlimonade, um das Telefon benutzen zu können. Die junge Frau am Tresen stellte keine Fragen, als Edna sie bat, ihr die Nummer des Bahnhofs herauszusuchen. Sie ließ Edna so oft anrufen, bis sie sich davon überzeugt hatte, dass niemand ans Telefon ging außer dem Anrufbeantworter, der ihr die Öffnungszeiten nannte und darauf hinwies, dass die Schalter am Montagmorgen wieder geöffnet seien.

Edna schien ziemlich niedergeschlagen zu wirken, als sie den Hörer auflegte, denn die junge Frau wollte kein Geld für die Anrufe nehmen. Sie bot sogar an, ihr bei der Suche nach der Nummer des Krankenhauses in Ravensburg zu helfen. Mehr Pech konnte es an einem einzigen Nachmittag doch gar nicht mehr geben; es war also genau der richtige Zeitpunkt, um sich zu erkundigen, wie es Jacob ging. Als die junge Frau ihr schließlich den Hörer reichte (das Krankenhaus schien ziemlich groß zu sein), zitterte Edna vor Aufregung. Und landete hart auf dem Boden der Tatsachen, als die Stimme am anderen Ende sich weigerte, ihr telefonisch Auskunft zu geben. Nun ja, wer war Edna schon für Jacob? Ein Niemand.

Dann stand sie vor dem Spiegel im Damen-WC, nahm die Baseballkappe ab und ließ sich lauwarmes Wasser über den Nacken rinnen. Sie war immer noch dieselbe Edna mit den Falten um die Augen, die sich kreisförmig ausbreiteten wie Wellen, die ein flach geworfener Kiesel in einem Teich hinterlässt. Ihre hellen Augen und das ein wenig abstehende linke Ohr, das so aussah, als wolle es sich jeden Moment vom Kopf lösen und wegflattern, bevor es dann doch der Mut verließ. Ja, das war immer noch die alte Edna, aber eine deutlich erschöpftere.

Die Motorradfahrer waren aufgebrochen, der Platz vor der Bar war verlassen. Nur einer von ihnen war noch da.

Der Mann hatte einen seltsamen Haarschnitt mit einem kurzen Pony, der ihm an der schweißnassen Stirn klebte, und stakste so steif in seiner knallengen Lederhose herum, dass Edna sich mitleidig fragte, ob er in dieser Hose überhaupt auf den Sattel seines Motorrads steigen konnte.

Im Augenblick schien er aber eher ein Problem damit zu haben, eine Flasche aufzubekommen.

Sosehr er sich auch abmühte, der Verschluss saß fest. Dabei schien der Mann viel Kraft zu haben, wenn man die Muskelpakete an seinen Armen betrachtete.

»Möchten Sie Wasser?«, fragte Edna laut genug, um das Geräusch des Regens und der vorbeifahrenden Autos zu übertönen. So war das unter Wanderern üblich, die den gleichen Weg hatten. Man half sich gegenseitig.

Der Mann schaute hoch und sah sich suchend um, woher die Stimme kam.

»Meine Wasserflasche verklemmt sich auch oft«, fuhr sie fort. »Und wenn der Verschluss sich verkantet, ist das sehr mühsam. Ich schraube ihn nie ganz fest zu. Na ja, also schon fest«, berichtigte sie sich, »sonst läuft das Wasser aus.« Sie ertappte sich dabei, dass sie mehr redete als nötig, weil ihr Gegenüber stocksteif dastand und sie den Eindruck hatte, dass er nicht verstand, was sie sagte.

Der Mann kniff die Augen zusammen, um sie besser zu sehen, und hielt dabei immer noch den Flaschenhals umklammert. Unverwandt starrte er sie weiter an, als er den Verschluss der Flasche in eine Hecke fliegen ließ. Bevor er auf sein Motorrad stieg, hob er kurz die Hand in ihre Richtung, ein eher schroffer Gruß.

Edna griff nach dem Transportkäfig, um sich an der Kirche

unterzustellen. Sie hatte etwas gegen Leute, die einen nicht anlächelten, wenn sie einem in die Augen sahen. Doch das unhöfliche Benehmen fremder Leute war jetzt ihre geringste Sorge.

Der Regen ließ nicht nach.

Als Edna ihren Splitter vom heiligen Christophorus und das Stofftaschentuch aus der Tasche holte, dachte sie an zu Hause. Ob der Regen die Löcher im Rasen weiter ausgespült hatte? Sie musste auch an Adele denken. Bestimmt hatte sie ihr eine Tüte mit Brot an die Tür gehängt, weil sie nicht in den Laden gekommen war.

Wie lange kannten sie und Adele sich eigentlich schon? Bei ihrer ersten Begegnung war Adele ein junges Mädchen gewesen. Edna hatte sie dabei überrascht, wie sie sich neugierig im Garten umschaute, wahrscheinlich angelockt von den Gerüchten über ihren Papagei. Daraufhin hatte sie die Tür geöffnet und sie hereingebeten. An jenem Nachmittag hatte eine ganze Dose Butterkekse dran glauben müssen. Als Edna abends die leere Dose schloss, hatte sie begriffen, dass darin auf ewig ihre ersten verlegenen Gesprächsversuche und ihr überraschendes Lachen bewahrt waren.

Damals hatte ihre Freundschaft begonnen. Eine ungewöhnliche Beziehung zwischen zwei Frauen, die der große Altersunterschied mal verband und mal trennte und die gegenseitig ihre Grenzen respektierten. Nun kannten sie einander schon so lange und wussten doch so wenig über die jeweils andere, als wären die gemeinsam verbrachten Momente, die stets vom Duft nach Melissentee begleitet waren, eine Erholungspause von der Welt, die nur manchmal hereinkam wie ein fernes Echo und nie von der Vergangenheit erzählte.

Edna hatte die Dose nie weggeworfen, weil sie ihr etwas bedeutete, selbst wenn Adele sich vielleicht nicht mehr an sie erinnerte. Von da an stand sie immer in der Mitte des Tisches.

»Und wenn Sie noch so viel beten, davon hört der Regen nicht auf.«

Edna wandte sich in die Richtung, aus der die Stimme kam, und wurde von einem orangefarbenen Licht geblendet.

Schützend legte sie die Hand über die Augen und wartete, bis sie mehr erkennen konnte.

Es war der Motorradfahrer von eben. Er hatte den Helm abgenommen, hielt das Motorrad leicht zur Seite geneigt und stützte sich breitbeinig auf dem Asphalt ab.

»Wo müssen Sie hin?«, fragte er mit rauer Stimme.

»Ravensburg.«

»Na, das schaffen Sie heute Abend wohl nicht mehr. Haben Sie einen Platz zum Schlafen?«

»Natürlich.«

Kurzes Schweigen. Keiner von beiden rührte sich.

»Na dann, steigen Sie auf.«

»Warum sollte ich? Ich will Ihnen jetzt nicht mit dieser Floskel ›Ich kenne Sie ja gar nicht‹ kommen. Aber ich mag Sie nicht, Signor ...«

»Roland. Ich nenne Ihnen den Grund: Ich habe gerade in der Bar gesehen, wie Sie Ihr bisschen Kleingeld gezählt haben. Sie sind blank, Signora ...«

»Weiss. Edna Weiss.«

»Signora Weiss. Ich kann Ihnen für heute Nacht einen Schlafplatz anbieten. Im Trockenen. Nichts Besonderes, aber sauber. Was wollen Sie sonst machen? Hier sitzen bleiben und beten?«

Edna überlegte.

»Es ist lange her, dass ich auf einem Motorrad gesessen habe.«

»Das ist kein Problem. Eher dieses Ding da. Müssen Sie das mitschleppen?«

»Ohne das rühre ich mich nicht von der Stelle.«

Roland stieg ab und hievte das Motorrad auf den Ständer. Er band seinen Rucksack vom Gepäckfach los und warf ihn auf den Boden. »Gut, dann helfen Sie wenigstens mit«, sagte er und zog ein Seil aus einer der Satteltaschen.

»Sie wollen Emil doch nicht am Motorrad festbinden?«

»Glauben Sie mir, ich weiß, was ich tue«, sagte Roland, der sich schon ans Werk gemacht hatte.

12

Das Dorf unter dem Wasser

Vielleicht hatte Roland ja recht. Er wusste, was er tat, und sowohl sie als auch Emil waren heil angekommen. Aber das, was sie gerade vor sich sah, hatte sie bestimmt nicht erwartet.

»Hier leben Sie also?«

»Jawohl, Signora«, sagte er, zog die Nase hoch und wischte anschließend mit dem Handrücken darüber.

Ein kleiner, heruntergekommener Wohnwagen, an dessen Außenseite der Lack größtenteils abgeplatzt war. Das Innere war noch beengter, als man es nach einem ersten Blick von außen befürchtet hätte.

Roland wies ihr den Weg – so nannte er es zumindest, ein Ausdruck, den sie als unpassend empfand – und räumte bei jedem Schritt unter Grunzen oder ein paar genuschelten Worten Socken, T-Shirts und leere Flaschen beiseite.

»Da wären wir.«

Edna bemerkte in einer Ecke einen alten Fernseher, keinen von diesen neuen, die so flach waren wie Fladenbrote und bei denen sie nie begriff, wie sie überhaupt stehen bleiben konnten. Nein, ein richtiger Röhrenfernseher, wie sie heutzutage vermutlich nicht mehr produziert wurden. Dann einige Fotos auf einem Regal, zu weit entfernt, als dass sie erkennen konnte, was oder wen sie zeigten.

Die Küche bestand aus einem Gaskocher. Käse und Brot lagen offen herum. Beides roch unverdächtig und nicht schlecht.

»Haben Sie schon zu Abend gegessen?«

»Wenn ich auf Reisen bin, esse ich nicht viel«, sagte sie und bemühte sich, das Grummeln in ihrem Bauch zu unterdrücken.

Roland sah sie einen Moment, der ihr endlos vorkam, durchdringend an. Dann steckte er sich eine Zigarette an.

»Also, ich mache mir etwas, sonst schnappe ich mir noch vor Hunger Ihr buntes Huhn da und esse es auf.«

Vielleicht lag es an diesem wohligen Gefühl von etwas Warmem im Bauch oder an der Tatsache, dass sie seit dem Nachmittag nichts mehr gegessen und danach noch den anstrengenden Fußmarsch hinter sich gebracht hatte, aber diese Würstchen waren weitaus die besten, die ihr seit langem untergekommen waren. Roland hatte auch Brot geröstet und mit Soßen bestrichen, die sehr gut zu den Würstchen passten und sie noch wesentlich leckerer machten, wenn einem die Optik nicht so wichtig war.

Roland zog seine Jacke aus und warf sie neben Edna auf die Sitzbank.

»Die können Sie heute Nacht behalten. Sie sind ja völlig durchweicht.«

Als Edna hineinschlüpfte und das Leder sich ungewohnt steif anfühlte, dachte sie wehmütig an ihren Umhang. Und an ihr Portemonnaie. Ohne Geld konnte sie sich keinen neuen kaufen, und sie hatte nichts zum Wechseln mitgenommen, da sie mit leichtem Gepäck reisen musste.

Aus Rolands T-Shirt-Ärmel schaute eine Tätowierung hervor. Ein Totenschädel mit Flügeln oder eher Flammen an den Schläfen und eine Inschrift, die sie nicht verstand.

»Macht Ihnen das Angst?«

Edna schüttelte den Kopf. »Nein, aber ich mag Totenköpfe und so was nicht ...«

»... denn so was haben nur Proleten«, ergänzte er grinsend.

Das hatte sie früher auch geglaubt, aber sie hatte ihre Meinung ändern müssen.

»Wissen Sie, dass Churchill eine Tätowierung hatte? Einen Anker, hier.« Edna zeigte auf ihren Oberarm.

»Sind Sie sicher, dass Sie ihn nicht mit Popeye verwechseln?«

Mit dieser Antwort hatte einer der Kandidaten einmal im Fernsehquiz gewonnen und seine Punktzahl verdoppeln können. Sie konnte sich nicht irren. »Ganz sicher. Und Churchill war ein guter Mann. Er liebte Papageie.«

»Solche Viecher wie das da, das Sie in einer Hundebox mit sich rumschleppen?«, fragte Roland und verzog das Gesicht, während er mit dem Kopf auf Emil deutete.

Sie nickte. »Einer seiner Papageie lebt sogar noch. Stellen Sie sich nur vor, der ist jetzt hundertfünf Jahre alt, aber er ist immer noch putzmunter und krächzt oft die Sätze, die Churchill ihm beigebracht hat: ›Zum Teufel mit den Nazis! Zum Teufel mit Hitler!‹« Edna überlegte kurz. »Vielleicht hat der Papagei auch nur nachgeplappert, was er von ihm hörte. Ich weiß es nicht.«

»Wollen Sie wirklich nach Deutschland?«

»Ich besuche dort einen Freund.«

»Und Sie wollen dreihundert Kilometer zu Fuß zurücklegen?«

Edna überlegte und schüttelte langsam den Kopf.

»Nur einen Teil. Ich habe einen genauen Plan, Signor Roland. Das ist alles auf meiner Karte eingezeichnet.«

Dann fiel ihr wieder ein, unter welchen Umständen sie sich kennengelernt hatten.

»Das heute Abend ist ein dummes Missgeschick. Nur eine unbedeutende Abweichung von der Route«, erklärte sie und verjagte das Bild aus ihrem Kopf, wie sie und Emil sich im Wald verirrt hatten.

Roland rauchte noch eine Zigarette.

»Und Sie, leben Sie hier ganz allein?«

Er nickte. »Seit einigen Jahren. Vorher habe ich bei einem Freund gewohnt, aber es ist wichtig, seinen eigenen Platz zu haben.«

Hinter Roland bemerkte Edna einen Riesenstapel alter Kartons. Sie reihten sich dicht an dicht, so nah, dass nicht einmal ein kleiner Finger dazwischengepasst hätte.

Auf dem Regal neben ihr standen die Fotos. Jetzt konnte Edna sie klar erkennen.

Nach dem Essen zeigte Roland Edna ihren Schlafplatz. Ein gemachtes Bett, der einzige Ort im Wohnwagen, der einen Anschein von Ordnung hatte. Er schlafe dort nie, hatte er ihr erzählt, und benutze es auch nicht anderweitig, so dass Edna sich fragte, wozu es eigentlich diente.

»Wenn Sie möchten, können Sie von hier aus den Fernseher einschalten. Einer von der alten Sorte, also kein Streaming oder Pay-TV. Da hinten sind Videokassetten, wenn Sie sich einen Film aussuchen wollen.«

Edna stöberte in dem Stapel, während Roland den Tisch abkehrte und die Krümel nach draußen auf die Wiese warf. Sie fand hauptsächlich Trickfilme. Eine rote Hülle, die ihr in die Hände fiel, legte sie schnell weg, als sie begriff, was diese ineinander verschlungenen Beine und nackten Rücken auf dem Cover bedeuteten.

Schließlich hatte sie den passenden Film gefunden. Ein unerwartetes Glücksgefühl erfüllte sie. Als hätte man mitten im Meer einen Wadenkrampf und sähe einen rettenden Felsen vor sich.

Edna liebte alle Filme mit Julie Andrews (heute brachte niemand mehr solche Helmfrisuren zuwege!). Es überraschte sie, unter Rolands Sachen etwas zu finden, was ihr vertraut war und sie an ihr Zuhause erinnerte, von dem sie gerade so weit entfernt war. Ihr Herz hüpfte, und sie fasste neue Zuversicht. Sie war auf dem richtigen Weg, alles würde gutgehen, denn alles war möglich. Und die kleinen Überraschungen, die sie unterwegs erlebte, sollten ihr das nur bestätigen.

Sie ging hinaus auf die Wiese, weil sie es Roland erzählen wollte, der dort sein Bier austrank.

Der Regen hatte vor einer Weile aufgehört, und ihren Blicken bot sich eine atemberaubende Aussicht. Vom Abendlicht beleuchtet, ragte der Kirchturm aus dem Reschensee, als hätte ihn ein Kind irgendwo ausgeschnitten und in das falsche Bild geklebt. Orangefarbener Nebel hüllte ihn ein.

»Wunderschön«, flüsterte sie andächtig.

»Und stellen Sie sich vor, dort unten ist ein ganzes Dorf.«

»Als ich zum ersten Mal hier vorbeikam, gab es das Dorf noch, und über den Stausee wurde noch diskutiert. Die Leute waren dagegen. Dann kamen die Faschisten mit ihren Zwangsenteignungen, der Krieg. Schließlich hat die Elektrizitätsgesellschaft über alle Proteste und Widerstände gesiegt. Alle mussten von hier weg. Sie sind entweder ausgewandert oder in ein Barackenlager gezogen. Ihre alten Häuser stehen noch dort unten.«

»Was sich da wohl für Geheimnisse verbergen ...«

Edna blickte auf den See und musste an ihre eigenen Geheimnisse denken.

Roland fixierte einen Punkt am Horizont.

»Ich bin nicht gern lange am selben Ort, aber diese Aussicht ist nicht übel.«

Edna hatte keine Vorstellung davon, wie Rolands Leben aussah. »Sind Sie mit Ihrem Motorrad unterwegs?«, fragte sie deshalb.

»Ein Freund von mir hat mal gesagt, wir sind *Sainte-Terrer*, fahrendes Volk auf dem Weg ins Heilige Land, wo wir aber nie ankommen. Oder um es mit einem Wortspiel zu sagen – keine Ahnung, ob er selbst darauf gekommen ist oder es irgendwo herhatte –, wir sind *sans terre*«, sagte Roland lächelnd. Sein Blick verlor sich in längst vergangenen Zeiten. »Obdachlose, die überall zu Hause sind.«

»Ich bin nie viel herumgekommen«, sagte Edna. Sie überlegte: Da war die Reise mit Padre Gianni zum Hof und der Rückweg, allein, als sie sich nur auf sich selbst hatte verlassen können. »Ich liebe meinen Garten. Er muss jeden Tag gepflegt werden, wissen Sie. Dazu gehört viel Beharrlichkeit, aber es muss schön sein, überallhin zu gehen, wohin man will.«

Roland zog an seiner Zigarette und behielt den Rauch lange im Mund. Er lächelte nicht.

»Jedes Mal, wenn wir gehen, lassen wir etwas zurück.«

»Und was haben Sie zurückgelassen?«, fragte Edna und dachte an die Fotos.

»Einen Sohn.«

»Fehlt er Ihnen?« Nun begriff sie, warum es bei Roland Kinderfilme und ein sorgfältig gemachtes Bett gab, das auf jemanden wartete.

»Die Frau vom Jugendamt sagt, ich wäre unzuverlässig und der Wohnwagen kein Ort, um ein Kind großzuziehen.« Roland stieß geräuschvoll Luft aus. »Deshalb habe ich ihn seit langem nicht mehr gesehen.«

Edna sah zu dem Kirchturm hinüber, der sie beide seinerseits stumm zu betrachten schien.

»Das sollten Sie aber. Erinnern Sie sich an den Freund, von dem ich Ihnen erzählt habe? Ich habe ihn nicht mehr gesehen, seit wir Kinder waren. Und glauben Sie mir, das ist ganz schön lange her. Viel länger, als Sie überhaupt auf der Welt sind. Ich weiß nicht einmal, ob er mich wiedererkennen wird.«

»Und warum wollen Sie dann zu ihm?«

»Weil ich noch eine Schuld zu begleichen habe.«

»Ich glaube nicht, dass man die Vergangenheit wiedergutmachen kann.«

»Warten Sie, ich will Ihnen etwas zeigen.«

Edna verschwand im Wohnwagen. Als sie herauskam, hielt sie die zusammengefaltete Karte in der Hand.

Vorsichtig, um sie nicht zu zerreißen, klappte sie sie auf.

»Als kleines Mädchen habe ich auf einem Hof gearbeitet, weit weg von zu Hause, weil meine Eltern nach dem Tod meines Bruders alles verloren hatten. Hagel hatte unsere Felder verwüstet, und die wenigen Ersparnisse meines Vaters reichten nicht aus, um die Schulden zu bezahlen und noch einmal neu anzufangen. Diese Karte habe ich auf dem Rückweg gezeichnet. Jetzt kehre ich zurück, und zwar auf dem gleichen Weg.«

»Sind Sie sicher? Das war bestimmt nicht einfach.«

»Damals war ich ein zehnjähriges Mädchen, allein, ohne Geld oder jemanden, der mir den Weg zeigte. Ich wusste nicht, wohin ich gehen sollte, aber ich habe es trotzdem geschafft. Gestern Morgen ist etwas passiert, das mich dazu gebracht hat, diese Reise noch einmal zu unternehmen, nachdem ich viele Jahre an einem Ort geblieben bin. Ich weiß, dass ich den Faden wiederaufnehmen und zurückverfolgen muss, wenn ich will, dass alles wieder ins Lot kommt.«

Roland hörte ihr stumm zu. Bei jedem Zug aus seiner Zigarette glomm ein Licht in seinen Augen auf.

»Wer zwingt Sie dazu? Sie sind doch in Ihre Heimat zurückgekehrt, oder? Haben sich ein Leben aufgebaut. Jetzt haben Sie

Ihren Garten, ein ruhiges Zuhause, stelle ich mir vor. Das haben Sie sich verdient.«

Edna seufzte. Die Nachtluft war süß und würzig.

»Im Grunde, Signor Roland, bin ich nie ganz aus Ravensburg zurückgekehrt.«

Auf dem Viehmarkt

Nach sieben Tagen, in denen sie über die Berge marschiert waren, gebettelt hatten und mit den Füßen durch eiskaltes Wasser gewatet waren, kamen Edna und weitere Kinder, die in Landeck zu ihnen gestoßen waren, in Ravensburg an. Zerlumpte Gestalten, die Hände voller Schwielen und die Gesichter vom Wetter gezeichnet. Schweigend liefen sie durch die Straßen der Stadt, über sich einen schwarzen Himmel, der Regen und Schnee ausspuckte. Edna gefiel es gar nicht, wie die Menschen rund um den Platz sie anstarrten. Die kalten Blicke der Frauen jagten ihr Schauer über den Rücken, als würde gleich etwas Schreckliches geschehen.

Man hatte sie zum Viehmarkt gebracht. Dort saßen sie nun wie geheißen auf einer langen Bank in einem Bereich, der vom eigentlichen Treiben auf dem Platz durch eine Mauer abgetrennt war. Inzwischen waren einige Bauern eingetroffen, woraufhin ein paar der älteren Kinder aufsprangen und ihnen entgegenliefen, um ihre bloßen Arme zu zeigen und sich für die Arbeit anzubieten. Der Mann, an den Padre Gianni sie in Landeck übergeben hatte, stand auf seinen Stock gestützt daneben und beobachtete sie. Edna traute ihm nicht, weil er am Abend keine schönen Geschichten erzählte wie der Padre. Und weil er wütend wurde, wenn man ihm nicht gehorchte.

Der Mutigste von ihnen, ein Junge, der schon öfter hier gewesen war und alle Höfe kannte, hatte heimlich und in aller Eile die Rücken einiger Bauern mit weißer Kreide markiert.

Die Männer schätzten die Größe der Kinder ab, ließen sie die Arme hochheben und tasteten sie ab, schließlich schauten sie noch nach Schwielen an den Händen. Sie sahen ihnen sogar in den Mund. Was für eine merkwürdige Art, um festzustellen, ob sie eine gute Reise gehabt hatten.

Der Junge mit den traurigen Augen war nicht zusammen mit ihnen eingetroffen. Er war Edna aufgefallen, weil er allein gekommen war, und obwohl er kleiner und dünner war als alle anderen, bot er sich stets als Erster an. Edna fragte sich, warum er dabei so fröhlich wirkte, und beobachtete, wie er sich ins Zeug legte. Und sie versuchte, sich etwas von ihm abzugucken.

Plötzlich wurde sie an den Schultern gepackt und nach hinten gezogen. Der Mann aus Landeck hatte einen der Bauern angesprochen, der abwehrend den Arm hob und den Kopf schüttelte zum Zeichen, dass er nicht interessiert war.

»Lassen Sie sich nicht täuschen. Sie ist klein, aber sehr zäh. Sie kann im Haushalt helfen oder sich um das Vieh kümmern«, sagte der Mann aus Landeck und hielt sie dabei so fest, dass er ihr weh tat.

Der Junge mit den traurigen Augen, der gerade mit einem gutgekleideten Herrn verhandelte, drehte sich nach ihr um. Sein Blick glitt hinüber zur Jacke des Bauern, der nun ihre Knie begutachtete und sich beklagte, dass sie zu dürr seien. Der Junge sah das Kreidezeichen auf seinem Rücken und versuchte, sie zu warnen.

Sie kniff die Augenbrauen zusammen, doch sie konnte die Worte nicht lesen, die seine Lippen bildeten.

Der Junge ließ den gutgekleideten Herrn einfach stehen, kam zu ihr gelaufen und flüsterte ihr ins Ohr: »Er hat das Kreuz. Sein Hof ist kein guter Ort.«

Aber die Münzen waren bereits in die Hand des Mannes aus

Landeck gewandert. Edna konnte dem Jungen nicht einmal mehr antworten, da wurde sie schon fortgezogen.

Er sah ihr hinterher, bis die Straße sie verschluckt hatte.

Als Edna ihm am nächsten Morgen auf dem Hof begegnete, fragte sie sich, wie er hierhergekommen war.

Erst Wochen später begriff sie, dass das, was die anderen Kinder sich erzählten, nicht stimmte. Jacob hatte ganz genau gewusst, was ihn hier erwartete. Er war weder der rauflustige Sohn eines Mörders, noch war er naiv oder dumm, wie sie behaupteten. Er war auf den Hof gekommen, weil er das Mädchen wiedersehen wollte, das ihm zugelächelt hatte, während ein Karren sie unter einem düsteren Himmel fortbrachte.

13

Tag 2 – Distanz: 40 km

Vierzig Kilometer entfernt hätte Adele am liebsten in ihrem Haus, voller Licht und Chaos, das Tischtuch mitsamt allem Geschirr in den Müll geworfen und sich ins Bett gelegt.

»Signora Edna ist heute Morgen nicht in den Laden gekommen«, sagte sie und brach sich ein Stück Brot ab. Lukas schnappte sich den Rest.

»Die ist doch schon scheintot. Wie alt ist die eigentlich?«, fragte Lisa und schob sich einen Löffel Grießbrei in den Mund. »Vielleicht nippelt sie ja noch vor eurem Umzug ab, dann musst du dir keine Sorgen mehr machen.«

»Lisa!«, schimpfte Adele.

»Kann ich dann Emil haben?«, platzte Lukas heraus und vergaß für einen Moment sein Handy. »Was denn? Was hab ich denn gesagt?«, fragte er, als Adele ihn streng anblickte. »Also nur, wenn sie abnippelt!«

»Man wünscht anderen Menschen nichts Böses«, mischte Max sich ein und beugte sich vor, um sich das Magazin über Photovoltaikanlagen zu angeln, das Bernie ihm geliehen hatte.

Sogar Lukas begriff, dass sein Großvater sehr an sich halten musste, um nicht zu grinsen. Und dass er ihm am liebsten zugestimmt hätte. Lukas mochte »die Alte«, wie sie Edna nannten, wenn Adele nicht in der Nähe war. Sie war irgendwie cool. Andererseits gefiel ihm die Vorstellung, bei seinen Freunden wie ein Pirat mit Emil auf der Schulter aufzukreuzen. Vielleicht würden sie ihn dann nicht mehr aufziehen, weil er einen Kopf kleiner war als sie. Niemand würde ihn mehr auslachen.

»Mama hat es doch auch gesagt«, rechtfertigte er sich.

»Aber sie hat das nicht ernst gemeint. Stimmt's, Lisa?«

Ihre Tochter nickte ohne rechte Überzeugung.

Max seufzte zufrieden, stand auf und wandte sich zum Gehen. Aber Adele hielt ihn am Arm zurück und sah ihn eindringlich an, wie immer, wenn sie seine Unterstützung einforderte.

»Also, Lisa«, sagte er und ließ sich auf den Stuhl zurücksinken. Die Genossenschaft musste warten. »Wie läuft der Theaterkurs?«

»Na ja«, sagte sie ausweichend, »er ist sehr anregend.«

»Probt ihr ein Stück?«, fragte er, nachdem eine Weile Stille geherrscht hatte, nur unterbrochen vom metallischen Klirren der Teelöffel gegen Porzellan.

»So was in der Art«, erwiderte Lisa und ließ den Blick zu Adele und dann zurück zu Max wandern.

»Gibt es Bühnenbilder ... Kostüme ...«

»Eher etwas minimalistischer. Zwei Frauen und ein Mann. Ein schwarzer Vorhang.«

Max strich sich übers Kinn. »Interessant.«

»Ja, eher existenzialistisch. Du weißt schon, keine Kostüme, keine Kleider ...«

Adele und Max sahen gleichzeitig von ihren Tellern auf.

»Wir schmieren uns Schweineblut ins Gesicht, weil wir alle Tiere sind, die dem System geopfert werden. Nackte Körper, frei von allen Zwängen, keinen Moden unterworfen ... So was eben.«

Adele wollte etwas erwidern, aber diesmal war es Max, der sie zurückhielt.

»Und ihr führt das im Theater auf?«

»In ein paar Tagen, Papa. Hier im Ort, im Gemeindesaal. Und dann gehen wir damit auf Tournee.«

»Kunst ist Kunst. Da gibt es nichts zu diskutieren, Lisa.« Max kniff die Augen zusammen. Hinter der dicken Brille waren nur noch schmale, besorgte Schlitze zu sehen. »Aber bist du dir wirklich sicher?«

»Es ist so schade, dass du den Laden nicht weiterführen möchtest, Lisa«, meinte Adele. Einen kurzen Moment hatte sie das Gefühl, zur falschen Zeit das Falsche zu sagen. Das passierte ihr häufig, wenn sie alle zusammen waren, so wie heute beim Abendessen. Aber nun war es gesagt. »Ich habe so viel Arbeit da reingesteckt, um dir und Lukas etwas zu hinterlassen.«

Lisa verdrehte die Augen, unter denen sich der Lidschatten abgesetzt hatte. »Ich habe es dir doch schon gesagt, Mama. Ich will nicht in deinem Laden versauern und mein Leben damit vergeuden, alten Weibern die Einkäufe hinterherzutragen.«

Adele begann, ihre Atemzüge zu zählen und das Solarplexus-Chakra vor ihrem inneren Auge zu visualisieren, um zu ihrem seelischen Gleichgewicht zurückzufinden. So hatte sie es in ihrem Yogakurs geübt.

»Max, rede du mit ihr.«

»Adele«, seufzte er und warf seiner Tochter einen verständnisvollen Blick zu, ehe er sich wieder an seine Frau wandte. »Lisa will dir nur sagen, dass es im Leben Passionen und Träume gibt, die man nicht vernachlässigen sollte. Manchmal muss man eben ein Risiko eingehen, nicht wahr? Und wenn die Kunst ruft, dann muss man ihr folgen«, schloss er und lächelte Lisa nachsichtig an.

Adele erstarrte. »Also mir hast du das nicht gesagt, als ich mein Studium aufgegeben habe, um den Laden aufzumachen.« Sie hatte sieben Tage die Woche geschuftet, um Strom, Miete und Essen zu bezahlen, während er versuchte, sich »auf dem Markt zu positionieren«, was nichts anderes hieß, als von einem Job zum nächsten zu wechseln, ehe seine aufstrebende Karriere ein jähes und unrühmliches Ende in der Obst- und Gemüsegenossenschaft gefunden hatte.

»Adele«, sagte er schmeichelnd. »Deine Leidenschaft ist es, Leuten zu helfen, die dich brauchen. Mutter und liebevolle Großmutter zu sein, für die Menschen zu sorgen, die du liebst. Deswegen bist du so etwas Besonderes.«

Adele sah ihr Leben im Schnelldurchlauf an sich vorüberziehen wie in einem Werbespot. Max hatte recht. Sie sah, wie sie beide das Haus renoviert hatten, damals fast noch Teenager, die jede freie Minute nutzten, um sich zu küssen – im Treppenhaus, auf der Terrasse. Sie sah Lisa mit ihren winzigen Füßchen und dem Gesicht voller Sommersprossen. Sie direkt nach der Geburt im Arm zu halten hatte zu den größten Glücksmomenten ihres Lebens gehört.

Sie wusste nicht, warum, aber ihr ging die Frage durch den Kopf, weshalb Signora Edna keine Kinder hatte. Der Gedanke an die alte Frau hatte sie den ganzen Tag über nicht losgelassen. Ja, es war schon öfter vorgekommen, dass sie einige Tage nicht im Laden vorbeigeschaut hatte. Und sie hatte ihr ja erst am Donnerstag die Einkäufe gebracht. Trotzdem machte sie sich Sorgen. Vielleicht weil sie in Ednas stolzem Gesicht ihre Mutter wiedererkannte, die sie jeden Tag vermisste, seit sie von ihr gegangen war. Max hatte recht. Er wusste, dass sie erst Frieden finden würde, wenn sie Edna in der Seniorenresidenz mit dem herrlichen Rasen versorgt wusste und Emil sicher hinter den Gittern einer Voliere.

Sie würde noch einmal bei ihr vorbeischauen.

14

Die Lederjacke

In ihrem Traum war Edna ein Mädchen mit Schmutzrändern unter den Fingernägeln, das vor der Holztür des alten Schuppens stand. Sie wollte sie öffnen und hineinsehen, aber ihre Beine waren wie erstarrt. Es war niemand da, und doch fühlte sie, wie sie am Arm zurückgehalten wurde, und eine Stimme, vielleicht die Angst, die sich im Takt ihres Herzschlags steigerte, warnte sie, dass sie besser umkehren sollte.

Sie sah ihre kleine Kinderhand, sah die verschwitzten Finger sternförmig auf dem abgesplitterten Holz ruhen. Dann öffnete sich die Tür geräuschlos, und die Dunkelheit sog sie ein.

Durch das kleine Fenster ganz oben im Schuppen fiel Mondlicht herein und beleuchtete den hinteren Bereich der Hütte, ließ verzerrte Schatten erstehen, die sich kräuselten wie die Oberfläche eines Sees. Doch zwischen den Gerätschaften aus Eisen, den Mistgabeln und alten Fässern bewegte sich etwas. Ein langsames Schaukeln, ein fast hypnotisches Wiegen, das sie zwang, weiter hinzusehen, obwohl das Blut in ihren Adern zu Eis gefror.

Auf den schiefen Regalen erkannte sie zwischen Blechbüchsen und spitzen Metallgegenständen schemenhaft eine vertraute Gestalt. Emil. Sie wusste nicht, ob sie loslachen und zu ihm hinlaufen oder sich schämen sollte, weil sie sich so gefürchtet hatte. Sie blieb einfach stehen.

»Emil«, wisperte sie. Der wiegte sich weiter hin und her, verlagerte sein Gewicht von einem Krallenfuß auf den anderen. Ein junger Vogel, der so gut wie nichts wog, verfroren und zerrupft. Die Federn am Hals waren verschwunden, weite Partien der faltigen Haut lagen bloß und spannten über den spitz hervortretenden Knochen. Emil stieß einen schrillen Schrei aus, flatterte mit den Flügeln und starrte mit weit aufgerissenen Augen in die Schatten hinter ihr. Sie hörte jetzt auch deren schweres Atmen und spürte, wie sie Gestalt annahmen, zu jemandem wurden, und Edna wusste, dass sie davonlaufen musste. Dann fiel Emil vom Regal, und als er auf dem Boden auftraf, war er zu einer fetten Gans ohne Federn geworden und völlig nackt.

Schlagartig wurde Edna wach und riss ängstlich die Augen auf.

Sie sah an eine Decke, von der sich die Farbe in Placken löste wie die Schuppen einer sich häutenden Schlange. Die Matratze lag niedriger, als sie es gewohnt war, und es gab keinen Nachttisch. Auch keinen Schalter für die Nachttischlampe rechts von ihr, und ihre Pantoffeln standen nicht da, wo sie sonst immer standen, nämlich vor dem Bett, wie sie feststellte, als sie einen Fuß unter der Decke hervorstreckte. Da erinnerte sie sich: Sie hatte sich auf die Reise gemacht, um Jacob zu besuchen.

Sie hörte das vertraute Zischen von Butter auf einem heißen Pfannenboden und der Duft gebratener Eier stieg ihr in die Nase.

Das Erste, was sie deutlich sah, war Emil. Er saß auf Rolands Schulter, der gerade einen Kaiserschmarren zubereitete. Sie bemerkte, dass strahlend helles Licht in den Wohnwagen fiel. Die Kartonberge waren verschwunden. Die Kleidung lag ordentlich gefaltet in einer Ecke.

»Gut geschlafen?« Roland verteilte den Schmarren direkt aus der Pfanne auf die Teller, alles mehr oder weniger aus dem Handgelenk, denn die andere Hand brauchte er für die Zigarette. »Ich dachte eigentlich, mein Rekord wäre unschlagbar. Aber ich muss zugeben, dass Sie einfach sagenhaft schnarchen.« Er lachte. Offensichtlich war er bester Laune, und auch Edna fiel es nun leicht, aus dem Bett zu schlüpfen und den neuen Tag anzugehen.

»Wollen Sie wirklich, dass ich sie behalte?«

Beide standen vor dem Wohnwagen, hinter ihnen der See.

Er nickte. »Steht Ihnen gut.«

Edna war sich da nicht so sicher. Sie war das steife Leder nicht gewohnt, und die silbernen Nieten erinnerten sie an eine Ritterrüstung. Aber besser als nichts. Eine Jacke konnte man immer brauchen. Noch dazu eine aus Leder, die war unverwüstlich.

»Sie sind also wild entschlossen, Ihren Kopf durchzusetzen? Ich darf Sie nicht ein Stück mitnehmen …«

»Vielen Dank, Signor Roland. Aber ich muss meiner Karte folgen.«

Er seufzte, ohne seine dunklen Augen von ihr zu wenden, die so durchdringend blickten, als wollten sie ihr Innerstes erkunden.

»Und Sie? Was werden Sie tun?«

Er sah sich um. »Ich habe über unser Gespräch von letzter Nacht nachgedacht. Ich glaube, dass ich noch eine Weile hierbleibe. Der Wohnwagen könnte eine Überholung gebrauchen. Manchmal muss man die Dinge in Ordnung bringen.«

Edna nickte und erwiderte sein Lächeln.

Ohne ein weiteres Wort gingen sie auseinander, Roland hob zum Abschied nur die Hand. So lange, bis Edna ihn nicht mehr sehen konnte, ein Hüne neben einem verbeulten Spielzeugwohnwagen.

»Na gut, Emil«, seufzte Edna, »dann machen wir uns mal wieder auf den Weg.«

Das Seeufer füllte sich mit Touristen, die auf die Boote warteten, von denen aus sie den Kirchturm – der in der Morgensonne weniger rätselhaft aussah – aus der Nähe fotografieren konnten.

Manche Leute fragten auch, ob sie ein Foto von ihr und Emil machen dürften. Edna wunderte sich, warum sie dabei so grinsten und weshalb die Motorradfahrer auf ihren Maschinen, die ähnlich aussahen wie die von Roland, beim Vorbeifahren abbremsten und grüßend zwei Finger an die Stirn legten, die ernsten Gesichter hinter Sonnenbrillen verborgen.

Während sie weiterging, den Blick fest auf die Schuhe gerichtet, die im noch morgenfeuchten Erdreich einsanken, dachte Edna, wie launisch der Himmel doch sein konnte. Sie war bei strahlendem Sonnenschein aufgebrochen, der die Berggipfel zum Glühen gebracht hatte. Später hatte sie sich durch denselben Morast kämpfen müssen, der Jacob mitgerissen hatte. Nun zeigte sich die Sonne wieder, und es war so warm geworden, dass sie Rolands Jacke auszog. Die verkrustete Erde auf ihren Schuhen trocknete schon wieder. Bald würde ein bloßes Pusten genügen, und die Schuhe würden wieder glänzen.

15

Die Raben

Edna saß auf einer Bank vor den am Ufer liegenden Tretbooten. Die Sonne wärmte sanft ihre Wangen, vor ihr lag der glitzernde See. Während sie die Chips mit Senfgeschmack aß, die Roland ihr zusammen mit ein paar Crackern und Keksen eingepackt hatte, erstellte sie eine neue Liste der Dinge, die sie noch bei sich hatte. Emil saß auf ihrer Schulter und schüttelte die Flügel aus, dann versuchte er, mit dem Schnabel die Ecke des Fotos in ihrer Hand zu erwischen. Schnell zog sie es fort. »Sei ihm nicht böse, Jacob«, sagte sie zu dem Jungen, der auf dem Bild neben ihr stand und dessen rundem Gesicht man anmerkte, dass er sich ein Grinsen verkniff. Sie dagegen sah aus wie ein verschrecktes Gespenst mit struppigen Haaren, die von einem Band zusammengehalten wurden. »Emil hat sich kein bisschen geändert. Ich habe dich gewarnt damals, dass es nicht gut wäre, ihn mitzunehmen.«

Edna hustete. Seit der vergangenen Nacht immer häufiger und so heftig, dass sie das Gefühl hatte, ihr würde die Brust zerspringen.

Und das alles nur wegen dieses Regenschauers.

Sie steckte Emil in den Transportkäfig zurück. Dieses Wegstück musste sie auf jeden Fall zu Fuß zurücklegen, selbst wenn sie vor Anstrengung nur langsam vorankam. Von der Ebene war es zunächst nur sanft bergan gegangen, doch ganz plötzlich wurde der Weg so steil, dass ihr die Luft wegblieb.

Rolands Jacke hatte sie in den Rucksack gepackt, zusammen

mit der Hose, die immer noch nicht getrocknet war. Aber selbst in der Kniebundhose und dem kurzärmeligen T-Shirt geriet sie ins Schwitzen. Es war erst Anfang Juni, aber die Sonne brannte bereits erbarmungslos. Und wieder hatten Emil und sie kein Wasser mehr.

An einer Pension mit angeschlossenem Bistro machten sie halt, weil Edna eingefallen war, dass sie dort vielleicht in eine Tageszeitung schauen könnte. Sie wollte wissen, wie die Lage in Ravensburg war.

Edna zählte ihr verbliebenes Geld. Einmal, ein zweites Mal. Dann ließ sie Emil auf ihre Schulter klettern, nachdem sie ihn mit den letzten Wassertropfen aus ihrer Trinkflasche besprüht hatte. »Das gefällt dir, was? Ich würde jetzt auch gern baden.« Es war eine verlockende Vorstellung, in das kühle Wasser des Sees einzutauchen und die Haare nass zu machen, während die Zehen sich in den schlammigen Grund gruben. Ihre Umgebung wollte nicht zu der fiebrigen Unruhe passen, die sie gepackt hatte. Weder das beruhigend gleichförmige Zirpen der Grillen noch die sachte Brise, die beim Streichen durch die Tannennadeln deren harzigen Duft aufnahm.

Auf der Wiese vor der Pension lagen einige Pärchen und sonnten sich. Zwei Jungen kamen Edna neugierig entgegengelaufen, um sich den Papagei aus der Nähe anzusehen. Sie hüpften und sprangen um sie herum, während Edna versuchte, ihren Weg fortzusetzen. Emil, dessen Gefieder von der provisorischen Dusche noch etwas trocknen musste, klammerte sich an ihrer Schulter fest. In dem Moment richtete der kleinere Junge seine Spielzeugpistole auf ihn und schoss.

Edna spürte, wie die Krallenfüße, die sich in ihr T-Shirt gebohrt hatten, den Stoff zerrissen, als der Papagei sich panisch in die Lüfte aufschwang.

Als sie begriff, was passiert war, war Emil nur noch ein kleiner Punkt am Himmel, der sich zwischen den Baumwipfeln verlor.

Der größere Junge hielt schützend die Hand über die Augen und starrte in die Richtung, in die Emil verschwunden war.

»Wow, er ist irgendwo da drüben! Der kann aber hoch fliegen ...«, sagte er und zeigte mit dem Finger in die Richtung, während die Mutter schrie und ihre Kinder zu sich beorderte.

Edna drehte sich im Kreis und rief Emils Namen, damit er sie hören konnte, egal, wo er sich versteckte. Schließlich entdeckte sie ihn auf der Spitze einer Kiefer. Etwas schien ihn in Unruhe zu versetzen und davon abzuhalten, zu ihr zurückzukommen. Sie suchte mit den Augen die Umgebung ab und bemerkte: Emil war nicht allein.

In einem kleinen, dichten Schwarm flogen einige Raben und verständigten sich untereinander mit spitzem Krächzen, das schrill durch den Himmel hallte, während Emil stumm und starr sitzen blieb, vielleicht, weil er darauf hoffte, nicht bemerkt zu werden.

Als er Edna entdeckte, stürzte er sich nach unten, um auf ihre Schulter zu fliegen, doch die Raben verfolgten ihn, und er musste seinen Kurs ändern. Edna lief jetzt schneller, aber sie konnte ihm kaum folgen. Ihr Nacken schmerzte, weil sie ständig nach oben sehen musste, und alles um sie herum drehte sich. Sie bekam kaum noch Luft aus Angst, Emil zu verlieren.

Die Raben waren riesengroß und geschickte Flieger, die pfeilschnell die Richtung ändern konnten. Sie hatten Emil eingekreist, der nun verzweifelt versuchte, an Höhe zu gewinnen. Aber seine Verfolger blieben hartnäckig. Edna versuchte, sie durch laute Geräusche abzulenken, indem sie mit ihrem Stock gegen einen Baumstamm schlug, doch die Vögel waren zu hoch und zu weit entfernt, um sich davon beeindrucken zu lassen. Einer von ihnen hatte Emils Schwanzfedern gepackt und den Papagei so aus dem Gleichgewicht gebracht. Jetzt kamen noch mehr Raben hinzu und attackierten ihn von allen Seiten. Er flatterte verzweifelt und schoss kurz vorwärts, nur um gleich darauf langsamer zu werden, als hätten ihn die Kräfte verlassen. Die Raben setzten ihre Angriffe mit vereinten Kräften fort, bis Emil taumelte wie ein kaputter Drachen im Wind und in den dichten Wald stürzte.

Edna kam es vor, als würde sie genau wie er ins Bodenlose fallen. Emil war nicht mehr zu sehen. Die Raben kreisten über den Baumwipfeln und zerrissen mit ihrem Krächzen die Stille des Waldes.

Nach zwei weiteren Runden verschwanden sie himmelwärts. Emil blieb verschwunden.

Mit jedem Schritt wuchs Ednas Verzweiflung. Sie ließ die Transportkiste stehen und schlug sich ins Unterholz, achtete auf jedes Geräusch und jede Bewegung, die sie in den Zweigen bemerkte.

Die Bar von eben lag inzwischen weit entfernt. Edna kämpfte sich weiter vorwärts, obwohl sie nicht den kleinsten Anhaltspunkt hatte, wo sie suchen sollte.

Sie wollte nicht an das Schlimmste denken, aber sie hatte gesehen, wie Emils kleiner Körper im Wind geschwankt hatte, bevor er in die Tiefe stürzte.

Vielleicht war er verletzt. Ganz bestimmt verwirrt. Sie musste ihn finden.

Emil würde in der freien Natur nicht lange überleben. Schreckliche Bilder stürmten auf sie ein, von Raubvögeln und anderen Gefahren. Wo Emil doch der Meinung war, dass Futter aus Näpfen kam und die Luft immer so lau wie im Sommer war. Auch in der Nacht. In seiner Welt gab es weder richtige Dunkelheit noch Kälte. Oder starke Kontraste.

Edna durchsuchte das Gebüsch. Sie war unschlüssig, ob sie noch tiefer in den Wald vordringen oder lieber die nähere Umgebung absuchen sollte. Emil konnte eigentlich noch nicht weit gekommen sein. Die Raben waren immer noch eine Bedrohung, und wenn Emil eins gelernt hatte, dann, sich in solch einem Fall unsichtbar zu machen. Wenn es zum Beispiel darum ging, unangenehme Situationen zu vermeiden, wie etwa Adeles Besuche, ihre schrille Stimme und die knallrot lackierten Fingernägel, die sich in seinen Käfig – sein sicheres Territorium – schoben, um ihn zu streicheln.

Ganz bestimmt würde er lieber reglos an der höchsten Stelle sitzen bleiben, die er finden konnte, als das Weite zu suchen. Aber selbst das war nicht unbedingt gut. Denn einen verängstigten Papagei davon zu überzeugen, von seinem Ast herunterzukommen, war so schwierig, dass es oft nicht einmal den größten Fachleuten gelang. Papageie waren merkwürdige Tiere mit einem so schnellen Stoffwechsel, dass sie schon verhungern konnten, wenn sie vor Angst vergaßen, etwas zu fressen.

Edna fürchtete, sich zu verlaufen. Ihr Blick fiel auf ein paar Erikabüsche hinter einem langen, umgestürzten Baum. Sie suchte zwischen den wilden Heidelbeeren, zerkratzte sich Arme und Beine, als sie Kiefernäste beiseiteschob, bis sie – schweißgebadet und während sich in ihrem Kopf alles drehte – wieder an dem Baum herauskam und ihr klarwurde, dass sie im Kreis gelaufen war. Ihre Beine waren mit jedem Schritt schwerer geworden.

Edna musste an die Zeit auf dem Hof zurückdenken, als sie und Jacob die Pferde zu führen hatten, die den schweren Mähdrescher zogen. Die Arbeit begann bei Sonnenaufgang und endete erst, wenn der Schatten der riesigen Maschine so lang wurde, dass er alles verschluckte. Sie hatten die Anweisung, ununterbrochen immer weitere, genaue Kreise zu ziehen, bis das Kornfeld all sein Gold abgegeben hatte. Mit gesenktem Kopf folgte Edna ihren Beinen, bis sie jedes Zeitgefühl und die Orientierung verloren hatte. Dann stieß Jacob sie zur Seite und befahl ihr, sich auszuruhen, während er die Pferde weiterführte und dabei die Muskeln an Armen und Schultern so anspannte, dass die Adern an seinem Hals fast zu platzen schienen. Das ging vierzehn Tage so. Aus dem Gold der Felder entstanden so immer mehr Kreise, die der Regen mit der Zeit fortwaschen würde.

Ein plötzlicher Schmerz ließ die Erinnerung an Jacob schlagartig verblassen und trübte ihre Sicht.

Wie mit winzigen Nadeln gespickte Tentakel hatten sich Brennnesseln um ihren Knöchel gewickelt. Edna spürte, wie die Hitze sich im Fleisch verteilte und in der Wade brannte.

Als sie das Bein aus den Brennnesseln befreite, zuckte sie erneut zusammen. Sie setzte sich auf den Baumstamm und schob die Strümpfe nach unten, während sie nachdachte, was sie jetzt tun konnte. Die Arnikasalbe würde hier kaum helfen.

Edna stieß den Wanderstock tief in die Erde und stützte sich mit dem anderen Arm darauf ab. Sie konnte zwar stehen, aber beim ersten Schritt stieg der Schmerz in Wellen vom Knöchel hoch und brachte sie aus dem Gleichgewicht. Doch Edna wusste, dass das Gift ins Blut übergehen und sich dort ausbreiten würde, bis nur noch ein leichtes Kribbeln blieb, als wäre ihr Bein eingeschlafen. Sie musste einfach warten, bis der Schmerz nachließ.

Und Emil einen Weg fand, um zu ihr zurückzukehren.

Ich fürchte mich, Jacob

Auf dem Hof wurden Jacob und sie manchmal gemeinsam dazu eingeteilt, das Vieh auf die Weide zu treiben. Es waren immer ganz besondere Tage für sie, weil ihnen dann die Zeit geschenkt wurde, zwischen den kitzelnden Halmen im Gras zu liegen und den Himmel zu betrachten.

Edna mochte Kühe. Jacob hingegen hielt sie für dumm und ziemlich nutzlos. Sicher, sie gaben Milch und später gutes Fleisch, aber Ziegen gaben auch Milch, und das waren Tiere mit einem eigenen Kopf, nicht wie diese feigen Viecher, die sogar vor Grillen Reißaus nahmen. Und Fleisch, das leckerer schmeckte und vielseitiger zu verwenden war, lieferten die Schweine. Von einem Schwein wurde alles verwertet, sogar die Ohren, die gab man den Hunden zum Kauen oder kochte Suppe daraus.

Meist schauten sie in den Himmel, lauschten, woher der Wind kam, und verfolgten die Wolken, die schnell dahinzogen, wenn sie sich von den Bergkämmen gelöst hatten.

Doch dieses Mal hatte sie ein Gewitter mit der Wut von tausend galoppierenden Pferden überrascht. Pferden aus Luft, die kalten Sturmwind aus ihren Mähnen schüttelten und deren Hufe sie mit harten Wassermassen auf Kopf und Rücken trafen.

Die Kühe stampften vor Angst im Gras und liefen blindlings durcheinander. Ihr banges Muhen mischte sich mit den Donnerschlägen und dem dumpfen Zusammenprallen von Hörnern, begleitet von wildem Glockengebimmel. In der allgemeinen Panik traten Kühe ihre Kälber, brachten einige zu Fall, so dass sie durchs nasse Gras rollten. Edna konnte nichts mehr sehen. Der Himmel war schwarz wie in der Nacht, Regen rann ihr über die Stirn und brannte in den Augen.

Als ein Blitz aufzuckte, entdeckte sie Jacob, der die Arme ausbreitete, um die Herde zusammenzuhalten und bei einer Hütte zu sammeln. Doch die Kühe waren so verängstigt, dass sie durchgingen und ihr Muhen sich im Pfeifen des Windes verlor. Edna machte es Jacob nach. Sie kniff die Augen fest zusammen angesichts dieser Flut von Hörnern, Muskeln und verdrehten Hälsen. Bis sie fast zu Boden geworfen wurde. Ihre Rückenwirbel hätten unter dem Gewicht der Hufe wie dürre Zweige zerbrechen können.

Jacob lief zu ihr, half ihr auf und bedeutete ihr, sie sollten Zuflucht in der Hütte suchen.

Drinnen standen sie zitternd vor Kälte hinter einem kleinen Fenster, an dessen Scheibe der Hauch ihres unregelmäßigen Atems kondensierte, und sahen der Herde nach, die sich in der Dunkelheit zerstreute.

»Siehst du sie, Jacob?«

Er schüttelte den Kopf. Sein Gesicht wirkte hart und voller Schatten. Ednas Herz krampfte sich zusammen.

»Ich hab doch gesagt, dass deine Kühe dumme Viecher sind.« Edna bemerkte die Wut in seiner Stimme, aber es klang nicht, als gäbe er ihr die Schuld. Jacob war genauso verzweifelt wie sie, aber er zeigte es nicht.

»Was machen wir jetzt?«

Die beiden rührten sich nicht vom Fenster weg, zitternd vor Kälte, die Kleider vom Regen durchweicht. Sie konnten nur abwarten, was jetzt geschehen würde. Dumm oder nicht, die Kühe stellten ein kleines Vermögen dar, das sie beide nie zurückzahlen konnten, selbst wenn sie ihr Leben lang auf dem Hof schufteten. Und da war noch etwas, was mit Geld nicht verhindert oder gutgemacht werden konnte: der Zorn des Struwwelpeters. Man erzählte sich so einiges über den Großbauern, über die Werkzeuge im Schuppen, die nicht mehr zum Mähen der Wiesen eingesetzt wurden. Rostige Klingen, scharfe Spitzen. Seile. Edna und Jacob spürten schon die Fesseln um ihre Handgelenke und Knöchel.

Irgendwann mussten sie in einen unruhigen Schlaf gefallen sein. Schließlich weckte sie nicht der Donner auf, sondern die Hand eines Knechts, der sie grob an der Schulter packte.

Zurück auf dem Hof entdeckten sie zu ihrer Überraschung, dass die Kühe in den Stall zurückgekehrt waren und nun mit langsam mahlenden Kiefern ihr Heu fraßen. Auf ihren trägen Gesichtern war keine Spur mehr von den wild gewordenen Bestien, die sie in ihrer Panik mit der Wucht von vielen Tonnen Fleisch überrannt hatten.

Edna brachte man in die Küche, wo sie der Köchin helfen sollte. Jacob hingegen war spurlos verschwunden. Der Großbauer hatte ihn mitgenommen. Ednas Blick war ihnen so lange wie möglich gefolgt.

Sein schmaler Rücken neben diesem großen Kerl, der selbst im Sommer einen Wolljanker trug, mit seinen breiten Schultern, der wettergegerbten Haut und den schwieligen, schrundigen Händen.

Dann hatte die Bauersfrau ihr eine Kopfnuss verpasst, damit sie sich wieder ihrer Arbeit zuwandte. Schnittlauch schneiden, in schmale, gleichlange Röllchen. Genauigkeit und Gründlichkeit waren wichtig. Gründlichkeit bedeutete Disziplin, hatte man Edna gesagt. Und Disziplin würde aus ihr eine zuverlässige Erwachsene machen.

Den ganzen Tag kursierten Gerüchte darüber, was mit Jacob passiert war. Manche sagten, man hätte ihn weggejagt. Andere, man würde ihn nie wiedersehen. Aber im Frühjahr würden die Kräuter dann nach kleinem Jungen schmecken.

Doch Jacob kehrte zurück. Nach einem Tag und fast einer ganzen Nacht, denn der Morgen dämmerte schon.

»Was haben sie mit dir gemacht?«, fragte Edna leise die Gestalt, die plötzlich vor ihrem Bett stand. Sie hielt die Hand auf den Mund gepresst, als sie sah, wie Jacob sich ungelenk auf das Stroh setzte. Langsam, wie mechanisch, als wäre sein Körper auf einen Schlag gealtert.

»Nichts Schlimmes. Dieser blöde Struwwelpeter hat mich den ganzen Tag stehen lassen. Und die Nacht.«

Edna richtete sich auf. Sie versuchte, etwas zu wittern wie ein wildes Tier, einen Geruch, irgendetwas, was ihr verriet, was wirklich geschehen war.

»Wo haben sie dich hingebracht? Du warst spurlos verschwunden. Es hieß, sie hätten dich vom Hof gejagt.«

Jacob zögerte, als läge ihm etwas auf der Zungenspitze, das er nicht aussprechen wollte.

»Vor sein Bett. Ich habe die ganze Nacht vor seinem Bett gestanden.«

»Aber als er dann schlief, hast du ...« Edna war überzeugt, dass Jacob einen Weg gefunden hatte, sich der Kontrolle des Mannes zu entziehen. Doch Jacob sagte nichts.

Sie saßen ganz eng beieinander. Dann gaben die Wolken kurz den Mond frei, so dass sein bläuliches Licht auf Jacobs Gesicht fiel. Edna erschauerte.

Ihre Hand kam zögernd näher und strich langsam mit einem Finger über das rote Rinnsal. Sie starrte ihre klebrig gewordenen Finger an. Jacob hatte es nicht einmal bemerkt, aber aus seinen Nasenlöchern sickerte Blut, das sein Gesicht in zwei

Hälften teilte. Edna wünschte sich so sehr, sie könnte all die Kraft, die ihr geblieben war, zusammennehmen und die Hälften wieder kitten, bevor der Blutsfaden seine Lippen erreichte und er es schmeckte – und alles wäre wieder wie vorher. Vor dem Gewitter, vor dem Hof, vor der Reise über die Berge.

»Alles in Ordnung, Zimperliese«, flüsterte er ihr zu, wobei das letzte Wort nur noch ein müdes Stammeln war. Er lehnte die Stirn gegen ihren Rücken und schlief ein, so tief, dass sie anfangs fürchtete, er sei tot.

16

Emil und die Astragale

Edna fuhr hoch, ihr Herz schlug heftig und sie schnappte nach Luft, als hätte jemand ihren Kopf unter Wasser gehalten.

Sie wusste nicht, wie lange sie in der Sonne eingenickt war, ihr Bein brannte allerdings immer noch höllisch. Doch da war noch etwas anderes, was an ihr nagte und sie beunruhigte, obwohl sie im Augenblick nicht mehr wusste, was es war. Dann fiel ihr Blick auf die offene Transportkiste, die sie etwas weiter weg hatte stehen lassen. Blitzartig sah sie Emil wieder vor sich, der vor einem Schwarm Raben floh, und die Erinnerung daran, wie sein kleiner Körper in die Tiefe stürzte, raubte ihr den Atem.

Sie durfte keine Zeit verlieren. Sie musste aufstehen und ihn suchen. Das Licht, das durch die Zweige fiel, kündigte bereits den Sonnenuntergang an. Während sie den Rucksack auf den Kasten band, diesen aufrichtete und aus den Erikabüschen schob, lauschte Edna den Geräuschen des Waldes, wie sie es als kleines Mädchen oft getan hatte. Innerlich war sie immer noch ganz angespannt, was wohl auch an dem Traum von eben lag.

Anfangs bemerkte sie es gar nicht. Doch dann war da wieder dieser klagende Laut, nur länger jetzt. Wie ein Hilfeschrei. Weinte da jemand? Oder war es ein Lachen? Edna versuchte einzuordnen, aus welcher Richtung das Geräusch kam, und wandte sich dorthin.

Es klang wie die Stimme einer Frau. Oder eines Kindes? Je näher Edna kam, desto sicherer war sie sich, dass dort jemand in Gefahr war.

An einer Stelle, wo die Zweige den Blick auf die Lichtung vor ihr freigaben, blieb sie stehen.

Als sie die Brille zurechtrückte und erkannte, was da vor sich ging, schlug sie die Hand vor den Mund und ließ entsetzt den Griff der Transportkiste los.

Eine junge Frau wedelte panisch mit den Armen, um das Federknäuel abzuschütteln, das sich auf ihren Kopf gestürzt hatte.

Der bunte Federball flatterte auf den Boden, und sie rannte ihm hinterher. Der junge Mann hinter ihr, groß und dünn wie ein Zwirnsfaden, schüttete sich aus vor Lachen, machte aber keine Anstalten, ihr zu helfen.

Edna bahnte sich einen Weg durch die dichten Äste. Sobald Emil sie auch nur von weitem sah, flog er zu ihr und setzte sich auf ihre Schulter. Seine Brust hob und senkte sich in schnellem Rhythmus.

Dieses runde Köpfchen war der schönste rote Fleck, den sie je gesehen hatte, dachte Edna, während ihr Herz sich allmählich beruhigte. Ihr wurde klar, dass alles überstanden war.

Behutsam ließ sie Emil an sich heruntergleiten, drückte ihn an ihre Brust, legte sein Köpfchen in die Höhlung ihrer Schulter und streichelte ihm sanft über den Rücken. Seine Federn waren weich wie Seide. An einem Flügel entdeckte sie eingetrocknetes Blut, und seine Schwanzfedern waren zerrupft. Rasch überprüfte Edna, ob keine Federkiele gebrochen waren. Doch Emil schien nur völlig ausgehungert zu sein. Im Schnabel drehte er einen spitzen kleinen Stein, einen anderen, ähnlichen hielt er in einem seiner Krallenfüße. Edna versuchte, sich zu erinnern, was sie noch an Fressbarem für ihn hatte. Im Rucksack waren noch zwei Packungen Cracker. Nicht gerade das ideale Futter für einen Papagei, aber Roland schien sich komplett von diesem Zeug zu ernähren. Er hatte gesagt, die Cracker seien sehr nahrhaft, und bei Emil ging es jetzt nur um eines: Er musste wieder zu Kräften kommen.

Als Edna ein Räuspern hinter sich hörte, drehte sie sich um und fragte: »Habt ihr ihn gefunden? War er hier in der Nähe?«

Die junge Frau musterte sie mit gerunzelter Stirn. Man sah ihr an, dass sie überrascht war.

»Ein Schwarm Raben hat sich auf ihn gestürzt. Ich habe ihn überall gesucht«, erklärte Edna dankbar. Emil legte den Kopf schief und ließ sich mit genießerisch geschlossenen Augen unterm Schnabel kraulen.

»Sie laufen mit einem frei herumfliegenden Papagei im Wald herum?«

»Der auf Ihrer Schulter hockt wie bei einem Piraten …«, fügte der junge Mann hinzu, der hinzugekommen war und im Gegensatz zu der Frau überhaupt nicht aufgebracht zu sein schien.

Die junge Frau durchbohrte ihn förmlich mit dem Blick, um sich dann erneut Edna zuzuwenden.

»Hören Sie, mir ist vollkommen egal, was Sie hier machen. Aber Ihr Papagei hat sich meine Astragale geschnappt. Und anscheinend hat er nicht vor, sie mir zurückzugeben«, sagte die Frau atemlos. Auf ihren Wangen hatten sich hektische rote Flecken gebildet.

Edna folgte ihrem Blick, der sich inzwischen auf Emil gerichtet hatte. »Sie meinen das Steinchen da in seinem Schnabel?«

»Und das in seiner Kralle. Aber das sind keine Steine.«

Edna sah sie misstrauisch an. »Und was für ein Teufelszeug ist es dann?«

»Also, kann ich sie nun zurückhaben, bevor er sie verschluckt, oder muss ich Ihnen erst ein Foto davon zeigen, um Ihnen zu erklären, was es ist?«

»Hoffentlich sind sie nicht giftig«, grummelte Edna mit gerunzelter Stirn und hielt dem Blick der Frau stand.

»Komm, Emil«, sagte sie dann, drückte den Papagei wieder an sich und ließ ihre Stimme ganz sanft klingen, während sie ihn kraulte. »Jetzt geben wir der jungen Dame ihre *Arpagale* zurück.«

»Astragale«, verbesserte diese und blieb unerbittlich vor ihr stehen.

Doch sosehr Edna sich auch bemühte, Emil gab nicht nach. Es kam ihr sogar so vor, als würde er diese *Astra*dinger nur noch fester umklammern. Ein Schnappeisen aus Krallen und Federn.

»Man muss halt höflich fragen, was, Emil?« Edna kraulte ihm sanft über dem Schnabel und begegnete dem wütenden Blick der Frau mit einem Lächeln. Sie kramte in ihren Taschen und fand schließlich, was sie suchte. Als sie den Walnusskern herausholte, fiel ein Sonnenstrahl darauf und beleuchtete ihn wie eine Hostie, die während der Messe hochgehalten wird. Sofort ließ Emil die *Astra*dinger fallen und stürzte sich auf die Nuss. Die junge Frau nahm die Steine an sich und steckte sie in ein Jutesäckchen.

»Sehen Sie? Das nennt man ›die Macht der Freundlichkeit‹.«

»Oder des Hungers«, meinte die junge Frau herausfordernd. »Ich heiße übrigens Priska, und das ist Flo.«

Edna schwankte. Ihre Wade pochte auf einmal wieder schmerzhaft, und alles ringsum wirkte plötzlich milchig trüb, wie durch einen Duschvorhang.

»Die sind doch nicht giftig, oder?«

»Beruhigen Sie sich, Ihr Papagei stirbt schon nicht daran. Aber Ihr Bein sieht nicht gut aus. *Urtica dioica*.«

Edna sah auf die gerötete Haut hinunter, wo winzige, mit Flüssigkeit gefüllte Bläschen aufpoppten wie Puffreis und ständig mehr wurden.

»Brennnessel«, erklärte Priska. »Kommen Sie mit.«

Edna zögerte.

»Vertrauen Sie mir, kommen Sie schon, ich bin keine Hexe«, sagte Priska mit einem maliziösen Lächeln, das genau das Gegenteil vermuten ließ.

Auf einem kleinen Platz, auf dem ein alter orangefarbener Kleinbus parkte, hatten Priska und Flo ein richtiges Zeltlager aufgebaut. Zwischen Zweigen waren Wäscheleinen gespannt, dort hingen auch Pfannen zum Trocknen. Große Kühltaschen und ein Gerät mit einem undurchschaubaren Gewirr aus Knöpfen und Kabeln, wie es Edna noch nie gesehen hatte, hatte man wohl mit Absicht in den Schatten der Kiefern gestellt. Darin konnte man Vorräte für mindestens eine Woche kühlen. Das Gras in der Mitte der Lichtung war verkohlt, Asche verwies auf ein großes Lagerfeuer. Edna hatte den Eindruck, dass Priska und Flo schon länger hier lebten.

Priska führte Edna in das größere Zelt und sagte ihr, sie solle sich auf die Matratze setzen.

Edna sog den Duft von Kräutern und Blumen ein, die an Seilen an der Zeltwand entlang zum Trocknen aufgehängt waren. Minze, Wildrose. Rhododendron. Die meisten kannte sie. Einige waren sehr giftig, wie der Eisenhut, eine Pflanze, die ihr immer überwältigend schön erschienen war, mit der leuchtend violetten Spitze und den dunkelgrünen Blättern.

»Spucken Sie drauf.«

»Wie bitte?«

»Spucken Sie auf die entzündeten Stellen.«

Die beiden Frauen sahen einander prüfend an.

Edna musterte Priskas sommersprossiges Gesicht, die verfilzten Zöpfe, die von einem geblümten Stirnband zusammengehalten wurden, die Piratenhosen, deren wild gemusterter Stoff an Flecken von Tomatensauce, Senf und Kürbissuppe auf einer oft benutzten Tischdecke erinnerte.

Priska breitete die Arme aus.

»Hier bräuchte man eigentlich Aloe Vera oder Glaskraut. Aber ich habe beides nicht. Wenn die Flüssigkeit aus der Pflanze austritt, wirkt sie wie eine Säure, und man muss mit einer basischen Substanz dagegen arbeiten. Wie Ihrem Speichel. Oder soll ich?«

Edna betrachtete die Blasen auf ihrem Bein, die zum Platzen prall wirkten.

»Hören Sie, ich bin nicht schuld daran, dass Sie heute Morgen die Idee hatten, mit Ihrem Papagei auf der Schulter durch den Wald zu streifen und mit Ihrem Bein in diese armen Brennnesseln zu treten.«

»Also, arm würde ich wohl kaum sagen«, widersprach Edna.

»Wissen Sie eigentlich, dass die Flüssigkeit nur abgesondert wird, wenn die feinen Härchen auf ihren zarten Blättern abbrechen? Die Pflanze versucht bloß, sich gegen Füße zu verteidigen, die sie zerquetschen.«

Edna fand das Ganze ziemlich peinlich.

»Na gut, ich drehe mich um«, sagte die junge Frau, als sie begriff, warum Edna zögerte. »Sie werden sehen, danach geht es Ihnen besser.« Ein ermutigendes Lächeln verlieh ihrer Stimme Wärme.

Während Priska einen Streifen Verbandsmull zuschnitt, erkundigte sich Edna, was es denn mit diesen Astragalen auf sich habe. Sie erfuhr, dass es sich dabei um kleine Knochenstückchen handelte, die man auf das Gras warf und mit denen man die Zukunft vorhersagen konnte. Priska behauptete, sie seien richtig alt – also nicht ihre Steine, sondern solche Rituale – und sehr verbreitet unter den heidnischen Völkern des Alpenraums, wie den Nachfahren der Göttin Reitia.

In Ednas Kopf ging alles wild durcheinander wie in einem Mixer, und sie begann sich zu fragen, wo sie hier bloß gelandet war, als Flo mit Emil auf der Schulter hereinkam und sie zum Abendessen rief.

Am liebsten wäre Edna gegangen, aber draußen wurde es allmählich dunkel. Bald würde ein weiterer Tag zu Ende gehen, und obwohl Flo ihr versichert hatte, sie wären ganz in der Nähe von Nauders, einem der ersten Orte jenseits der österreichischen Grenze, wusste sie, dass sie noch eine weite Strecke vor sich hatte. Aber sie war so müde, sie hätte vor Erschöpfung im Stehen einschlafen können.

»Wo wollen Sie denn mit dem Bein hin? Noch dazu bei Nacht …«

Zum ersten Mal, seit sie sich begegnet waren, waren Edna und Priska einer Meinung.

17

Die Schamanin

Gerade hatten sie das Abendessen beendet: Seitan (der zwar aussah wie ein Steak, aber leider nicht so schmeckte), Sojaschinken (der mit Schinken bedauerlicherweise nur den Namen gemein hatte) und Gemüseröllchen (aber na ja, nach den Soßen, die Roland ihr in seinem Wohnwagen serviert hatte, würde ihr wohl alles andere fad vorkommen).

Priska und Flo waren um die dreißig. In Ednas Jugend hatten Menschen dieses Alters bereits einen Krieg hinter sich gehabt, sie hatten eine Familie gegründet, den Verlust eines Kindes betrauert und Ernten erlebt, die den Launen der Natur zum Opfer gefallen waren. So wie ihre Eltern. Sie hoffte, dass diesen beiden solcher Kummer erspart bliebe.

»Aber eins ist mir immer noch nicht so ganz klar«, fuhr Flo fort, der inzwischen die Teller und Bestecke gestapelt hatte, um sie in einer Schüssel mit Wasser einzuweichen. »Wie wollen Sie über den Arlberg kommen?«

Priska war am Tisch sitzen geblieben, hatte die Arme um die Beine geschlungen und verfolgte ihre Unterhaltung.

»Zu Fuß.«

»Signora Edna, das ist ein beschwerlicher Weg«, gab die junge Frau zu bedenken und fuchtelte besorgt mit den Armen. »Das sind mehr als fünfhundert Meter Höhenunterschied. Und viele, viele Kilometer. Und Sie müssen auch noch auf Emil achtgeben. Es wird wohl seinen Grund haben, dass die letzte Etappe des ›Adlerwegs‹ dort endet.«

Edna nickte.

Wie sollte sie jemandem erklären, was ihr diese Reise bedeutete? Sie hatte viel über Jacob nachgedacht und über das, was auf dem Hof vorgefallen war. Schließlich war ihr klargeworden, dass sie ihren eigenen Spuren folgen und genau denselben Weg zurückgehen musste, um zum Anfang zurückzukehren und den Faden neu aufzurollen. Jeder Strich auf der Karte, die sie als Mädchen gezeichnet hatte, musste nun auf dieselbe Weise ausradiert werden.

»Ich will nicht, dass irgendetwas offenbleibt. Und ich bin alt genug, um meinen eigenen Weg zu gehen, Priska. Glauben Sie mir, nach all den Jahren fühle ich mich endlich frei.« Die Worte waren ganz von selbst über ihre Lippen gekommen, und sie waren in einen Gedanken gemündet, dessen Bedeutung sie selbst noch nicht so ganz begriff. Aber sie wusste instinktiv, dass er eine wichtige Rolle in dem ganzen Chaos spielte, in das sie sich gestürzt hatte.

»Sie sind ...« Flo starrte sie mit großen Augen an, die im Widerschein des Lagerfeuers wie Kristalle funkelten. Dann zogen sich seine Mundwinkel nach oben, und er lachte laut. »Sie sind vollkommen verrückt, Signora Edna.«

Er bestand darauf, ein Foto von ihr mit Emil zu machen, und dann erklärte er Edna, wie sie Priska und ihn mit dem Handy aufnehmen konnte. Emil war auf seine Schulter geflogen, und kurz bevor Edna abdrückte, breitete er die Flügel aus. Es wurde eine ziemlich unscharfe Aufnahme mit einer Priska, die überrascht zurückwich und gleichzeitig loslachte.

»Sie haben uns noch nicht erzählt, wo Emil herstammt.«

Tja, wo stammte Emil her? Es gab zwei Antworten auf diese Frage. Aber Edna erzählte lieber die offensichtlichere.

»Das ist eine Rasse aus Südamerika. Wie er nach Europa gekommen ist, weiß ich nicht.«

»Er ist also ein Wildtier in Gefangenschaft«, sagte Priska leise und klang ein wenig traurig dabei. »Bestimmt vermisst er den Regenwald.«

Darüber hatte Edna noch nie nachgedacht.

»Was er wohl für Geschichten erzählen könnte ... Wir alle haben eine Geschichte zu verbergen, stimmt's, Emil?« Priska sah Edna an. »Flo und ich folgen einer alten Römerstraße. Ihm reicht ein Mosaik in einer Kirche oder ein mittelalterliches Kreuz, um ins Schwärmen zu geraten«, erklärte sie schmunzelnd. »Ich dagegen folge wesentlich älteren Spuren. Letzten Endes landen wir beide an denselben Orten, weil sich dort die Energie der Erde angesammelt hat – oder wie auch immer man es nennen will. Ich denke oft darüber nach, denn jede Begegnung ist Teil von etwas, das wir bereits durchlebt haben und das immer ein Teil von uns sein wird.«

»Und heute Abend wird Priska darüber nachdenken, welchen tieferen Sinn sie in ihrer Begegnung mit Emil sehen soll«, sagte Flo. Er spülte weiter die Teller in der Schüssel ab und schrubbte sie energisch mit der Bürste, ehe er sie ordentlich aufeinanderstapelte.

»Das hier ist unser Kontakt mit der Außenwelt«, seufzte Priska. Sie hockte auf dem Boden zwischen Kabeln und Bolzen, die Hände schwarz vor Schmieröl, und hantierte an einem Generator. »Florian unterhält einen Blog. Er stellt dort unsere Fotos ein und beantwortet die Kommentare der Follower. Wir verkaufen auch T-Shirts und ein paar andere Artikel. Das verschafft uns die Möglichkeit, immer weiterzureisen.«

Edna nickte bedeutungsvoll, um zu verbergen, dass sie überhaupt nicht wusste, wovon die junge Frau sprach.

»Sie sind wahrscheinlich todmüde. Haben Sie schon mal in einem Zelt geschlafen? Es gibt nichts Besseres. Sie müssen nur gut auf Emil aufpassen. Wegen der Eulen, wissen Sie.

Ihre Rufe sind so laut, dass man glaubt, sie säßen direkt neben einem.«

Die beiden überließen Edna das kleinere Zelt, nachdem Flo eine gute halbe Stunde Kisten, Bücher und Papierstapel beiseitegeräumt und nach Vanille duftende Kissen und Decken hineingeschafft hatte.

Durch den Gazestoff des Zelts starrte Edna ins Feuer und beobachtete, wie die Flammen nach oben leckten und sich das Gras im Wind wiegte.

Sie grübelte über Priskas Worte und die Astragale nach. Edna konnte nichts Besonderes an ihnen finden, auch wenn die junge Frau behauptet hatte, dass es sich dabei um sehr sorgfältig ausgewählte kleine Knochen aus den Sprunggelenken von Säugetieren wie Ziegen und Kühen, aber auch Hirschen oder Bären handle. Sie konnte sich nicht vorstellen, wie man aus einem alten spitzkantigen Knochen die Zukunft vorhersagen sollte.

Glaubte sie an die Vorsehung? An einen roten Faden, der alles miteinander verband, ohne dass man sich dessen bewusst war, und der einen mal streichelte, mal so eng umschlang, dass er einem die Luft abschnitt?

Sie wusste es nicht. Aber sie hatte ein dringenderes Problem: Emil. Wo sollte er die Nacht verbringen? Edna betrachtete das Zelt mit seinen Augen und versuchte, sich in seinen kleinen Kopf hineinzuversetzen, der trotz der Trägheit des Alters immer noch gut funktionierte. Wenn sie die Transportkiste aufrecht hinstellte, könnte er sich auf den Griff setzen. Ja, das war genau das Richtige. Edna war stolz auf ihre Lösung. Sie streichelte Emil über seinen großen Schnabel. Der knabberte vorsichtig an ihrem Finger, wie um sie zu liebkosen. Edna wusste, dass dieser harte Schnabel dazu geschaffen war, Kokosnüsse zu knacken und tiefe Löcher in Baumstämme zu hacken. Er hätte ihr den Finger abbeißen können, doch er ging so sanft damit um, als wäre es ein kostbarer Edelstein. Und sie vertraute ihm.

Priska hatte sie gefragt, woher Emil kam. Edna hatte keine Ahnung, was eine Schamanin eigentlich machte, aber ganz egal, wer oder was Priska war, in einem hatte sie recht: Emil war etwas Besonderes. Vielleicht war er ja aus der Asche erstanden wie der Phönix, oder er kam aus einem fernen, warmen Land irgendwo im Meer. Und vielleicht war Emil tatsächlich aus dem Paradies herabgestiegen, wie man es ihnen in jener Nacht vor so vielen Jahren erzählt hatte.

18

Die Mauer, der Karren und die Sanduhr

Edna streckte den Kopf aus dem Zelt und suchte nach irgendeinem Anhaltspunkt, um nachzuvollziehen, was passiert war und wo sie sich eigentlich befand.

Ihr Blick fiel auf die bunte Gestalt neben einem Baum. Bei genauerem Hinsehen stellte sie fest, dass die zierliche Frau in Piratenhosen nicht nur sehr nah bei dem Baum stand, sondern ihn richtiggehend umarmte, so dass sie, das Gesicht gegen die Rinde gepresst, beinahe eins wurde mit dem Holz. Umarmte Priska wirklich gerade einen Baum? Die junge Frau konnte sie nicht sehen, weil sie die Augen halb geschlossen hielt. Aus welchem Grund sie wohl lächelte?

Dann öffnete sie die Augen wieder, setzte sich ins Gras, schlug die Beine unter, legte die Hände auf den Knien ab und atmete tief ein und aus. Als sie bemerkte, dass Edna sie mit verstrubbelten Haaren vom Zelt aus beobachtete, winkte sie sie mit einer weit ausholenden Handbewegung zu sich.

»Na, gut geschlafen?«, fragte Priska lächelnd.

Edna musste zugeben, dass sie eine sehr angenehme Nacht verbracht hatte. Sie fühlte sich erholt und bei Kräften. Nur die schwarzen Wolken, die hinter den Berggipfeln lauerten, bereiteten ihr Sorgen. Es lag Regen in der Luft.

»Es wird regnen«, sagte Priska, als hätte sie ihre Gedanken erraten. »Das schlechte Wetter, das sich über dem Norden entladen hat, zieht in Richtung Süden weiter. Wir werden hier auch gehörig was abbekommen. Heute Morgen haben mir die Bäume zugeflüstert, was da oben los war. Und ich kann Ihnen versichern, es klang ziemlich beunruhigend.«

»Die Bäume sprechen mit Ihnen?« Da sollte Adele sich noch mal Sorgen machen, weil sie mit Emil redete! Emil benutzte immerhin seine Stimme, um »Guter Emil!« zu sagen, wenn er einen Keks wollte, oder begrüßte sie in der Frühe mit einem »Guten Morgen!«.

»Alles ist miteinander verbunden, Signora Edna. Das war schon immer so, nur haben wir die Fähigkeit verloren, darauf zu hören. Oder wir haben einfach keine Geduld mehr. Finden Sie nicht auch, dass inzwischen alles viel zu schnell geht?«

Edna dachte an ihre Reise und daran, wie wenige Kilometer sie in dieser Zeit vorangekommen war. Gern hätte sie Priskas Sichtweise geteilt, aber das konnte sie wirklich nicht.

»Ich sollte mich wieder auf den Weg machen. Ravensburg ist noch weit.«

Priskas Gesicht verfinsterte sich, und eine tiefe Furche grub sich in ihre Stirn. »Sie können doch nicht im Ernst vorhaben, bei diesem Unwetter die Berge zu überqueren. Warum bleiben Sie nicht noch etwas hier?«

»Das würde ich ja gern, aber meinem Bein geht es wieder besser, und ich kann es nicht erwarten, ans Ziel zu kommen.«

Priska lächelte. »Dann genießen Sie Ihre Reise. Aber nun entspannen Sie sich noch einmal, atmen Sie tief in sich hinein. Genießen Sie die Wärme der Sonne und holen Sie sie in Ihren Körper. Nehmen Sie einen Vorrat an Sonnenenergie in sich auf. Kommen Sie, setzen Sie sich neben mich und legen Sie die Beine so übereinander wie ich.«

Die junge Frau half ihr, eine einigermaßen bequeme Position zu finden. Edna konnte zwar die Beine nicht so verschränken wie Priska, aber sie zog sie so weit an, bis sie gut sitzen konnte.

»Schließen Sie die Augen. Atmen Sie. Gaaaanz langsam. Spüren Sie die Wärme der Erde. Wir werden nun in die unterirdische Welt hinabsteigen, um unsere Energiequelle wiederzufinden. Aber Achtung, Edna, egal, was Sie dort finden, Sie dürfen von dieser Reise nichts mitnehmen.«

Priska atmete tief ein, die Augen hatte sie wieder geschlossen. Ihr Brustkorb hob und senkte sich rhythmisch. Edna ahmte sie nach, auch wenn ihr Hals immer noch kratzte und sie den Hustenreiz spürte.

»Konzentrieren Sie sich auf den Baum da hinten.«

Edna öffnete die Augen.

»Nein, nicht wirklich ansehen«, mahnte Priska. »Sie sollen sich ihn bloß vorstellen!«

Edna schloss die Augen wieder.

»Berühren Sie ihn mit der Hand – nur in Ihrem Kopf – und lassen Sie sich dabei Zeit. Die feuchte, poröse Rinde, die mit frischem Moos bedeckt ist, kitzelt in Ihren Handflächen. Sehen Sie irgendwo eine Öffnung? Vielleicht den dunklen Bau eines Tieres, eine Höhle?«

Edna trieb in einem dunklen Meer voller weißer und orangefarbener Pünktchen.

»Dort schlüpfen Sie hinein und steigen hinunter.« Priskas Stimme klang so bestimmt und gleichmütig wie am Anfang, aber es hatte sich etwas Ernstes, Düsteres hineingemischt. »Durch den Stamm nach unten, bis unter die schwarze Erde. Folgen Sie den Baumwurzeln, die sich im Erdreich verzweigen. Immer weiter nach unten, an den Wurzeln entlang. Geben Sie sich dem Schwindelgefühl hin, haben Sie keine Angst, weiter nach unten zu gehen, obwohl es um Sie herum dunkel ist. Konzentrieren Sie sich auf die Baumwurzeln, Edna.«

Ihr Herz schlug schneller. Plötzlich nahm Edna die Sonne nicht mehr wahr, die auf ihre geschlossenen Lider fiel, und auch nicht das Gras, das an ihren Knöcheln kitzelte. Sie folgte den Wurzeln, die immer tiefer ins Erdreich ragten und dort schwindelerregende Höhlen und Tunnel durch eine Leere gruben, undurchdringlich und finster wie die Nacht.

Plötzlich ging es nicht mehr weiter, und sie spürte, wie ihr Körper im Nichts hing, an einem zu kurzen Seil, das nun zu Ende war.

Das Bild war unscharf. Aber sie folgte weiter ihrem Herzschlag, wie es ihr Priskas Stimme riet, die immer leiser und ferner zu hören war, und vor ihr erstand ein neues Bild, das ganz allmählich einen Sinn ergab.

Sie sah sich als kleines Mädchen mit schweren Wanderschuhen an den Füßen und einer Lederjacke, die zu groß für sie war. Derselben, die Roland ihr vor zwei Tagen geschenkt hatte. Die Szene hatte nichts mit ihrer jetzigen Situation zu tun, aber sie war ihr nur allzu vertraut, denn sie hatte sie selbst erlebt. Und zwar nicht im Traum, sondern im wahren Leben.

Sie kauerte an der alten Mauer und wartete, der Geruch von Stein und Kalk drang in ihre Nase. Ihre Hände waren schweißnass vor Angst, und sie kniff konzentriert die Augen zusammen, während sie suchend in die Dunkelheit vor ihr blickte.

Der Karren hatte genau an der Stelle angehalten, wo Jacob gesagt hatte. Der Mann mit der dunklen Haut war abgestiegen, um die Pferde am Brunnen zu tränken, und zwei andere Männer halfen ihm nun, die Säcke mit Getreide und Gänsedaunen aufzuladen, während ein vierter einfach nur dastand und in den Wald starrte.

Nur die Mauer war zwischen ihnen. Sie war zwar da, aber es war, als ob sie durch sie hindurchsehen konnte. Edna wusste, dass auch Jacob irgendwo dort sein musste, aber er kam nicht, und sie spürte, dass die Zeit verrann wie die Körner in einer Sanduhr, während sie sich fragte, was passiert sein mochte, und das Herz laut in ihren Ohren pochte. Da war kein Platz mehr für andere Gedanken. Dabei musste sie doch nachdenken und schnell zu einer Entscheidung kommen.

»Sie könnten auf ein Hindernis stoßen«, flüsterte Priskas Stimme. »Eine Wurzel oder eine geschlossene Tür.«

Das Mädchen Edna spähte über den Rand der Mauer, dann ließ sie sich fallen und presste den Bauch gegen die rauen Steine, so wie Eidechsen es tun, um nicht erwischt zu werden. Angst glitt ihr über den Rücken wie eine Feder, und sie zitterte. Was sollte sie tun? Wenn sie das alles schon einmal erlebt hatte, dann müsste sie es doch wissen. Und doch konnte sie sich nicht bewegen. Sie fühlte sich wie ein Rehkitz, das sich starr vor Angst ins Gras duckte, während der Fuchs nur einen Sprung entfernt lauerte.

»Kommen Sie zurück, Edna«, flüsterte die Stimme. Sie war warm und sanft wie die Luft in Mainächten.

Edna spürte, wie sich eine Hand auf ihre Schulter legte, und riss die Augen auf. Vor ihr sah sie, nur einen Atemzug entfernt, Priskas Gesicht.

»Keine Sorge, das passiert mir auch immer«, sagte die junge Frau und stand auf.

»Das ist alles?« Edna war enttäuscht. Sie hatte sich selbst als Kind wiedergesehen, und kurz war ihr alles so wirklich vorgekommen, dass sie gedacht hatte, sie müsste sich in diesem Moment wieder zwischen dem Hof und der Freiheit entscheiden. Aber wo war Jacob? Was war ihm zugestoßen?

»Man braucht Jahre dafür. Manchmal reicht auch ein Leben nicht aus, um das Hindernis zu überwinden. Was haben Sie gesehen?«

»Eine Steinmauer.« Edna hatte immer noch ein Engegefühl in der Brust, und ihre Kehle brannte.

»Bei mir ist es eine Tür. Ich sehe immer dieselbe Tür.« Priska seufzte. »Sie sollten daran arbeiten«, fuhr sie fort. »Diese Mauer ist der Schlüssel zu allem. Kommen Sie.« Die junge Frau reichte ihr die Hand. »Wenn Sie wirklich weiterwollen, müssen wir uns etwas einfallen lassen.«

Emil hing kopfüber an den gespannten Leinen wie ein Artist und beobachtete sie. Während sie ihm bei seinen Kunststückchen zusah, überlegte Edna, dass nur er allein den Schlüssel zu allem kannte. Er war es, der die Ereignisse in Gang gesetzt hatte.

Der Paradiesvogel

Sie lebten nun seit Monaten hier in der Fremde. Einige Kinder waren schon wieder fortgegangen – zum Beispiel die, die nur fürs Kräutersammeln zuständig gewesen waren –, sie dagegen blieben. Keiner kam sie holen. Nicht einmal Padre Gianni. Keiner schien sich für sie zu interessieren. Für den Rest der Welt existierten sie einfach nicht mehr. Und für sie war der Rest der Welt nur eine Erinnerung, die sie von Zeit zu Zeit in ihren Träumen heimsuchte. Am Morgen danach waren sie schweigsam. Sie gingen hinaus in den Nebel, der von den Feldern aufstieg, und der Nebel drang in ihre Herzen und in ihre Köpfe, er lähmte Gedanken, Arme, Beine und machte, dass sie sich müde und erschöpft fühlten.

Edna war jetzt häufig mit Bastian zusammen. Manchmal überraschte Jacob die beiden dabei, wie sie miteinander redeten. Dann wurde sein Mund ganz schmal vor Ärger, und er tat so, als hätte er sie nicht gesehen, was Ednas Herzen einen Stich gab. Sie begegnete ihm immer seltener, weil er nun mit den größeren Kindern beim Bau der neuen Stallungen half. Edna, Bastian und Anja, die wie sie aus dem Vinschgau stammte, verbrachten viele Stunden im Haus mit Putzen und dem Trocknen von Kräutern. Oder sie versorgten das Vieh.

Jacob fehlte ihr, aber Edna blieb kaum Zeit, darüber nachzudenken. Und das war ein Glück, denn die Gedanken gingen ihre eigenen Wege und überquerten die Berge, nach Hause zu ihrer Mutter. Sie dachte an ihre zärtlichen, warmen Hände, an die gemeinsamen Ausflüge in den Wald, doch dann brachten sie die brennenden Finger, die vom kalten Wasser und den Hirseborsten rissig gewordene Haut wieder auf den Boden der Tatsachen zurück, wo ihre Knie auf dem Holz scheuerten. Ihr ganzes Leben erschien ihr immer trauriger und hoffnungsloser, während sie im Kopf die Tage zählte (hundertachtzig Tage, fünfundzwanzig Sonntage). Sie konnte nicht so gut rechnen, dass sie auch noch die Stunden hätte zählen können. Sosehr sie sich auch anstrengte, irgendwann purzelten die Zahlen durcheinander, und sie kam zu keinem Ergebnis. Sie wusste nur, dass es viele, unglaublich viele Stunden waren. Mehr als Sandkörner in einer riesigen Sanduhr. Mit Anja und Bastian, der sich aus irgendeinem Grund für alles und jeden interessierte, auch dafür, was die Mädchen sich erzählten, sprach Edna nie über zu Hause oder über sonst etwas aus der Zeit vor dem Hof. Vielleicht, weil Anja immer zu traurig wirkte, um es hören zu wollen, und Bastian vertraute sie nicht.

Während sie die aufgetragenen Pflichten erfüllte, härtete das Wetter sie ab wie Holz, das unter der Rinde heranreifte. Für Anja war es der zweite Sommer auf dem Hof, der erste für Bastian, der im Jahr davor für einen anderen Großbauern gearbeitet hatte. Diesmal hatte er es nicht geschafft, dem Mann mit dem Kreuz auf der Jacke zu entgehen.

Als Edna Anja fragte, warum sie wieder hierhergekommen sei, war sie unter ihren Sommersprossen errötet, hatte zu Boden geblickt und mit einer Stimme, so flach wie das Wasser eines Sees, geantwortet: »Ich hatte keine Wahl.«

Jedes Mal, wenn Anja etwas sagte, hatte Edna den Eindruck, das Mädchen wisse etwas, was ihr entging und was sie doch von ganz allein hätte begreifen sollen, weil es so offensichtlich war.

Mit der Zeit hörte Edna auf, Fragen zu stellen. Sie hörte sogar auf, an ihr Zuhause zu denken. Edna bemühte sich, die Knechte nicht zu verärgern und auf die Bauersfrau zu hören. Sie wusste, dass man am besten wenig sagte und den Blick immer gesenkt hielt, und immer öfter gelang es ihr, den Anweisungen zuvorzukommen, was aber auch daran lag, dass hier in der Fremde eigentlich immer alles gleich blieb. Manchmal fragte sie sich, ob die Bauersfrau wohl so hart zu den Mädchen war, weil sie selbst nur Söhne hatte. So wie ihr Vater immer Martin vorgezogen hatte. Auch wenn sie ihrem Vater nur zustimmen konnte, wenn sie darüber nachdachte: Martin war etwas Besonderes gewesen. Der perfekte Bruder, der immer wusste, was zu tun war. Jacob erinnerte sie sehr an ihn, doch solche Gedanken wollte sie lieber gar nicht erst zulassen.

Sie war ein Maultier, das stur vor sich hin arbeitete, ohne einmal vom Weg aufzusehen, denn es war einfacher, sich auf die Erdscholle unter den Füßen zu konzentrieren, als zu versuchen, nach einem unerreichbaren Horizont zu greifen, der sich bei jedem Schritt immer weiter entfernte. Manchmal war der Schatten der beste Ort, um sich zu verstecken. Dort brannte die Sonne auch nicht so stark.

An einem einzigen Tag der ganzen langen Zeit durften die Schwabenkinder den Hof verlassen und sich unter die einheimischen Kinder mischen. Das war am Tag des Blutritts, der traditionellen Reiterprozession zu Ehren des Bluts Jesu Christi. Edna hatte diesen Tag sehnsüchtig erwartet, in der Hoffnung, dass sie ein paar Stunden mit Jacob verbringen könnte.

In der Basilika der nahegelegenen Ortschaft Weingarten gab es eine Reliquie, die von den feinen Herrschaften in der Stadt und den Bauern des Umlandes verehrt wurde. Es hieß, diese einzigartige Reliquie habe man Heinrich III. zu verdanken, der auf seinem Zug durch Italien den Bewohnern Mantuas dieses Bröckchen Erde aus Golgatha entrissen hatte, das mit nichts Geringerem als dem Blut Christi getränkt war, aus der Wunde, die Longinus mit seiner Lanze in die Seite des Herrn geschlagen hatte.

Am Freitag nach Christi Himmelfahrt begleiteten mehrere tausend elegant gekleidete Männer zu Pferde die Reliquie, die der Blutreiter hochhielt, in einer langen Prozession durch die von zahlreichen Zuschauern gesäumten Straßen von Weingarten bis zur Basilika. Die Vertreter der Städte, Dörfer und Vereine folgten im Zug hinter ihren Fahnen, dazwischen marschierten Musikkapellen und Gesangvereine.

Aber das eigentliche Fest, jedenfalls das Fest, an das Edna sich erinnerte, begann schon am Abend vorher, als sich bereits viele Pilger in der Stadt versammelten und zum Abschluss ihrer oft tagelangen Reise in einer Lichterprozession von der Basilika zum Kreuzberg hinaufzogen.

Dort, inmitten von Fackeln, dem Duft nach Gebäck und dem ranzigen Geruch der Pilger konnten Ednas weitaufgerissene Augen sich gar nicht sattsehen an all dem Licht.

Vor Aufregung waren ihre Hände glitschig vom Schweiß, weshalb sie fast dankbar dafür war, dass man ihr keine Fackel anvertraute, weil sie ihr bestimmt aus der Hand geglitten wäre. Jacob dagegen trug seine Fackel völlig unbekümmert. Aber bald wurde es ihm zu langweilig. Er drückte sie einem anderen Kind in die Hand und zog Edna am Ärmel aus den Reihen der Gläubigen, um zwischen den Verkaufsständen, Feuerschluckern und Gauklern herumzuschlendern, die überall in der Stadt ihre Kunststücke darboten.

»Jacob, wenn sie bemerken, dass wir nicht da sind, bekommen wir Ärger.« Edna wollte nicht bestraft werden. Ihr brannten immer noch die Fingerknöchel von dem eiskalten Wasser, in dem sie die Töpfe der Bauersfrau hatte schrubben müssen.

»Das merken die doch nur, wenn du dich weiter so schuldbewusst umguckst, als ob du was geklaut hättest. Komm schon.« Er stibitzte eine Brezel aus einem Korb und stopfte sie sich grinsend in den Mund. Dann packte er Edna am Handgelenk, und sie schlüpften zwischen Bänken, Röcken und schweren Schuhen hindurch und wichen den Pfützen aus, die der Regen der vergangenen Tage hinterlassen hatte. Bis Jacob auf einmal etwas entdeckte, was sie nicht genau erkennen konnte, und plötzlich stehen blieb.

Wie hypnotisiert lockerte der Junge seinen Griff. Seine Finger glitten langsam vom Gelenk in ihre Hand, die er dann fest umklammerte, um Edna mit sich zu ziehen. Sie spürte, wie sie errötete, und suchte Jacobs Blick, doch der schien sie gar nicht wahrzunehmen, weil er wie magisch von einem scheinbar leeren Marktstand hinter der Menschenmenge angezogen wurde.

Als sie davorstanden, erkannte Edna, was seine Aufmerksamkeit erregt hatte. Dieser Teil der Straße lag im Dunkeln, noch dazu war der Stand in der hintersten Ecke, wo eine unwirkliche Stille herrschte. Und genau dort sah Edna nun auf einer Stange das sonderbarste Tier sitzen, das sie sich vorstellen konnte. Es war ein Vogel, aber er glich keinem von denen, denen sie in den Wäldern oder auf ihrer langen Reise über die Berge begegnet war. Er hatte einen großen, gebogenen Schnabel, und sein Hals war kahl wie bei einem gerupften Huhn. Auch der Schwanz war ziemlich licht.

Jacob hatte noch etwas bemerkt. Er blickte so finster drein, wie Edna es noch nie an ihm gesehen hatte.

»Sein Fuß ist angekettet«, sagte er leise.

»Damit er nicht davonfliegen kann.«

»Auch ohne diese Kette könnte er nirgendwohin fliegen. Seine Flügel sind gestutzt.«

»Haben sie ihm die mit der Schere beschnitten, was meinst du?«

Bei dem Gedanken, welche Schmerzen der Vogel dabei durchgemacht haben musste, lief es Edna eiskalt den Rücken hinunter.

Ein Schatten fiel auf den Stand. Im Schein der Fackeln und herabgebrannten Kerzen konnten sie einen Mann mit einem langen Schnurrbart und durchdringenden dunklen Augen erkennen. Auch seine Haut war ungewöhnlich dunkel. Edna wich ängstlich zurück. Das musste ein Zauberer sein; niemand sonst trug solche seidenglänzenden Stoffe. Außer vielleicht einem Kaiser. Aber in dem Fall hätte er sich wohl kaum an einer Straßenecke voller Schlamm und Rattenkot aufgehalten. Der Mann wickelte sich in seinen Umhang, während er sie unentwegt anlächelte.

»Hast du ihm die Flügel gestutzt?«, fragte Jacob unverblümt. Er war ganz ernst und sah dem Mann direkt in die Augen.

»Junge, du musst lernen, die richtigen Fragen zu stellen«, sagte dieser streng. »Du solltest zuerst mal fragen, was das für ein Tier ist«, fuhr er freundlicher fort.

»Das ist ein Vogel.«

»Ein Paradiesvogel«, verbesserte der Mann ihn und betonte dabei jede Silbe. Seine Stimme klang tief und hohl wie ein langgezogenes Echo, das von den Wänden einer Höhle widerhallte. »Und er *kann* fliegen, schau doch.« Er näherte sich mit einer Kerze dem Tier, das sich jedoch nicht bewegte. »Wenn er fliegt, erreicht er fast die Sonne, und davon wird sein Kopf ganz rot. Die Federn am Rücken sind blau«, die Flamme glitt langsam am Körper des Tieres nach unten, »wie der Ozean, in den er taucht, um in der Tiefe des Meeres nach Fischen zu suchen. Und wieder andere«, hier neigte er den Kopf und richtete die Kerzenflamme auf die Flügel, »sind smaragdgrün wie die Wälder, in die er zum Schlafen zurückkehrt.«

»Ich finde, er sieht ziemlich gerupft aus.«

Der Mann lachte. »Wie gesagt, er ist ein Paradiesvogel. Seine Federn können Krankheiten heilen oder Unglück wiedergutmachen. Oder die Launen eines boshaften Schicksals abwenden. Viele wollen eine solche Feder besitzen. Manche würden sogar töten, um eine zu bekommen.«

Jacob betrachtete das erbärmliche Tier.

»Wir nehmen ihn.«

Edna fuhr herum. War Jacob verrückt geworden? Sie hatten sich schon in große Schwierigkeiten gebracht. Sie wollte gar nicht daran denken, was passierte, wenn sie nicht sofort zur Prozession zurückkehrten und jemand ihr Fehlen bemerkte. Außerdem, was zum Teufel wollte Jacob mit einem Paradiesvogel? Wo sollten sie ihn denn verstecken?

Aber Jacob schien zu wissen, was er tat, als er aus seinem Schuh die wenigen Münzen hervorholte, die er auf dem Hof verdient hatte. Es war, als hätte er etwas in diesem Tier gesehen, das so große Schwingen hatte, aber an eine Sitzstange gefesselt war, auf der es sich weder bewegen noch wegfliegen konnte. Irgendwie war es ihnen sehr ähnlich.

Und Jacob dachte wohl, wenn er dem Vogel helfen konnte, dann gäbe es auch Hoffnung für sie beide.

19

Tag 3 – Distanz: 50 km

Fünfzig Kilometer von Edna entfernt stand Adele vor dem Haus mit dem rotem Ziegeldach und den mit Kletterpflanzen überwucherten Mauern, spähte durchs Fenster und stellte sich die bange Frage, ob ihr gerade ein wichtiger Teil ihres Lebens abhandengekommen war.

Sie hatte Edna zunächst im Garten gesucht und war dann zur Hintertür zurückgekehrt. Die war verschlossen. Sie hatte so oft geklingelt, bis sie begriff, was das Schweigen, das sie als einzige Antwort erhielt, bedeutete, doch sie wollte es einfach nicht wahrhaben. Es war noch nie vorgekommen, dass Edna nicht zu Hause war, wenn sie um diese Uhrzeit kam.

Vielleicht hatte sie ja über dem Zeitunglesen in der Bar die Zeit vergessen, und Adele sorgte sich mal wieder umsonst. Daran waren wohl ihre defekten Spiegelneuronen schuld.

Sie brachte ihren Atem unter Kontrolle, indem sie sich vorstellte, wie der gelbe Punkt des Solarplexus sich ausdehnte und alle negativen Gedanken in sich aufnahm, danach hängte sie lächelnd die Tüte mit dem Brot an den Türgriff.

Adele stieg auf ihr Rad und warf einen letzten Blick zum Haus, bevor sie die Gasse hinunterfuhr. Die Dunkelheit im Haus bedrückte sie, wenn sie an die leeren, einsamen Räume dachte. Etwas an diesem von Kletterpflanzen überwucherten kleinen Haus hatte sie schon immer gestört: Nichts darin erzählte von Ednas Vergangenheit. Als wäre diese düstere Höhle ohne Fotos oder Erinnerungen schon zu angefüllt mit

Edna und Emil, um noch Raum für anderes zu haben. Als wolle die Zeit dort drinnen niemals vergehen.

20

Der Paillettenbikini

Edna hatte alles Nötige parat gelegt: die Wasserflasche (gefüllt, den Verschluss zugedreht, aber nicht zu fest), zwei Paar Strümpfe (eines hatte sie zu ihrem Bedauern wegwerfen müssen; es hatte Löcher gehabt, und sie hatte kein Garn dabei, um sie zu stopfen) und Rolands dicke Jacke. Jedes Mal, wenn sie den Totenschädel mit den Flammenflügeln an den Schläfen sah, traf sie fast der Schlag, aber sie gewöhnte sich langsam an das starre Leder, das sich inzwischen der Form ihres krummen Rückens angepasst hatte und nicht mehr an den Schulterblättern spannte.

»Warten Sie mal, vielleicht habe ich etwas für Sie«, sagte Priska plötzlich. »Falls es regnet ...«

»... habe ich ja meine Jacke«, erwiderte Edna mit stillem Stolz. Sie verstand nicht, warum Priska sie so nachdenklich musterte.

»Sicher, die ist ganz okay ...«, meinte Priska und legte zweifelnd den Kopf schief. »Aber vielleicht habe ich etwas ...«, sie suchte nach dem richtigen Wort. »Ja, etwas Passenderes für Sie. Die Jacke wirkt so düster ...«

»Sie soll doch nur Regen und Wind abhalten. Und bis jetzt hat sie ihren Zweck erfüllt.«

Priska kniete nun vor einem riesigen rechteckigen Weidenkorb. Beinahe andächtig, als öffne sie eine Schatztruhe, klappte sie die Bastmatte hoch, mit der er abgedeckt war, und wühlte in Stoffen und Gegenständen, die Edna verborgen blieben. Nur manchmal, wenn die junge Frau etwas herauszog und hochhielt, um es genauer in Augenschein zu nehmen und den Staub abzuschütteln, bekam sie ein paar davon zu Gesicht.

»Ich habe sehr lange nicht mehr hier reingesehen. Wir finden aber bestimmt etwas Passendes für Sie. Sie brauchen eine bequeme Hose.«

Edna hoffte nur, dass Priska nicht an so eine dachte, wie sie selbst sie trug.

»Meine ist wirklich bequem«, meinte die junge Frau ein wenig abwesend, während sie weiter mit beiden Händen im Korb wühlte. »Aber die Baumwolle würde sich nur mit Wasser vollsaugen. Oder vielleicht ...«

Mit Emil auf der Schulter war Edna näher gekommen. Beide beobachteten Priska bei ihrer Suche, ihr Gesicht mit den tausend Sommersprossen, ihre Augen, die von einem Gegenstand zum nächsten huschten, zu einer Tasche, einem Kleidungsstück oder einem Taschentuch.

»Das gibt's doch nicht!« Sie lachte. »Ich wusste gar nicht mehr, dass ich den noch habe. Ein Geschenk meiner Schwester.« Ihre Stimme war leiser geworden, als hätte eine Windbö sie davongetragen. »Sie hatte den gleichen. Wissen Sie«, erklärte Priska, ohne den Blick von einem mit zahllosen Goldpailletten benähten Bikini zu lösen, »wir wollten nach meinem Uniabschluss gemeinsam verreisen. Ein Trip rund ums Mittelmeer, griechische Inseln, Spanien. Wir haben einen ganzen Monat gebraucht, um die Route auszutüfteln.«

»War es schön?«

Priska zuckte mit den Schultern. »Wir sind nie gefahren. Ich hätte eigentlich den Abschluss machen sollen ... aber dann ...«

Edna packte Emil am Schnabel, ehe er sich über die Pailletten hermachen konnte. Priska hatte davon nichts mitbekommen.

»Mir fehlten noch die letzten beiden Prüfungen und die Abschlussarbeit. Aber die habe ich nie abgegeben. Davon ist nur ein Haufen loser Blätter übrig geblieben.«

»Tatsächlich? Haben Sie es sich anders überlegt?«

Überrascht sah Priska Edna an.

»Ja, stimmt. Ich hätte mich noch einmal für ein Jahr einschreiben müssen und stand dann lange vor der Tür zum Sekretariat, aber hatte einfach nicht den Mut hineinzugehen. Außerdem war da eine ellenlange Schlange, und da dachte ich mir, ich sollte besser am nächsten Tag wiederkommen. Das habe ich dann auch gemacht. Aber diesmal war ich zu früh dran, das Sekretariat öffnete erst später. Also habe ich mir gedacht, ich könnte mir doch inzwischen den Kleinbus ansehen, der auf der anderen Straßenseite zum Verkauf stand – ein echtes Schnäppchen – oder in der Bar warten ...« Ihre von Johannisbeersaft verfärbten Finger glitten über den Paillettenbikini, der eher in die Garderobe einer Schauspielerin gepasst hätte.

Edna musste an ihre Karte denken. An die mit Bleistift eingezeichnete Route und das Sternchen, das Ravensburg markierte. »Und schließlich haben Sie es vergessen«, sagte sie.

Aber dann, eines Tages, wenn man es am wenigsten erwartete, geschah etwas, was einen zurückbrachte. Und dann war es, als wäre man nie weg gewesen. Als zähle die ganze Zeit, die seit diesem Augenblick vergangen war, überhaupt nichts mehr. Und man fragte sich, was eigentlich inzwischen passiert war. Das sagte Edna nicht laut, aber ihr schien es, als würden ihre Gedanken sich zusammen mit dem Duft nach wilder Minze im Raum verteilen.

Priska nickte. »Mit dem Geld für das letzte Studienjahr habe ich den Kleinbus gekauft. Ich glaube, eigentlich wollte ich nie

Anwältin werden. Aber es ist so schwer, die zu enttäuschen, die du liebst, da fällt es leichter, so zu tun, als ob nichts wäre, und dich selbst zu verraten. Vielleicht habe ich anfangs selbst daran geglaubt und versucht, meine Bilder und die Bücher über Pflanzen zu verstecken.« Sie rollte den Bikini zusammen und warf ihn in den Korb zurück. »Aber das hat nicht funktioniert. Ich will doch nur, dass sie mich verstehen. Diese nicht gemachte Reise mit meiner Schwester ist das Einzige, was ich bereue. Sie können sich nicht vorstellen, wie oft ich noch daran denke. Aber für meine Schwester bin ich jetzt so eine Art Hexe, die im Wald lebt. Ich glaube kaum, dass sie mir noch vertraut.« Priska lächelte traurig und seufzte. »Dieser Bikini ist doch eigentlich furchtbar geschmacklos, oder?«, sagte sie dann lachend und warf die Matte so heftig auf den Korb zurück, dass es knallte. Die Trauer in Priskas Augen war wie ein Gewitter in der Bergen: Es kam überraschend, währte aber nie lange, weil der Wind die Wolken hinter die Berggipfel vertrieb. »Keine Ahnung, wie er mir mal gefallen konnte. Glauben Sie, dass man sich so verändern kann?«

Edna sah die Steinmauer vor sich, die den Hof und den Waldrand von der Straße trennte, die zur Stadt führte. Den Moment, als sie sich so zerrissen gefühlt hatte, als gäbe es zwei verschiedene Ednas, und sie wählen musste, welche sie sein wollte.

»Ich glaube, in jedem von uns stecken unendlich viele Möglichkeiten, und irgendwann treffen wir dann eben eine Entscheidung, die jeden weiteren Schritt bestimmt, so dass wir alle anderen Versionen von uns, die wir auch hätten sein können, vergessen.«

»Stimmt. Es ist, als öffnete man eine Tür. Oder als entschiede man sich dagegen.«

Edna nickte. Es gab keine richtigen oder falschen Entscheidungen. Nur solche, auf die eine glückliche Zeit folgte, und solche, die alles in Dunkelheit versinken ließen.

Sie musste allerdings noch herausfinden, ob es einen Weg zurück aus dieser Dunkelheit gab oder ob man sie für immer in sich trug.

Priska ließ die Augen herumwandern. Als ihr Blick auf das grüne Bündel fiel, das hinter dem Spiegel hervorlugte, grinste sie so breit, dass ihre Sommersprossen tanzten.

»Ich glaube, ich habe das Richtige für Sie gefunden!«

21

Dunkle Himmel

»Sie sehen toll aus«, meinte Flo und strich sich verlegen übers Kinn.

Edna breitete die Arme aus. Das Regencape folgte träge ihrer Bewegung und entfaltete sich wie die Flügel einer schläfrigen Fledermaus. Sie sah an sich herunter. Wo waren ihre Knöchel? Wie sollte sie etwas sehen, wenn die Kapuze bis auf den oberen Rand ihrer Brille reichte? Das Cape war viel zu groß. Es war dunkelgrün, und wenn sie sich bewegte, kam es Edna vor, als hätte sie sich in einen großen, formlosen Vogel verwandelt.

Priska umarmte sie so fest, dass ihr die Luft wegblieb, und schmiegte eine Wange an ihr Gesicht, wie Edna es schon vorhin bei ihr beobachtet hatte, als sie den Baum umarmte. Sie hielt die Augen halb geschlossen.

»Ich wünsche Ihnen so, dass Sie eines Tages über diese Steinmauer blicken können, Edna.«

Im Moment war kein Unwetter zu befürchten. Die Sonne stand hoch über ihr, und die Wolken hingen noch rund um die Gipfel.

Allmählich wurde das Tal enger. Edna und Emil kamen gut voran in Richtung Nauders, ohne genau zu wissen, wo die Grenze überhaupt verlief. Das Cape hatte sie im Rucksack verstaut. Sie trug die schwarze Lederjacke (mit der Gesundheit war nicht zu spaßen, ihr Husten quälte sie immer noch, erst war ihr heiß, und dann fror sie plötzlich, sobald sie in den Schatten kam) und dazu die Kniebundhose. Wenigstens hatte sie die Wollstrümpfe jetzt wieder über die Waden hochgezogen. Langsam verheilten die Stellen, die sie sich an den Brennnesseln verbrannt hatte. Priska hatte einen mit Essig getränkten Verband darumgewickelt, der eine dunkelrote Farbe angenommen hatte. Edna zog den Transportkasten hinter sich her, in der anderen Hand hielt sie den Wanderstock, der den Takt der Schritte vorgab.

Vor einem Lebensmittelgeschäft, dort, wo im Winter die Skipisten begannen, blieb Edna stehen. Bei der Hitze, die herrschte, und mit Schweißtropfen auf der Stirn fiel es ihr schwer, sich schneebedeckte Hänge und Menschen in Skianzügen und Moonboots vorzustellen. Auf dem Parkplatz hatte sich eine kleine Gruppe Menschen versammelt, sie trugen Transparente und Tiermasken.

Edna beachtete sie nicht, setzte sich auf einen Stein im Schatten einer Kiefer, faltete vorsichtig ihre Karte auseinander und zog ihre Route mit dem Finger nach. Hinter Nauders würde es leichter werden, denn die Strecke von St. Anton bis dorthin war sie damals mit dem Bus gefahren, also durfte sie nun jedes Transportmittel benutzen – ob auf der Straße, auf Schienen oder an einem Drahtseil. Aber dann fiel ihr ein, dass sie sich das nicht mehr leisten konnte, weil ihr nur noch ein paar Münzen im Schuh geblieben waren.

Plötzlich drängte sich eine mit Fell überzogene Stange zwischen ihr Gesicht und ihre wertvolle Karte, etwa auf der Höhe von Landeck und der ungelenken Darstellung eines Rechtecks auf Rädern, das einen Bus darstellen sollte. Verärgert sah Edna auf.

Der Mann vor ihr lächelte sie an. Hinter ihm standen im Halbkreis ein paar Kaugummi kauende Typen mit verspiegelten Brillen, die ihre Augen verbargen.

»Möchten Sie den Menschen etwas sagen, die Ihre Geschichte verfolgen?«, fragte der Mann. Er hatte das spitze Gesicht eines Spechtes und hielt ihr das Mikrophon vor die Nase.

»Ich habe noch einen weiten Weg vor mir und keine Zeit zu verlieren«, brummte Edna und brachte ihre Karte vor diesem Dingsda in Sicherheit.

»Wohin wollen Sie? Und das da in dem Käfig, ist das ein Papagei?«, fragte der Mann weiter und gab dem Kameramann das Zeichen zur Aufnahme. Das von der Kamera gespiegelte Sonnenlicht blendete Edna so, dass sie schützend die Hand über die Augen legen musste.

»Wir sind unterwegs und können uns nicht lange aufhalten.« Edna faltete die Karte vorsichtig zusammen, wobei sie darauf achtete, dass die Ecken wieder genau aufeinander zu liegen kamen, und steckte sie in ihren Rucksack.

»Möchten Sie nicht wenigstens die letzten Statements der Jägervereinigung für uns kommentieren?« Der Mann ließ einfach nicht locker. Er folgte ihr sogar, nachdem sie aufgestanden war. »Was halten Sie von der Wiederansiedlung des Wolfs in den Alpen, so nahe an bewohntem Gebiet? Hier sind viele Touristen. Und Sie, die Sie hier unterwegs sind ...«, er unterbrach sich und suchte nach den richtigen Worten, während er sie von den Haarspitzen bis zu dem Verband um ihren Knöchel musterte, »... in einer Motorradjacke und mit einer Hundetransportbox, in der ein Papagei sitzt«, sagte er, in dem Versuch, die einzelnen Puzzleteile zu einem Ganzen zusammenzufügen, das ihm genauso seltsam wie lustig zu erscheinen schien. »Haben Sie denn keine Angst?«

Edna drehte sich zu ihm um. »Mein guter Mann, Wölfe hat es immer gegeben. Zur Abschreckung hat man früher Schäferhunde gehalten. Und jetzt muss ich weiter. Auf Wiedersehen.« Sie hob die Hand zum Gruß und bog in den Wald ab. Obwohl sie sich nicht mehr umsah, hatte sie noch lange das Gefühl, als würden ihr Blicke folgen, und sie hörte Lachen, das in einen Hustenanfall überging.

Erst als sie nur noch die Geräusche des Waldes hörte, atmete Edna erleichtert auf. Wer glaubte, hier unter den Bäumen herrsche völlige Stille, irrte gewaltig. Schon nach wenigen Minuten, wenn die Ohren sich vom Straßenlärm erholt hatten, wurden alle Sinne schärfer und waren wie gespannte Saiten bereit, jede einzelne Schwingung wahrzunehmen. Zuallererst war da ein Durcheinander von Vogelstimmen, das mit der Zeit harmonischer wurde, wenn man das Rauschen der Zweige mithörte und zwischen Zwitschern und leisem Keckern unterschied.

Schritte hatten ebenfalls ihren ganz eigenen Klang und eine eigene Stimme. Müde Schritte, die sich auf dem sandigen Boden voranschleppten, klangen wie Muscheln, die von den trägen Wellen der Dünung fortgespült wurden. Schritte, die entschlossen einem Ziel zustrebten und dabei Steine und Wurzeln zermalmten. Und dann Schritte, die von dunklen Gedanken, Zweifeln und Ängsten beschwert waren. Diese waren am schwierigsten zu erkennen, da ihr anfänglicher Schwung einen täuschen konnte. Doch dann stolperten sie vielleicht über einen Zweig und wurden zögerlicher, um schließlich gänzlich zu verhallen, als ob es sie nie gegeben hätte.

Ednas Schritte hingegen hinterließen Spuren auf dem Boden. Von ihren Schuhen, die sie fest aufsetzte, und von der Spitze ihres Wanderstocks, mit dessen Hilfe sie vorwärtsschritt. Und von den Rädern der Transportkiste, die jetzt allerdings unter metallischem Quietschen und Schnarren zu schlingern begonnen hatte, was nichts Gutes verhieß. Ihr wurde bange.

Edna suchte den Mond am Himmel und fand ihn schließlich. Perlweiß war er, voll und rund, wenn auch noch ein wenig schwach im Licht der untergehenden Sonne. Dies würde die erste Nacht seit langem sein, die sie unter freiem Himmel verbrachte. Und zufällig war Vollmond oder wenigstens beinahe. Wenn der Mond den Höhepunkt seiner Kraft erreichte, geschahen immer seltsame und schreckliche Dinge. Priska hätte von Schicksal gesprochen, aber Edna hatte jetzt keine Zeit, darüber nachzudenken. Ihre Gedanken waren ganz darauf ausgerichtet, einen Schlafplatz für die Nacht zu finden. Dennoch lauschte sie in sich hinein und versuchte herauszufinden, was es mit dem Schauder auf sich hatte, der ihr über den Rücken bis in die Haarspitzen gekrochen war.

Vor allem aber fragte sie sich, warum sie vom Weg abgewichen war. Sie hatte es so eilig gehabt, den Männern mit der Kamera zu entkommen, dass sie nicht darauf geachtet hatte, wohin sie lief, und war kilometerlang durch den Wald bergauf gestapft. Immer geradeaus zu gehen oder sich am Stand der untergehenden Sonne zu orientieren, hatte nicht viel gebracht. Ehrlich gesagt war es ein schlechter Plan gewesen, von der Hauptstraße in den Wald abzubiegen.

Die Räder des Käfigs machten inzwischen, was sie wollten. Eines setzte mal eine Drehung aus, das andere holperte dafür umso schneller hinterher und schlackerte in seiner Aufhängung. In der Kiste klammerte sich Emil an den Gitterstäben fest, um nicht zu sehr hin und her geworfen zu werden.

Atemlos und entkräftet blieb sie stehen. Die Blasen an ihrer Hand brannten, und die Gitterstäbe hatten Emil einige Federn gekostet.

Edna hatte nicht die leiseste Ahnung, wie und wo sie die Nacht verbringen sollten.

Sie nahm den Griff der Transportkiste wieder auf und bat ihre gequälten Beine, sich noch einen letzten Ruck zu geben.

Schließlich blieb sie erschöpft stehen und lehnte sich mit

dem Rücken gegen die Holzwand eines Schuppens. Stumm dankte sie demjenigen, der diesen Unterschlupf an ihren Weg gestellt hatte. Ihr Blick glitt über die weite, von Schobern unterbrochene Wiese. Vielleicht wurden sie genutzt, um das geerntete Heu oder Geräte unterzubringen. Es interessierte sie nicht. Sie war am Ende ihrer Kräfte und wollte nicht mehr weiter.

Der Mond sah unbeweglich wie ein einziges rundes Auge auf sie herab. Hatte sie ihn jemals so nah und hell gesehen? Der Wind spielte mit den Schatten und kribbelte auf der Haut. Und mit den Schatten kam die Vergangenheit zurück. Jene Nacht, in der sie der Mond verraten hatte und sie sich genauso schutzlos gefühlt hatte wie jetzt, ein Spielball des endlosen Himmels und der wogenden Grashalme, die sie fortzogen, schwerelos, gestaltlos.

Die Mahd

Damals auf dem Hof waren die Vollmondnächte heller. Aber nie zeigten sich Wölfe, kein Tier kam aus dem Dunkeln des Waldes hervor, obwohl Edna sie in der Ferne heulen hörte, wenn sie sich auf ihrem Lager zusammenkauerte, sich ganz klein machte. Stattdessen lag da vor ihr im fahlen Lichtschein ein Hügel. Eine ganze Wiese bereit für die Mahd.

Am Ende des Sommers, wenn der Wind die ersten Schneeflocken von den Bergen herabwehte und die Dunkelheit immer länger Zeit hatte, sich zwischen Bäume und Häuser zu drängen, wartete man die erste Vollmondnacht ab, um das *Grummet,* das Heu vom zweiten Schnitt, zu mähen.

Dann brach man mitten in der Nacht vom Hof auf, über den Schultern die Sensen, in denen sich der Mond spiegelte, und arbeitete bis zum Morgen.

Das Mähen übernahmen die Männer, die Saisonarbeiter und die Söhne des Großbauern. In jenem Jahr hatte man einige Schwabenkinder dazu verpflichtet, darunter auch Jacob. Und so hatte Edna sich unbändig gefreut, als die Bauersfrau ihr sagte, sie solle ihr helfen, den Männern zu trinken zu bringen und das Heu auf die Karren zu laden. Eigentlich wäre das Anjas Aufgabe gewesen, die immer so sorgfältig und tüchtig war, wie die Bauersfrau bei jeder Gelegenheit anmerkte. Immer wieder sagte sie ihr, Edna solle sich ein Beispiel an ihr nehmen, wenn sie beinahe einen Teller fallen ließ oder wenn sie zu langsam beim Gemüseschnippeln war. Aber Anja lag mit

Fieber im Bett. Edna hatte diese Erklärung nicht geglaubt, weil sie das Mädchen noch am Vorabend gesehen hatte. Da hatte sie die Maultiere gestriegelt und überhaupt nicht krank gewirkt. Sie hatten sogar noch gemeinsam ihre Scherze über Mela gemacht, diese alte, schwache Mähre, die immer von Fliegen umschwirrt war und sich nur bewegte, wenn man ihr einen Zuckerwürfel vors Maul hielt. Dann hatten sie weiter die Blüten sortiert und Raps (vier Blütenblätter, leuchtend gelb) und Färberdistel (rötlich-gelbe Blüten, dornige Blätter) getrennt, denn aus dem Raps wurde Öl gewonnen. Ihre Mutter hatte die Disteln immer zum Färben benutzt. Das hatte sie Anja erzählt, die sich nicht erinnern konnte, dass es so etwas in ihrem Dorf gegeben hätte.

Am Nachmittag vor der Mahd hatte die Bauersfrau das Zimmer verlassen, bevor Edna sich nach Anja erkundigen konnte, und sie ermahnt, sich nicht wieder so ungeschickt anzustellen. Mit finsterem Blick gab sie ihr außerdem zu verstehen, dass sie besser keine Fragen stellte.

Einige Stunden später betrachtete Edna die riesige Wiese, das Gras, dessen Halme im stetigen Wind wie ein mondbleiches Meer wogten. Sie hatte das Meer zwar noch nie gesehen, aber genauso stellte sie es sich vor, weil das Gras in der Nacht einen Blauton hatte. Kobalt- und Saphirblau. Wie die Wollknäuel, mit denen ihre Mutter strickte, während sie ihr die Unterschiede zwischen den einzelnen Farbschattierungen erklärte und sie darauf hinwies, wie wichtig es sei, sein Auge darin zu schulen, sie zu erkennen und beim Namen zu nennen. Denn wenn man nicht die richtigen Wörter benutzte oder nicht genügend davon zur Verfügung hatte, wie sollte man dann die Welt erklären oder das, was man fühlte, was im Grunde dasselbe war? Aber das war vor der Zeit gewesen, als die schwarz gekleideten Männer Martin in einer Holzkiste fortgetragen hatten, die so schmal war, dass er sich darin nicht hätte bewegen und herumwälzen können, wie er es sonst im Schlaf tat. Nach diesem Tag hatte ihre Mutter nie mehr ein Wollknäuel angerührt. Die Schafe wurden verkauft, um den Arzt und die Beerdigung zu bezahlen. Und die Farben wurden aus dem Haus verbannt.

Der Blutkrebs hatte Martin zunehmend geschwächt, bis er nicht einmal mehr laufen konnte. Edna hatte ihm Grillen gebracht, die sie so fing, wie er es ihr gezeigt hatte. Sie mochte es, dass er lachte, wenn die Insekten aus ihren sich öffnenden Händen hüpften und er wieder ganz der alte Martin zu sein schien.

Edna hatte damals begriffen, dass ihr Vater dem Arzt nicht glaubte und seine eigene Meinung hatte. Er war ihr gegenüber strenger geworden, sprach kaum noch mit ihr. Er schrie sie an, wenn sie ihre Mutter bat, die Namen der Farben in ihrer Sprache zu wiederholen, versuchte dann aber, sie zusammen mit ihr auszusprechen, und lachte, wenn ihm beim »r« die Zunge am Gaumen stolperte. Doch dann verfinsterte sich sein Gesicht wieder, wie der Himmel vor einem Gewitter, ein Himmel, der sie bestrafen und mit einem Wolkenbruch verjagen wollte, vielleicht weil er glaubte, dass der Tod einen Irrtum begangen und das falsche Kind mitgenommen hatte.

Edna betrachtete die Hänge des Hügels und füllte ihre Lungen mit dem Geruch nach feuchter Erde, Witwenblumen und Herbstzeitlosen. Sie hatte noch nie etwas Schöneres gesehen.

»Bleib bei mir«, hatte Jacob ihr zugeflüstert. Aber sie konnte sich nicht ständig an seine Fersen heften. Stolz füllte sie die Krüge und trug sie aufrecht zu den Männern. Schnitt den Käse in kleine, gleich große Würfel und passte auf, dass ihr das Messer nicht aus der Hand rutschte. Für Jacob schnitt sie manchmal ein etwas größeres Stück ab. Nur ein klein wenig größer, damit niemand es bemerkte außer ihm.

Um sie herum schwangen die Männer die Sensen, Schweiß lief ihnen über die nackte Haut. Mit harschem Schwung sausten die Klingen nieder – Edna kam aus dem Staunen nicht heraus, wie präzise sie sich bewegten – und folgten dabei ihrem eigenen, immer gleichen Takt, wie eine rhythmische Musik, die sich im Tal ausbreitete.

Dort hinter den Bergen lag ihr Zuhause. Ob ihre Eltern wohl gerade schliefen? Ob sie stolz wären, wenn sie sehen könnten, dass sie sich nützlich machte in ihrer Schürze, die mit einer Schleife gebunden war? Sie trug ihre Arbeitskleidung voller Stolz, die Bluse unter der Weste mit den vielen kleinen Knöpfen, die schweren Schuhe.

Da machte sich das schmerzhafte Ziehen im Unterleib, das sie vorhin in ihrer Eile vergessen hatte, erneut bemerkbar.

Sie krümmte sich zusammen und presste die Hände auf den Bauch, um ihren Weg fortsetzen zu können. Der Schmerz war so arg, dass sie meinte, eine Ratte hätte sich in ihren Eingeweiden eingenistet und würde nun mit ihren spitzen Zähnen beharrlich von innen an ihr nagen, um sich so allmählich ein Fluchtloch zu schaffen.

Nachdem Edna den Männern den letzten Krug Wasser gebracht hatte, zog sie sich in den Schatten der Bäume zurück. Sie ging hinter den Geräteschuppen, um nicht gesehen zu werden, auch wenn sie dort zwischen den Büschen Bastian entdeckt hatte. Aber es war nur ein kurzer Moment gewesen, ehe ihre Blicke sich kreuzten und er im hohen Gras verschwand. Sie hatte sich umgedreht und sich gefragt, warum er sich so merkwürdig verhielt. Nachdem sie noch eine Weile abgewartet und nach den Geräuschen von der Wiese gelauscht hatte, zog sie den Rock bis über die Knie hoch.

Sie spürte, wie ein warmer Strahl zwischen ihren Beinen herausdrängte und sich auf dem Boden zu einer kleinen Pfütze ausbreitete, doch nach dieser kurzen Erleichterung wurden die Krämpfe in ihrem Unterleib noch heftiger.

Edna richtete sich den Rock. Sie dachte an Jacob, an die Krüge, die sie füllen musste, und an das Heu, das sie zusammenrechen sollte. Die Schatten, die sich nun drohend vor dem mondhellen Wald abzeichneten, bemerkte sie nicht.

»Es heißt, dass du in deiner eigenen Pisse schläfst.«

Als Edna herumfuhr, stand ein Mann vor ihr. Instinktiv wich sie einen Schritt zurück und stieß mit dem Rücken gegen die Schuppentür, die daraufhin aufschwang, so dass sie nach innen stolperte.

Mit einem großen Schritt war der Mann bei ihr.

»Stimmt es, dass du dir in die Hosen machst, wenn du Angst hast?«

Weitere Männer waren bei ihm. Dieselben Arbeiter, denen sie gerade noch Käse gebracht hatte. Sie lachten. Edna konnte nur ihre Stimmen hören, denn im Schuppen gab es kein Licht, nur der hochstehende Mond erhellte den Raum ein wenig und ließ bläulichen Staub durch das einzige Fenster rieseln.

»Wie die Mutter«, sagte ein anderer. »Die war von minderer Rasse«, fügte er noch hinzu und spuckte aus.

»Lass mal sehen. Bist du wie deine Mutter, oder fließt auch gutes Blut in dir?«, fragte einer der Männer und piekte ihr mit der Spitze der gebogenen Sense ins Ohr. Edna spürte das Brennen der Klinge, als sie die Haut durchstach, und dann das warme Blut, das hervorquoll und den Gehörgang füllte. Ihr Herz schlug schneller. Sie wich zurück, bis sie in der Ecke des Schuppens stand, wo eine Leiter bis unters Dach führte.

Edna klammerte sich an den Sprossen fest und kletterte mühsam nach oben. Jedes Mal, wenn sie sich streckte, fühlte es sich an, als würde ihr Bauch vor Schmerzen platzen. Noch eine Sprosse. Und noch eine. Nun war sie fast oben, der Geruch nach faulendem Holz stieg ihr in die Nase. Staub brannte in ihren Augen.

Dann schien ihr plötzlich jemand den Boden unter den Füßen wegzuziehen. Sie klammerte sich an die schwankende Leiter, und mit einem verzweifelten Sprung konnte sie sich gerade noch an einem Balken des Dachbodens festhalten, ehe die Leiter wegrutschte und nichts als Luft unter ihr war. Und Dunkelheit. Und Gelächter.

Sie bewegte die Finger. Noch einmal. Versuchte, sich irgendwie dort oben zu halten.

Edna hätte die Männer gern angeschrien, sie sollten sie in Ruhe lassen. Aber sie wusste, wenn sie auch nur ein wenig Kraft auf ihre Stimme verschwendete, würde sie abrutschen und in die Sensen stürzen.

Ihre Beine baumelten nun im Leeren, und zum ersten Mal hasste sie ihre schweren Schuhe, die sie in die Tiefe zogen. Das Gelächter der Männer wurde immer lauter.

»Na, hast du Angst, kleines Mädchen? Und wenn du Angst hast, was machst du dann?«

Die Klinge bohrte sich in ihren Knöchel wie die Kralle einer wütenden Katze. Ein kurzer Schmerz, doch lang genug, damit sie ihren Griff lockern musste. Sofort rutschte Edna ein Stück tiefer. Sie spannte die Muskeln an, bis ihr die Luft wegblieb, und konzentrierte sich auf ihre Finger, die sich mit aller Kraft an der abgesplitterten Kante des Balkens festklammerten.

In diesem Moment fiel ihr Emils Feder ein, die Jacob ihr gegeben hatte. Sie hatte sie in ihrer Schürzentasche versteckt. Genügte es, an sie zu denken und sich ihre Farben vorzustellen, damit der Zauber wirken konnte und sie beschützte? Vielleicht wenn sie sich an die genaue Abfolge der Farben im Gefieder erinnerte. Sie schloss die Augen und überlegte: erst Blau, dann Rot, dann Grün.

Ihre Finger schmerzten, das raue Holz schnitt ihr in die Haut.

Verzweifelt versuchte Edna, sich festzuhalten. Als sie spürte, wie der Stoff über ihren Schenkeln zerrissen wurde, schwemmte die Angst alle anderen Gedanken fort. Sie klammerte sich an den Balken und presste die Augen noch fester zusammen.

»Also hast du doch gutes Blut! Nicht nur das verkommene italienische«, hörte sie die Stimmen aus der Dunkelheit sagen.

Edna wusste weder, wo sie sich befanden, noch von woher die Klingen kamen, die nun durch die Luft sausten, während sie hin und her schwang wie eine zum Trocknen aufgehängte Speckseite.

Ihr Körper versteifte sich, wurde auf einmal ganz schwer und zog sie nach unten zu den Stimmen, als ob er nicht mehr zu ihr gehörte, zu ihrem Kopf, in dem allmählich die Erinnerung an die Farbtöne der Federn verblasste (erst Rot, dann Blau, dann Grün – rot um den Schnabel, blau am Rücken, grün die Flügel).

Die Schmerzen in ihrem Bauch wurden so übermächtig, dass sie nicht mehr klar denken konnte. Plötzlich fühlte sie sich ganz leicht, wie eine von Emils Federn. Ein Luftzug ließ ihre Haare flattern, der Rock blähte sich auf wie ein Schirm.

Dann war da nur noch der Aufprall auf dem Boden.

Zusammengekauert blieb Edna im Staub liegen. Ihre Lider brannten, und sie hatte die Augen fest geschlossen. Vielleicht waren sie auch offen, doch um sie herum war nur Dunkelheit.

Plötzlich sprang die Tür auf wie unter der Wucht eines gewaltigen Windstoßes. Kühle Nachtluft strich über ihre Haut.

Als sich Schritte näherten, erstarb das Gelächter. Die Stimmen wurden leiser, zu einem Flüstern zunächst, und verstummten dann ganz.

Sie spürte die raue Wolle eines Jankers an ihrem Arm und dann eine Hand, die sie packte und wieder auf die Füße stellte. Edna wurde aus dem Schuppen heraus ins mondhelle Freie geführt. Sie wagte nicht aufzusehen, aber sie fühlte den Blick des Mannes auf dem Rinnsal ruhen, das warm an ihren nackten Schenkeln hinablief. Ihr Rock war zerrissen, die Schleife hatte sich gelöst.

»Ab heute wirst du vorsichtig sein müssen, kleines Mädchen«, sagte der Mann und spuckte einen schleimigen Klumpen auf den Boden. Es war der Großbauer. »Ich habe dich vorhin beobachtet. Ihr Weibsbilder wisst schon, wie ihr einen Mann verführen könnt. Ihr seid doch selbst schuld, und dann heult ihr, wenn der Bauch wächst«, sagte er mit einer Stimme so rau wie Sandpapier. »Schau den Knechten nicht in die Augen und mach dich klein. Das wird dir einen Haufen Ärger ersparen. Jetzt richte deine Kleidung und komm dann nach.«

Als er fort war, schaute Edna auf, um sich zu vergewissern, dass die anderen Männer nicht mehr in der Nähe waren. Da sah sie Jacob. Er stand nur wenige Meter von ihr entfernt und starrte sie an.

Edna wäre am liebsten gestorben vor Scham. Nun wusste sie, was in dieser Nacht passiert war. Von jetzt an würde sie jeden Monat Evas Erbsünde abbüßen, die die Frauen bluten ließ und sie unrein machte.

Jacob wartete auf sie. Er zog die Nase hoch und mied ihren Blick. »Ja, du warst mutig, aber du bist trotzdem eine Zimperliese. Ich hab dir doch gesagt, dass du bei mir bleiben sollst.«

Edna schwieg. Vielleicht war der graue Schatten auf seinem Gesicht, der ihn wütend wirken ließ, auch nur Sorge. Noch nie hatte sie ihn so ernst gesehen. Sie fühlte sich schuldig und schmutzig: Weil die Männer sie so überrascht hatten und wegen des Blutes, das ihre Beine hinabrann.

Jacob blieb stehen, zog die Nase hoch und zerrte sich das Hemd aus dem Hosenbund. Dort, wo es nicht vom Schweiß durchtränkt war, riss er einen Streifen ab, den er danach in der Mitte noch einmal teilte. Edna sah zu, mit welcher Sorgfalt seine schwieligen Hände den Stoff glattstrichen und sanft um ihre Schläfen wickelten. Den zweiten Stoffstreifen wickelte Jacob zu einer Kugel, die er ihr in die Hand legte. Dann drehte er sich um, und sie begriff.

Schnell stopfte sie die Baumwollkugel in ihren Schlüpfer. Wieder schoss ihr die Hitze in die Wangen, aber diesmal war es nicht Scham, sondern Dankbarkeit.

Als sie weitergingen, stand der Mond bereits tief am Himmel und warf lange Schatten. Aber nicht solche wie von der Sonne. Die Augen mussten sich erst an die Dunkelheit gewöhnen, um sehen zu können, wie sie sich schwebend bewegten, ein jeder hatte sein eigenes Geräusch. Ja, auch die Schatten machten Geräusche. Wie der von Bastian, der zwischen den Büschen gehockt hatte und weggerannt war, ehe sie ihn fragen konnte, was er dort wollte.

Edna hätte Jacob am liebsten davon erzählt, aber sie fand nicht die richtigen Worte.

»Ich glaube, du hast dich soeben von einem Stückchen Ohr verabschiedet«, sagte er mit einem schiefen Lächeln. »Jetzt will dich bestimmt keiner mehr zur Frau.«

»Das ist nicht weiter schlimm. Diesen Fetzen Haut kann Emil mir schon mal nicht mehr anknabbern«, meinte Edna achselzuckend und dachte an die Schnabelhiebe, die ihr dieser wilde Vogel schon verpasst hatte, der sich einfach nicht mit ihr anfreunden konnte.

Fast hätte sie gelächelt, doch die Erinnerung an die Sensen und das Gejohle der Knechte erstickte den kleinsten Anflug von Freude in tiefer Dunkelheit. Und wie nach einer Sonnenfinsternis, die ihre unheilvollen Schwingungen auf der Erde hinterließ, betrachtete Edna den Hof von nun an mit anderen Augen.

Davor war ihr Blick von den Mühen der schweren Arbeit getrübt gewesen, von all den Aufgaben, die zu erledigen waren, doch nun bemerkte sie Dinge, die sie vorher nicht gesehen hatte. Sie begriff, was das Kreidekreuz bedeutete, das der Junge auf die Jacke des Großbauern gemalt hatte, und dass es dabei um etwas viel Schlimmeres ging als um harte Arbeit, wie sie zunächst geglaubt hatte. Es war die Einsamkeit, es waren die Schatten, die sie zwar hören konnte, aber deren Flüstern sie nicht verstand.

Manchmal näherten sich die Schatten vollkommen lautlos. Dann sanken sie in einen Abgrund aus Fragen, die zu stellen niemand den Mut hatte.

22

Tag 4 – Distanz: 60 km

Sechzig Kilometer entfernt kämpfte Adele gegen Windböen und Regenschauer an, die so heftig gegen ihr Fahrrad drückten, dass sie sich kaum darauf halten konnte. Sie hatte sich die ganze letzte Nacht grübelnd in ihrem Bett hin und her gewälzt und war nun wild entschlossen, Ednas Haus zu betreten, selbst wenn sie dafür die Tür aufbrechen müsste.

Adele lehnte das Fahrrad gegen die Hauswand. Sie starrte auf die zerfetzten Reste der Plastiktüte, die sie am Vortag an die Tür gehängt hatte, und versuchte, sich einen Reim darauf zu machen. Dann fielen ihr die Katzen ein. Die hatten sich bestimmt das Brot geholt. Von Edna keine Spur. Und auch Emil reagierte weder auf die Türklingel noch auf ihre Rufe.

Mit ausgetrocknetem Mund und Händen, die wie von kleinen Stromschlägen kribbelten, ging Adele zum Hintereingang und suchte im Rosentopf nach dem Schlüssel. Als sie ihn fand, verspürte sie kurz eine trügerische Erleichterung, die aber rasch verflog. Ängstlich fragte sie sich, was passiert sein konnte.

Inzwischen war es nach zwölf. Um diese Zeit verließ Edna niemals das Haus. Adele hatte auch in der Bar vorbeigeschaut, und dort hatte man ihr gesagt, man habe Edna seit Tagen nicht mehr gesehen.

Die dunkle Stille im Haus umfing sie wie eine dämpfende Hülle.

»Signora Edna?« Obwohl sie sich bemüht hatte, fest zu klingen, bemerkte Adele die unterschwellige Angst in ihrer Stimme.

Die Fensterläden waren geschlossen, alles im Haus stand an seinem Platz. Auch die Keksdose in der Mitte des Küchentischs. Aber die Hortensien hatten schon vertrocknete Ränder, und in der Vase stand eine trübe Brühe. Das hätte Edna nie zugelassen: Adele erinnerte sich an keinen einzigen Tag im Frühling, Sommer oder selbst im Herbst, an dem sie in diesem Haus keine frischen, duftenden Blumen vorgefunden hätte.

Als sie das Licht einschaltete, bemerkte sie sofort den Zettel auf dem Tisch. Er war sorgfältig gefaltet und lehnte gut sichtbar an der Keksdose.

Sie las ihn hastig, ihre Augen flogen über die wenigen Worte.

Liebe Adele,
~~ein Zwischenfall~~ eine Angelegenheit ~~die wir nicht mehr aufschieben können~~ von höchster Wichtigkeit zwingt mich und Emil, uns auf den Weg zu machen. Keine Sorge, uns geht es gut.
Edna

Plötzlich fühlte Adele sich traurig und bedrückt. Sie sah sich in der Küche um, betrachtete den Tisch, an dem sie gegen sämtliche Diätpläne Hunderte Butterkekse gegessen hatte, den Hausflur mit der leeren Sitzstange. Der Gedanke, dass sie sogar diesen gerupften Papagei vermisste, entlockte ihr ein Lächeln.

Sie strich über die Stoffkissen und nahm daran zum ersten Mal Ednas Duft wahr. Ein Hauch von Melisse, der sich in den Geruch nach frisch gewaschener Baumwolle mischte.

Adeles Finger blieben an dem Zeitungsausschnitt hängen,

der aus einem Schulheft herausragte. Er war sorgfältig ausgeschnitten worden, und Adele fragte sich, aus welchem Grund Edna diese Seite aus ihrem geliebten *Stern* getrennt hatte.

Sie legte das Heft auf den Tisch und blätterte langsam in den vergilbten Seiten. Die Blätter waren mit ungelenken Buchstaben bedeckt, wie von der Hand eines Kindes, das gerade Schreiben lernte. In dunklerer Farbe und in ordentlicher Handschrift waren Korrekturen angebracht, und die Ecken und Ränder waren mit Bildern gefüllt, die mit unsicherem Strich ein Huhn darstellen sollten oder einen großen Truthahn. Oder – Adele konnte das Klicken in ihrem Kopf richtiggehend hören – einen halbkahlen Papagei. Auf jeder Seite. Jedem Zentimeter. Als ob die Hände, die das geschaffen hatten, Angst vor Leere gehabt hätten und sie mit einem Teil von sich füllen wollten. Botschaften, die sie nicht zu deuten wusste.

23

Die meuternden Räder und der Zeitungsartikel

Edna drehte den Astragal zwischen den Fingern, während sie versuchte, sich die Route auf der Karte in Erinnerung zu rufen. Es regnete stark, und sie wollte nicht riskieren, dass die Zeichnung verwischte, wenn sie sie aus dem Rucksack holte.

Priska hatte ihr den Astragal im Tausch gegen eine von Emils Federn geschenkt. Sie hatte Edna erklärt, dass in jedem Gegenstand eine große Macht verborgen sei, insbesondere dann, wenn dieser zufällig den Weg zu einem fand. Sie hatte ihr sogar gezeigt, wie man aus den Knochen die Zukunft las, doch Edna bezweifelte, ob sie das jemals ausprobieren würde.

Sie schaute auf: Dichte Wolkenbänder lagen vor der Sonne und hielten das Licht dahinter gefangen.

Edna packte ihren Wanderstock fester. Sie trug ihre Baseballkappe und Priskas Cape, die Kapuze tief in die Stirn gezogen.

Trotzdem hatte sich die Nässe am Hals auf ihre Haut gelegt und vermischte sich dort mit dem Schweiß. Die Haare hingen ihr schlaff auf die Wangen herab wie müde Tentakel von Quallen, die von der Strömung ans Ufer gespült wurden.

Ein Hustenanfall, einen Schritt vorwärts. Den Schmerz, der sich wie Stacheldraht in ihre Waden bohrte, ignorierte sie. Nachdem sie die Nacht unter freiem Himmel verbracht hatte, wünschte sie sich das kleine Zelt von Flo und Priska, ja sogar Rolands heruntergekommenen Wohnwagen zurück.

»Guten Morgen, Zimperliese!«

»Dir auch einen guten Morgen, Emil«, sagte sie und rang

sich ein Lächeln ab. Es war zwar schon Mittag, aber für Emil wirkte es wohl, als sei früher Morgen. Er war nicht an derart trübe Tage gewöhnt.

Als sie die Burg mit ihren runden Türmen hinter dem Regenvorhang oben auf den dunklen Felsen hervorlugen sah, konnte sie endlich aufatmen.

Die Häuser von Nauders lagen in der Talsenke wie eine Handvoll Würfel, mit denen ein Riese gespielt hatte, um sie dann achtlos liegen zu lassen. Sie schmiegten sich eng aneinander, als wollten sie sich Gesellschaft leisten unter einem Himmel, der von einer Wand aus schneebedeckten Gipfeln begrenzt wurde.

Ob es die Mühle noch gab, an der sie vor vielen Jahren auf dem Heimweg aus dem Bus gestiegen war? Damals war sie heimlich mitgefahren, und als der Schaffner nach ihrer Fahrkarte fragte, hatte sich eine Frau mit einem Kind auf dem Arm zu ihr umgedreht. Sie hatte Edna kurz angesehen, und als sie die abgrundtiefe Verzweiflung in ihren Augen bemerkte, hatte sie dem Schaffner mit einem Lächeln versichert, das Mädchen gehöre zu ihr. Der hatte das nicht so ganz geglaubt, aber da die Frau die Fahrkarte bezahlte – und nur das war für ihn wichtig –, hatte er sich nicht weiter darum gekümmert.

Wenn sie erst einmal das Arlbergmassiv überquert hatte, sollte ihr Weg nur noch abwärts führen, hatte sie damals gedacht. Durch ein vertrautes Tal, das sie beschützen würde, hin zu einem helleren, weiteren Horizont. Für die Edna von heute begann nun allerdings der schwierigste Teil der Route, mit schmalen Pfaden und steilen Felsschluchten, in denen man das mächtige Rauschen der Wildbäche zwar hören, aber diese nicht sehen konnte. Aber zunächst einmal wartete der Arlberg.

Aus der Mühle war inzwischen ein Hotel geworden, mit großen Glasfronten, die auf die Berge blickten. An jeder Ecke gab es Sportgeschäfte mit Mountainbike- oder Quadverleih.

Das Leben verlief hier in einem wesentlich schnelleren Rhythmus, mit dem Edna kaum Schritt halten konnte. Es kam ihr vor, als hätte sie eine Uhr verschluckt, deren Zeiger sich quälend langsam fortbewegten und ihr ein eigenes Tempo diktierten, das so gar nicht zu dem ihrer Umgebung passte. Sie war wie in einer Blase gefangen, eingehüllt in eine Stille, die vielleicht von der vergangenen Nacht unterm Sternenhimmel und den Tagen im Wald mit ihrem gedämpften Licht geblieben war. Hier jedoch traf jeder Reiz wie ein Blitz auf ihre Sinne. Das Aufheulen der Motoren, lautes Gelächter, schrille Fahrradklingeln. Der Regen, der klatschend auf den Asphalt prasselte. Doch sie empfand es gar nicht als schlimm. Eher wie eine Musik, die sie überraschte, sie vielleicht antrieb und dazu zwang zu reagieren. Freier zu sein. Edna kam es vor, als würde ihr Leben doppelt so schnell ablaufen. Doppelt so viel Atem, doppelt so viele Träume (ein erstrebenswertes Ziel, das sie im Laufe der Jahre vergessen hatte). Doppelt so viele Kratzer, die schmerzhaft pulsierten. Sie sah den Weg von damals vor sich, doch die Zeit hatte die Spur ihrer Fußabdrücke verwischt und den Staub fremder Erde auf ihren Schuhen fortgeweht.

Edna musste an Priskas Worte denken und erkannte, dass sie recht gehabt hatte: Die Welt drehte sich immer schneller. Warum hatte sie das nie bemerkt?

Mit einem Mal stockte die Transportkiste und riss ihr den Arm nach hinten. Edna drehte sich um und zerrte noch heftiger daran. Dann lief sie um den Kasten herum und suchte mit den Augen jeden Zentimeter Straße ab. Aber sie konnte kein Schlagloch entdecken.

Der Transportkäfig stand trotzdem schief. Emil sah sie durch die Gitterstäbe hindurch vorwurfsvoll an, als wolle er sie fragen, warum sie es nicht früher gemerkt hatte: Die Kiste hatte zwei Räder verloren, und ein drittes blockierte. Edna schleifte das Ungetüm einige Meter hinter sich her, aber der Widerstand der Kiste auf dem Asphalt bremste sie aus. Zudem spritzte Straßenschmutz in den Käfig, und Emil begann zu niesen. Wenn es so weiterging, würden sie sich beide eine schlimme Lungenentzündung holen. Wieder einmal stieß Edna an ihre Grenzen. Sie fragte sich, warum sie davon ausgegangen war, dass schon alles gut laufen würde. Immerhin hatte sie sich selbst in diese Lage gebracht. Sie hatte keine Sicherheiten, nichts, worauf sie sich stützen konnte.

Inzwischen war es kälter geworden. Fröstelnd hüllte Edna sich in Priskas Regencape, die Augen fest auf die Straße gerichtet, damit sie rechtzeitig den Pfützen ausweichen konnte, die sich dort kratertief ausbreiteten, während die Wälder ringsum ihre Moosfinger nach dem Dorf ausstreckten.

Ihr fiel ein, dass sie noch ein wenig Kleingeld in ihrem Schuh hatte, und sie suchte sich eine Bar. Keine von denen mit großer Terrasse, Panoramafenstern und Menütafeln, nur ein schlichtes Kellerlokal, wo sie ein Sportwasser bestellen und Zeitung lesen konnte.

Zuerst ging sie allerdings zur Toilette und hielt den Kopf unter den kräftigen Luftstrahl des Händetrockners, um sich aufzuwärmen und die Haare trockenzuföhnen.

»Wenn es so weitergeht, wachsen uns noch Schwimmhäute«, sagte der junge Mann hinterm Tresen zu ihr.

»Ich bin auf dem Weg nach Deutschland. Heute will ich noch mindestens bis Landeck kommen.«

Der junge Mann zuckte mit den Schultern. »Tut mir leid,

aber Sie haben sich einen schlechten Tag ausgesucht.« Er sah durch das Fenster hinaus auf den Platz, wo es in Strömen regnete. »Sie müssen sich wohl etwas gedulden. Ich habe gehört, dass die Busse Verspätung haben. Die Straße nach Bregenz ist gesperrt. Warum genießen Sie nicht einfach das große Ereignis?«, sagte er und deutete auf einen Punkt jenseits der Scheibe. Ednas Augen folgten seinem Finger, aber das Glas war zu beschlagen, um wirklich etwas zu erkennen. Sie nickte stumm und rang sich ein erschöpftes Lächeln ab.

»Das geht aufs Haus«, sagte der junge Mann und stellte zusammen mit dem Sportwasser einen Teller mit einem Stück Mohnstrudel auf den Tisch. »Und hier ist die Zeitung, die Sie haben wollten.«

Edna reichte Emil den Trinkhalm, der ihn mit seinen Krallenfüßen packte und daran herumknabberte.

Dann rutschte sie ein Stück zurück, glättete die Zeitung und sog den Geruch nach Druckerschwärze, Staub und ein wenig Frittierfett ein. Edna überblätterte Werbung und Kleinanzeigen und überflog die übrigen Seiten, während sie hoffte, die Buchstaben würden plötzlich durcheinanderwirbeln und ein ihr vertrautes Wort bilden. Doch die Seiten hatten ihr nichts zu sagen, und auf einmal kam sie sich so verloren vor, als triebe sie auf einem endlosen Meer. Sie fühlte sich so allein wie noch nie in ihrem Leben.

In der Rubrik *Aus aller Welt* entdeckte sie schließlich eine Kurzmeldung, die so zwischen große Überschriften und andere Artikel gequetscht war, dass sie sie beinahe übersehen hätte. Ihr Puls beschleunigte sich, doch nur so lange, bis sie die sechs Zeilen gelesen hatte. Sechs Zeilen über den Erdrutsch – aber Jacob war schon vergessen.

Edna trank noch einen Schluck von dem Wasser und verfrachtete Emil dann in das Wrack, das einmal sein Transportkäfig gewesen war. Mit der flachen Hand wischte sie über die beschlagene Fensterscheibe und versuchte, draußen etwas zu erkennen. Welches Ereignis hatte der junge Mann gemeint? Es regnete immer noch in Strömen. Leute hasteten an der Bar vorbei. Ab und zu sah jemand zu ihr hin und lächelte sie an. Vor dem grauen Himmel flatterte ein blau-orangefarbenes Banner, und einen Moment lang befürchtete Edna, sie würde vor der Tür auf das Fernsehteam treffen, das ihr die Fragen über die Wölfe gestellt hatte. Sie dachte gerade daran, wie unwohl sie sich dabei gefühlt hatte, als sie sie plötzlich entdeckte.

Sie parkten genau gegenüber und hatten ihre langgestreckten Kühlerhauben auf sie gerichtet wie Krokodilschnauzen. Ednas Blick glitt über die regennassen Karosserien, auf deren Dächer Regentropfen prasselten, und sie fragte sich, ob sie gerade unbemerkt in die Vergangenheit zurückgereist war.

Die Oldtimer füllten beinahe den ganzen Platz aus. Ab und zu kam jemand vorbei, drängte sich zwischen die Reihen und presste neugierig das Gesicht an die Seitenscheibe eines Wagens, um ins Innere zu sehen. Auf einer Seite des Platzes waren Reifen zu ziemlich wackligen Stapeln aufgetürmt, alte und neue, breitere und schmale.

Während Edna herauszufinden versuchte, nach welcher Logik diese Stapel errichtet waren (jeweils zehn Reifen oder nur fünf, wenn sie sehr breit waren), kam ihr plötzlich die zündende Idee, wie man Emils Transportkasten wieder richten könnte. Sie sah sich an, was von der Kiste übrig war, die Ecken, an denen die Räder fehlten. Dann wieder die Reifen draußen. Der Unterschied zwischen ihnen und denen an der Kiste war ungefähr so groß wie der zwischen der echten *Titanic* und dem Schiffsmodell, das Max am Schlüsselbund trug (Max' Geschmack war wirklich mehr als fragwürdig.).

Aber es bedeutete, dass irgendjemand dort drüben ihr helfen konnte.

Es war also noch nicht alles verloren. Erleichtert seufzte Edna auf, packte den Käfig und stapfte zur Tür.

Der junge Mann hinterm Tresen sagte noch etwas zum Abschied, aber Edna hörte nur noch den letzten Teil, den sie allerdings auch nicht verstand.

Als er das bemerkte, wiederholte er lächelnd: »Toller Spruch, ich meine, was da auf Ihrer Mütze steht.«

Aber da war Edna schon aus der Tür.

24

Fer

»Tut mir leid, aber da ist nichts mehr zu machen. Sehen Sie«, meinte der Mechaniker und zeigte auf die Kanten der Transportkiste. »Wenn Sie die nicht so lange übers Pflaster geschleift hätten, hätte man vielleicht noch was retten können. Aber so …«

Während er sich die Hände mit einem Tuch säuberte, fiel Ednas Blick auf seine schulterlangen Haare und den dunklen Teint (nein, der kam bestimmt nicht von der Sonne). Dann blieben ihre Augen an dem Amulett hängen, das er an einer Kette um den Hals trug: eine Vogelkralle, die sehr an ihren Emil erinnerte. Zu sehr.

»Gut, dann trotzdem vielen Dank.« Edna seufzte, schenkte ihm ein höfliches Lächeln und packte resigniert die Transportkiste.

Der Mann gefiel ihr nicht. Sie spürte ein Kribbeln, wie immer, wenn Sturm im Anzug war. Und zwar keiner, der nur übers Dach fegte, die Baumkronen durchschüttelte und Papier und Plastiktüten durch die Luft wirbelte. Sondern einer, der ernsthaften Schaden anrichten würde.

»Warten Sie«, sagte der Mann plötzlich. »Das ist doch ein Ara.«

Edna nickte, obwohl es keine Frage gewesen war. Der Mann ging zu Emil, der den Kopf zurücklegte und ihn misstrauisch im Blick behielt.

»Er muss sehr alt sein«, sagte der Mann leise und kniete sich vor den Käfig.

»Ziemlich«, antwortete Edna knapp, die nichts preisgeben wollte.

»Ein Ara dieses Alters ist sehr selten. Sehr wertvoll. Sie haben wirklich Glück.«

Der Mann stand auf, steckte den Lappen in die Gesäßtasche seiner Hose und streckte Edna die Hand hin. »Fernando. Aber alle nennen mich Fer.«

Edna nahm seine Hand. Fer hatte einen angenehm festen Griff, nicht so butterweich wie manche, wo einem die Finger wegrutschten. Aber er trug dieses Amulett, deshalb traute sie ihm nicht über den Weg.

»Frau Weiss«, antwortete sie gepresst.

Er sah sie auffordernd an, als müsse noch etwas folgen.

»Edna«, sagte sie schließlich. »Edna Weiss. Na ja, vielen Dank. Wir wollen nicht noch länger Ihre Zeit vergeuden. Wir sind auf der Durchreise.«

»Warten Sie.« Nachdenklich rieb Fer sich das Kinn. »Sind Sie noch lange unterwegs?«

»Wir müssen nach Deutschland.«

Der Mann nickte. »Also mit dem Bus«, überlegte er laut und besah sich den Schaden noch einmal.

»Bis Landeck, ja.« Edna räusperte sich. »Und dann ein Stück zu Fuß.«

»Wie weit zu Fuß?«

»Nun ja ... über den Arlberg.«

Er sah sie überrascht an. »Sie meinen das Gebirgsmassiv? Sie wollen zu Fuß über die Berge?« Er schüttelte den Kopf und lachte.

»Richtig«, bestätigte Edna ernst. »Ich kann Ihnen das jetzt nicht näher erklären. Glauben Sie mir, ich würde ja gern, aber ich denke, wir sind beide in Eile.«

Fer gab sich geschlagen. »Entschuldigen Sie, Sie werden

schon Ihre Gründe haben. Man sollte nicht zu viele Fragen stellen oder sich in die Angelegenheiten anderer Leute einmischen. Wir haben doch alle etwas, das wir lieber für uns behalten.«

Edna musste unwillkürlich an Fers Anhänger denken. Der Mann blickte sich suchend um. »Also, Sie müssen zu Fuß übers Gebirge ...«, sagte er, in Gedanken vollkommen auf seine Suche konzentriert. »Vielleicht habe ich da eine Idee.« Damit verschwand er hinter einem Reifenstapel.

Edna holte tief Luft und wartete. Aber Fer kam nicht wieder. Schließlich packte sie den Griff der Transportkiste und überlegte, dass sie sich sogar den Abschied sparen konnte, wenn sie jetzt schnell genug war.

»Na also!«, hörte sie da jemanden triumphierend ausrufen.

Als sie sich langsam umwandte, sah sie Fer mit einem Brett unterm Arm auftauchen. Aber vor allem bemerkte sie die Rollen auf der Unterseite.

»Das hier ist genau das, was wir brauchen. Das Skateboard ist zwar schon etwas älter, aber noch gut in Schuss.«

Edna bekam langsam eine Vorstellung davon, was ihm vorschwebte. »Schrauben Sie die Rollen an meinen Kasten?«

Fer schüttelte den Kopf. »O nein, gute Frau. Wir machen etwas Besseres, etwas viel Besseres.«

Während Emil, der inzwischen oben auf einem Reifenstapel thronte, ihm aufmerksam zuschaute, ging Fernando mit Schrauben und Verbindungseisen zu Werke.

Ungeduldig merkte Edna, wie ihr die Zeit davonlief, als würde sie zusammen mit dem Regen fortgespült.

»Das ist wirklich ein schlimmes Unwetter«, meinte Fer.

Doch der Regen war Ednas geringste Sorge. Auch nicht der Wind, der ihn schräg vor sich hertrieb, so dass man glauben konnte, es würde Messer vom Himmel regnen. Ihre Gedanken waren bei Jacob.

»Als ich ein kleiner Junge war, versammelten wir uns an Regentagen immer im Haus des Dorfältesten und hörten zu, wie er erzählte. Dort, wo ich herkomme, gibt es für alles eine gute Geschichte.«

Edna kannte dieses herzerwärmende Gefühl ganz genau. Wenn sie mit ihrer Mutter über die Wiesen gelaufen war, waren aus einer Quelle, einer Blume oder einem Schmetterling, der einen Flügel verloren hatte, zauberhafte Geschichten entstanden. Ihre Mutter konnte so wunderbar erzählen. Aber das war, bevor Martin gestorben und der Bauernhof mit seinen Mauern, von denen sich der Putz in Fetzen ablöste wie die Haut einer alten Eidechse, zu ihrem Grab geworden war.

»Woher kommen Sie denn?«

»Aus demselben Land wie Emil. Sagt Ihnen das hier etwas?«

Edna folgte Fers Blick, der sich auf das Skateboard richtete. Das Brett war in den Farben einer Flagge bemalt. Drei waagrechte Streifen: der mittlere weiß, die beiden äußeren hellblau und in der Mitte eine Sonne.

»Aus Südamerika. Argentinien.« Er ging zur Werkbank und nahm eine Bohrmaschine. Edna fragte sich, was er damit vorhatte.

»Aus einem sehr kleinen Dorf, in dem ein stolzes Volk lebt, das eigentlich aus den großen Ebenen der Pampa kommt und dem ich einen guten Teil meines Mestizenbluts verdanke. Heute sind wir nur noch wenige. Was eben nach den spanischen Eroberungszügen, Kriegen und Landenteignungen übrig geblieben ist. Leider kann ich nicht in mein Dorf zurück.«

Ehe Edna ihn fragen konnte, was ihn daran hinderte, startete Fer die Bohrmaschine und näherte sich damit dem Boden der Transportkiste.

»Was machen Sie denn da?«

»Keine Sorge. Sie wollen doch über den Arlberg, oder nicht?«, brüllte er, um den Lärm der Maschine zu übertönen.

Edna setzte sich. Weil sie Durst hatte, holte sie die Trinkflasche aus dem Rucksack und schraubte sie auf. Dabei ließ sie die Bohrmaschine nicht aus den Augen und beobachtete nervös das kleine Loch, das sie in die Kiste fräste und dabei Späne in der Gegend verteilte.

»Ist Ihnen aufgefallen«, setzte Fer neu an, nachdem er die Bohrmaschine weggelegt hatte und nun in dem Säckchen mit den Schrauben kramte, »dass alle Geschichten, die man Kindern erzählt, einander ähneln und dass sie meist einen wahren Kern haben?« Jetzt hatte seine Stimme wieder diesen seltsam verführerischen Tonfall, mit den harten Konsonanten, die lange nachvibrierten wie Pfeilspitzen. »Nehmen Sie zum Beispiel diesen Regen, der einem wie eine Sintflut vorkommt. In ferner Zeit rief der höchste Gott die Sonne zu sich und sagte ihr, die Erde müsse durch heftige Regengüsse gereinigt werden. In unserem Glauben ist die Sonne ein Mann, und die Erde ist seine Frau. Doch die Sonne flehte ihn an, dies nicht zu tun, da es das Ende für ihre Kinder, die Rankulche, wäre. Die Völker, die am Wasser lebten, hatten Boote, die Gebirgsstämme waren sowieso in Sicherheit, aber was würde mit jenen geschehen, die in den Ebenen lebten?«

»Und diese Rankulche sind das Volk, von dem Sie gesprochen haben?« Ednas Blick fiel auf die kleinen Terrakottafiguren, die zwischen Ölkanistern und Schraubenziehern in den Regalen standen. Sie waren mit kräftigen Farben bemalt, die Frauen hatten runde Bäuche und die Männer schwarze Haare.

Fer nickte und fuhr fort. »Der höchste Gott ließ sich erweichen. Er löste einen Teil der Ebene und hob ihn mitsamt dem Volk, das dort wohnte, in den Himmel. Nachdem der Regen seine Pflicht getan und die Erde reingewaschen hatte, zog das Wasser sich zurück, und alles war wieder wie vorher. Bis auf die Rankulche. Der höchste Gott hatte nie im Sinn gehabt, sie der Erde zurückzugeben, da sie ihm nützlich waren, weil sie mit ihrem Licht seinen anderen Kindern leuchteten. ›Der höchste Gott darf kein Volk vorziehen‹, sagte die Sonne und ging zu seiner Frau, der Erde, die wie jede gute Mutter eine Lösung hatte. Sie brachte eine Menge Nahrung hervor, so reichlich, dass die Nandus, unsere Strauße, vor Freude zu tanzen begannen. Ihr Tanz war so gewaltig, dass der Sand, den sie dabei aufwirbelten, bis zum Himmel aufstieg und eine Leiter bildete, auf der die Rankulche in ihre Ebenen zurückkehren konnten. Das Stück von der Erde, das der höchste Gott in den Himmel gehoben hatte, ist der Mond, er heißt bei uns *Kuyen*. Er ist das Licht in der Dunkelheit und unser Retter. Die Leiter aus Sand ist die Milchstraße. Und der Nandutanz ist der heilige Tanz der Rankulche, seine Kralle unser Zeichen.«

»Was Sie da um den Hals tragen?«, hakte Edna blitzschnell nach. »Das ist ein Straußenfuß? Nicht von einem Papagei?«

Fer umschloss das Amulett lächelnd mit den Fingern. »Nur eine Zehe. Ein Nandufuß ist viermal so groß wie der von Ihrem Emil. Und keine Angst, ich habe keinen Nandu getötet«, versicherte er lachend. »Fertig«, sagte er dann und versetzte dem Brett einen Schubs.

Edna warf einen Blick auf das seltsame Gefährt, und dann noch einen. »Sind Sie sicher?«, fragte sie und schob die Brille hoch.

Fer hatte den Transportkasten auf dem Brett festgeschraubt. Edna wusste nicht, was sie davon halten sollte.

»Größere, dickere Räder, stoßgedämpft. Und der Rahmen ist verstärkt. Probieren Sie es aus!«

Widerstrebend nahm Edna den Griff, und sofort folgten ihr

die Räder bereitwillig, lautlos und ohne Stocken. Die Transportkiste kam ihr jetzt so leicht vor, als wäre sie aus Papier. Sie lief viel schneller, war unglaublich einfach zu lenken und fuhr genau in die Richtung, die sie wollte.

»Nicht übel, das muss ich zugeben, Herr Fernando«, sagte sie und konnte den Blick nicht von dieser eigentümlichen Konstruktion lösen. Fer stand mit verschränkten Armen da und lächelte stolz.

»Fahren Sie noch ein paar Runden. Nur zum Testen, ob alles stabil ist.«

Edna fuhr mit dem Käfig im Zickzack zwischen den Oldtimern hindurch. Vor einem schwarzen Wagen blieb sie stehen, weil er eine Erinnerung in ihr auslöste, die aber genauso schnell verlosch, wie sie aufgeblitzt war.

»Sie sind wunderschön, oder?«, sagte Fer, der hinter sie getreten war.

»Gehört Ihnen einer davon?«

Er lachte. »Leider nein. Die Wagen fahren die Bodensee-Klassik, eine Rallye durch drei Länder: Deutschland, Österreich und die Schweiz. Aber bei diesem Wetter können sie nicht starten. Und einige von diesen alten Ladys haben so ihre Launen.«

»Also müssen Sie sie reparieren ...« Die schwarze Limousine, vor der Edna stehen geblieben war, schien sie mit ihren großen, runden Scheinwerfern anzuschauen. Ehrfürchtig strich sie mit der flachen Hand über die Motorhaube.

»Sagen wir mal so, jede von ihnen hat ihre eigene Stimme. Und auf die lausche ich. So finde ich heraus, ob sie Öl brauchen oder man die Bremsen nachjustieren muss ...« Er seufzte und zuckte mit den Schultern. »Ich kann Ihnen nicht sagen, warum sie es mir so angetan haben. Früher habe ich Motorräder repariert. Als ich dann aus dem Falkland-Krieg zurückkam, habe ich in einer alten Garage einen Wagen wie diesen gefunden. Eigentlich fast Schrott. Gehörte dem Vater eines Freundes. Auf dessen Bitte habe ich ihn überholt. Es hat Monate gedauert, Ersatzteile aufzutreiben und die Kolben zu reinigen. Dazu braucht man Disziplin und Zähigkeit. Während der Arbeit hatte ich keine Zeit, an etwas anderes zu denken. Vielleicht habe ich damals, in jener Garage, auch mich selbst wieder hingebogen.«

Fer legte eine Hand auf den elegant geschwungenen Kotflügel. »Das muss man sich mal vorstellen: Da beschäftige ich mich das ganze Leben mit diesen Wagen und werde doch nie einen davon besitzen.« Sein lachendes Gesicht spiegelte sich in der Seitenscheibe, in die auch Edna schaute.

Emil hockte in seiner Kiste und lauschte aufmerksam.

»Herr Fernando«, sagte Edna, ihr Blick suchte Emils Auge, »ich habe länger gebraucht, als Sie auf der Welt sind, um zu begreifen, dass einem nichts, wirklich überhaupt nichts gehört.« Dass Menschen von einem Tag auf den anderen verschwinden konnten, wie vom Erdboden verschluckt, wie Anja. Und dass sich in einem Atemzug alles ändern konnte. Der gemütliche Schattenplatz in ihrem Garten, das Frühstück mit Roggenbrot und das Zeitunglesen in der Bar, all das war verschwunden. Wie sehr hatte sie verinnerlicht, dass Emil ihr gehörte, und dann hatte sie gefürchtet, ihn für immer verloren zu haben, als er ihr im Wald weggeflogen war. Oder Jacob, der den Vogel gerettet und ihn für sich gewollt hatte, bevor ihn ihm jemand wegnahm. »Aber wissen Sie, was?«, erklärte sie, während sie dem Duft der Wildkräuter nachspürte, der aus ihrem Regencape aufstieg, den Widerschein der im Nebel liegenden Gipfel vor Augen. »Es geht einem gar nicht schlecht damit.« Emil war wieder bei ihr, und sie befanden sich auf dem Weg zu Jacob. Die Welt war im ständigen Wandel, und sie besaß nichts als einen auf einem Transportkäfig befestigten Rucksack.

Und jetzt lag ein ganzes Gebirge vor ihr, das sie überqueren musste.

»Ich habe noch nie in so einem Wagen gesessen.«

Ednas Augen verweilten lange auf der Limousine, folgten den weich geschwungenen Linien der Karosserie. Als sie wieder aufblickte, grinste Fer sie verschwörerisch an.

»Sie haben recht. Uns gehört nichts. Aber wer verbietet uns eigentlich, im richtigen Moment etwas auszuleihen?«, sagte er und kramte in seinen Hosentaschen.

Anja

Anja kam nicht wieder. Sie verblasste zu einem Schatten, den alle vergaßen.

Außer Edna und Jacob, die vor dem Einschlafen über sie sprachen, wenn Jacob zu Edna unter die Decke schlüpfte, während die anderen Kinder schon tief und fest schlummerten.

»Vor ein paar Nächten habe ich einen Schrei gehört«, flüsterte er ihr zu. »Aus dem Kornspeicher. Und dann nichts mehr.«

Mit diesen Worten im Ohr schlief Edna ein und sah Schatten im Dunkeln lauern. Am nächsten Morgen, als die Sommersonne nicht nur den Regen der vergangenen Wochen vertrieben hatte, sondern auch die dunklen Gedanken, erzählte sie Bastian davon. Sie fütterten gerade die Schweine (Knollen- und Wurzelgemüse, am besten noch mit ein paar fetten Insekten auf den Blättern). Es waren ein paar ganz kleine Ferkel darunter, die einfach putzig anzusehen waren, wie sie mit ihren Ringelschwänzchen und ihren Knopfäuglein herumtollten und bei jedem Stolpern laut quiekten.

»Was hat Jacob denn sonst noch gehört?«

Edna drehte sich ruckartig zu Bastian um, und ein Schweinchen entwischte aus ihren Armen. Vielleicht war es ja unklug gewesen, mit diesem Jungen zu reden, der sie nun durchdringend musterte und unbedingt herausfinden wollte, was sie vor ihm geheim hielt. Und er wirkte nicht so, als mache er sich Sorgen um Anja oder wolle ernsthaft ergründen, was passiert war. Starr, mit kaltem Blick stand er vor ihr. Sie dachte nur an Jacob.

»Sonst nichts. Außerdem hat er sie ja gar nicht selbst schreien gehört. Das war eines von den älteren Kindern, aber er hat mir nicht gesagt, wer«, log sie.

»Edna, ich mag dich. Du bist die Einzige hier, die mich nicht behandelt, als hätte ich ein Hexenmal im Gesicht.«

Edna hatte das Mal immer irgendwie seltsam und sogar lustig gefunden. Aber keineswegs angsterregend. Dadurch hob sich Bastian von allen anderen auf dem Hof ab. Und machte nicht genau das ihn zu etwas Besonderem?

»Auf dem Hof geschehen viele schlimme Dinge. Aber es ist wie bei einem Spiel: Wenn du dich an die Regeln hältst, dann passiert dir nichts. Du darfst nie nach deinem eigenen Kopf handeln, verstehst du? Gehorche, sag wenig. Mach deine Arbeit. Und alles ist gut.«

»Anja hat auch nur ihre Arbeit getan. Sie war sogar tüchtiger als ich.« Das hatte die Bauersfrau immer gesagt. »Trotzdem ist ihr etwas zugestoßen, stimmt's? Etwas Schlimmes.«

Plötzlich konnte sie sich des Eindrucks nicht erwehren, dass Bastian viel mehr wusste, als er sagte.

»Tu, was ich dir geraten habe, Edna.« Als ein Knecht näher kam, wurde Bastian sofort leiser. »Hör nicht auf Jacob. Er bringt sich in Schwierigkeiten, und viele hier mögen ihn nicht. Wir wollen nicht für jemanden büßen müssen, der nicht weiß, wo sein Platz ist.«

Nach diesen Worten verschwand er im Heuschober. Von da an sprach Edna mit niemandem mehr über Anja. Nicht einmal mit Jacob.

Doch ein paar Wochen später kehrte die Erinnerung an sie zurück. Zunächst waren da nur einige Stimmen, die ihren Namen flüsterten, wie ein unheilvoller Wind, der alle Neuigkeiten auf dem Hof verbreitete. So unterschwellig, dass man nie ausmachen konnte, was Wahrheit, was ein Produkt der eigenen Phantasie oder nur aufgebauschtes Gerede war.

Abends saßen die Kinder im Kreis auf dem schartigen Holzboden des großen Schlafraums zwischen dem Haus des Großbauern und den Viehställen, in dem ihre Matratzen lagen.

Ein Junge mit einem langen, schmalen Gesicht, das aussah, als hätte man es in einer Presse zusammengequetscht, sprach ganz leise. Was er sagte, ließ Edna erschauern. Sie hatte die ganze Zeit ihren Splitter vom heiligen Christophorus umklammert gehalten. »Die werden sie im Kornspeicher finden.«

»Und woher willst du das wissen?«, fragte Jacob ausdruckslos.

»Ich habe Schreie von dort gehört. Und ich weiß, dass Anja an der Spinnmaschine für Rosshaar gearbeitet hat, die der Großbauer dort aufgestellt hat.«

Ein anderes Kind meinte, Anja sei vielleicht weggelaufen. Vermutlich nachts. Vielleicht habe sie ja versucht, den Teich zu durchqueren, damit die Jagdhunde ihrer Spur nicht folgen konnten, und sei dabei ertrunken. Das Wasser dort war tief und der Grund schlammig. Die Algen konnten sie nach unten gezogen haben.

Oder sie habe es geschafft und sei jetzt in Sicherheit.

Weglaufen sei eine ganz dumme Idee, erklärte ein weiteres Kind. Irgendwie würden sie einen immer erwischen. Und dann nehme es ein schlimmes Ende.

Jacob und Edna warfen sich Blicke zu. Sie saßen nicht nebeneinander, aber sie hatten dieselben Gedanken.

Edna fragte sich, ob Anja vor etwas davongelaufen war. So wie sie versucht hatte, den Sensen und den obszönen Sprüchen der Knechte zu entfliehen. Was wäre wohl in jener Nacht geschehen, wenn der Großbauer nicht dazugekommen wäre? Eigentlich seltsam, dass sie dem Struwwelpeter nun fast dankbar sein musste. Und dann war da noch Bastian, der alles aus einer Ecke schweigend verfolgte. Wer waren die Guten, wer die Bösen? Vielleicht steckte ein bisschen Gutes und ein bisschen Böses in jedem von ihnen. Alle hier versuchten nur zu überleben, und wenn Leben das einzige Ziel war, das man hatte, wie weit würde man dafür gehen? Wie weit würden Jacob und sie dafür gehen?

Die ganze Nacht über starrte Edna an die Decke und dachte an Anja. Sie war vor etwas davongelaufen, was ihr Angst gemacht hatte, was sie zu rennen zwang, bis ihre Haut in Flammen stand und das Herz in schweren Schlägen raste. Bis ihre Füße von Splittern aufgerissen waren. Dann das Gefühl zu fliegen, plötzlich schwerelos zu sein. Edna sah vor sich, wie Anjas Körper mit einem dumpfen Aufprall in das Becken mit dem Korn fiel, hinein in die vielen Hundert winzigen Samen, von denen jeder Einzelne fast nichts wog, aber alle zusammen Tonnen, eine Presse, die einem die Lungen zerquetschte. Und je mehr man sich bewegte, um zum Atmen wieder an die Oberfläche zu kommen, desto tiefer versank man in den Körnern. Während sie auf den Grund gezogen wurde, das Meer aus Getreide sich über ihr schloss und ihr Luft und Leben nahm, hatte Anja vielleicht wirklich an das Meer gedacht, das noch keiner von ihnen gesehen hatte. Von dem sie sich doch immer ausgemalt hatten, wie tief es sein müsste und welche Ungeheuer dort drunten lauerten.

Von dem Meer und den Träumen blieben auf dem Hof nur die Ungeheuer, die einen an den Knöcheln packten, nach unten zerrten und dort für immer gefangen hielten.

Am nächsten Morgen erwachte Edna früh, während die anderen noch schliefen, in diesem großen Raum, der so kahl war, dass einem bange werden konnte. Draußen regnete es. Als sie durch die beschlagene Scheibe sah, entdeckte sie die Männer. Mit harten Gesichtern kamen sie aus dem Kornspeicher, die Mundwinkel so weit nach unten gezogen, dass ihre Lippen Hufeisen glichen. Sie waren zu viert und zerrten etwas hinter sich her, einen Sack, der sehr schwer zu sein schien.

Der Großbauer erwähnte die Sache mit keinem Wort, und auch Edna erzählte niemandem, was sie gesehen hatte. Aber an jenem Tag rührte keines der Kinder die Getreidesuppe an. Es mochte an ihren Albträumen oder an den Worten des Jungen mit dem gequetschten Gesicht gelegen haben, auf jeden Fall presste Edna die Hand vor den Mund und rannte hinaus, während sich ihr der Magen umdrehte.

Vor dem Einschlafen kam Jacob zu ihr. Draußen zerrte ein eisiger Wind an den Bäumen und pfiff durch die Äste.

Nachdem sie eine Zeitlang schweigend den Mond betrachtet hatten, sagte Jacob zu ihr: »Wir müssen weglaufen, Edna.«

»Es ist wegen Anja, oder? Du glaubst auch, dass sie tot ist …«

»Das weiß keiner, nicht einmal ich. Aber du hast die Männer gesehen, und ich habe die Schreie gehört.«

Edna erinnerte sich an die Worte des anderen Kindes. »Weglaufen ist gefährlich. Und außerdem …« Sie dachte an Padre Gianni und an ihren Vater, der ihr am Tag ihres Aufbruchs den Rucksack umgehängt hatte, »haben wir einen Vertrag. Sie lassen uns gehen, sobald die Mahd vorbei ist …«

Jacob drehte sich zu ihr um und sah ihr direkt in die Augen. »Niemand wird uns abholen. Wann kapierst du das endlich, Zimperliese?«

Edna kam sich auf einmal schrecklich dumm vor. Sie hatte

die Wahrheit die ganze Zeit vor Augen gehabt, aber sie hatte sich geweigert, sie zu sehen. Diese Wahrheit lag in der Scham verborgen, mit der ihr Vater kurz vor ihrem Aufbruch die Augen gesenkt hatte, in der Armut ihres Elternhauses, in dem Geld, das er hastig ganz unten in der Hosentasche versteckt hatte, in der stummen Verzweiflung ihrer Mutter, die an jenem Abend nicht wegen Martin geweint hatte, wie sie gedacht hatte, sondern ihretwegen.

»Wir gehen gemeinsam?«

»Das verspreche ich dir. Ich bringe dich von hier fort.«

Edna nickte. »Wir werden immer zusammenbleiben.«

Jacob hatte nicht darauf geantwortet. Aber er blieb neben ihr liegen. In jener Nacht schliefen sie dort im Heu unter dem wissenden Schein eines Mondes ein, der sie immer an die Nacht der Mahd erinnern würde.

Und sie wussten, wo sie auch sein mochten, wie viele Jahre auch vergingen und in welchem Winkel der Erde sie sich aufhielten, der Vollmond würde sie auf ewig in dieser Erinnerung und in ihrem Versprechen vereinen.

Edna, Jacob und Emil.

Sie würden überleben.

Und was auch immer passierte, sie würden sich niemals trennen.

25

Der Fiat Balilla

Edna öffnete langsam ihren Rucksack. Sie suchte das Foto von Jacob heraus und hielt es unauffällig vor sich hin. »Schau, wohin ich dich gebracht habe, Jacob«, flüsterte sie.

»Alles gut da hinten?«, fragte Fer und suchte ihren Blick im Rückspiegel.

Edna nickte und schloss schnell den Rucksack. Sie hatte sich in den Fond gesetzt, damit sie die Transportkiste neben sich halten konnte, um sicherzugehen, dass Emil die Autofahrt gut überstand.

»Ein wunderschöner Wagen!«, rief Edna begeistert.

»Da stimme ich Ihnen voll und ganz zu«, pflichtete Fer bei und blickte erneut in den Rückspiegel, weil er rechts abbiegen wollte. »Und ich stelle fest, dass ich soeben meinen persönlichen Alpenrekord eingestellt habe. Meine Probestrecke endet genau dort hinten.«

»Und, wie fühlen Sie sich?«

»Ich hoffe, dass uns diese alte Lady noch bis nach Landeck bringt und wir nicht zu Fuß gehen müssen«, erklärte er lachend.

»Wie heißt das Modell?«

»Das ist ein Fiat 508 Balilla. Ein Viertürer Baujahr 1937. Seinerzeit der letzte Schrei.«

»Vor langer Zeit habe ich schon mal so einen gesehen. Er hatte auch in etwa diese Farbe. Vielleicht waren die Kotflügel bordeauxrot«, sagte Edna leise und versuchte, sich zu erinnern, während vor dem Seitenfenster die Straße und der

Wald zu graugrünen, vom Regen verwaschenen Flecken verschwammen. »Der Wagen stand unter einem Laubendach auf dem Hof, wo ich gearbeitet habe. Er gehörte dem Bauern und war sein größter Stolz. Ein Freund von mir hat ihn sehr bewundert.« Sie lächelte leise, während sie hin und her gerissen war zwischen Wehmut und dem Bedürfnis, sich jedes Detail in Erinnerung zu rufen. »Er liebte Motoren ganz allgemein«, erklärte sie. »Und Flugzeuge. Die Vorstellung, fliegen zu können, hat ihn immer fasziniert. Karl Emil Schäfer …«

»So hieß Ihr Freund?«

»O nein. Karl Emil Schäfer war ein Fliegeridol aus dem Ersten Weltkrieg. Dreißig siegreiche Luftgefechte mit seinem Jagdbomber. Als wir beide Kinder waren, kannte ihn jeder. Nach ihm hat mein Freund seinen Papagei benannt.«

»Ich dachte, Emil gehört Ihnen …«

»Mehr oder weniger …«

»In meiner Heimat leben diese Vögel wild im Wald«, wechselte Fer geschickt das Thema. Er war sensibel genug, um nicht in Wunden zu bohren, die für den anderen zu schmerzhaft waren. Seine Stimme drang weich zu ihr und beruhigte sie wie die Kurven, die er so langsam nahm, dass sie nur sanft hin und her gewiegt wurden. »Sie bilden große Schwärme von mehreren Dutzend Papageien, alle so bunt wie Ihrer. Es ist ein prachtvoller Anblick, sie am Himmel über den Baumwipfeln zu sehen. Direkt nach der Regenzeit fliegen sie kilometerweit zu einem Gebiet mit hohen Sandsteinfelsen, um sich mit dem Lehm von Giftstoffen zu reinigen. Außerdem begegnen sich dort die Jungtiere verschiedener Schwärme und bilden neue Paare. Wissen Sie eigentlich, dass Papageie die treuesten Tiere überhaupt sind und absolut monogam leben? Sie finden ihren Partner unter Tausenden anderen und verlassen ihn nie mehr. Ein ganzes Leben lang.«

Ohne einander zu verraten. Irgendwo in Ednas Gewissen regte sich etwas, während ihr Blick sich an der Straße festsog.

»Für uns Menschen ist das schwieriger, glauben Sie nicht auch?«, fragte Fer und drehte das Lenkrad mit kräftigen Armbewegungen.

»Was meinen Sie? Einander treu zu bleiben?«

Er wiegte den Kopf hin und her. »Nein, eher das mit ›einen Gefährten fürs Leben finden‹. Ich denke, wenn Menschen einander betrügen, dann nur, weil sie nicht ihre passende Hälfte gefunden haben. Wieso sollten sie es sonst tun?«

»Vielleicht, weil wir erst verstehen müssen, wer wir selbst sind, ehe wir begreifen können, was zu uns gehört. Und das ist nicht leicht.« Sie dachte an den Schuppen und die Nacht der Mahd zurück. Wie Fer war sie ein Mischling. Viele Jahre lang hatte sie nicht begriffen, dass sie sich gar nicht entscheiden musste, wohin sie gehörte. Sie war die Summe vieler Einzelteile.

Fer nickte.

»Ich kannte mal ein Mädchen in meinem Dorf. Sie hat sehr viel für mich getan«, erzählte er ernst und ruhig. »Wissen Sie, als junger Kerl war ich ein echter Schwerenöter«, sagte er. »Das Leben war nicht leicht. Vor allem, wenn man einer kleinen Minderheit angehört, die schon immer verfolgt wurde, und man das Unrecht darin sah. Nach dem Tod meiner Mutter bin ich Soldat geworden. Ich habe Dinge getan, die ich zwar nicht bereue, aber die mich von allem entfremdet haben, was ich vorher hatte. Ich reagiere allergisch auf arrogante Menschen, vor allem auf solche, die glauben, Geld und Macht genügten, um einen zum Mann zu machen, wenn Sie verstehen, was ich meine. Wie auch immer«, sagte er und klopfte aufs Lenkrad, »jetzt bin ich hier. Sie können mich ja für verrückt halten, aber ich denke noch heute an dieses Mädchen. Ich frage mich, ob es ihr gutgeht. Und ich würde zu gern wissen, wie ihr weiteres Leben verlaufen ist.«

Inzwischen hatten die Wagen die Lichter eingeschaltet, die nun den Nebel gelb färbten.

»Jacob und ich haben uns aus den Augen verloren, als wir Kinder waren. Ich habe mich mein ganzes Leben lang gefragt, was wohl aus ihm geworden ist und wo er lebt. Aber ich hatte zu viel Angst, um ernsthaft nach ihm zu suchen.«

»Also nie ein Anruf ... oder eine Geburtstagskarte ...«

»Ich kannte nicht einmal seinen Nachnamen. Dann hat mir eines Tages eine Freundin eine Zeitschrift mitgebracht. Wie jeden Donnerstag. Und darin«, sagte sie und holte tief Luft, »habe ich sein Foto gefunden. Und jetzt sind Emil und ich unterwegs zu ihm.«

»Was hat er gesagt, als er nach so langer Zeit von Ihnen hörte?«, fragte Fer.

»Er weiß noch nicht einmal, dass ich ihn besuchen komme«, erklärte Edna. »Und ich habe keine Ahnung, ob er in der Lage sein wird, mich zu erkennen. Oder mit mir zu sprechen. Aber eins sage ich Ihnen, Fer: Wir hätten nicht so viel Zeit verlieren sollen.«

»Das muss ein schönes Gefühl sein«, murmelte er. Er schien zu seinem eigenen Spiegelbild zu sprechen. »Wirklich ein schönes Gefühl.«

»Sind Sie sicher, dass man Sie erwartet? Es wird bald dunkel. Wenn Sie möchten, kann ich Sie auch noch ein Stück weiterfahren.«

»Landeck ist perfekt«, sagte Edna und holte die Karte aus ihrem Rucksack. »Emil und ich verdanken Ihnen viel.«

»Auch ich danke Ihnen«, sagte Fer auf seine freundliche Art, die perfekt zum altmodisch tuckernden Motor passte.

Edna suchte im Rückspiegel sein lächelndes Gesicht. Ihr Blick fiel auf die Nandukralle, die ihr nun keine Angst mehr einjagte. Beruhigt lehnte sie sich zurück und genoss die Fahrt auf der kurvenreichen Strecke und den Anblick von Dächern neuer Häuser, die sich zwischen den Wäldern und den Felsen versteckten.

Während sie sich fragte, wie hoch die Berge hier waren (war der Arlbergpass über 1800 Meter hoch?) und wo der Fluss wohl verlief (wie intensiv das Grün der Wiesen doch war und wie silbern das Licht des Perlmuttmondes), vergaß sie zum ersten Mal ihre Karte, die zusammengefaltet neben ihr lag.

26

Der Heuschober

Edna hatte gelogen. Als Fer sie fragte, ob sie irgendwo übernachten könne, hatte sie geantwortet: »Natürlich. Bei meiner Tochter.« Und sie hatte so überzeugend geklungen, dass sogar Emil den Schnabel hielt.

Jetzt stand sie am Straßenrand. In ihren Ohren rauschte der Fluss, und sie fragte sich, warum dieses ganze Wasser von oben herabkam. Hatte man in der Hölle vergessen, den Wasserhahn abzudrehen?

Sie war irgendwo in der Nähe von Landeck, immerhin das wusste sie. Auf jeder Anhöhe hier stand eine Burg, was darauf hinwies, dass es dort auch einen Ort gab. Jetzt brauchte sie nur noch einen geschützten Platz für die Nacht. Edna ging über die Holzbrücke, ließ den Inn hinter sich und lief auf die Häuser des Dorfes zu.

Sollte sie irgendwo anklopfen, ihre Geschichte erzählen und um ein Zimmer für die Nacht bitten? Oder lieber warten, dass sich etwas ergab? Wie viele Rolands existierten wohl auf dieser Welt, die einen in ihrem Wohnwagen vor einer Nacht draußen im Regen bewahrten? Wahrscheinlich nur einer.

Edna beschloss, allein klarzukommen, obwohl ihre Kräfte allmählich schwanden. Sie erinnerte sich daran, was Jacob beim Planen ihrer Flucht gesagt hatte, als sie ihn gefragt hatte, wie sie etwas zu essen finden sollten oder einen Unterschlupf. Er hatte nur mit den Schultern gezuckt und gemeint: »Wir werden es schon irgendwie schaffen.« Aber dann kam plötzlich das Fieber, das sie ans Bett gefesselt und so alle Pläne zunichtegemacht hatte.

Edna suchte sich den abgelegensten Hof aus und nahm einen riesigen Kirschbaum als Anhaltspunkt. Der Hof lag im Dunkeln, die Fensterläden waren geschlossen. Sie ging um das Haus herum und entdeckte auf der Rückseite ein Vordach, das ihr Schutz bieten würde. Sie hatte wirklich Glück, dachte sie, so viel wie schon lange nicht mehr. Darunter lagerten Holz und ein paar Heuballen, aber der Platz sollte für sie und Emil ausreichen.

Direkt daneben befand sich ein kleiner, eingezäunter Gemüsegarten, aus dem es nach Schnittlauch und Tagetes roch. Der strenge Duft der Pflanzen half, Schädlinge fernzuhalten. »Wie in meinem Garten«, dachte sie seufzend, aber ohne die unerschöpfliche Vielzahl an Gerüchen, Blumen und Formen.

Edna legte das Regencape ab. Sie wollte es oben auf den Heuballen werfen, aber in der Dunkelheit war es nicht so leicht, die Höhe abzuschätzen. Dreimal warf sie daneben. Beim vierten Versuch rutschte ihr die Brille von der Nase. Sie hörte kein Glas zerbrechen, also musste sie auf weichen Boden gefallen sein. Sie bückte sich und tastete die Erde ab. Ein zweites Mal. Und noch einmal, nun einen größeren Kreis.

»Guten Morgen!« Emils Stimme schien sie zu verspotten.

»Guten Morgen, Emil. Wenn ich meine Brille nicht wiederfinde, haben wir ein echtes Problem.«

Aber die Brille blieb verschwunden.

Emil dagegen plapperte weiter und klang dabei so fröhlich wie sie, wenn sie donnerstags die Tür für Adele öffnete, die ihr den *Stern* brachte.

Schließlich gab sie auf. Sie atmete einmal tief durch, als könne sie zusammen mit der verbrauchten Luft die Müdigkeit und die düsteren Gedanken loswerden. Dann würde sie eben morgen früh nach der Brille suchen. Bei Licht wäre das sicher einfacher. (Und nicht vergessen, für Emil Löwenzahnblätter zu sammeln.)

Edna stützte die Hände auf den Heuballen und zog sich daran hoch. Die spitzen Halme stachen in ihre Handflächen. Aber schließlich war sie oben und so stolz und glücklich wie nach einer Gipfelbesteigung. Sie klemmte das Cape unter einen der Balken, die das Vordach trugen, um sich vor dem Regen zu schützen, der seitlich hereinwehte, und streckte sich trotz der Sorge um die Brille glücklich aus. Sie war zu müde, um sich noch länger den Kopf zu zerbrechen. Morgen. Morgen, wenn es hell wurde, würde sich schon eine Lösung finden.

Edna legte sich auf den Rücken und wartete darauf, dass sich ihr Körper entspannte, wie damals als Kind, wenn sie die Knie anzog und unter einem Dach aus Heu den Himmel betrachtete.

Sie erinnerte sich, dass das geschnittene Gras anfangs etwas modrig roch. Aber nach einer Weile hatte man sich daran gewöhnt. Es war genauso wie mit kaltem Wasser. Wenn man die Hände lange darin ließ, kam es einem lauwarm vor. So war es doch immer, dachte die Edna von heute. Am Ende gewöhnt man sich an alles. Und wenn man musste, gewann man es sogar lieb.

Emil schlief mit geschlossenen Augen in seinem Kasten, einen Krallenfuß unter den Bauch gezogen. Der rauschende Regen vor ihrem Unterschlupf klang wie ein Wiegenlied, das Edna zunächst wach hielt, dann aber alle Gedanken mit sich forttrug.

Vielleicht hätte sie zum Einschlafen ja eine Zauberfeder gebraucht. Und ein bisschen Glück, um es bis ans Ziel zu schaffen. Wie viel sie wohl davon zur Verfügung hatte?

27

Der Anruf

Sie konnte nicht sagen, was sie geweckt hatte: der feuchte, beinahe zärtliche Atem auf ihrem Gesicht oder Emils wildes Krächzen. Als sie die Augen aufschlug, hatte sie die Schnauze eines großen Hundes direkt vor dem Gesicht, während Emil in seinem Käfig tobte wie ein losgelassener Teufel.

Edna verfügte über genügend Erfahrung mit Hunden, um Respekt vor ihnen zu haben. Das galt besonders, wenn man auf ein Privatgrundstück eingedrungen war und es sich bei dem »Hündchen« um einen ausgewachsenen Maremmano mit kindskopfgroßen Pfoten handelte.

Sie rührte sich nicht, atmete möglichst unauffällig und versuchte, keine Furcht zu zeigen, obwohl ihre Hände zitterten. Nach einigen Minuten winselte der Hund leise und wedelte mit dem Schwanz. Nun wirkte er nicht mehr bedrohlich, sondern eher neugierig. Er trottete weiter zur Transportkiste, um etwas zu beschnuppern, was interessanter war und sich mehr bewegte: Emil.

Edna schleuderte den Rucksack nach dem Hund, um ihn abzulenken. Dann nestelte sie in ihren Taschen nach einem Keks, der Emils Aufmerksamkeit entgangen war. Der Papagei pfiff inzwischen schrill wie eine Sirene.

Plötzlich wurde sie von einem grellen gelben Licht geblendet. Sie hielt den Atem an.

»Das ist Privatgelände. Was machen Sie hier?«, donnerte eine herrische Stimme. »Soll ich die Polizei rufen?«

»Ich werde Ihnen alles erklären. Aber bitte keine Polizei.«

Der Mann ließ die Taschenlampe sinken.

»Wer sind Sie?«

Er selbst war alt, hatte einen verfilzten Bart, und seine Augen quollen hervor wie bei einem Fisch, den man aus dem Wasser gezogen hatte. Er schien überraschter zu sein als sie.

Edna stammelte etwas Unverständliches. Ihr Mund war noch trocken vom Schlaf, und ihr Rücken schmerzte derart höllisch, dass sie sich schwor, nie wieder in ihrem Leben auf einem Heuballen zu schlafen. Doch nun konzentrierte sie sich ganz darauf, das Notwendigste in möglichst wenigen Worten zu erzählen. Geradlinigkeit war jetzt die beste Tugend, um sich aus der Affäre zu ziehen.

»Und Sie wollen wirklich nach Ravensburg? Zu Fuß?«

»Nicht die ganze Strecke. Es ist kompliziert.«

»Haben Sie einen Ausweis bei sich?«

»Ich habe mein Portemonnaie verloren. Oder es wurde mir gestohlen. Ich weiß es nicht ...« Edna spürte, dass das Gespräch keine gute Wendung nahm.

»Also haben Sie auch kein Geld bei sich? Oder eine Kreditkarte ...«

Edna schüttelte den Kopf.

»Kleidung ... Einen Koffer?«, fragte der Mann weiter und sah an ihrer Lederjacke herunter.

»Alles, was hier drinnen ist«, antwortete Edna und deutete auf den Rucksack. »Und ich habe diese Jacke. Die hat mir Roland geschenkt.« Aber dieser Mann mit den Fischaugen konnte nicht wissen, wer Roland war. Und sie musste aufpassen, dass sie die passenden Worte wählte und alles in der richtigen Reihenfolge erzählte. »Ein Motorradfahrer«, erklärte sie deshalb. »Er hat mich mitgenommen, weil es regnete und ich den Bus verpasst hatte. Und ich durfte in seinem Wohnwagen übernachten.«

Jetzt musste dieser Mann doch verstehen, wie mutig sie gewesen war und dass sie nicht völlig vergreist sein konnte, wenn sie es immerhin noch schaffte, auf ein Motorrad zu steigen. Doch der sah sie in einer Mischung aus Erstaunen und Mitleid an.

»Tun Ihnen die Augen weh? So, wie Sie die Lider zusammenkneifen ...«

»Mir ist die Brille runtergefallen, aber die suche ich morgen früh.«

Der Mann seufzte. »Gute Frau«, sagte er, und seine Stimme hatte einen sanften Ton angenommen, der Edna überhaupt nicht gefiel. »Ich muss die Polizei rufen. Das verstehen Sie doch. Sie könnten sich verlaufen haben. Außerdem wirken Sie verwirrt. Sehen Sie, Sie sind klatschnass, haben keinen Ausweis dabei und wissen nicht, wo Sie heute Nacht schlafen sollen. Schauen Sie sich doch einmal um, finden Sie etwa, das ist das ideale Wetter für einen Ausflug?«

»Emil und mir geht es ausgezeichnet. Und das hier ist kein Ausflug«, sagte sie und bemühte sich, ruhig zu bleiben. »Wir sind auf einer Reise.«

»Wer ist dieser Emil?«

»Mein Papagei. Er ist dort im Käfig.«

»In der Hundebox? Gehört er Ihnen?«

»Das ist eine lange Geschichte. Sie würden sich nur langweilen, glauben Sie mir. Sagen wir mal, er ist in meinem Besitz, seit ich ein kleines Mädchen war, und ...«

»Aha, seit Sie ein kleines Mädchen waren. Also haben Sie in dieser Transportbox einen Papagei, der, über den Daumen gepeilt, über siebzig Jahre alt ist. Und Sie sind nach Ravensburg zu einem Freund unterwegs, der nichts davon weiß. Sie haben weder Papiere noch Geld bei sich. Ein Motorradfahrer hat Sie mitgenommen. Sie haben in einem Wohnwagen übernachtet und hier unter dem Vordach Schutz gesucht, weil Sie zu erschöpft waren, um bei diesem Regen weiterzulaufen, Frau ...«

»Weiss.«

»Frau Weiss, ich sage das nur zu Ihrem Besten: Sicher vermisst Sie schon jemand. Jetzt kommen Sie mal zu mir herein, wir trinken eine schöne Tasse heiße Milch und bringen alles in Ordnung.«

Edna saß auf einem Stuhl in der Küche und sah Jeremias – so hatte der Mann sich beim Hineingehen vorgestellt – dabei zu, wie er Milch in einer Kasserolle erwärmte. Sie beneidete Emil, der wieder eingeschlafen war, seit der Maremmano in einem anderen Zimmer weggesperrt worden war. Was hätte Edna dafür gegeben, die Augen schließen zu können und so zu tun, als wäre das alles bloß ein schlimmer Traum.

»Der Hund gehörte meiner Frau.«

Edna blickte auf, doch Jeremias hatte ihr den Rücken zugewandt, so konnte sie nicht sehen, was in seinem Gesicht vorging.

»Sie hat ihn mir vererbt.«

Edna antwortet gepresst: »Das tut mir leid.«

»Meine Frau hat immer gesagt, dass sie die kalten Winter hier nicht erträgt und dass sie ans Meer ziehen möchte. Jetzt lebt sie in Spanien und betreibt zusammen mit ihrem neuen Lebensgefährten ein Restaurant. Ab und zu ruft sie mich an und erkundigt sich nach dem Hund«, erzählte er und ließ durchklingen, dass es ihr anscheinend recht gutging, seit sie weder an ihn noch an den Winter einen Gedanken verschwenden musste.

»Es ist ein sehr schöner Hund«, sagte Edna. Es war das Erste, was ihr in den Kopf kam.

Jeremias öffnete und schloss Schränke auf der Suche nach irgendetwas. »Ich hab mich immer noch nicht so ganz daran gewöhnt, dass sie weg ist.«

»Haben Sie einander denn nie wiedergesehen?« Edna fragte sich, was wohl mehr schmerzte, wenn man einen geliebten Menschen verlor: Wenn man wusste, dass er noch lebte, aber an einem anderen Ort, oder wenn er noch bei einem war, aber man ihn nie mehr sehen würde, weil der dunkle Abgrund des Todes ihn verschluckt hatte?

»Ist Ihnen das mal aufgefallen? Je mehr wir an etwas hängen, desto mehr entzieht es sich uns.« Jeremias rührte die Milch im Topf noch einmal mit einem Löffel um und goss sie dann in die Tassen. Ihre Blicke begegneten sich kurz, und Edna entdeckte in seinen Augen eine Würde, die ihr vertraut war. Sie entstand aus einem Schmerz, der so lange und so heftig unterdrückt wurde, dass man ihn nur erahnen konnte, wenn man den Dingen auf den Grund sah.

»Aber ich habe genug zu tun. In diesem Haus herrscht ein ständiges Kommen und Gehen. Meine Kinder, Freunde.« Der Mann lächelte. »Es gibt die Familie, in die man hineingeboren wurde. Und dann die, die wir uns ausgesucht haben. Ich weiß nicht, ob Sie mich verstehen. Welche Art Familie haben Sie?«

Edna dachte an die Familie, in die sie hineingeboren worden war. An ihren Vater. Und danach sah sie sich in genau diesem Augenblick: der schlafende Emil, daneben ihre Sachen in einem Rucksack. Was hier war für sie so wichtig, dass sie es als Teil ihrer Familie betrachtete? Ein Zeitungsartikel, ein Holzsplitter. Und ein altes Foto.

»Die, die ich mir ausgesucht habe«, sagte sie und überlegte, ob das wohl bedeutete, dass man nicht zueinanderpassende Teilchen zu einem holprigen Mosaik zusammensetzte, Teile, die sich nicht von Natur aus ineinanderfügten, sondern erst, nachdem sie aus einstmals vollkommenen Mosaiken herausgebrochen waren. Wer hätte sie noch gewollt? Wer war so verrückt zu glauben, man könnte sie zusammensetzen, obwohl sie so verschieden waren? Ihr jedenfalls vermittelte diese wilde Mixtur aus einem Federknäuel, Erinnerungen und einem irrwitzigen Vorhaben das wärmende Gefühl von einem Zuhause.

Jeremias lächelte sie wissend an, als hätten sie etwas gemeinsam. Vielleicht hatte sie es ja geschafft, dachte Edna hoffnungsvoll, und ihr wurde auf einmal ganz warm ums Herz. Es gab immer einen Schlüssel, der Türen öffnete. Jeremias würde erkennen, dass er sie gehen lassen konnte, ohne befürchten zu müssen, dass sie sich verirrte oder im nächsten Straßengraben landete.

»Sie werden sehen, morgen früh ist die Welt wieder in Ordnung«, sagte er zu ihr und hatte wieder dieses sanfte Lächeln. »Dann haben Sie Ihre Familie wieder um sich, und diese Nacht wird nur noch eine schlimme Erinnerung sein. Ich habe einen Freund bei der Polizei. Er ist ein sehr netter Kerl.«

Edna sank auf dem Stuhl in sich zusammen. Jeremias war ein guter Mensch. Aber so stur, das ging auf keine Kuhhaut. Sie erwog alle Möglichkeiten, die ihr geblieben waren. Das Ergebnis war deprimierend.

Sie wollte unbedingt ihr Versprechen einhalten. Sie wollte zu Jacob, um ihm zu erklären, was an jenem Morgen, an dem sie getrennt worden waren, passiert war. Wollte ihm sagen, dass es anders gewesen war, als er glaubte. Man konnte die Vergangenheit in Ordnung bringen, wenn man nur wollte und den richtigen Kitt dafür hatte. Dass sie Jacob gefunden hatte, war ein Wunder. Jetzt musste sie nur noch dem leuchtenden Schweif eines Kometen folgen.

Und nun entschied jemand, dass alles zu Ende sein sollte.

Jeremias lächelte sie an. Er hatte das Gesicht eines guten

Menschen. So hätte sie sich einen Struwwelpeter nie vorgestellt.

Edna ging noch einmal ihre Freunde durch und musste erneut an Jacob denken. War er allein oder hatte er jemanden an seiner Seite? In ihrem Alter konnte man oft nicht mehr einfach zum Telefon greifen, um mit denen Kontakt aufzunehmen, die man geliebt hatte. Stattdessen musste man die Augen schließen und in sich hineinsehen.

Was, wenn Jacob gar keine Familie oder gute Freunde hatte, sondern nur noch Emil und sie? Mit Sicherheit waren sie die einzigen Mosaiksteine, die aus seiner Vergangenheit noch übrig waren.

Was konnte sie tun? Wem sollte sie vertrauen?

Plötzlich stand die Antwort leuchtend vor ihren Augen wie jener geschweifte Stern in einer Januarnacht.

»Bevor Sie diesen Freund anrufen, Jeremias, muss ich selbst noch mit jemandem sprechen. Diese Person kann Ihnen alles bestätigen.«

Der Mann goss ihr noch einmal Milch ein, sie glaubte schon, er habe sie nicht gehört, und legte Kekse neben die Tasse.

»Seien Sie ganz beruhigt, Edna. Sie müssen nichts tun, nur auf morgen warten, sich aufwärmen und etwas essen. Ich habe sehr gute Marmelade. Oder möchten Sie lieber Honig? Das hier sind übrigens Butterkekse.«

Die Zauberfedern

»Hast du schon mal überlegt, dass Anja vielleicht umgebracht wurde, weil sie versucht hat, von hier wegzulaufen?«, hatte Edna Jacob eines Tages zugeflüstert. Warten hatte sie nie gemocht. Und trotzdem musste sie sich jetzt an den alltäglichen Rhythmus des Hofs anpassen und darauf warten, dass jemand kam und sie von dort wegbrachte. Seit Jacob sich in den Kopf gesetzt hatte, dass sie weglaufen sollten, war sie innerlich zerrissen. Sie wollte es ja auch, aber sie merkte, dass sie vor Angst wie gelähmt war.

»Oder Anja ist tot, weil sie zu lange hiergeblieben ist. Deshalb müssen wir von hier weg. Der Plan ist richtig gut, und wenn du endlich mit Jammern aufhören und auf mich hören würdest, würdest du uns beiden damit helfen«, sagte Jacob und blickte sie durchdringend an.

Seine Entschlossenheit ließ keine Gegenwehr zu. Schicksalsergeben hatte Edna geseufzt und den Kopf geschüttelt, aber Jacobs Kraft machte ihr Mut. Also steckten sie wieder kleine Holzstücke und Steinchen in den Boden, mit denen sie jede Phase ihres Plans markierten. Jacob hatte höchste Konzentration von ihr eingefordert, und sie wusste, dass sie ihn mit Gewissenhaftigkeit am besten unterstützen konnte.

Wenn Gäste auf den Hof kamen, fiel Edna die Aufgabe zu, bei den Wagen zu warten, die Pferde mit frischem Wasser zu versorgen und die Bremsen zu vertreiben, damit die Tiere nicht durch Stiche unruhig und aggressiv wurden. Jacob zog sie damit auf, und sie musste ihm recht geben: Diese Arbeit war wirklich stumpfsinnig. Doch an jenem Tag sollte sie ihnen beiden nützen.

Ednas Hände waren schweißnass, wie jedes Mal, wenn etwas Entscheidendes bevorstand und sie sich nicht bereit dafür fühlte (der gefüllte Rucksack war hinter den Johannisbeersträuchern versteckt, sie trug die schweren Schuhe und zwei Unterhemden unter dem dicken Pullover).

Ab und zu sah sie sich suchend um, in der Hoffnung, Jacobs Gesicht oder seine Hand hinter den Büschen auszumachen, die ihr das verabredete Zeichen zum Aufbruch gab. Er sollte Emil holen, ihn im Rucksack verstecken und das Tor öffnen. Sie musste nur die Bremsen verjagen. Und warten.

Als sich endlich etwas in den Büschen bewegte – und es war nicht der Wind, denn es regte sich kein Lufthauch, und sie stand kurz davor, in der schwülen Hitze ohnmächtig zu werden –, explodierte ihr beinahe das Herz in der Brust. Es schlug so schnell, dass es ihr die Kehle zuschnürte.

Jacob stand auf der anderen Seite der staubigen Straße. Er trug einen großen Rucksack auf dem Rücken, in dem etwas zappelte, was Edna nur allzu vertraut war. Sie glaubte sogar, einen Schnabel zu erkennen.

Edna nahm die Zügel des Pferdes, das gehorsam lostrottete und den Wagen hinter sich herzog. Ihr Plan war ganz einfach: Mit einem Pferd kamen sie viel schneller voran, und wenn man ihre Flucht entdeckte, wären Jacob und sie schon weit fort. Selbst wenn sich Edna mit solch einem Riesengaul keineswegs unsichtbar vorkam.

Ein Schritt vorwärts. Noch einer. Jacob und das Tor kamen näher. Jetzt musste er nur noch auf den Wagen springen und das Pferd zur Eile antreiben. Ein Schritt vorwärts. Noch einer.

Sie hatte die Schnürsenkel doppelt geknotet, damit sie nicht aufgingen, wenn sie losrennen mussten, falls etwas schiefging.

Ein stechender Schmerz durchfuhr sie, und ihr wurde schwarz vor Augen. Die Schnitte aus der Nacht der Mahd waren noch nicht verheilt. Die Sense hatte ihr ein Stück ihres rechten Ohrläppchens abgetrennt und eine hässliche Narbe am Hals hinterlassen, die Wunden an den Füßen hatten geeitert, weil sie immer darauf laufen musste. Dazu hatte sie beim Wasserlassen immer so ein Brennen im Unterleib, aber das hatte sie niemandem erzählt, nicht einmal Jacob.

Edna konzentrierte sich auf die Straße, während ihr Herz dreimal schneller schlug, als ihre Beine laufen mussten.

Sie sah, wie Jacob heftig mit dem Kopf nickte, die Luft war also rein. Sie fühlte sich frei – wann hatte sie so etwas zum letzten Mal gespürt? Sie konnte sich nicht erinnern. Was bedeutete es eigentlich, frei zu sein? Hieß das, mit Jacob die Reise anzutreten? Nach Hause zu kommen? Die Schwielen und Wunden an ihren Händen würden heilen und sie würde abends einschlafen können, ohne Angst zu haben, dass die Knechte ihr nachstellten und sie mit ihren Sensen bedrohten.

Plötzlich blickte Jacob an ihr vorbei, und da hörte sie auch schon, wie jemand nach ihr rief.

Edna unterdrückte die Furcht, die ihr sauer die Kehle hochstieg, und drehte sich um.

»Was machst du da? Lass das Pferd in Ruhe, das hat bei dieser Hitze keine Lust herumzulaufen, und hilf mir lieber«, befahl ihr die Schwester der Bauersfrau. Und Edna gehorchte mit gesenktem Kopf und folgte ihr zur nahegelegenen Wiese, weg von dem hinter den Johannisbeersträuchern verborgenen Rucksack, dem Tor und der staubigen Straße.

Während sie das Heu zusammenrechte, blickte sie sich ununterbrochen nach Jacob um. Sah, wie seine honigblonden

Haare aus dem hohen Gras hervorlugten. Als einige Knechte vorbeikamen, hielt Edna den Atem an und fragte sich, ob er schlau genug wäre, eine Ausrede zu erfinden, falls sie ihn entdeckten. Was hätte er schon sagen können?

Sie versenkte den Rechen im Heu, als könnte sie mit jedem Schwung die bösen Gedanken aufscheuchen, sie in tausend Stücke zerkleinern und verschwinden lassen. Als sie mit rasendem Herzen wieder aufblickte, gepeinigt von der Angst, was sie sehen würde, und verstohlen dorthin schaute, wo Jacob eigentlich sein musste, war er nicht mehr da.

Auf einmal war da keine Luft mehr zum Atmen, und die Sonne war verschwunden, die ihre Haut wärmen und ihr Licht geben konnte. Alles war auf einen Schlag von dieser Leere eingesogen worden. Die ganze Welt schien verschwunden zu sein, nur noch sie war übrig, an den Rechen geklammert, als wäre er ihre einzige Stütze, während die Felder um sie schwankten und sich in Nebel auflösten.

Die Angst vor Entdeckung war plötzlich unwichtig im Vergleich zu der Angst, er hätte sie alleingelassen. War Jacob etwa ohne sie weggelaufen und hatte Emil mitgenommen?

»Warum hast du Strümpfe und die schweren Schuhe an?«, fragte die Frau misstrauisch. »Im Heu ist man barfuß.« Während sie hastig Schuhe und Strümpfe auszog, riss sich Edna die Fingerkuppen an den festen Doppelknoten auf, dann setzte sie ihre Arbeit fort. Sie hatte nur einen Gedanken: Ohne Jacob würde sie hier auf dem Hof nicht überleben.

Edna rechte weiter Heu. Als die Sonne sich rot über die Felder senkte und sie in dunklen Schatten ertränkte, hielt sie den Rechen immer noch so fest umklammert, dass die Schwielen an ihren Händen wie Feuer brannten. Sie hörte auch nicht auf, als irgendwann Regen ihre Haare durchweichte und an der

Stirn festklebte und sie am ganzen Körper fror. Nicht einmal, als die Bauersfrau etwas rief, auf das sie nicht hörte.

Wenn sie vom Boden aufblickte, um sich nach Jacob umzusehen, brannten ihr die Augen und inzwischen auch die Arme. Und sie musste die Zähne zusammenbeißen, um dem rasenden Schmerz standzuhalten, der in ihrem Bauch wütete.

Schließlich hatte sich eine Hand auf den Rechen gelegt und ihn angehalten.

Bastians Augen waren kalt, als er sie scharf musterte. Seine Haare waren so nass wie ihre, alles war nass, Pullover und Hose. Er musste laut sprechen, damit sie ihn hörte, weil um sie herum Regentropfen auf die Erde einprasselten wie Maschinengewehrsalven.

»Was machst du da, Edna?«

»Was geht dich das an?«

»Es ist wegen Jacob, oder? Er hat es getan …«

Edna hielt seinem durchdringenden Blick stand.

»Ich weiß nicht, wo er ist«, sagte sie schließlich, und aus ihrem Mund kam ein wenig von dem Regen, der sich auf ihre Haut legte. Ihre Stimme zitterte, aber sie weinte nicht.

»Jacob schaufelt sich sein eigenes Grab, Edna. Er ist ein Idiot. Hier musst du tun, was man dir sagt, die Regeln befolgen und …«

Edna ließ ihn nicht ausreden. Das Feuer kehrte zurück und brannte unter ihrer Haut. Sie zitterte vor Wut. Der gleiche Zorn, jener Schmerz, den nur Jacob verstehen konnte. Der ihnen, nur ihnen allein gehörte.

»Und du, wie kannst du hier überleben?«

Bastian blieb ihr die Antwort auf ihre Frage schuldig.

»Du küsst denen doch die Füße. Du bist wie die«, sagte sie mit einer Verachtung, die selbst der Schmerz, der in ihrem Leib wütete, nur knapp im Zaum halten konnte.

Bastian sah sie noch einmal lange an. »Du wirst schon noch merken, dass ich recht habe. Aber vielleicht ist es dann zu spät.«

Er drehte sich auf dem Absatz um und ließ sie stehen wie einen einsamen Halm.

In jener Nacht wurde Edna krank. Alles hatte damit begonnen, dass ihr bei jeder Bewegung schwindelig wurde. Dazu ein schneidender Schmerz im Unterleib. Dann bekam sie Fieber und Schüttelfrost. Daraufhin befahl der Großbauer, sie im Schuppen weitab von den andern unterzubringen.

Während ihr Körper in dem Feuer brannte, das sie von innen heraus verzehrte, und sie sich unruhig hin und her warf, fragte sich Edna, was ihre Leute zu Hause wohl taten. Das Heimweh machte ihr die Kehle eng, schmerzhafter als jedes Fieber. Sie fragte sich auch, wo Jacob jetzt war, und hoffte, dass er sich in Sicherheit gebracht hatte, selbst wenn sie ihn hier so nötig gebraucht hätte. Ihre Hand umklammerte den Splitter des heiligen Christophorus, der sie ein wenig tröstete. Aber Emil fehlte ihr.

Eines Nachts war da plötzlich jemand neben ihr und öffnete ihre Hand. Als sie den Kopf wandte, sah sie Jacob neben ihrem Lager kauern. Zunächst wusste sie nicht, ob es wirklich geschah. Vielleicht war es ja nur ein Traum oder das Fieber. Er schob ihr eine von Emils Federn in die Hand und schloss sanft ihre Finger darum.

»Du bist nicht weggelaufen …«

Jacob legte sich neben sie, seine Hand fest um ihre, damit die Feder nicht wegfliegen konnte.

»Für wen hältst du mich? Ich halte meine Versprechen, Zimperliese. Wir machen das gemeinsam.«

»Wo warst du? Haben sie dir was angetan?«

»Niemand hat etwas bemerkt«, meinte er grinsend. »Sie haben mich wieder an die Arbeit geschickt. Und ich habe brav geschuftet wie ein Maultier.«

Edna hätte gern zusammen mit ihm gelacht, aber es gelang ihr nicht. In ihr wühlten die Krallen eines Ungeheuers, quälend langsam, ohne je aufzuhören. Und dann hätte sie Jacob gern noch vor jemandem gewarnt, der wohl etwas beobachtet hatte. Sie traute Bastian nicht mehr.

Doch Jacob hatte sie nicht zu Wort kommen lassen.

»Jetzt muss du mir aber versprechen, dass du wieder auf die Beine kommst. Wie sollst du denn sonst die Überraschung sehen, die ich für dich vorbereitet habe, wenn du hier herumliegst?«

Edna war wieder gesund geworden, aber ein Keim des Übels war in ihr geblieben, hatte weiter um sich gegriffen und sie für immer verändert. Vielleicht wäre es zu verhindern gewesen, aber sie war eben nur ein kleines Mädchen, das sich schämte, wenn es zur Toilette laufen musste. Sie wusste nichts über ihren Körper, weil niemand ihr je etwas darüber erklärt hatte und das alles für sie ein Geheimnis geblieben war. Wenn sie Schmerzen hatte, biss sie die Zähne zusammen und hielt sich abseits. Sie hatte sich weder waschen können, noch hatte sie nach einem Arzt gefragt, weil sie nicht wusste, was man ihr dann vom Lohn abgezogen hätte.

Und so war es geschehen.

Sie sollte nie eine Tochter haben, die auf sie wartete und sie bat, sich zu ihr zu legen, und ihr Gesellschaft leistete. Was sie Fer an jenem Abend erzählt hatte, war eine Lüge gewesen. Vielleicht aber auch nicht, weil sie aus einem ehrlichen, tief verborgenen Schmerz entstanden war, den sie immer unterdrückt hatte.

Edna hatte keine Kinder bekommen können, nicht einmal, als sie sich als erwachsene Frau mit jeder Faser ihres Körpers danach sehnte, jedes Mal, wenn ihre Monatsblutung ausblieb.

Die Ärzte hatten sie mit schwierigen Wörtern überhäuft, die sie sich auf Blättern notierte, aber nach Jahren war sie zu der Überzeugung gelangt, dass es diese Monate auf dem Hof gewesen waren, die sie für immer gezeichnet hatten.

Mit der Zeit hatte sie selbst daran geglaubt, dass es ihr recht geschah.

Und so hatte sie vergessen können.

28

Tag 5 – Distanz: 120 km

»Wollte deine Mutter noch mal irgendwo hin?«

Lukas zuckte mit den Schultern, zu konzentriert darauf, sich die letzte, viel zu vollgeladene Gabel Spaghetti mit Soße in den Mund zu schieben.

Adele ging so vieles durch den Kopf. Dass Lisa sich wieder wie ein Teenager aufführte, hatte ihr gerade noch gefehlt.

Als sie Lisas unbenutzten Teller in die Küche zurücktrug und sich ans Spülen machte, beschäftigte sie jedoch eine andere Frage. Wie eine Art »Bonus« zu ihren bereits vorhandenen Problemen mit ihrer Tochter, mit Lukas, mit dem Umzug und mit Max, den sie den ganzen Tag nicht gesehen hatte, obwohl sie ziemlich sicher sein konnte, dass er nicht bei der Arbeit war. Wo verbrachte er eigentlich seine ganze Zeit?

Es hatte mit Signora Weiss zu tun. Auf einmal war sie mit ihren Gedanken wieder ganz bei Edna und grübelte, was diese Nachricht von ihr wohl zu bedeuten hatte. Was hatte die alte Frau sich da bloß in den Kopf gesetzt?

»Oma, guck mal!« Lukas tauchte hinter ihr auf und hielt ihr sein Handy unter die Nase, auf dessen Bildschirm ein Foto zu sehen war. »Sieht der nicht genauso aus wie der Papagei von Signora Edna?«

»Ach Lukas, nein, ich glaube kaum«, meinte Adele barsch, nachdem sie nur flüchtig hingesehen hatte, und säuberte erneut mit dem Spülschwamm den Teller.

»Für mich sieht der genauso aus wie Emil.«

»Aber der hier sitzt auf der Schulter eines jungen Mannes, schau doch mal genau hin! Und dahinter ist so ein Hippiezelt.« Adele kicherte. Nein, das konnte sie sich beim besten Willen nicht vorstellen, Signora Weiss mit ihren fast neunzig Jahren beim Zelten. Gut, sie war noch rüstig, aber dennoch hatte sie fast ein Jahrhundert auf dem Buckel. Und dazu dieser zerrupfte Vogel, der genauso alt war wie sie und schon beim Anblick einer Fliege fast einen Herzinfarkt bekam.

»Der heißt aber auch so«, sagte Lukas und zeigte auf die Bildunterschrift.

Adele seufzte ungehalten, warf den Schwamm ins Waschbecken und nahm das Handy an sich. »Das machen wir jetzt mal aus, und sobald dein Großvater da ist, kommst du wieder her, aber im Schlafanzug und mit geputzten Zähnen!«

»Ich bin schon elf!«, protestierte Lukas.

»Ja eben! Und jetzt ab mit dir!«

Schmollend drehte der Junge ihr den Rücken zu und verließ die Küche.

Nachdem sie, was längst überfällig gewesen war, ein Dutzend Teller, drei Töpfe, sechs Gläser und viele Besteckteile abgewaschen hatte, stand Adele nun vor Lisas ehemaligem Kinderzimmer. Das der kleinen Lisa, an die sie sich fast nicht mehr erinnern konnte. Heute übernachtete Lukas dort, weil ihre Tochter angerufen hatte, dass sie erst spät von den Proben nach Hause kommen würde. Und nun sah sie ihm beim Schlafen zu, betrachtete das im Traum entspannte Gesicht. Nachdem sie ihre Reserven an Wärme und Ruhe aufgetankt hatte, schloss sie die Tür. Aber das Gefühl hielt nicht lange an.

Nun ging ihr durch den Kopf, dass der neue Supermarkt es trotz ihrer aufopfernden Bemühungen und der Liebe zu ihren

Kunden an nur einem Tag geschafft hatte, ihr die Hälfte der in Jahren aufgebauten Kundschaft abspenstig zu machen. Sie hatte sich den Riesenladen angesehen, allerdings nur von außen durch die Glasscheibe. Ihn zu betreten wäre ihr wie ein Verrat an sich selbst vorgekommen. Für sie hatte er ausgesehen wie ein ganz gewöhnlicher Supermarkt. Zugegeben, er war riesig wie ein Flugzeughangar. Hell beleuchtet, mit einer Armada von Einkaufswagen, Produkten und Sonderangeboten. Sie meinte sogar Musik gehört zu haben, als die Glastüren sich öffneten. Aber Holzregale wie bei ihr oder den Duft ihrer Zirbelholztropfen gab es dort nicht. Trotzdem lächelten die Leute beim Herauskommen und schleppten jede Menge Tüten mit dem roten Logo. Als ob es für sie keinen Unterschied machte.

Max hatte recht, bestimmt würde alles gut werden. Sie würden die Ärmel hochkrempeln und sich für die neue Aufgabe ordentlich ins Zeug legen und hart arbeiten müssen, so wie immer. Aber sie würden es schaffen.

Adele sah sich schon in der neuen Küche stehen, wie sie in schweren Töpfen Obst rührte und zu Marmelade kochte. Dort beim Haus wäre auch Platz für einen Gemüsegarten. Und je länger sie darüber nachdachte und sich Details ausmalte, die sie davor noch gar nicht bedacht hatte, desto heller kam ihr auf einmal dieser Raum vor. Ihre Haut kribbelte wie unter Strom, während sie eine von Max' Zeitungen vom Boden aufhob und überlegte, ob Blau zu den cremefarbenen Kissen für ihre neue Laube gut aussehen würde. Oder vielleicht doch lieber Grün?

Unwillkürlich drängte sich ihr der Vergleich zum Gefieder dieses hässlichen Vogelviehs von Signora Edna auf, und schon machte sie sich wieder Sorgen.

Eine Frage ließ ihr keine Ruhe: Was zum Henker hatte Edna sich da in den Kopf gesetzt? Ausgerechnet jetzt, da alles –

oder fast alles – ein gutes Ende fand. Als sich zum ersten Mal in ihrem chaotischen Leben alles zu einem sinnvollen Ganzen zusammenfügte.

Adele legte die Zeitung neben den Sessel und nahm das Heft zur Hand, das sie bei Edna gefunden hatte.

Zugegeben, für ein Kind waren diese Zeichnungen äußerst seltsam. Ein Gesicht mit einem tiefen Schnitt in einem Lid, so dass der Augapfel zu sehen war. Blut. Geräte – wie für die Feldarbeit, Mistgabeln – mit blutigen Spitzen. Schnell blätterte sie weiter und sah sich lieber die Bilder an, die sie zum Lächeln brachten: ein Junge, ein Papagei. So etwas wie Schatzkarten, vollgekritzelt mit Anmerkungen und Zahlen. Die Bäume sollten vielleicht einen Wald darstellen, die waagrechte Linie eine Mauer? Ein Hindernis? Und was war dieses Viereck mit den zwei Kreisen? Ein Rucksack, aus dem ein Schnabel hervorschaute.

Auf der letzten Seite standen drei Namen:

Jacob
Edna
Emil

Adele blätterte das restliche Heft durch, viele Seiten, aber sie waren vollständig leer.

Nach diesen drei Namen, die jemand sorgfältig vorgemalt und die eine andere, unsichere Hand eifrig nachgezogen hatte, kam nichts mehr, auch keine Zeichnungen. Alles endete dort.

Adeles Verstand dagegen lief nun auf Hochtouren, und sie verstieg sich in den wildesten Mutmaßungen.

Jacob ... Jacob ... immer wieder ging ihr dieser Name durch den Kopf. Mit einem Mal sprang sie auf und lief ins Schlafzimmer. Ihre eigene Ausgabe des *Stern* lag auf dem Nachttisch. Sie nahm sie zur Hand und suchte hastig nach dem Artikel, aus dem Edna die Seite herausgerissen hatte.

Sie überflog die Seiten und konnte sich gar nicht mehr davon lösen.

Zum ersten Mal fragte sie sich, welches Geheimnis sich wirklich in Ednas Vergangenheit verbarg. Und sie begann zu ahnen, dass es hinter den düsteren Zeichnungen in Ednas Heft zu finden war. Und welche Rolle spielte Emil darin?

Aus weiter Ferne, wie aus einer anderen Galaxie, drang das Klingeln des Telefons zu ihr durch.

Adele war in Gedanken noch immer bei den Zeichnungen, als rau und sehr leise eine Stimme auf sie einredete, die letzte, die sie um drei Uhr nachts erwartet hätte. Aber die einzige, die in der Lage war, ihr die Wahrheit zu erzählen.

29

Der Junge mit den goldenen Schuhen

Edna hatte in der Nacht kein Auge mehr zugetan.

Geduld war noch nie ihre Stärke gewesen. Das Warten strapazierte ihr Nervenkostüm mehr als der Gedanke, dass eine schwere Wanderung mit einem steilen Berganstieg vor ihr lag.

Als das erste Tageslicht über den Himmel huschte und die Wolken auseinandertrieb, stand sie schon komplett angezogen in der Küche. Kniebundhose (nur mit Wasser und Marseiller Seife gewaschen und dank Jeremias' Ofen vollständig getrocknet), die festen Wanderschuhe (geputzt, Doppelknoten in den Schnürsenkeln), umgeschlagene Strümpfe, Brille (geliehen, Kunststoffgestell, erfüllte aber ihren Zweck), Transportkäfig (auf dem Skateboard mit der argentinischen Flagge), Lederjacke (im Rucksack mit dem Regencape). Sie setzte sich auf einen Stuhl und wartete. Es war sechs Uhr, die beste Zeit, um sich auf den Weg zu machen. Sie dagegen saß in diesem Raum mit den weiß gekalkten Wänden fest. Die Hände im Schoß verschränkt, seufzte sie einmal tief und blickte aus dem Fenster.

In der Stille war nur das Ticken der Wanduhr zu hören. Jede Sekunde wie ein Tropfen, der auf einem flachen Spiegel zersprang, immer gleich und mit derselben Präzision.

Vielleicht hatte Jeremias ja schon das Haus verlassen, um das Vieh zu füttern. Auch fehlte dieser Geruch nach nasser Wolle, den sein Hund verströmte. Emil war ungewöhnlich ruhig. Mit der Schnabelspitze knabberte er an seiner Kralle, und als er den Fuß wechselte, suchte sein schwarzes Monokelauge nach ihr, in dem sich das Wissen um alle Meere und Länder verbarg, die seine Vorfahren überquert und durchstreift hatten. Das hatte Edna im *Stern* gelesen (eine Februarausgabe): Der Instinkt war das kollektive Gedächtnis aller Einzelwesen, die zum Erhalt der Spezies beitrugen. Doch das spielte jetzt keine Rolle, denn sie hatten ein Problem, und wer weiß, was Emil gesagt hätte, wäre ihm klar gewesen, dass ihre Reise vielleicht an diesem Morgen zu Ende ging.

Das Gespräch mit Adele hatte Jeremias beruhigt. Aber nun hatte Edna ein weiteres Problem. Angesichts des zu erwartenden Verkehrs hatte Adele jetzt wohl erst die halbe Strecke hinter sich. Edna gefiel es gar nicht, hier herumzusitzen wie eine Schülerin, die im Büro des Direktors darauf wartete, dass ihre Eltern sie abholten.

»Hey, sind Sie die Frau, die sich verlaufen hat und im Heu unterm Vordach schlafen wollte?«

Edna musterte den jungen Mann, der in der Tür stand. Sie wusste, dass es unhöflich war, Menschen lange anzustarren, aber sie fragte sich, wo er so plötzlich hergekommen war. Er trug seltsame goldfarbene Turnschuhe und ein derart eng anliegendes T-Shirt, dass man jede einzelne Rippe zählen konnte. Seine Haare waren so lang wie bei einem Mädchen, und die schwarzen Augenbrauen wirkten, als hätte er sie mit einem Stift nachgezogen. Er trug eine Gitarre auf dem Rücken, und seine Augen waren getrübt. Vielleicht hatte er Drogen genommen oder kam gerade von einem dieser Treffen, wo Männer sich wie Frauen anzogen und umgekehrt.

»Ich habe mich nicht verlaufen.« Edna versuchte, flach zu atmen, um sich keine Krankheiten einzufangen.

Der junge Mann lächelte sie an. »Sie sind die Wolfsfreundin.

Und das da ist dann Emil! Sehr erfreut, Ihre Bekanntschaft zu machen. Ich bin der Sohn von Jeremias.«

»Dein Vater hat dir ja eine Menge erzählt ...«

»O nein, das habe ich aus dem Fernsehen.«

Edna sah ihn entgeistert an.

»Die Reportage über die Wiederansiedlung von Wölfen. Ihre Antworten waren großartig. Die Tierschützer lieben Sie. Schauen Sie.« Er zog sein Telefon aus seiner Hosentasche (Flo hatte ihr gesagt, dass dieses flache Ding noch viele andere Funktionen hatte, aber eigentlich war es ein Telefon) und aktivierte den Bildschirm.

Edna versuchte, sich zu erinnern, während sie vom Lichtschein geblendet die Augen zusammenkniff.

»Sehen Sie?«

Da waren Bilder von Emil. Emil auf der Schulter eines jungen Mannes, dahinter der See und sie (halb angeschnitten), wie sie die beiden nachdenklich betrachtete. Sie, wie sie die Karte zusammenfaltete und sich von dem Reporter verabschiedete. Noch einmal sie, wie sie den Transportkasten, an dem die Hinterräder fehlten, hinter sich her schleifte (sie erinnerte sich nicht mehr, wo das gewesen war).

»Ja und?« Sie richtete sich auf und sah ihm in die Augen.

»Na ja, alle fragen sich, wer Sie sind und was Ihr Ziel ist. Finden Sie das nicht aufregend?«

Wen meinte er bloß mit »alle«? Edna sah hier niemanden im Zimmer außer ihr selbst, Emil und dem Jungen mit den goldenen Schuhen, der sie angrinste, als wäre sie die tollste Überraschung.

Sie gab ihm ein paar von ihren Butterkeksen ab. Wahrscheinlich konnte er sie gut gebrauchen. Als er sie fragte, ob er ein Foto von sich und Emil machen dürfe, nickte sie, aber verfolgte jede seiner Bewegungen sehr aufmerksam.

»Sie sind wirklich eine starke Frau«, sagte er bewundernd. »Vielleicht wird nicht jeder verstehen, was Sie machen. Aber für mich sind Sie schon jetzt ein Champion. So wie es auf Ihrer Cap steht.«

Edna sah ihn fragend an.

Er übersetzte ihr die Aufschrift aus der ihr unbekannten Sprache und betonte die Worte, als wären sie magisch. *»Egal, ob du dein Spiel gewinnst: Du bist ein Champion.«*

Edna dachte darüber nach. Sie hoffte, dass das kein schlechtes Omen war, denn Anerkennung war ihr egal. Sie wollte bloß gewinnen, falls das bedeutete, dass sie in Ravensburg ankam.

Sie wusste nicht, was passieren würde, wenn Adele eintraf. Edna hatte versucht, ihr klarzumachen, dass es wirklich nicht nötig sei und dass sie allein zurechtkam.

Aber heute Morgen schien nur dieser Junge mit den goldenen Schuhen an sie zu glauben.

30

Der schwarze Adler und der Reisebus

»Da wären wir«, sagte Adele und verschränkte die Hände auf dem Tisch. In ihren Augen lag das zufriedene Lächeln desjenigen, der wusste, dass er das Richtige getan hat. Zwischen ihr und Edna standen eine Portion Erdbeeren mit Schlagsahne und eine Eisschokolade, aus der ein Strohhalm mit einem Glitzerbüschel ragte, wie er Emil gut gefallen hätte.

Nachdem sie sich wortreich bei Jeremias entschuldigt hatte, hatte Adele sie aufgefordert, zu ihr ins Auto zu steigen. Sie hatte sich extra Lisas alten Wagen ausgeliehen, um sie abzuholen. Edna hatte nicht den Eindruck, dass sie gut damit zurechtkam, denn der Motor muckte ständig. Erst nach dem dritten Startversuch – Adele hatte ihr allerdings vorher versichert, dass es beim dritten Mal klappen würde – waren sie in einer Abgaswolke losgefahren.

Adele hatte Ausschau nach einem Ort gehalten, wo sie in Ruhe reden konnten. Sie war bis ins Zentrum von Landeck gefahren und hatte dort zwei Runden im Kreisverkehr gedreht, während ihre Augen die überfüllten Terrassen der Cafés absuchten, doch überall war es brechend voll, wie immer an Markttagen. Schließlich waren sie dieselbe Straße zurückgefahren, bis sie fast wieder am Ausgangspunkt waren.

Edna betrachtete das Schild an der Fassade und überlegte, welche Restaurantnamen sie kannte. *Weißes Rössl* (mindestens fünf), *Goldenes Lamm* (vier). Sie selbst saßen nun im wohl achten *Schwarzen Adler*, den sie kannte. Und man konnte kaum behaupten, dass sie besonders viel in der Welt herumgekommen wäre.

»Adele, warum sind eigentlich alle Restaurants nach Tieren benannt? Was meinst du? Ob das was mit der Jagd zu tun hat? *Adler*, das passt ja noch. *Lamm* auch. Jäger und Beute. Aber *Weißes Rössl* …« Die deutsche Küche war sehr fleischlastig. Was man auch an den unzähligen Herrschern sehen konnte, die im Laufe der Jahrhunderte an Gicht erkrankt waren. Dort schienen sie quasi süchtig nach Fleisch zu sein.

»Signora Edna, können Sie mir bitte mal erklären, was hier eigentlich los ist?« Adeles leise, zurückhaltende Stimme verriet, dass sie auf Privatsphäre bedacht war.

Edna wäre am liebsten gleich aufgebrochen. Endlich schien wieder die Sonne. Es versprach, ein warmer Tag zu werden, wie gemacht, um die Berge zu überqueren.

»Nur das, was ich dir am Telefon erzählt habe.«

»Sie haben nie mit mir über Ihren Freund gesprochen.«

»Das tut mir leid, Adele. Mir war er immer sehr wichtig, aber ich dachte nicht, dass er auch für jemand anderen von Bedeutung sein könnte. Und ich hätte nie gedacht, dass so etwas passieren würde. Wie geht es Lisa?«

»Lassen Sie Lisa aus dem Spiel.« Adele winkte ab, als wolle sie einen Gedanken verscheuchen. »Aber ich glaube, ich weiß, was Sie meinen«, fuhr sie lächelnd fort.

»Wirklich?«

»Natürlich. Er ist Ihnen wichtig, und glauben Sie mir, ich hätte dasselbe getan. Ich muss gestehen, Sie haben uns überrascht«, gab sie zu. »Doch Sie waren sehr mutig.« Sie nahm Ednas Hand und hielt sie fest »Also, Signora Edna, ab jetzt sind Sie nicht mehr allein. Sie können sich auf mich verlassen.«

Bei Edna schrillten sämtliche Alarmglocken, aber sie beschloss, sie zu ignorieren. »Vielen Dank, Adele. Darauf habe ich vertraut. Ich wusste, dass du es verstehen würdest«, antwortete sie und seufzte erleichtert auf.

Adele nickte freudig. Alles an ihr strahlte Überzeugung und gute Absichten aus.

»Wissen Sie, dass ich genau das gebraucht habe? Einfach mal alles stehen und liegen lassen und mir ein paar Tage Auszeit gönnen. Na ja, Max wird nicht gerade erfreut darüber sein. Sie wissen ja, wie wichtig es ihm ist, dass Sie gut in Ihrem neuen *Zuhause* landen. Er macht sich immer solche Sorgen um Termine. Als ob das Zimmer davonlaufen würde«, meinte sie spöttisch. »Sicher, die Plätze dort sind sehr begehrt ...« Sie ließ den Satz unvollendet, blickte kurz zum Himmel und wandte sich dann wieder Edna zu. »Aber zwei Tage können wir uns schon gönnen, was meinen Sie? Nur zwei Tage ... Warum nicht?«

An die Seniorenresidenz hatte Edna gar nicht mehr gedacht; als sie Adele nun davon sprechen hörte, kam es ihr seltsam vor. Es passte so gar nicht zur Sonne und den grünen Bergen hier. Zu den Bussen, die ankamen und wieder abfuhren, dem Geruch nach Sommer und Sonnencreme.

»Auf der Fahrt hierher habe ich mir alles genau überlegt«, redete Adele weiter. »Wir kommen gegen Abend in Ravensburg an und nehmen uns ein Hotelzimmer im Zentrum. Dann können wir die Stadt besichtigen, was halten Sie davon? Wer weiß, wie viele Erinnerungen wach werden, wenn Sie durch die Gassen dort schlendern.« Sie lächelte verträumt, was schlecht zu dem bleiernen Himmel passen wollte, den Edna vor Augen hatte, und zu dem Platz, auf dem die Bauern den Preis für die Kinder aushandelten, als wären sie Vieh. »Und dann besuchen wir Ihren Freund. Sie könnten mich ihm vorstellen, und ich filme Ihre Begegnung. Wenn Sie dann wieder zu Hause sind« – sie hätte genauso gut »in der Seniorenresidenz« sagen können – »können Sie sich die Aufnahme so oft ansehen, wie Sie wollen, und sie Ihren neuen Freunden zeigen. Was halten Sie davon?« Adele war begeistert von den eigenen Vorschlägen.

Edna atmete tief ein und hielt die Luft an, bis sie merkte, dass sich ihr Herzschlag beschleunigte. Dann stieß sie den Atem kräftig aus und lächelte gezwungen.

»Gut, wenn wir uns einig sind, gehe ich rein und zahle. Sie warten hier auf mich. Und von nun an werden Sie auch nicht mehr diese Riesenkiste schleppen. Darum kümmere ich mich. Emil mag mich, keine Sorge. Sie sollten endlich lernen, anderen zu vertrauen. Ich bin gleich zurück.«

Edna ließ ihre Freundin nicht aus den Augen, als diese aufstand.

»Adele«, bremste sie den Enthusiasmus der Frau, »diese Reise muss ich allein machen.«

Adele starrte sie verständnislos an, ihr Lächeln erlosch, und ihr Lippenstiftmund begann zu zittern.

»Ich verstehe nicht ...«

»Das Ganze betrifft nur mich. Und Emil.«

Ednas Entschluss stand fest, das sah man ihr an. Adele ließ sich in den Stuhl zurücksinken, die winzigen Charms an ihrem Armband klirrten silbern. »Wir haben doch Lisas Auto und können noch heute Abend dort sein, so dass wir ... Also Sie ...«

»Es ist schwer zu begreifen und zu akzeptieren, ich weiß. Aber ich weiß auch, dass es genauso sein muss. Vielleicht habe ich ja mein ganzes Leben auf diese Reise gewartet.« Nun, da sie es ausgesprochen hatte, spürte sie, wie richtig sich diese Worte anfühlten. »Na ja, es hat viele Jahre gedauert, aber ich fühle mich noch gut in Form. Wir haben es fast geschafft, Emil und ich sind schon so gut wie angekommen.« Sie warf einen skeptischen Blick auf die Berge. »Danach geht es zurück nach Hause, und dann tun wir alles, was nötig ist.«

»Wie stellen Sie sich das denn vor? Wie wollen Sie nach Ravensburg kommen?«

Adeles Stimme triefte in Ednas Ohren vor Sarkasmus, in dem allerdings leichte Verunsicherung mitschwang.

»Genauso, wie ich von dort fortgekommen bin.«

Adele visualisierte den gelben Punkt, beschwor die Spiegelneuronen, die Weisheit von Max und jedes Quäntchen Geduld, das sie noch besaß, doch ihre innere Gelassenheit schien sich in rasendem Tempo zu verflüchtigen.

»Ist Ihnen eigentlich klar, was Sie da sagen, Edna?« Adeles Stimme klang jetzt härter.

Edna nickte.

Abrupt drehte sich Adele zu der Transportkiste um. Ihr Blick verfing sich in Emils schwarzem Auge. Diesem raubtierhaften Auge, das sie stumm beobachtete und ihr ein bisschen Angst machte. Was Edna wohl mit diesem Vogel verknüpfte, der ihr antwortete, als ob sie geistig irgendwie miteinander verbunden wären.

Adele erinnerte sich an Max' Worte: Sie dürfe sich nicht von Gefühlen täuschen lassen; empathisch zu sein bedeute auch, die richtige Distanz zu wahren, um zu erkennen, was das Beste sei.

»Ich weiß nicht, was Sie sich dabei denken, aber wenn Ihnen wirklich etwas an Ihrem Freund und an Emil läge«, sie betonte den Namen des Papageis, und ihre Augen verengten sich, »dann würden Sie sich helfen lassen.«

»Emil geht es bestens«, knurrte Edna.

»Sie hätten ihn beinahe verloren, Edna. Meinen Sie wirklich, dass er in einer Transportbox reisen sollte, die auf einem ... einem ...«

»Einem Skateboard mit der argentinischen Flagge.«

»Genau, *darauf* festgeschraubt ist?« Adele holte tief Luft. »Sie riskieren Ihr Leben und Emils Gesundheit, wenn Sie ihn die ganze Zeit der Hitze und dem Regen und der Gefangenschaft in diesem Käfig aussetzen. Und wofür? Für eine fixe Idee«, sagte sie mit einem schiefen Lächeln.

Edna sah sie nur stumm an.

»Hören Sie«, fuhr Adele behutsamer fort und legte eine Hand auf Ednas Arm, »Sie werden Ihren Freund sehen. Sie bringen ihm Emil zurück, und alles wird gut. Aber lassen Sie sich helfen. Es kann nicht immer nach Ihrem Kopf gehen.«

Edna dachte an die Menschen, denen sie unterwegs begegnet war. An den Mut, den es brauchte, um eine Tür zu öffnen und einen Fuß vor den anderen zu setzen. »Adele, die Wahl zu haben ist das Wichtigste im Leben.«

»Sie haben Ihre Wahl doch schon getroffen. Sie wollen Ihren Freund wiedersehen. Und das werden Sie auch. Aber auf Ihre Weise wird das kaum gehen. Das schaffen Sie nicht, Edna. Sie müssen die Dinge objektiv sehen und ehrlich mit sich sein.«

»An Ehrlichkeit hat es mir nie gefehlt.«

»Und was ist mit Ihrem Garten?«, entgegnete Adele scharf.

Edna sah sie erstaunt an. Was war denn mit ihrem Garten nicht in Ordnung?

»Der müsste mal in Schuss gebracht werden. Jemand müsste die Bäume stutzen und sich durch diesen Dschungel kämpfen. Aber Sie wollen das nicht. Sie weigern sich einfach.«

»Diese Pflanzen haben viele Jahre gebraucht, um zu wachsen«, wehrte Edna ab. »Sie sind stark. Vielleicht ist der eine oder andere Stamm etwas krumm, und zugegeben, ein paar Büsche haben unter dem Winterfrost und Schädlingen gelitten ... Aber Gärten wie diese gibt es kaum noch.«

Adele schüttelte den Kopf. »Edna, schauen Sie sich an«, flüsterte sie, als handle es sich um etwas Offenkundiges. Eine Tatsache, die zwar schmerzhaft, aber doch nicht zu leugnen war. »Schauen Sie sich doch an. Aber mal ganz ehrlich.«

Edna blickte auf die Spitzen ihrer festen Schuhe hinunter und dann hoch zum Himmel, zu dem in Sonnenlicht getauchten Berggipfel. Sie sah Emil an, der wiederum sie anschaute und sich am Gitter festklammerte, um näher bei ihr zu sein. Eine leichte Brise trug Gerüche heran, die sie früher nicht gemocht hätte. Asphalt, der unter der sengenden Sonne brutzelte, metallische Ausdünstungen von heißgelaufenen Motoren und von Bremsen, die von den Haarnadelkurven in den Bergen auf eine harte Probe gestellt worden waren, der aggressive Duft von Blüten in der Mittagshitze. *Auf Ihre Weise wird das kaum gehen.* Sonnencreme, die sich mit dem starken Geruch schwitzender Haut mischte. Moschuslastige Rasierwasser. Dazu ein vertrauter Duft nach Heilkräutern. Und sie war ein Teil davon, wenn auch vielleicht nur für diesen kurzen Moment. Vielleicht lag ja darin der Sinn von Reisen. Orte zu durchstreifen, Menschen zu begegnen, sich von Dingen berühren zu lassen. Und dann? Würde von all diesen Gerüchen, den Bildern, die sich auf ihrer Netzhaut eingebrannt hatten, etwas in ihr zurückbleiben? Und die Namen, die sie sich notiert hatte, die Namen der Struwwelpeter auf ihrer Reise, würde sie sich daran erinnern? Sie wusste nicht, was sie jenseits des Gebirges erwartete. Inzwischen konnte sie sich kaum mehr an das Gefühl von Ruhe und Harmonie erinnern, das sie im Schatten ihres Gartens einhüllte. Das Gefühl, wirklich an einen Ort zu gehören.

Auf Ihre Weise wird das kaum gehen.

Edna sah wieder auf ihre glänzenden festen Schuhe hinunter, denen der Staub nichts anzuhaben schien. Auf die violett schimmernde Haut an den Knöcheln, wo der Nesselausschlag abgeklungen war und rote Flecke hinterlassen hatten.

»Na gut, Adele«, seufzte sie.

»Wirklich?« Adeles Lippen verzogen sich zu einem breiten, wenn auch etwas zögerlichen Lächeln.

Edna nickte heftig. Sie schob die Brille auf der Nase zurecht. Es schien ihr wirklich ernst zu sein.

»Sie sind einverstanden!«, freute sich Adele und versuchte, ihre Fassung wiederzugewinnen. »Ich wusste, dass wir uns verstehen würden. Wie immer. Sie, ich und Emil.« Dann schlug sie sich gegen die Stirn, als hätte sie etwas Wichtiges vergessen, während sie den Bon in der anderen Hand umklammerte. »Und Ihr Freund natürlich!«

»Jacob.«

»Natürlich. Jacob. Wir dürfen auf keinen Fall vergessen, mein Handy aufzuladen«, plapperte sie, als wolle sie sichergehen, dass sie es nicht vergaß. »Wir brauchen das Handy für die Fotos«, erklärte sie Edna, die sie stumm ansah. »Und für das Video von Ihrem Wiedersehen. Aber keine Sorge. Wenn Sie nicht wollen, komme ich nicht mit rein«, sagte sie augenzwinkernd. »Dann stellen wir es einfach in einer Zimmerecke auf. Lukas hat mir erklärt, wie das mit der Automatik geht. Und wir müssen unbedingt einen neuen Transportkäfig für Emil kaufen. Was halten Sie von einem Weidenkorb?«

Edna schloss die Augen (Korbgeflecht, Lebensdauer bei Emils starkem Schnabel zwischen drei und sieben Minuten), presste die Lippen aufeinander und nickte resigniert.

»Wunderbar«, erklärte Adele mit einem zufriedenen Lächeln. »Vielleicht kaufe ich noch einen Saft für die Reise, was meinen Sie? Holunder? Apfel? Ich glaube kaum, dass ich hier Ihren geliebten Melissentee kriege.« Sie lachte.

Edna überlegte kurz, während sie Adele unverwandt ansah. »Granatapfel.«

»Wirklich? Sind Sie sicher? Das passt gar nicht zu Ihnen ...«

»Granatapfel«, wiederholte Edna mit demselben neutralen Gesichtsausdruck. »Wenn es den nicht gibt, dann Apfelsaft.«

»Natürlich, Apfelsaft«, wiederholte Adele.

»Adele«, rief Edna sie noch einmal zurück. »In der Glasflasche, null komma drei drei. Mit Drehverschluss. Kein Plastik. Und ...«, jetzt flüsterte sie fast, »immer zur Sicherheit das Verfallsdatum kontrollieren.«

Adele nickte. Nachdem alles geklärt war, lief es erstaunlich glatt. Erleichtert seufzte sie auf, ehe sie in der Tür verschwand. Als Letztes war ihr blonder Lockenkopf zu sehen, im Nacken etwas von der Stuhllehne plattgedrückt. Ein Hauch von Ambra lag in der Luft.

Edna wartete ein wenig, kratzte mit dem Löffel den letzten Rest Schlagsahne zusammen und ließ ihn langsam auf der Zunge zergehen. Dann öffnete sie ihren Rucksack, suchte nach dem Bleistift und schrieb etwas auf die Serviette. Sie nahm den Strohhalm (mit dem Glitzerbüschel, perfekt für Emil, sie wusste, was er brauchte) und stand ganz ruhig auf, packte den Griff des Transportkäfigs und verließ das Café, wobei sie dem Kellner aus dem Weg ging.

»Ich weiß ja nicht, was du dazu meinst, Emil, aber ich habe nun wirklich große Lust, mich wieder auf den Weg zu machen.« Emil schlug mit den Flügeln. Also war er einverstanden.

Ihnen blieben nur wenige Minuten, ehe Adele zum Tisch zurückkommen und bemerken würde, dass sie verschwunden waren. Natürlich würde sie etwas Zeit auf die Suche nach dem Saft verwenden, um den Edna sie gebeten hatte. Sie hoffte, dass es lange genug war, aber sie musste sich schnell etwas einfallen lassen.

Ihr Blick wanderte umher. Zur Burg. Zur Straße. Am Fluss entlang. Sie könnte in ein Restaurant gehen. Oder sich in der

Toilette eines Hotels verstecken. Was hätte Jacob gemacht? *Denk nach, Edna. Denk schnell nach.* Was würde sie tun, wenn sie zwei Kinder wären, die weglaufen wollten? Denn wenn sie dabei sich selbst als alte Frau mit einem Wanderstock und einem Transportkäfig auf vier Rädern vor Augen hatte, würde sie kaum eine Lösung finden.

Da stieß sie mit der Schulter gegen einen weichen Berg aus Fleisch und prallte zurück. Der Mann beugte sich zu ihr herunter und sagte etwas in einer Sprache, die sie nicht verstand, aber sein Gesicht wirkte freundlich dabei. Edna hob die Hand, um ihm zu bedeuten, dass alles gut war, und lief weiter. Doch gleich darauf blieb sie schlagartig stehen und wirbelte die Transportkiste herum.

Trotz des Gewimmels machte sie den Mann an seinem Gang in der Menschenmenge aus. Sie sah ihn wie in Zeitlupe davongehen, umgeben von einer leuchtenden Aura, mindestens ebenso strahlend wie der Goldschimmer in Adeles Lidschatten, während sich in ihrem Kopf ein Gedanke verfestigte. Der Mann stieg in einen Bus. Vor der geöffneten Ladeluke lief der Fahrer langsam auf und ab, vollkommen in ein Telefongespräch vertieft. Es schien wichtig zu sein.

Edna steuerte geradewegs in diese Richtung und überquerte blindlings die Straße. Sie zerrte Emil so schnell hinter sich her, wie es ihre mageren, von den Strapazen der letzten Tage geschundenen Beine zuließen.

Vor dem Bus blieb sie stehen und sah sich um. Dann packte sie die Transportkiste und nahm all ihre Kraft zusammen. Edna war nicht bloß verzweifelt, sie wusste: Dies war ihre einzige Chance. Und sie ergriff sie.

Der Kasten landete mit Schwung im Gepäckraum, dann kroch Edna unbeholfen auf den Knien hinterher. Sie versteckte sich ganz hinten, atmete noch einmal tief durch und stellte sich vor, dass jemand gleich die Fensterläden schließen würde. Denn bei dem Gedanken, dass sie gerade im Laderaum eines Busses herumkroch, dessen Luke bald geschlossen würde, und sie dann keine frische Luft mehr bekäme, wurden ihre Hände schweißnass.

»Keine Sorge, Emil. Wir sind ja zusammen«, flüsterte sie und suchte nach seinem schwarzen Monokelauge.

Sie hörte Schritte näher kommen, ein Telefon wurde mit einem Klick zusammengeklappt, dann begann der Boden unter ihr zu schwanken wie ein Floß auf den Wellen. Weitere Gepäckstücke wurden eingeladen; vom Himmel war nur noch ein Zipfel zu sehen.

Die Ladeluke schlug mit einem satten Knall zu.

Edna schloss die Augen. Es gab nichts, wovor sie sich fürchten musste. Es war nur etwas dunkel hier drinnen und unbequem. Aber Emil war bei ihr. Er hatte begonnen, sich das Gefieder zu putzen. Und da war Jacobs Foto in ihrem Rucksack, und bald wäre da wieder der Himmel, ein neuer Himmel über ihr. Sie umklammerte den Splitter des heiligen Christophorus in ihrer Jackentasche. Es war heiß, und die Schwingungen der Räder vibrierten in ihrer Brust.

Aber sie war wieder unterwegs. Sie kam voran. Und das war das Einzige, was zählte.

Große Pläne

In der Dunkelheit konnte man sich am besten vorstellen, was man sehen würde, wenn man plötzlich die Augen aufriss. Jacob stand hinter ihr und presste ihr die Handflächen auf die Lider, damit sie nicht schummelte. Seine warmen, ein wenig glitschigen Finger sagten ihr, dass er mindestens genauso aufgeregt war wie sie.

»Bist du bereit?«, fragte er. Sie nickte hastig, während er seine Hände wegzog und sie sanft in die Dunkelheit des Schuppens drängte. In dem Moment wirkte der Raum nicht mehr so bedrohlich auf Edna, weil Jacob immer noch seine Arme um sie gelegt hatte. Sie spürte, wie seine Kraft ihr half.

»Hier ist deine Überraschung«, rief Jacob freudig.

Aber sie sah nichts. Jacob führte sie zu dem kleinen Fenster, durch das warm das Licht der Abenddämmerung hereinfiel. Edna kniff die Lider zusammen, und als sie begriff, was Jacob ihr zeigen wollte, setzte ihr Herz für einen kurzen Moment aus, wie wenn man sich rückwärts auf einen Heuballen fallen ließ und tausend Halme einen kitzelten.

Der Paradiesvogel sah sie an. Sie erkannte die roten Federn über der Stirn und darin als großen schwarzen Fleck den Schnabel.

Edna stockte jedes Mal der Atem, und ihre Augen kamen aus dem Staunen gar nicht mehr heraus angesichts der Farbenpracht dieses Vogels, der zwischen den grauen Wänden des Schuppens wie ein Fabelwesen wirkte, das so gar nicht in diese düstere Atmosphäre passen wollte. Aber Emil kannte sie doch schon. Wo blieb also ihre Überraschung?

»Er will dir etwas sagen«, erklärte Jacob voller Stolz.

Er schob sie näher an den Papagei heran, obwohl sie ihre Angst nach dem letzten Schnabelhieb noch nicht verloren hatte. Der Vogel blieb ganz still sitzen und legte den Kopf schief, sein weitaufgerissenes Auge fixierte sie. Dann öffnete sich sein Schnabel.

»Guten Morgen!«

Edna dachte, sie hätte sich verhört. Aber Emil wiederholte die Worte noch einmal, sprach jedes einzelne klar und deutlich aus.

»Guten Morgen, Zimperliese!« Prüfend blickte der Paradiesvogel sie an und beobachtete, wie sie reagierte. Dann schüttelte er sein Gefieder und glättete eine der wenigen an seinem Schwanz verbliebenen Federn, der dünn und zerfleddert war wie ein alter Staubwedel.

»Einmal bin ich in den Verschlag mit den Gänsen gegangen, wo wir ihn verstecken«, erklärte ihr Jacob mit vor Aufregung hochroten Wangen. »Und da habe ich entdeckt, dass er gelernt hatte, so zu schnattern wie sie. Dann habe ich mir eben gedacht, ich probiere mal, ihm unsere Sprache beizubringen. Er kann sprechen, Edna, er wiederholt jedes Wort!«

Sie war wie vom Donner gerührt, denn Jacob hatte sie zum ersten Mal bei ihrem richtigen Namen genannt. Ihm war es nicht einmal aufgefallen.

»Ich werde ihm beibringen, zu zählen und auf Fragen zu antworten. Und er soll lernen, wie ein vornehmer Herr zu grüßen.« Jakob konnte gar nicht mehr aufhören zu reden. »Alle werden kommen, um ihn zu sehen, und sehr viel Geld dafür bezahlen. ›Meine sehr verehrten Damen und Herren, stellen Sie Emil, dem Paradiesvogel, Ihre Frage!‹ Die Leute werden

Schlange stehen, aus jeder Stadt werden sie zu mir kommen, sogar aus Frankreich oder aus England. Aus Russland, das muss noch weiter weg sein, aus den fernsten Ländern der Welt. Schau mal«, sagte er und zog ein kleines Heft unter seinem Hemd heraus.

»Wo hast du das denn her?«

»Das ist doch egal.« Jacob blätterte die weißen, linierten Seiten durch. An manchen Stellen sah man noch die Reste von Buchstaben, die er ausradiert hatte. »Damit werden wir schreiben lernen, Edna. Das wird uns helfen, wenn wir hier rauskommen. Wenn wir abhauen. Du, ich und Emil.«

Edna beobachtete Jacob beim Umwenden der Seiten. Er hatte sich einen Bleistift hinters Ohr geklemmt, und seine Augen funkelten.

Dann zeigte sie ihm, wie man die Buchstaben schrieb, an die sie sich erinnerte. Er hörte ihr aufmerksam zu und verfolgte jede ihrer Bewegungen, als wäre sie überhaupt keine Zimperliese. Sie kam sich wichtig vor, und das fühlte sich großartig an.

Als sie den Schuppen verließen, brachten sie Emil wieder in sein Versteck zu den gerupften Gänsen und schlichen sich in den Schlafraum. Dabei wurden sie von einem Mann beobachtet, was wiederum Jacob nicht entging.

»Das ist doch der Knecht, der dich auf seinen Armen in den Schuppen getragen hat, als du Fieber hattest, oder?«

Edna sah hinüber, aber das Gesicht sagte ihr nichts. Sie konnte sich an diese Tage nicht erinnern. Und ihr lagen jetzt drängendere Fragen auf der Zunge.

»Jacob, wie sollen wir denn von hier fortkommen?«

»Genauso, wie ich das Heft genommen habe. Und den Bleistift«, sagte er mit einem leicht verunglückten Lächeln. Sein Gesicht war ihr jetzt ganz nah. Er hatte so schöne Augen. Sie gaben ihr Kraft. Wenn man hineinschaute, glaubte man, alles sei möglich. Dann verschwanden sogar der Hof, der Wald. Wenn sie sich ganz auf sie konzentrierte, nahm sie nicht einmal mehr die allgegenwärtige Dunkelheit wahr.

»Genau, wie hast du es überhaupt geschafft, das Heft und den Bleistift zu stehlen?«

»Wie schafft es Emil, unsere Worte zu wiederholen?«, fragte Jacob zurück. Aber er schien die Antwort zu kennen. Er kam mit dem Mund ganz nah an ihr Ohr. Einen Augenblick schien es ihr, als wolle er den Duft ihrer Haare einatmen, und sie hoffte inständig, dass sie nicht zu sehr nach Stall rochen. »Mit Magie«, flüsterte er ihr ins Ohr.

Edna wusste nicht, ob sie ihm glauben sollte. Was wusste sie schon von Magie? Aber es stimmte, Emils Federn hatten ihr schon einmal geholfen. Mit ihrem Zauber hatte sie das Fieber überstanden.

Obwohl sie noch Kinder waren, wussten Edna und Jacob bereits, dass man für jeden Augenblick des Glücks einen Preis bezahlen musste. Und sie waren plötzlich sehr glücklich, während sich ihr Lächeln in den Augen des anderen spiegelte und sie das Gleiche dachten. Aber sie wussten nicht, welche Rechnung ihnen das Schicksal am Ende präsentieren würde.

Doch an jenem Abend dachten sie nicht darüber nach. Sie schliefen ohne düstere Gedanken ein, ein Lächeln auf den Lippen bei der Erinnerung an diesen glücklichen Moment und den Traum, der auch beim Erwachen noch da sein würde.

31

Alles auf Anfang

Im Gepäckraum roch es nach Gummi und Käsebrötchen. Edna befürchtete, dass der Sauerstoffvorrat bald erschöpft sein könnte und das gefährliche Kohlendioxyd ihr Blut vergiften würde. Die Symptome: Schläfrigkeit, Kopfschmerzen, Kraftlosigkeit, Verwirrtheit und Betäubung (*Stern*, eine Ausgabe von Dezember). Zudem konnte sie sich nicht bewegen oder gar die schweren Gepäckstücke wegschieben, so merkwürdig kauerte sie da: mit den Füßen nach oben, während die Hauptlast des Körpers auf den Schultern ruhte. Und es war so dunkel, als hätte ihr jemand eine kratzige Wolldecke über den Kopf geworfen.

Wenn es etwas gab, was sie noch mehr beunruhigte als ihre Schuhe, die in der Luft hingen, anstatt auf festem Boden zu stehen, war es diese absolute Dunkelheit, die ihr die Luft abschnürte und sie lähmte, während ihr Kopf fieberhaft alle Details und möglichen Lösungen durchging.

Dann drang plötzlich Licht in den Gepäckraum, so aggressiv wie ein Windstoß, der einem ins Gesicht peitschte.

Sie hörte leises Stimmengewirr, das so gedämpft an ihre Ohren drang, als hätte sie Watte hineingestopft. Gelächter, Gesprächsfetzen. Und ein lautes, undefinierbares Rauschen im Hintergrund. Vielleicht war es der Wind, der in der Ferne heulte und die Zweige schüttelte. Doch dafür war es zu gleichmäßig. Vielleicht ein Fluss.

Wieder Lachen, Verkehrsgeräusche, schroffe Stimmen, die sich mit harten Lauten verständigten. Stimmen von glücklichen Menschen. Eilig krabbelte sie ins Freie.

Sonnenlicht. Und endlich wieder frische Luft. Edna sah sich um. Wo war sie hier gelandet? Ein großer Platz, auf dem bullige Transporter mit enormen Schlauchbooten auf den Dachgepäckträgern parkten. Weiter hinten an einem Imbissstand lud ein alter Mann Kisten aus einer dreirädrigen Klapperkiste aus. Sah er zu ihr herüber?

Edna las den roten Schriftzug auf der Mauer oberhalb der Parkplätze: WIR SCHAFFEN ERINNERUNGEN. Sie musste innerlich lachen. Weitere Erinnerungen konnte sie wirklich nicht gebrauchen. Ihre eigenen waren mehr als genug. Das Einzige, was sie jetzt brauchte, war, schnell von hier wegzukommen.

Aber nicht ohne Emil.

»Sie sind dann wohl die Letzte!«

Edna wandte sich zu der atemlosen Stimme um und starrte den jungen Mann an, der mit einem Lächeln auf dem sonnengebräunten Gesicht und schnellen Schritten auf sie zukam. Auf seinem roten T-Shirt war der gleiche Schriftzug wie auf dem Schild über dem Parkplatz zu lesen. Sie selbst war nach der Fahrt im Gepäckraum verschwitzt und wirkte wohl etwas verwirrt und verloren, so dass er einen Schritt vor ihr nachdenklich stehen blieb. Dann lächelte er sie wieder an, als hätte er eine Erklärung gefunden, und wiederholte den Satz sichtlich verlegen in der Sprache der Touristen im Bus.

»Was meinen Sie? Ich verstehe Sie nicht, junger Mann.«

»Mein Russisch ist nicht so gut …«, sagte er und wechselte mit einem dankbaren Lächeln in ihre Sprache über. »Sie gehören zu dem Bus, oder?«

Edna nickte. Irgendwie stimmte das ja.

»Piratentouren für Familien!«, sagte der junge Mann laut und mit einem Enthusiasmus, als wolle er sich und sein Business im besten Licht präsentieren. »Kommen Sie, die anderen sind schon dort drin.«

»Nein, ich glaube, das ist ein Irrtum. Ich habe etwas Wichtiges im Gepäckraum vergessen und muss es holen«, erklärte Edna und wandte sich zur Klappe des Gepäckraums um, die jetzt zu ihrem Entsetzen geschlossen war.

»Keine Sorge«, beruhigte sie der Mann, »Sie werden nichts brauchen. Sie bekommen eine vollständige Ausrüstung von uns.«

»Sie verstehen nicht. Da drinnen ...« Bei dem Gedanken an Emil, der dort in der Hitze eingeschlossen war, blieben ihr die Worte im Hals stecken. Der Busfahrer war nirgends zu sehen.

»Ihr Portemonnaie?«

»Nein.«

»Ausweis ... Handy?«, fragte der junge Mann mit einer Handbewegung, als würde er sich ein Telefon ans Ohr halten.

Edna schüttelte stumm den Kopf. Es kam ihr vor, als hätte sie diese Situation schon einmal erlebt. Und es war kein angenehmes Gefühl.

Der junge Mann beugte sich näher zu ihr und sagte, jetzt etwas leiser, in vertraulichem Ton: »Lebenswichtige Tabletten ... Irgendein Medikament ...«

»Gewiss nicht. Ich bin vollkommen fit, junger Mann.«

»Natürlich«, erklärte er zufrieden. »Sonst hätten Sie sich ja nicht für die Piratentour angemeldet.« Lächelnd hakte er sie unter und führte sie zu einem weißen Gebäude.

Bevor Edna etwas erwidern konnte, liefen sie schon über einen mit einem Gummiboden ausgelegten Flur.

»Sie werden sehen, das wird ein phantastisches Erlebnis. An dieser Stelle ist der Fluss auch nicht so wild. Obwohl es beim

Rafting immer zur Sache geht. Deswegen die Ausrüstung. Und ... Respekt, dass Sie sich das zutrauen.«

Er öffnete eine Tür und schaute hinein. »Ich hab euch die Oma mitgebracht!«, verkündete er. Ein Dutzend halbbekleidete Menschen sahen sie mit erstaunten Gesichtern an. »Kommen Sie«, ermutigte er Edna, bahnte ihr einen Weg durch die Leute und schob sie in die Mitte des Umkleideraums, »Abfahrt in zehn Minuten!«

Edna rückte die Brille zurecht und räusperte sich. Sie hob zum Gruß die Hand und verzog die Lippen zu einem Lächeln. Zehn Hände grüßten zögernd zurück, einige Kinder kicherten leise.

An der Bank mit der Ausrüstung zeigte der junge Mann ihr voller Stolz den Helm, den Neoprenanzug und die Rettungsweste, die sie in der Taille und an den Schultern gut festzurren sollte. Danach zählte er noch einige andere Dinge auf, die dem Ton seiner Stimme nach sehr wichtig sein mussten, aber da hörte sie schon nicht mehr zu.

Anscheinend war sie sehr überzeugend gewesen. Sie hatte immer genickt und ihm dabei direkt in die Augen gesehen – nur wer lügt, schaut weg –, aber als der junge Mann sich endlich mit einem ermutigenden Schulterklopfen verabschiedete, seufzte Edna doch erleichtert auf.

In genau umgekehrter Reihenfolge legte sie Rettungsweste, Neoprenanzug und Helm wieder ab, wandte sich zu den russischen Touristen um, die sie nur stumm mit großen Augen anstarrten, verabschiedete sich mit einem hastigen »Dann auf Wiedersehen« und ging auf den Flur zurück.

Sie wollte jetzt nur noch schnellstmöglich raus und zu Emil.

Doch der Parkplatz, auf dem der Bus gestanden hatte, war leer.

»Emil!«, rief sie. Mehr brachte sie nicht heraus. Ihr Atem ging schnell, ihre Knie zitterten. Eisige Kälte breitete sich in ihr aus.

Denk nach, Edna, denk schnell nach. Jacob, ich verspreche dir, ich bring dir Emil zurück.

Der Mann, der immer noch mit dem Ausladen der Kisten beschäftigt war, nahm seine Arbeit mit gesenktem Kopf wieder auf, sobald Edna bemerkte, dass er sie beobachtete. Sie hingegen musterte ihn lange. Er trug einen blauen Arbeitskittel, einen Strohhut, klobige, schlammverkrustete Schuhe und hatte einen struppigen grauen Bart. Von so einem Mann konnte man sich ruhig einen Rat holen.

»Entschuldigung, haben Sie hier einen Bus wegfahren gesehen? Wissen Sie, wo der hinwollte?«

Der Mann runzelte die Stirn. »Sie sind doch eben aus dem Gepäckraum gekrochen, oder?«

Schnell lief Edna die kleine Eingangstreppe hinunter zu dem Mann. Das hatte ihr jetzt gerade noch gefehlt, dass er ihre Angelegenheiten laut über den ganzen Platz herausschrie.

»Dort im Gepäckraum ist etwas sehr Wichtiges. Ich muss es mir wiederholen.« Jetzt konnte sie sehen, was in den Kisten war: Honiggläser. Auch der Mann duftete nach Honig.

»Hm, wenn er nicht hier steht, holt er die anderen wieder unten im Tal ab. Welche Tour haben Sie denn gebucht?«

Edna erinnerte sich, was der junge Mann gesagt hatte. »Eine Piratentour für Familien.«

Der Mann dachte einen Moment nach. »Die dauert höchstens eine Stunde. Manchmal auch zwei, wenn Zwischenstopps eingelegt werden. Der Bus ist gerade erst weggefahren, wenn Sie schnell sind, können Sie ihn vielleicht noch einholen. Oder fragen Sie die Jungs da drin.«

»Ich bin zu Fuß …« Sie hatte nicht die geringste Absicht, noch einmal mit dem Struwwelpeter im roten T-Shirt zu reden.

»Sind Sie allein hier? Ich meine, weil Sie die Familientour gebucht haben …«

»Ich bin zusammen mit Emil hier, meinem Papagei, der im Gepäckraum geblieben ist. Es geht um ihn, ich muss ihn wiederbekommen.«

Der Mann hatte eine Hand in die Hüfte gestützt und seufzte. Dann nickte er.

Vielleicht hatte sie ihn ja überzeugt, dachte Edna, und schöpfte leise Hoffnung.

»Wollen Sie wirklich mit Ihrem Papagei zum Rafting?«

Edna seufzte. »Ich muss ihn nur wiederfinden. Ich mache kein Rafting. Und er auch nicht.« Traurig sah sie zu der Kurve, hinter der Emil verschwunden war.

»Er ist meine Familie«, flüsterte sie.

Der Mann sah sie durchdringend an.

»Ich habe ja nicht viel begriffen, gute Frau. Aber wenn Sie möchten und Ihnen das so wichtig ist, können wir es mit meinem Transporter versuchen.«

»Im Ernst?«

Er nahm den Strohhut ab und drückte ihn stolz an die Brust.

»Wenn Sie sich ein wenig zusammenkauern und keine Angst vor Geschwindigkeit haben …« Lächelnd öffnete er die quietschende Tür seines kleinen Fahrzeugs.

32

Der Bienenzüchter

»Sie wollen also nach Ravensburg?«, fragte der alte Mann, der Isaak hieß. Er musste schreien, um das Knattern des Motors und den Fahrtwind zu übertönen.

Edna nickte. Sie saßen eng aneinander gedrängt in einer glühend heißen Klapperkiste, die so schwankte, dass einem übel werden konnte. Den Bus der russischen Touristen (grüne Seitenwand, weißer Streifen, orangefarbene Blüte) konnte sie nirgendwo entdecken. Viele Fahrzeuge, große wie kleine, überholten die Klapperkiste und blinkten, um auf die andere Spur zu gelangen. Einige glichen zwar in Größe und Farbe ihrem Bus und hatten ebenfalls dunkle Fensterscheiben, aber der, nach dem sie so verzweifelt suchte, war nicht darunter.

»Können Sie bitte ein bisschen schneller fahren?«

»Gute Frau, wir sind hier nicht in Deutschland, wo es auf der Autobahn keine Geschwindigkeitsbeschränkungen gibt. Hier gibt es schon welche, und nicht zu knapp.«

Edna wollte sich damit nicht abfinden.

»Sie sind sicher, dass wir den Bus im Tal finden, oder?«

Der Mann umklammerte das Lenkrad fester und zuckte mit den Schultern. »Wahrscheinlich, gute Frau. Höchstwahrscheinlich. Aber nichts ist hundertprozentig sicher.« Er wandte sich ihr mit einem offenen Lächeln zu, das auch seine Augen erfasste.

»Schön für Sie, dass Sie darüber lachen können«, schrie Edna über den Wind hinweg, der ihre Haare peitschte.

»Verzeihen Sie, aber in unserem Alter lernt man doch, nicht alles so ernst zu nehmen.«

Bei der Vorstellung, dass Emil dort allein im Gepäckraum hockte, im Dunkeln, ohne frische Luft, drehte sich Edna der Magen um. Ihre Sorge war nun wirklich nicht übertrieben.

»Produzieren Sie den Honig selbst?«, fragte sie und deutete auf die Kisten mit den Gläsern, die auf der offenen Ladefläche hinter der Fahrerkabine festgezurrt waren.

Isaak nickte. »Ich habe ein junges Bienenvolk, und es läuft gut. Alle sind flink und sehr arbeitswillig. Den Honig verkaufe ich an die Souvenirläden oder in Bars.«

Edna verstand ein wenig von Bienen. Sie erinnerte sich an die Zeit, als sie und Anja nach den Bienenstöcken sehen mussten und dabei riskierten, von den giftigen Stacheln gestochen zu werden. Einen Moment lang fragte sie sich, was aus den Schwabenkindern geworden war. Was aus Anja geworden war, ob sie wirklich im Kornspeicher erstickt war. Und Bastian? Sie fragte sich nicht zum ersten Mal, was »danach« mit ihm passiert war. Schließlich hatte sie irgendetwas voneinander getrennt. Vielleicht die Mauer aus bröckelnden Steinen, die sie wieder vor sich gesehen hatte, als Priska diesen ... »Zauber« veranstaltet hatte. Die Mauer, hinter die sich das Mädchen Edna immer noch duckte, in der Hoffnung, sie könne sich dahinter verstecken.

Schuldete sie Bastian etwas? Oder hatte er ihr etwas genommen?

»Der Honig ist bestimmt sehr gut«, sagte sie, um die Gedanken zu vertreiben, und sah hinaus auf die blühenden Felder.

»Mein voriges Volk ist erfroren. Das war ein harter Schlag für mich. So etwas ist mir in den vergangenen fünfzig Jahren noch nie passiert. Aber wir hatten auch extreme Minusgrade. Wer hätte so etwas je für möglich gehalten.«

»Das tut mir sehr leid.« Edna sah einen Moment lang Hunderte tote Bienen vor sich, die kleinen Körper zusammengekrümmt, die empfindlichen Fühler eingerollt. »Aber jetzt sind Ihre Bienenstöcke wieder voller Leben, und Sie können neu beginnen«, meinte sie ermutigend.

»So läuft es nun mal«, sagte Isaak entspannt. »Manche Leute behaupten ja, das Leben werde daran gemessen, was man erreicht hat. Ich glaube jedoch, es ist alles im Fluss und Werden, wie in einem Bienenstock, wo Leben und Tod eng beieinander liegen. Finden Sie nicht auch? Zum Beispiel die Bienenkönigin. Heute ist sie Königin. In zwei Wochen beschließt das Volk vielleicht, sie zum Wohl aller durch eine andere zu ersetzen. Alles in allem ist der Gedanke doch tröstlich: Wo etwas endet, beginnt das Neue, und was zuweilen grausam erscheint, geschieht manchmal, um Gutes zu bewirken. Nur eins ist wichtig, Frau Edna, man darf nie stehen bleiben. Und ich glaube, dass Sie diese Lektion gut gelernt haben.«

Er lachte laut und herzlich.

»Wir werden Ihren Emil schon finden. Aber warum sind Sie denn mit einem Papagei unterwegs?«

»Wir wollen einen Freund besuchen. Jacob Kneip.« Zum ersten Mal nannte Edna seinen Vor- und Nachnamen, und allein schon das verlieh ihr Kraft. Es war etwas Konkretes, Reales. Wie die Luft um sie herum, die nach Benzin roch.

»Den Namen habe ich schon mal gehört«, sagte Isaak und kniff die Augen zusammen, während er sich zu erinnern versuchte. »Jacob ... Kneip ...«

»Die Zeitungen haben über ihn berichtet. Wegen des Unwetters und des Erdrutsches ...«

»Ja, jetzt wo Sie es sagen ... Aber da war noch etwas. Erst gestern ...«, murmelte er und suchte weiter angestrengt in seinem Gedächtnis.

Edna fragte sich gerade, was zum Teufel Isaak wissen konnte, als links neben ihm ein grüner Bus mit einem weißen Streifen vorbeizog, der die Klapperkiste bei weitem überragte. Eine Wand, die in einer orangefarbenen Blüte endete.

»Das ist er, Herr Isaak! Das ist unser Bus!«

»Perfekt, was habe ich Ihnen gesagt?«

»Fahren Sie schneller!«

»Schneller geht nicht, Frau Edna.«

»Die Scheinwerfer, blenden Sie das Licht auf!«

»Die sind kaputt.«

Edna fuhr herum und begegnete seinem zerknirschten Blick. »Na ja, einer ...«, entschuldigte er sich.

»Dann treten Sie aufs Gas, Isaak! Oder wollen Sie, dass ich es tue?«

»Das ist Männersache, Edna! Dieser Flitzer hier hat noch ein paar PS in Reserve«, sagte er, den Blick fest auf die Straße gerichtet, die Zungenspitze zwischen den Lippen.

Edna beobachtete, wie sein Fuß entschieden auf das Gaspedal trat, und sie spürte einen Ruck, der sie aber nur wenig vorwärtsbrachte. Nur ein kurzes Schnauben. Nicht das laute Röhren, das es wahrscheinlich brauchte, damit sie diesen verdammten Bus einholten.

Ein Wagen, der sich zwischen sie und den Bus geschoben hatte, überholte diesen problemlos. Nun konnte Edna das Heck des Reisebusses sehen.

»Dort unten ist Emil!«, rief sie und zeigte auf die grün lackierte Wand mit der Blüte. »Im Gepäckraum.«

Sie kurbelte das Seitenfenster ganz herunter und lehnte sich hinaus. Der Fahrtwind drückte sie so heftig nach hinten, dass sie beinahe ihre Brille verloren hätte.

»Was machen Sie denn da?«, hörte sie wie aus der Ferne Isaaks Stimme. Er klang ernsthaft besorgt. »Haben Sie keinen

Schal oder ein T-Shirt oder so etwas dabei? Sie können sich doch schlecht selbst schwenken, um auf sich aufmerksam zu machen.«

Als Edna den Kopf zurückzog, standen ihr die Haare vom Kopf ab wie die Schlangen auf dem Haupt der Medusa.

»Alles, was ich besitze, ist in dem Rucksack auf Emils Transportkäfig.« Auch ihre Karte, erinnerte sie sich, und bei dem Gedanken wurde ihr ganz heiß. Und die Ingwerpastillen.

»Schauen Sie mal da unter dem Sitz nach«, sagte Isaak, der sich ganz aufs Fahren konzentrierte und dabei weit übers Lenkrad lehnte, als könnte er in einer möglichst aerodynamischen Stellung die Klapperkiste beschleunigen.

Edna kramte unter dem Sitz. Ihre Finger ertasteten Stoff. Als sie ihn hervorholte, brauchte sie einen Moment, um das Bild auf dem Banner ganz zu erfassen

»Eine Frau ... im Bikini ...«, stammelte sie verwirrt und versuchte, einen Sinn in dem zu erkennen, was sie da sah. Die Frau hatte einen Löffel mit Honig zum Mund geführt und schleckte ihn mit einem Augenzwinkern ab. Eine zweite Frau stand daneben und warf ihr einen anzüglichen Blick zu. Sie trug ein sehr kurzes und eindeutig zu knappes Dirndl. Der Löffel mit dem Honig war wirklich das Unauffälligste am ganzen Bild.

»Haben Sie noch nie etwas von Marketing gehört, Frau Edna?« Die Klapperkiste schien jetzt tatsächlich in Fahrt gekommen zu sein. Alles vibrierte: der Boden unter ihren Füßen, die Plastikteile des Armaturenbretts, die Türen. Selbst Isaaks Stimme vibrierte im Gleichklang mit den Schwingungen, die sich vom Lenkrad auf seine Arme in dem aufgekrempelten Karohemd übertrugen. »Regel Nummer eins: immer auf der Höhe der Zeit sein. Regel Nummer zwei: den Bekanntheitsgrad steigern. Regel Nummer drei: die Botschaft einfach, aber effizient vermitteln. Regel Nummer vier: sich von anderen abheben!«, rief er stolz. »Los, schwenken Sie schon das Banner.«

Sie waren schon fast auf gleicher Höhe mit dem Bus. Jetzt waren auch Isaaks Haare vollkommen vom Wind zerzaust. »Machen Sie schon, Edna, für Ihren Emil!«, brüllte er und umklammerte das Lenkrad noch fester.

Edna streckte einen Arm aus dem Fenster und hielt die Seiten des Banners gepackt, das im Wind flatterte und an ihr zerrte wie die Schnur eines Luftballons.

»Schaffen Sie es?«

»Schneller, Isaak.«

Isaak drückte das Gaspedal bis zum Boden durch und nutzte es aus, dass die Straße jetzt abschüssig war.

Der Bus neben ihnen war so hoch, dass Edna noch nicht einmal die Seitenfenster sehen konnte. Doch schließlich drehte sich der Fahrer zur Seite und starrte sie durch seine dunklen Brillengläser an.

Isaak streckte den Arm aus dem Fenster und winkte heftig, während er mit der anderen Hand auf die Hupe drückte, die quäkende Laute von sich gab wie eine heisere Gans.

Der Busfahrer hinter der rauchglasgetönten Scheibe nahm langsam die Sonnenbrille ab und musterte sie von oben bis unten, er kniff die Augen zusammen, um sich zu vergewissern, dass er richtig sah.

Isaak und Edna lachten laut, umarmten einander jubelnd und schwenkten Arm und Banner noch heftiger.

Sie hatten es geschafft. Emil war gerettet.

33

Das Glas Honig

»Sie wissen schon, dass ich Sie jetzt eigentlich bei der Polizei anzeigen müsste?«

Edna und Isaak standen vor dem Busfahrer. Isaak blickte schuldbewusst, Edna hingegen sah ihm stolz ins Gesicht, während sie überlegte, ob er seine Drohungen wahrmachen würde. Senke niemals den Blick vor einem Struwwelpeter, selbst wenn du nicht wissen kannst, ob er eine Belohnung oder eine Strafe für dich bereithält.

»Jetzt nehmen Sie schon den Kasten«, seufzte der Mann schließlich und schob sich die Brillenbügel ordentlich hinters Ohr. »Und viel Glück.«

Nachdem Isaak dem Busfahrer noch ein Glas Honig und seinen Flyer gegeben hatte, stiegen sie wieder in die Klapperkiste.

Edna schenkte er zum Abschied auch ein Glas (ein perfektes Geschenk für Adele). Außerdem ein paar Flyer mit dem Kommentar, dass er sich freuen würde, wenn sie diese unterwegs verteile. Edna versenkte sie ganz unten in ihrem Rucksack. Den Honig nahm sie jedoch gern. Kastanienhonig, das war ihre und Adeles Lieblingssorte.

Isaak hatte angeboten, sie bis zur Abfahrt nach St. Anton mitzunehmen. Er kannte die Betreiber eines Restaurants mit angeschlossener Bar und sah darin eine gute Gelegenheit, »den Kundenkreis zu erweitern«.

Als Edna nun den wolkenlosen Himmel betrachtete, fühlte

sie sich ganz von diesem intensiven Blau erfüllt. Sie wünschte sich nichts mehr, als ihre festen Schuhe auf den Boden zu setzen und endlich ihren Weg weiterzulaufen.

Emil war in Plauderlaune. Auf der ganzen Fahrt mit Isaak hatte er keinen Pieps von sich gegeben und so stillgesessen, als wäre er ausgestopft. Aber seit Edna und er allein waren, ließ er seine Stimme ertönen, zunächst noch etwas heiser, aber nachdem er sie mit dem üblichen »Guten Morgen!« geschmeidig gemacht hatte, klang sie bald kräftiger und schriller.

»Wir sitzen ganz schön in der Patsche, mein hässliches, zerrupftes Vogelvieh.«

Während der Transportkäfig über den weißen Kies rollte, der einen breiten, bequemen Teilabschnitt des Weges bedeckte, hatte Edna wieder Zeit, an Jacob zu denken, und plötzlich fiel ihr ein, dass sie Isaak nicht mehr gefragt hatte, was er denn über ihn erfahren hatte. Als sie sich noch einmal nach dem alten Mann umdrehte, waren da nur noch eine Staubwolke und eine immer kleiner werdende feuerrote Klapperkiste am Horizont.

Zu ihrer Linken floss mit wilden Rauschen die Rosanna, und die Berge nahmen sie freundlich auf, wie in einer Umarmung, die nach Wasserpflanzen und Moos roch. Eigentlich passte alles. Emil und sie waren wieder vereint, die Luft war mild und trug Blütenduft zu ihr. Wohin sie auch schaute, überall entdeckte sie etwas, an dem sie sich erfreuen konnte: den üppig an den feuchten Ufern des Baches wuchernden Sauerampfer mit seinen breiten Blättern, dazwischen die hohen violetten Stängel des Schmalblättrigen Weidenröschens. Bartnelken. Tausendgüldenkraut, Waldstorchschnabel und ihre geliebten Goldknöpfchen. Aus dem Wasser ragten große, mit einer weichen Moosschicht überzogene Felsen, an denen sich das Wasser weiß schäumend auf seinem Weg ins Tal brach.

Kies gab es nun fast keinen mehr. Grasbüschel und kleine spitze Steine, scharf wie Feuersteine, ragten in einer langen Linie aus dem Boden, die den Weg in zwei Spuren teilte. Die Transportkiste rollte gut und hielt mit ihr Schritt. Edna sog ihre Umgebung in sich auf. Christdorn. Ein Schmetterling mit braunen, gelb umrandeten Flügeln. Noch eine Kurve und das wilde Rauschen des Bachs.

Ab und an eine Bank und ein hölzernes Tabernakel, das als Kreuzwegstation diente. Edna widerstand der Versuchung, sich zu setzen, weil sie wusste, dass ihr das Aufstehen danach umso schwerer fallen würde.

Edna hoffte, dass Emils Transportkäfig den Kampf gegen die unter einer Laubdecke verborgenen Steine und die Wurzeln, die wie Krallen aus der Erde ragten, gewinnen würde. Manchmal waren sie nicht im Voraus auszumachen, und sie befürchtete, dass ihre scharfen Kanten die Rollen beschädigen könnten. Dann musste sie fest am Griff zerren und sich anstrengen, damit die Kiste nicht umkippte.

Je höher sie stiegen, desto schlimmer wurde das Schwindelgefühl, das einen klebrigen Schweißfilm auf die Hände legte. Dort, wo der Weg nicht mit Seilen gesichert war, hatte sie solche Angst, auszurutschen, den Kasten umzukippen oder Emil durch eine falsche Bewegung in die Tiefe zu stürzen, dass sich ihre Muskeln schmerzhaft verkrampften. Sie hatte nun weder die Zeit noch die Kraft, sich an Pflanzennamen zu erinnern. Es ging nur noch darum, voranzukommen, einen Schritt weiter, nur einen Schritt, bei dem ihr der Haltegriff so heftig ins Fleisch schnitt, dass es ihr das Wasser in die Augen trieb.

Was hatte Adele gesagt? Sie würde den Erfolg der Reise aufs Spiel setzen und aus purem Egoismus Emil hinter sich her schleifen, ihn den wilden Attacken von Raben aussetzen, den Gefahren unbekannter Wälder, der Hitze und der Gefangenschaft in einem zu engen Käfig oder dem Risiko, davonzufliegen und sich zu verirren.

Sie hatte ihr Versprechen an Jacob nicht gehalten. In gewisser Weise hatte sie sogar Adele verraten, als sie vor ihr weggelaufen war. Dabei hatte Adele ihr doch nur helfen wollen und arglos nach dem Saft gesucht, nach dem Edna nur gefragt hatte, um auch sie zu hintergehen.

Was sie wohl gerade machte? Edna stellte sich Adeles Gesicht vor, als sie entdeckte, dass sie sich allein davongemacht hatte, und nahm sich erneut vor, sich nach der Rückkehr bei ihr zu entschuldigen. Sie würde ihr erklären, dass sie wirklich zu schätzen wusste, was sie getan hatte, aber dass sie diese Angelegenheit allein zu Ende bringen musste. Das hier war kein Urlaub oder Ausflug. Auch wenn Edna sich gewünscht hätte, es wäre so.

Ob Adele ihre Entschuldigung annahm?

Edna setzte sich mit dem Rücken zum Wildbach auf die moosigen Felsen, die sich auf einer kleinen Lichtung zwischen den Kiefern aufeinandertürmten. Sie brauchte jetzt dringend eine Ingwerpastille.

Sie löste den Rucksack von der Transportkiste und wühlte hastig darin herum.

Jacob, Adele. Und Emil. Würde sie sich um die kümmern können, die sie liebte? Ohne sie zu verraten?

Und wenn wir allmählich dem immer ähnlicher werden, was wir am meisten fürchten?

Und wenn diese ganze Reise am Ende doch nur das Resultat ihres Egoismus war? Ihrer Unfähigkeit, um Hilfe zu bitten und sich helfen zu lassen?

Es war kälter geworden, die Luft, die von den Gipfeln herabwehte, ließ sie erschauern. Vermutlich gab es auf dieser Seite des Berges auch im Sommer nur wenig Sonne. Alles, was sie tun musste, war weiterzumarschieren.

Schon nachdem sie die ersten Wegbiegungen hinter sich gelassen hatte, blieb sie stehen. Schweiß stand ihr auf der Stirn, verklebte ihre Haare, lief ihr in kleinen Rinnsalen den Rücken hinab. Ihr Herz hämmerte. Keuchend hielt sich Edna an einem Baumstamm fest und konzentrierte sich auf ihren Atem. Aber der Weg, der vor ihr lag, bestand aus nichts als steilen Anstiegen, Staub und Schlaglöchern, Steinen und Wurzeln, die sie zu Fall bringen konnten. Trittstufen aus Stein, Holz und Wurzelwerk.

Der Bach hatte ihr eine Strecke lang Gesellschaft geleistet. Dann hörte sie, wie sein Tosen leiser wurde, bis es nur noch ein fernes Hintergrundrauschen war, das sie an den Silberglöckchentanz von Regentropfen auf einer Fensterscheibe erinnerte.

Dann wurde es plötzlich still. Sie stand nun auf einer Lichtung, auf der Farne und eine so bunte Vielfalt an Blumen wuchsen, dass sie sich vorstellen konnte, immer noch in ihrem Garten zu sein und auf Adele zu warten, die ihr wie jeden Donnerstag ihre Ausgabe des *Stern* bringen würde.

Nach dem Zwischenfall mit den Raben ließ Edna Emil nicht mehr frei. Sie wusste aber, dass er ebenso erschöpft war wie sie und dass seine zerbrechlichen Röhrenknochen, die genauso alt waren wie ihre, es bitter nötig hatten, sich zu strecken und von der holprigen Fahrt zu erholen, auf der die Rollen der Kiste ständig an den Steinen hängen blieben.

Bei dem letzten Stein, über den sie selbst gerade gestolpert war, blieb Edna stehen. Sie hob ihn auf und wischte mit der Hand den roten Staub weg, so wie Priska es ihr gezeigt hatte. Aufmerksam betrachtete sie die raue, von Adern durchzogene Oberfläche mit den scharfen Kanten, konnte allerdings weder eine Botschaft noch einen Rat ausmachen.

Der Weg war an einigen Stellen so schmal, dass der Transportkäfig nur knapp Platz darauf hatte. Und sie schaffte es kaum, ihn im Gleichgewicht zu halten. Die knorrigen Wurzeln und die Steine, die aus der Erde ragten, brachten ihn dort, wo es steil aufwärts ging, gefährlich ins Wanken. Dann durfte sie nur stur geradeaus schauen und musste den Stock fest umklammern, um sich schwungvoll damit abzustoßen. Eine der Rollen drehte sich inzwischen langsamer. Ob sie die Kiste lieber hier auf dem Weg zurückließ? Aber dann wäre Emil schutzlos der Neugier der Raben oder schlimmerer Raubvögel ausgesetzt, und sie müsste ständig aufpassen, dass ihn kein plötzliches Geräusch erschreckte und von ihrer Schulter vertrieb. Außerdem würde es Jacob bestimmt freuen, den alten Transportkäfig wiederzuhaben und zu wissen, dass sie ihn die ganze Zeit für ihn aufbewahrt hatte.

Edna war müde. Der Wald schien kein Ende zu nehmen, und der Weg stieg immer steiler an. Sie wusste nicht, wann ihre Kräfte erschöpft sein würden. Oder ob die Verzweiflung sie umbringen würde, bevor sie ihr Ziel erreichte.

Immer wieder sagte sie sich, dass der Gipfel hinter der nächsten Kurve liegen könnte. Oder wenigstens nach diesem Felsvorsprung.

Emil rief nach ihr, und sie antwortete ihm. Dabei dachte sie an Jacob, an den Hof. An ihre Eltern, die sich kennengelernt hatten, als ihre Mutter noch ein junges Mädchen gewesen war und frisch verwaist. Sie war die Tochter eines italienischen Arbeiters, der zusammen mit einer Kolonne von Männern und Maschinen ins Tal gekommen war, um die Straße zu reparieren. Ednas Vater war damals bereits ein älterer Mann, der als Witwer seinen Sohn allein großziehen musste. Edna hatte sich oft gefragt, wie die beiden sich kennengelernt hatten und was sie eigentlich verbunden hatte. Sie passten so gar nicht zusammen, deswegen lebten sie wohl auch abgeschieden auf einem Hügel außerhalb des Dorfs, weit weg vom Gerede der anderen. Sogar was die Statur, die Haut- und Haarfarbe anging, unterschieden sie sich stark. Und all ihre gegensätzlichen Eigenschaften waren in Edna vereint. Es war das Erbe, das ihre Eltern ihr hinterlassen hatten. Später, als die Faschisten an die Macht kamen, durfte Edna die Sprache ihres Vaters nicht mehr sprechen. Diese Jahre, in denen ihre Eltern nicht mehr miteinander redeten, das mit Leere angefüllte Schweigen, nachdem er den Krug gegen die Wand geworfen hatte – den einzigen Gegenstand, der ihrer Mutter gehört hatte. Edna wusste nicht, woher er stammte. Vielleicht war er tatsächlich ein Geschenk der Anguanen gewesen, der Flussnixen, wie ihre Mutter behauptete. Oder sie hatte ihn in dem kleinen Koffer mit ins Haus gebracht. Wenn sie es recht bedachte, war ihre Mutter zum Zeitpunkt ihrer Heirat noch sehr jung gewesen. Sie hatte den Krug nicht mehr geklebt. Wenn etwas erst einmal entzwei war, so sagte sie, würde es niemals mehr so werden wie früher. Und Edna hatte ihr geglaubt, viele Jahre lang. So lange, bis sie sogar vergaß, wie man Schürfwunden an den Beinen heilen konnte. Wenn sie auf einer Wiese getollt und sich die Knie aufgeschlagen hatte, hatte sie die Wunden nicht mehr mit Johanniskrautöl behandelt, sondern einfach abgewartet, bis sich eine dicke Kruste bildete, die sie dann irgendwann morgens im Bett fand. An ihrer Stelle war nun ein Fleck härterer Haut, eine Art Schwiele, die nie mehr ganz verschwand und die im Sommer nicht braun wurde. Das war lustig, denn man konnte auch mit dem Fingernagel darüber kratzen, und es brannte nicht; die Haut war anders, runzlig. Gefühllos, unempfindlich selbst gegenüber zärtlichen Berührungen. Ihre Mutter hatte recht: Was einmal entzwei war, konnte man nicht mehr richten. Sollte sie das auch jetzt beherzigen? Umkehren, einen anderen Weg suchen? Es wäre alles so viel einfacher. Und selbst wenn sie es bis nach Ravensburg schaffte, wie konnte sie so sicher sein, dass Jacob sich darüber freuen würde, sie wiederzusehen?

Als der Weg auf einer asphaltierten Straße herauskam, konnte Edna endlich wieder frei durchatmen, während sie sich fragte, was das für eine Gestalt war, die dort inmitten von riesigen Reisigbesen aus der schwarzen Erde ragte. Eine Hexe: Gesicht und Krallenhände berührten den Boden, als würde sie dort feststecken. Edna erinnerte sich an die Legenden, die sie als Kind über die Hexen von Stiegenegg gehört hatte, die Kinder raubten und sie in engen Felsspalten versteckten. Geschichten, die ihr damals Angst eingejagt hatten. Jetzt freute sie sich darüber, dass die Welt sie nicht vergessen hatte (obwohl Padre Gianni darüber sicher erbost gewesen wäre, denn er hielt es für Aberglauben der einfachen Leute und hatte alles getan, um ihn Edna auszutreiben). Selbstverständlich war die Hexe so echt wie Falschgeld, aber Edna bewunderte ihr unförmiges, riesiges Gesicht, das dem glich, das sie sich in Regennächten ausgemalt hatte, wenn sie dem Wind in den Zweigen und Martins Stimme lauschte – Martin, ihr Halbbruder, der Einzige, der sie angenommen und ihr ein Gefühl von Zuhause vermittelt hatte –, wenn er erzählte und dabei das Rufen der Käuzchen und das gruselige Lachen der Hexen nachahmte.

Die Erinnerungen, der würzige Geruch des Feuers und der vertrauten Dinge verdunsteten wie Tau in der Sonne, als Edna nach oben blickte. Ein blauer Pfeil mit einer weißen Spitze (goldene Strahlen, immer dasselbe Symbol, das ihr aber nichts sagte) zeigte den Weg an: Die Richtung war eindeutig. Aber angesichts der steilen Treppe aus Stein verschlug es ihr den Atem.

Vor den Stufen – zehn Zentimeter hoch, rauer, poröser Stein, Holzbalken als Handläufe, sehr robust – wurde Edna klar, dass sie sich etwas einfallen lassen musste.

Sie sah von der Transportkiste zur Treppe. Seufzend nahm sie alle verbliebenen Kräfte und jeden Funken Mut zusammen.

Es gab keine andere Möglichkeit. Edna setzte Emil auf ihre Schulter, nachdem sie ihn ermahnt hatte, brav zu sein, stopfte den Rucksack in die Kiste und begann mit dem Aufstieg. Sie hielt den Blick auf die Treppe gerichtet, nur manchmal sah sie nach oben zum Himmel zu den drohenden Wolken, während sie sich zwang, nicht an Adeles Worte zu denken.

Ab und zu schwankte der Kasten gefährlich und schrammte über den Fels, aber es ging nicht anders.

»Du wirst das schon verstehen, Jacob. Außerdem war sie auch nicht schöner, als wir sie damals gefunden haben.«

Der Schmerz bohrte sich wie Stacheldraht in ihre Wade. Nun musste Edna bei jeder Stufe innehalten. Und sie erinnerte sich. An die anstrengende Arbeit auf den Feldern. An die Angst. An den Schuppen. Sie hatte all das überlebt, die Einsamkeit und das Heimweh.

Jacob hatte es immer gewusst: Wenn du so stark bist, dass du auch nur eine Sache tust, die du für unmöglich gehalten hast, dann ist nichts mehr unmöglich. Und sie, würde sie es über diesen Berg schaffen, dessen Gipfel sich mit jedem Schritt immer weiter entfernte?

Edna stürzte. Stand wieder auf. Ihr Ellenbogen brannte wie Feuer.

Nach so langer Zeit spürte sie wieder, wie es sich anfühlte, wenn sich die schmerzliche Leere der Einsamkeit um dich legte und dich in die Tiefe zog.

In der Nacht schlief sie auf der hölzernen Plattform vor einer Kapelle, die am Ende der Treppe aufgetaucht war. Ein alter Steinbau, das Spitzdach mit grauen Holzschindeln gedeckt. Edna mochte eigentlich weder Votivtafeln noch die dumpfe Luft, die aus dem Inneren drang. Aber sie war zu müde, um sich daran zu stören.

Sie nahm Jacobs Foto aus dem Rucksack und stellte es auf eine Bank, dicht an der Armlehne, wobei sie darauf achtete, dass es stehen blieb, ohne dass sie Ränder oder Ecken umknicken musste. Den Holzsplitter des heiligen Chistophorus hatte sie gegen die Steinmauer gelehnt, neben ihre Karte, genau einen Schritt entfernt, genau im rechten Winkel zueinander.

Auf der Rückseite der Karte waren immer noch Jacobs Kritzeleien und ihre Korrekturen zu sehen. Sie hatte damals zumindest ihren Namen schreiben können. Und so war es an ihr gewesen, Jacob beizubringen, was die Buchstaben bedeuteten und wie man mit einem Bleistift den Klang der Worte einfangen konnte.

Er hatte sich so bemüht, dass er schließlich nicht nur den eigenen Namen, sondern auch die Namen von den Dingen schreiben konnte, die ihm unterkamen. Sie hatten zusammen gelacht, wenn die Mitlaute durcheinandergerieten. Und die Blätter versteckt, ehe ein anderes Kind sie dabei ertappte.

Das war ihr Geheimnis. Alle auf dem Hof hatten ein Geheimnis, hatte Jacob gesagt.

Aber er wusste nicht, wie schrecklich ihres war, das sie vor ihm verbarg.

Der Schuppen

Edna hatte Zugang zu dem Verschlag für die gerupften Gänse, der sich in einem Teil des Hofes befand, um den alle einen Bogen machten. Und Jacob, der die ganze Zeit nur von Emil und ihrem späteren Leben draußen redete, hatte ihr etwas aufgetragen: Sie sollte sich um den Papagei kümmern und ihm jeden Tag zu fressen und frisches Wasser bringen.

Jacob selbst gelang es nur selten, sich in den Verschlag zu schleichen. Dann holte er Emil heraus und trug ihn zum Schuppen, wo er ihn fliegen ließ und ihm kleine Kunststücke beibrachte, um aus dem Paradiesvogel ganz nach seinen Vorstellungen eine wahre Attraktion zu machen.

Seit einigen Tagen hatte Jacob seinen Emil nicht mehr besuchen können, da ihm etwas Schlimmes zugestoßen war. Schon bei dem Gedanken daran lief ihr ein Schauer den Rücken hinab. Ein Hilfsarbeiter hatte ihn von der Baustelle zurückgebracht und einfach abgelegt, hatte auf den Boden gespuckt und war wortlos gegangen.

Die Männer hatten Jacob in seinem rot verfärbten Hemd vor den Stallungen liegen lassen. Blut quoll zwischen seinen Fingern hervor, die er sich gegen die Augen drückte, und tropfte auf die Erde. Jacob presste, so gut er konnte, um den roten Fluss zu stillen.

»Ich habe auf der Baustelle die Schleifmaschine benutzt, um die Ecken eines Blechs abzurunden. Von dem ist auf einmal ein Splitter geflogen, und ich glaube, er steckt immer noch hier drin«, hatte er gesagt und auf das linke Lid gezeigt. Seine Finger, die es verdeckten, zitterten. »Aber ins Auge ist er nicht geraten, oder doch?« Jacob hatte sie stumm durch die blutigen Hände angestarrt, und Edna hatte sie mit angehaltenem Atem beiseitegeschoben. »Na gut, vielleicht war der Splitter auch etwas größer ... Ach Edna, jetzt komm schon, sag etwas!«

Jedes Mal, wenn Edna daran zurückdachte, überzogen eisige Schauer ihre Arme. Sie war sofort in den Schlafraum gelaufen, um auf jenem Quadratmeter, den sie sich als ihr Zuhause eingerichtet hatte, nach etwas zu suchen, was Jacob helfen könnte. Vollkommen verwirrt sah sie sich um, und die Angst ließ ihre Hände feucht werden. Da war der Strohsack, in dem die Form ihres zusammengekrümmten Körpers sich eingedrückt hatte, der alte, in Mitleidenschaft gezogene Kiefernzapfen, der inzwischen bloß noch wie ein Apfelbutzen aussah, und der Splitter vom heiligen Christophorus, der gegen Heimweh half, aber weder Blut stillen noch Wunden verschließen konnte. Schon gar keine so schlimmen wie das durchtrennte Lid von Jacob. Am Ende ihrer Suche stellte sie verzweifelt fest, dass sie allein gar nichts tun konnte, um ihm zu helfen. Sie schluckte die Spucke herunter, rieb sich die Tränen aus den Augen, die dort in den Wimpern hängen geblieben waren, atmete einmal tief durch und lief dann zur Bauersfrau. Edna brachte sie dazu, den Arzt zu rufen. Zunächst hatte die Bauersfrau sich noch gesträubt und geklagt, dass diese Kinder, die einem mehr Sorgen bereiteten, als dass sie eine Hilfe waren, schon beim kleinsten Bienenstich oder ein bisschen Heimweh losheulten. Doch dann hatte sie Jacob gesehen. Das aufklaffende Lid, den Augapfel, der darunter freilag.

Edna hatte es an ihre Puppe erinnert, an deren Glasaugen. Nur dass Jacob nicht lächelte und all das Blut nichts mit dem Rote-Bete-Saft gemein hatte, mit dem Martin den Stoff gefärbt hatte. Hier war alles echt. Wie Jacobs Schmerzen, seine verkrampfte Hand, die Arme, die er gegen die Seiten presste, damit der Schmerz ihn nicht wahnsinnig machte.

Bastian und die anderen Kinder hatten sich im Halbkreis um ihn aufgestellt. Keiner sagte ein Wort, aber Edna las auf ihren harten Gesichtern, in dem verhohlenen Grinsen, ihre innere Genugtuung. »Das geschieht dir ganz recht, Jacob«, sagten ihre starren, mitleidslosen Blicke. Als ob sein Schmerz der Beweis wäre, dass es irgendeine Gerechtigkeit gab, die über den auf dem Hof geltenden Regeln stand. *Es ist wie bei einem Spiel: Wenn du dich an die Regeln hältst, dann passiert dir auch nichts*, hatte Bastian zu ihr gesagt.

Und Bastian war nun auch dort. Edna konnte nicht erkennen, was er dachte. Er erschien ihr größer, die Haare waren länger und seine Arme pure Muskelpakete, er hatte rote Wangen und wirkte besser genährt als alle anderen. Stärker. Jacob dagegen war verletzt, blutete, wie ein geschlagenes, geschundenes Tier.

Was war, wenn Bastian recht hatte und sie ihre Pläne am besten vergaßen und sich unterordneten? Denn genau das tat Bastian. Oder steckte noch mehr dahinter? Einmal hatte sie ihm gesagt, dass er wie die Knechte war, die auf dem Hof arbeiteten, so kalt und gleichgültig, so hart. War es vielleicht genau diese Ähnlichkeit, die ihn am Leben erhielt?

Als der Großbauer eintraf, waren die Kinder in alle Richtungen davongestoben wie ein Haufen Flöhe. Nur Jacob und Edna waren geblieben. In unwirklichem Schweigen, das sie voneinander trennte, als ob tausend Kilometer zwischen ihnen lagen, erwarteten sie sein Urteil. Und waren dabei doch mehr vereint denn je.

Der Arzt versorgte Jacob und nähte sein Lid. Edna hatte den

Großbauern noch nie so ernst und so übel gelaunt gesehen. Die Behandlung habe ziemlich viel gekostet, das hatte er zumindest gesagt – obwohl es ihrer Meinung nach sehr schnell gegangen war und der Doktor nicht mehr als eine Nadel und einen Faden benutzte –, und Jacob müsse nun lange arbeiten, um diese Schuld abzubezahlen.

Selbst nach Tagen konnte Jacob noch immer nicht das Bett verlassen.

An jenem Nachmittag war Edna mit der Arbeit im Haus bereits fertig gewesen, und ihr blieb wegen des Regens ein wenig Zeit für sich. Die würde sie bestimmt nicht mit Flickarbeiten verbringen. Und nicht mit den anderen Kindern, denn die hielten Edna immer auf Abstand und wurden nur dann auf sie aufmerksam, wenn sie wieder mit nassem Schlüpfer aufwachte. Wenn Edna so tat, als würde sie schon schlafen, obwohl schlimme Gedanken oder der Mond sie daran hinderten, hörte sie deren spöttisches Gelächter. Und all die Spitznamen, die sie ihr verpasst hatten – selbst jetzt, da sie allein war und nicht reglos daliegen und so tun musste, als schliefe sie, trieb allein der Gedanke daran ihr die Schamesröte auf die Wangen.

Die Idee war ihr ganz zufällig gekommen, aber dann fand sie sie sehr vernünftig.

Daher hatte sie Emil im Eierkorb versteckt und war mit ihm heimlich zum Schuppen gelaufen.

Ihre Haare trieften, weil es wie aus Eimern schüttete. Doch die heftig auf sie einprasselnden Regenschauer taten ihr nichts, ihr gefiel es sogar, den Wassertropfen hinterherzulauschen, die ihr den Rücken hinabliefen, auf ihre Lippen oder aufs Laub klatschten. Der Wald würde am nächsten Morgen in frischem Grün erstrahlen und ihre Füße im nun duftigeren, weicheren Moos versinken.

Ihr Einfall, der für sie Regenbögen zwischen den Büschen aufleuchten ließ, war im Grunde einfach: Sie wollte mit Emil weiterüben, und sobald Jacob sich erholt hatte, würde sie ihm zeigen, was sie dem Papagei beigebracht hatte. Das wäre bestimmt eine schöne Überraschung für ihn.

Doch ihre Begeisterung verpuffte ziemlich schnell, nachdem sie im Schuppen angekommen war.

Denn Emil wollte einfach nicht mitmachen. Anscheinend war Fliegen nun das Letzte, was der Paradiesvogel sich wünschte. Er hockte auf dem Regal und verfolgte ihre Bemühungen mit seinem Monokelauge wie eine verängstigte Henne, die auf ihren Eiern saß.

Sobald sie ihm ein Apfelstückchen hinhielt, schnappte er es sich blitzschnell wie eine Eidechse. Aber er dachte überhaupt nicht daran zu fliegen. Oder etwas zu sagen.

»Das ist deine Belohnung, Emil. Ein Preis. Dafür muss du aber vorher etwas Schönes machen.«

Als einzige Reaktion zog sich der Papagei in eine dunkle Ecke zurück.

Edna begriff nicht, wie Jacob dieses Tier, das steifer als ein ausgestopftes Murmeltier wirkte, zu irgendetwas bewegen konnte.

»Das ist also euer Geheimnis.«

Edna konnte sich gar nicht so schnell umdrehen, da stand der Mann nur einen Atemzug von ihr entfernt. Sie hatte ihn gleich an der rauen Stimme und den groben Gesichtszügen erkannt, es war der Knecht, dem man sie übergeben hatte, als sie krank gewesen war. Sie wusste bloß, dass man ihm befohlen hatte, sie von den anderen fortzuschaffen wegen der Ansteckungsgefahr, und ihr jeden Morgen Wasser und Essen zu bringen. Er war nicht so oft auf dem Hof wie andere Arbeiter.

Sie hörte ihn auch nie pfeifen wie diese. Oder mit dem Großbauern ein paar Worte wechseln. Er verrichtete seine Arbeit mit gesenktem Kopf und erloschenen Augen, an denen man nicht ablesen konnte, ob sie wirklich trüb waren oder ob sie nur etwas sahen, was andere nicht bemerkten.

»Tja, Edna, ich sehe, dass du in der Ruhepause gesund geworden bist ...«

»Mir geht es recht gut, Herr«, erwiderte sie und hoffte, dass Emil still auf dem Regal hocken blieb.

»Ich habe beobachtet, wie du manchmal mit Jacob heimlich hier hineingeschlüpft bist. Und habe mich gefragt, was ihr zwei dann wohl treibt. So ganz allein.«

Edna zuckte mit den Schultern. »Man gibt uns immer etwas zu tun«, log sie. Ihr Herz schlug nun so laut, dass sie sicher war, der Knecht müsse es hören.

»Keine Sorge, Kleine. Jeder versucht, so gut wie möglich durchzukommen. Und wir alle«, sagte er und dehnte seine Worte, während er um das Heu herumging und zu ihr kam, »haben manchmal ein Geheimnis.« Er verzog sein Gesicht zu einem faltigen Lächeln und sah zu Emil, der die Flügel ausgebreitet hatte und sich putzte, völlig ahnungslos, in welcher Klemme sie steckten.

»Bitte sagen Sie nichts.«

»Oh, ich bin bestimmt kein Verräter. So jemand bin ich nicht«, sagte der Knecht und ließ sich ins Heu fallen. Plötzlich wirkte er müde. Und alt. »Wir alle fühlen uns manchmal einsam. Die Einsamkeit bringt uns manchmal dazu, seltsame Dinge zu tun. Hast du etwa kein Heimweh?«

Die Stimme des Mannes klang nun sanfter. Durch das kleine Fenster des Schuppens fiel Licht auf sein düsteres Lächeln, seine fauligen Zähne. Ein Gesicht zum Fürchten. Vielleicht hatte er bemerkt, wie sie ihn ansah – und gleich darauf tat es ihr leid, denn kein guter Christenmensch sollte mit Hochmut und Grauen auf andere Leute herabsehen, auch nicht auf die geringsten oder ärmsten, denn gerade dort verbarg sich Jesus, hatte Padre Gianni ihnen stets gepredigt. Vielleicht schämte sich der Knecht sogar für den Anblick, denn er wich zurück.

»Es tut mir leid wegen deiner Puppe. Ich habe gehört, dass die Bauersfrau sie dir weggenommen hat.«

»Haben Sie sie gesehen?«, fragte Edna hoffnungsvoll.

Er schüttelte den Kopf. »Aber ich kann nach ihr suchen. Auch wenn du jetzt«, und da glitt sein Blick zu Emil, »den da hast. Du musst gut auf ihn aufpassen. Sich um jemanden zu kümmern bedeutet eine große Verantwortung.«

Plötzlich sah Edna den Knecht in einem anderen Licht, als ob sie etwas gemeinsam hätten, das sie noch nicht beschreiben konnte und das sich zwischen den tiefen Falten in seinem Gesicht und hinter seiner unbeholfenen Art versteckte.

»Ich bin auch nicht von hier. Meine Heimat ist ein Gebirge weit weg, wo große Raben nisten. In den Herbstnächten fliegen alle zusammen auf und verdecken den Mond. Die Leute mögen sie nicht. Raben fressen Aas, wusstest du das? Aber auch alles, was sie in den Gemüsegärten finden. Daher jagt man sie in dem Dorf, aus dem ich komme, mit großen Netzen und zwischen den Ästen versteckten Ködern. Und in der schwarzen Erde der Gärten stellen sie schreckliche Vogelscheuchen auf.« Er lachte, und seine Augen schienen Gestalten nachzuhängen, die sich im Dunkeln bewegten und ihm die Geschichte einflüsterten, die er Edna erzählte. »Aber Raben sind schlau. Einmal, als ich so alt war wie du, habe ich ein Nest gefunden. Die Mutter war tot, keine Ahnung, warum. Und die Jungen drohten zu verhungern. Die haben vielleicht laut geschrien. Und die Schnäbel weit aufgerissen, um nach Futter zu betteln. Hast du schon mal ein Küken gesehen, das Hunger hat? Es macht so …«, und da hob und senkte er den Hals in rhythmischen, abgehackten Bewegungen, dass Edna lachen musste.

Sie setzte sich neben ihn unter das Fenster. »Ich habe nach Fressen für sie gesucht, vor allem Insekten, Maden und Würmer. Und damit stopfte ich ihnen ihre Schnäbel, so wie es ihre Mutter gemacht hätte. Ich hielt die Würmer an einem Ende zwischen meinen Fingern und ließ sie vor ihren hungrigen Mäulern baumeln. Und die verschlangen alles. Sie hätten auch noch meine Finger gefressen.« Er lachte. »Aber nur ein Junges überlebte. Eines Morgens waren die anderen alle tot, als ich kam.«

Edna hielt den Atem an.

»Aber der kleine Bruder, der eine, der übrig blieb, war ein wahrer Kämpfer und wollte um jeden Preis leben.«

»Hat er es geschafft?«, fragte sie mit klopfendem Herzen.

Der Knecht nickte. »Er wurde dann mein Rabe. Er folgte mir überallhin, wenn auch auf Entfernung. Wie eine Katze. Und in der Nacht verschwand er auch wie eine und machte das, was wildlebende Tiere so tun. Aber am Morgen kam er immer wieder zu mir zurück.«

Edna fühlte, wie die Anspannung von ihr abfiel. Doch gleich darauf wurde sie wieder traurig, weil ihr etwas eingefallen war. »Wir können Emil nicht behalten. Wenn die Bauersleute ihn entdecken, dann jagen sie ihn fort. Und er kann doch noch nicht fliegen.« Sie schluckte schwer bei der Vorstellung von Emil irgendwo ganz allein im Wald. Ohne sie würde er sterben.

»Mach dir keine Sorgen, Kleine«, beruhigte sie der Mann und lächelte. »Ich hätte meinen Vogel auch nicht behalten dürfen. Wenn der meinem Vater untergekommen wäre, hätte er ihn an die Katzen verfüttert. Willst du mir nicht erzählen, wie ihr ihn gefunden habt? Du hast gesagt, dass er Emil heißt …«

Der Knecht hatte Edna auf seine Knie gezogen, aber sie bemerkte es nicht einmal, weil sie sich darauf konzentrierte, die richtigen Worte zu finden. Sie wollte von dem Mann erzählen, der wie ein Zauberer gekleidet gewesen war, und von den lodernden Fackeln auf dem Fest. Und wie mutig Jacob gewesen war. Aber was durfte sie ihm wirklich erzählen? Bestimmt nicht, dass sie sich von der Prozession fortgeschlichen hatten. Oder dass Jacob eine Brezel stibitzt hatte. Oder dass Emils Federn Zauberkraft hatten.

Sie redete und erzählte, konzentrierte sich darauf, nicht aus Versehen in Schlaglöcher zu treten, die dieser steile, dornige Weg für sie bereithielt, als sie hinter sich hörte, wie eine Hose aufgeknöpft wurde. Und wie der Knecht auf einmal laut atmete, als wäre er längere Zeit gerannt.

»Dreh dich nicht um, Kleine«, keuchte er. »Erzähl weiter.«

Sie bemühte sich nun noch mehr, nichts auszulassen und alles in der richtigen Reihenfolge zu erzählen. Denn Jacob zog sie immer damit auf, ihr Erinnerungsvermögen sei noch kürzer als das Stummelschwänzchen eines Hasen. Aber es fiel ihr schwer, bei der Sache zu bleiben. Denn der Mann bewegte sich unter ihr, und sie konnte die Stimme nicht ruhig halten. Als sie bemerkte, dass ihre regennassen Kleider bei ihm wohl große feuchte Flecken hinterlassen hatten, rückte sie schnell von ihm ab und entschuldigte sich. Auf einmal war ihr kalt, und sie zitterte am ganzen Leib.

»Komm her«, sagte er und packte mit seiner Hand nach ihr. Sie war schwielig, aber warm und tröstlich. Der Knecht hatte den Raben gerettet. Und er hatte ihr versprochen, dass er dem Großbauern nichts von Emil verraten würde. Er fühle sich auch allein, hatte er gesagt, und sie glaubte, dass er sie wirklich verstehen würde.

»Also«, sagte er und zog sie neben sich aufs Heu, »machst du das alles für Jacob? Du machst es, um ihm zu gefallen.«

Edna zog die Nase hoch und starrte zur Decke. Auch der Mann starrte die Deckenbalken an, der eine Arm lag an seiner Seite, die andere Hand auf seiner Brust. Der Heugeruch war widerlich und stach in der Nase. Edna wusste jedoch, dass sie sich daran gewöhnen würde, und bald hätte sie dieses Gefühl, dieses Keuchen vergessen.

»Ihm geht es sehr schlecht.«

»Ja, das habe ich gehört ... eine üble Geschichte.«

»Aber er wird wieder gesund«, sagte sie schnell. Sie ertrug es nicht, dass jemand Jacob für einen Schwächling halten könnte. Oder, schlimmer noch, dass er es vielleicht nicht schaffte.

»Natürlich. Und dann wirst du hier im Schuppen auf ihn warten, nicht wahr?«, sagte der Knecht und lächelte sie an. Er roch eklig aus dem Mund. Edna zwang sich, nicht die Nase zu rümpfen. *Denk daran, Edna. Jesus verbirgt sich im Inneren derer, die wir am wenigsten lieben können. Er schlüpft in hässliche Körper und hüllt sich in Lumpen. Er stellt dich auf die Probe.* Diese Worte von Padre Gianni waren ihr in den Sinn gekommen. Und dass sie genau in diesem Moment daran denken musste, war sicher ein Zeichen.

»Jacob und ich müssen Emil Kunststücke beibringen. Wissen Sie, er kann Worte nachsprechen.« Das war Edna so herausgerutscht, als wolle sie damit für ihre schlechten Gedanken um Verzeihung bitten. Aber gleich darauf bereute sie es. Jacob hätte es bestimmt nicht gefallen, dass sie ihre Pläne ausplauderte.

»Jacob wird sich bestimmt sehr darüber freuen«, sagte der Knecht, als ob er ihr gar nicht zugehört hätte. »Du bist ja auch schon groß. In deinem Alter weiß ein Mädchen, was es tun muss, um einem Mann zu gefallen. Und Jacob ist ein Mann. Hier auf dem Hof wird man schnell erwachsen.«

Edna glaubte das auch. Sie hatte das Gefühl, dass seit dem

Tag ihrer Ankunft eine Ewigkeit vergangen war. Aber in allem stimmte sie dem Knecht nicht zu.

»Ich darf die Männer nicht ansehen«, sagte sie und zog den Kopf ein.

»Wer hat das gesagt?«

»Der Großbauer sagt, dass das schlecht ist.« Der Großbauer hatte noch andere Sachen gesagt, die sie aber nicht verstanden hatte.

»Ich verrate dir jetzt ein Geheimnis, Edna. Du kannst nicht immer das tun, was man dir sagt.«

Edna lächelte. Dieser Mann würde Jacob gefallen.

»Du musst mit deinem eigenen Kopf denken. Aber ich kann dir helfen.«

»Wirklich?«

»Sicher, ich kann dir zeigen, wie du Jacob gefallen kannst.«

Edna dachte nach.

»Du kümmerst dich gut um die Tiere auf dem Hof. Ich habe dich mit den Ferkelchen gesehen.«

Edna war überrascht, denn sie hatte nie bemerkt, dass der Knecht sie beobachtete.

»O ja.« Er nickte entschieden. »Und weißt du, was sie tun, um zärtlich zueinander zu sein?«

Edna sah ihn mit großen Augen an.

»Und was macht die Katzenmama, um ihre frisch geworfenen Kätzchen zu säubern ...« Der Mann drehte sich um und leckte ihr mit seiner klebrigen Zunge über die Wange. Ein langer Speichelfaden blieb in ihren Wimpern hängen und hinterließ seinen Geruch an ihr. Edna meinte zu ersticken und wischte schnell mit der Hand über die klebrige Spur, um sie von ihrer Haut zu entfernen. Ihr Herz klopfte wie wild, aus Ekel vor dem üblen Geruch und der zwischen Mund und Ohr klebenden Spucke.

Als sie die Augen wieder aufmachte, sah sie den Knecht neben sich, der grinste. Und dann laut lachte. Sie wusste nicht, was er so lustig fand, aber vielleicht lag es daran, dass er ihr gerade etwas beibrachte, und sie war nur noch zu klein, um das zu begreifen. Daher lachte sie auch, und dem Knecht gefiel das.

Er umarmte sie. Sein Griff verstärkte sich. Er hielt sie unter sich so fest, dass sie sich nicht mehr rühren konnte.

In Ednas Kopf gingen die Gedanken wild durcheinander.

»Aber eigentlich bin ich sicher, dass ich dir nicht mehr viel beibringen muss, Kleine. Euch liegt es doch allen im Blut. Ihr wisst schon, wie man einen Mann reizt und ihn dazu bringt, dass er das tut, was ihr wollt.«

Edna spürte seine Hände zwischen ihren Beinen, sie kratzten wie Spaten, die sich in die Erde gruben. Sie wanderten weiter nach oben und übten dort Druck aus, wo eben noch ihr Schlüpfer gewesen war, den er beiseitegeschoben hatte. Sie versuchte, ihn zurückzuziehen, aber da wurde der Knecht wütend und drängte zwischen ihre Schenkel, spreizte ihre Knie so stark auseinander, dass es ihr weh tat.

Edna schrie auf, und Emil wiederholte dort oben in der Dunkelheit des Regals ihren Schrei mehrfach laut und schrill. Die ganze Zeit hatte er sich nicht gerührt. Doch nun war er ganz aufgeregt. Er trippelte mit seinen Krallenfüßen auf dem Holz, zwei Schritte nach rechts, drei nach links, und wackelte mit dem Kopf.

Edna versuchte, sich loszureißen, aber sie hing fest wie in einer Zange. Jede Bewegung, jeder Versuch, dem zu entkommen, bewirkte nur, dass sie sich immer tiefer in dieses Spinnennetz aus Armen und Beinen verwickelte, das sie festhielt.

»Schrei nicht, Edna.« Nun klang der Knecht nicht mehr freundlich. Und sein Gesicht sah so anders aus, dass es Edna mit der Angst zu tun bekam und die Gedanken in ihrem Kopf wild durcheinandergingen. Sie wusste nicht mehr, was richtig und was falsch war. Sollte sie auf die Ermahnungen von Padre Gianni hören und sich schlecht fühlen? Aber das, was der Knecht mit ihr machte, war auch nicht richtig. Er hatte doch gesagt, er würde ihr helfen, und jetzt hatte sie nur dieses brennende Gefühl im Bauch, und etwas drang in sie und füllte sie ganz aus und ließ sie erstarren.

»Du willst doch nicht, dass Emil sich fürchtet, oder?«

Bei jedem Schrei von Emil bewegte der Knecht sich stärker, und seine Hände packten fester zu.

Edna hätte ihm den Namen nicht verraten dürfen. Namen waren wichtig. Als ob man das Geheimnis hinter den Dingen verstand, wenn man ihren Namen kannte. Und jetzt kannte der Knecht den Namen des Paradiesvogels. Und ihr Geheimnis.

Edna zwang sich, ruhig zu bleiben und nicht zu schreien, um Emil nicht zu erschrecken, während der Knecht, rot im Gesicht und am Hals, sich immer heftiger bewegte und laut keuchte.

(Ein Splitter vom heiligen Christophorus, ein alter Kiefernzapfen, eine verlorene Puppe, vier Schritte bis zum Kornspeicher, tausend Getreidekörner, ein totes Mädchen.) Edna kniff die Augen zu und klammerte sich immer stärker an ihre Gedanken. (Acht Tage, bis man den Hof erreichte, tausend Schritte, um wieder nach Hause zu kommen, gelb blühte der Raps, rot die Färberdistel.)

Ihr Unterleib zerriss, wie unter einem Messer, und der Schmerz fuhr von ihren Beinen hoch bis in ihren Bauch. Plötzlich war alles um sie rot, und jedes Geräusch verstummte, das Keuchen des Knechts, Emils Schreie. (Ein See, sieben Seerosen darauf. Wie viele Federn hat Emil? Drei Farben, ein Abglanz vom Paradies, wenn du still bist, kannst du die Engel singen hören. Nein, das ist doch Padre Gianni mit seinem Lied. Der Chor der Kinder und Bastian, der sie alle nur anstarrt, aber nichts sagt. Bastian sagt nie etwas, aber er beobachtet sie, er sieht alles, weiß alles. Alles, was auf dem Hof passiert, läuft über ihn, geht durch seine Hände. Hände. Die Hände des Knechts, die sich vorarbeiten und wie Wurzeln eindringen, immer länger werden und sich in meinem Bauch verzweigen. Sie bewegen sich wie Spinnenbeine, wie schmutzige Ameisen, die alles schmutzig machen. Mein Bauch ist voller Ameisen. So viele Ameisen. Zähl sie doch, Edna. Zähl sie bis zur allerletzten.)

Als der Knecht von ihr abließ, fühlte sie sich weder befreit noch erleichtert.

»Mit der Zeit wird es dir gefallen, Kleine. Das bleibt unser Geheimnis.«

Plötzlich fiel ihr Emil wieder ein. Langsam drehte sie sich in seine Richtung, denn den Kopf zu heben fühlte sich an, als würde man einen Krug heben, der randvoll mit Wasser gefüllt war.

Als sie ihn sah, musste sie weinen, so sehr weinen.

»Bitte erzählen Sie niemandem etwas von Emil«, flüsterte sie.

Der Knecht drehte sich nicht um. »Wir haben alle ein Geheimnis, Kleine. Das habe ich dir doch schon gesagt. Nun haben wir auch eines, nicht wahr? Du, ich und Emil.«

Doch er sagte noch mehr, drohte, wenn sie etwas verriet, müsste er allen erzählen, dass diese kleine Hexe ihn verzaubert habe. Mit einem bösen Zauber, wie ihn die Frauen anwenden, indem sie die Männer an ihrer Männlichkeit packen und sie zu wilden Tieren werden lassen.

Edna wurde eiskalt. Sie versuchte, sich zu erinnern. Wann und wo war das denn passiert? Wann hatte sich ihre Stimme in den Gesang einer Hexe verwandelt? Sie grübelte, bis ihre

Gedanken sich zu einem großen Knoten verstrickten, den sie nicht mehr lösen konnte. Die Angst verwirrte sie so, dass sie keinen klaren Gedanken mehr fassen konnte, und sie fühlte sich schuldig. Eine düstere, ausweglose Empfindung.

Der Knecht zog sie ganz nah an sich heran und fixierte sie mit seinen Augen, die so voller trüber Nebel waren, dass man darin versinken konnte.

»Jetzt nimm deinen Emil und verschwinde von hier!«

Edna nickte so heftig, dass sie mit ihrem Kinn beinahe gegen seine Nase geprallt wäre. Sie stand auf, Stroh in den Haaren, rot verfärbte Beine und den Schmerz von tausend Klingen im Bauch. Sie packte Emil und rannte fort, ohne sich noch einmal umzudrehen.

Kaum hatte sie den Schuppen hinter sich gelassen, musste sie sich übergeben.

Danach kamen die schlimmen Träume: die Angst, an der eigenen Spucke zu ersticken, die Angst vor den Schatten, die sich um ihr Bett drängten, und die Angst vor den Fesseln.

Manchmal träumte sie, dass sie schrie, aber es kam kein einziger Laut aus ihrem Mund.

Als Edna Emil an jenem Abend in den Verschlag zu den gerupften Gänsen brachte, nahm sie ihn in den Arm, und er schmiegte sein Köpfchen an sie und versteckte sich unter ihrer Schulter. Er sah nicht aus wie der Paradiesvogel, ein Zauberwesen, das mit der Kraft seiner Federn heilen und andere Wunder wirken konnte, sondern nur wie ein verängstigter Vogel.

Und sie dachte, dass ohne ihn nichts von dem geschehen wäre, was passiert war. Oder ohne ihre Idee, Jacob eine Überraschung bereiten zu wollen.

»Sei nicht traurig, Emil. Du hast mit den Ungeheuern nichts zu tun. Wenn du sie nicht verjagen kannst, dann schauen wir einfach weg und vergessen sie. Was meinst du?« Er würde sie vergessen, so wie Edna auch.

Obwohl die Ungeheuer noch viele Male zu ihr kommen und diese Dinge mit ihr anstellen sollten, die sie immer einsamer machten.

Sie hatte Emil in Gefahr gebracht. Seinen Namen verraten und den Plan, den Jacob ihr anvertraut hatte. Sie machte alles kaputt. Sie spürte die Einsamkeit in ihrem Inneren wie Eiseskälte. Ihr war so kalt. So kalt im Herzen.

Edna erzählte niemandem von dem Schuppen. Nur Emil kannte ihr Geheimnis, denn er hatte es auch gesehen.

Sie und Emil. Und beide konnten sie die Ungeheuer nie mehr vergessen.

34

Padre Giannis Lied

Das Schlafen im Freien, wenn man als Kissen nur einen Steinboden hatte und als Decke ein Regencape, hätte Edna lieber den Dichtern und Romantikern überlassen.

Zum Aufstehen musste sie sich mit den Händen am rauen Holzgeländer hochhieven.

Nun, da die Sonne golden und purpurfarben aufging und den Weg von den Schatten der Nacht befreite, um ihr zu zeigen, welche Aufgabe der beginnende Tag für sie bereithielt, wünschte sie sich dringend ein Paar neue Beine.

Emil und sie frühstückten erst einmal, die Kekse und die Marmelade, die Jeremias ihnen geschenkt hatte. Die frische Luft regte ihren Appetit mächtig an. Aber die Feuchtigkeit legte sich klebrig auf die Haut, drang bis zu den Knochen und überzog sie mit Kälte.

Zwei Frauen näherten sich keuchend der Kapelle: Karotücher um den Kopf gebunden, kurze Hosen (wesentlich eng anliegender als Ednas), bunte Stoffrucksäcke (an denen eine große weiße Muschel hing – vielleicht eine Auster?), Trekkingstöcke und Wanderschuhe (aus einem weichen Material).

Als die beiden Edna baten, ein Foto zu machen, hatte diese schon Angst um Emil. Aber diesmal war sie umsonst misstrauisch gewesen. Eine der Frauen reichte Edna ihr Handy, sagte ihr, was sie tun sollte, und beide posierten lächelnd nebeneinander vor der Kapelle, mehr wollten sie nicht von ihr.

Während die beiden Frauen (ein neongelbes T-Shirt und das andere so rot wie eine von Rolands Soßen) sich die Kapelle ansahen, machten sich Edna und Emil auf den Weg.

Dieser führte um das Gebäude herum und stieg dann zwischen Arlenbüschen an, einer Kiefernart, die dem Gebirgsmassiv ihren Namen gegeben hatte. Oft trugen Berge genau wie Restaurants ähnliche Namen und wurden nach der Sonne oder den Winden benannt: Monte Sole, Monte Tramontana, oder einfach nach Zahlen wie der Zwölferkofel oder der K12. Aber kein anderer hieß Arlberg, weil nur hier die Arlen so üppig wuchsen, Nadelbäume, die zwischen zwei und fünf Meter hoch wurden und aus denen ein ätherisches Öl gewonnen wurde, mit dem man Frostbeulen und Erfrierungen behandeln konnte.

Keuchend blieb Edna stehen. Sie wischte sich den Schweiß von der Stirn, und als sie sich umsah, entdeckte sie gleich hinter sich die beiden Frauen von eben, die aber nicht einfach an ihr vorbeiliefen, sondern ihr lächelnd ihre Hilfe anboten.

Ohne groß nachzudenken, nahm Edna an und ließ die Frauen die Transportkiste ziehen. Während sie sich noch zu überzeugen versuchte, dass sie es nur für Emil tat, entdeckte sie, wie gut es ihr tat, den Weg mit fröhlichen Menschen zu teilen. Ganz abgesehen von der Wohltat, kein Gewicht hinter sich herziehen zu müssen und ihre Hände schonen zu können.

Die beiden Frauen passten sich ihrem langsameren Schritttempo an, und Edna schämte sich auch nicht, ab und zu eine helfende Hand anzunehmen, die sich ihr entgegenstreckte, oder die Trekkingstöcke auszuprobieren (außerdem tat sie es ja nur für Emil).

Sie trennten sich erst auf einer Lichtung am Waldrand voneinander, wo an einem Pfahl angebrachte Schilder wie Windfahnen in jede erdenkliche Richtung wiesen, die ein Wanderer sich vorstellen konnte und denen zu folgen er sich nie hätte erträumen lassen.

Edna zog Emil nah zu sich heran und packte ihren Wanderstock.

Vor ihr erhob sich stolz und achtunggebietend der Aufstieg zum Arlberg.

Sie seufzte tief auf. »Jacob, ich brauche dich jetzt«, flüsterte sie, bevor sie sein Bild wieder in ihren Rucksack legte. Sie hatte immer noch sein schiefes Grinsen und den Klang seiner Stimme im Kopf.

Einen Fuß vor den anderen, das ist doch nicht so schwer, Zimperliese.

Edna konzentrierte sich auf ihren Atem und auf ihre Schritte, auf das Rattern der Rollen des Transportkäfigs und auf Wurzeln oder Unebenheiten, die sie stolpern ließen. Auf die Wolken oben am Himmel und auf die Wipfel der Tannen. Sie versuchte, sich an die Namen der Pflanzen auf dem Weg zu erinnern, daran, wann man Glockenblumen aussäte, ob Sonnenblumen saure oder kalkhaltige Erde benötigten. An Adele, die gerade ihren Laden öffnete, während sie sich vielleicht fragte, wo Edna nun steckte.

Und wenn sie die Polizei benachrichtigt hatte?

Bei dem Gedanken blieb sie abrupt stehen. Doch dann erinnerte sie sich, dass sie Adele ja einen Zettel auf dem Tisch im Café hinterlassen hatte, und lief weiter.

Gleich darauf hielt sie wieder an.

Und wenn sie die Serviette übersehen hatte? Dann würde Adele sich jetzt heftig um sie sorgen und vielleicht sogar auf einer Polizeiwache eine Vermisstenanzeige stellen.

Aber der Gedanke war absurd. Sie hatte doch darauf geachtet, dass die Serviette fest zwischen Tasse und Untertasse eingeklemmt war, damit Adele sie sofort fand, wenn sie wieder an den Tisch zurückkam.

Edna war so mit ihren Überlegungen beschäftigt gewesen, dass sie gar nicht gemerkt hatte, dass sie inzwischen nicht mehr durch eine hügelige Moorlandschaft lief und man nun vom Weg aus nur noch die Spitzen der Tannen sah. Weiß lag der Fels vor ihr und warf die Strahlen der hoch über ihr stehenden Sonne zurück, die heiß auf ihren bloßen Schultern brannten.

Gedanken und Erinnerungen waren wie Spinnennetze, in denen sie sich verfing, klebten an ihrer Haut wie die Haarsträhnen, die sich nicht aus der Stirn schieben ließen.

An ihrem letzten gemeinsamen Morgen hatte Jacob ihr noch einmal jede einzelne Etappe erklärt. Sie hatte genickt und versprochen, dass sie sich daran erinnern würde. Und während sie den Boden schrubbte, ging sie wieder ihren Plan durch. Sie hatte den gesamten Weg im Kopf gehabt, die Namen aller Dörfer stumm aufgezählt und das Spiegelbild ihrer Kirchen im Wasser des Schweinetrogs gesehen. Sie würden abwarten, bis nachts alle schliefen. Aber damit ihr Plan gelang, musste sie den schwierigeren Teil erfüllen. Jacob vertraute ihr.

Edna stützte eine Hand in die Hüfte. Der Weg stieg jetzt steiler an. Bäume klammerten sich mit gekrümmten Stämmen an den Hang, um sich zu halten. Selbst die Wolken schienen auf die Wiesen herabzusinken, anstatt am Himmel dahinzuziehen. Oder lag es daran, dass sie so gebückt lief, dass sie nicht mehr sah, wo der Horizont war?

Jacob hatte ihr vertraut, und sie hatte alle Wegbeschreibungen im Kopf wiederholt. Warum hatte sie es dann nicht geschafft, das zu tun, was sie ihm versprochen hatte?

Edna sank auf dem staubigen Weg zusammen. Setzte die Brille ab und rieb sich mit dem Arm über die Augen.

Emil pfiff wieder vor sich hin. Das erinnerte sie daran, was Padre Gianni zu ihr gesagt hatte. Schon seltsam, an ihn zu denken, hier auf dem gleichen Aufstieg wie damals.

Sie hatte Padre Gianni sehr gemocht. Als kleines Mädchen hatte sie ihn liebgewonnen, weil er die Geschichten der Heiligen so schön erzählte. An sein übersteigertes Sauberkeitsbedürfnis hatte sie sich gewöhnt, selbst wenn das bedeutete, dass man bis über den Kopf in eiskalte Wildbäche eintauchen musste. Nie wieder im Leben hatte sie so gefroren wie damals. Und bei ihrem hohen Alter wollte das etwas heißen.

Ja, Padre Gianni. Und seine Vorstellung, Singen würde alles leichter machen.

Edna lächelte. Sie versuchte, sich an die Worte des Lieds zu erinnern. Emil begleitete ihren Gesang mit seinem Pfeifen.

Ein Schritt. Und noch einer. Als ob ihr jemand beim Aufstehen half, und sie folgte ihm. Musik erfüllte ihren Kopf, als wäre er ein Resonanzboden, auf dem kein Platz mehr für irgendwelche Gedanken war.

Padre Gianni und seine Nickelbrille, deren Gläser immer sauber waren. Der nie schwitzte.

Padre Gianni. Und all seine Lügen.

Als vor ihr ein Teich auftauchte, dessen Wasser sich von einer Brise kräuselten, lief sie direkt mit den schweren Schuhen an den Füßen hinein. Sie spritzte sich Wasser ins Gesicht und in den Nacken, ihre Handflächen berührten dabei die Grasbüschel, die auf dem trüben Grund wuchsen. Sie fühlte sich dem Himmel näher, und es war das pure Glück, mit den Füßen im Schlamm zu stecken und dem Atem des Windes zu lauschen.

Sie und Emil hatten endlich den Gipfel erreicht.

Edna holte Luft, während ihr Herz raste, doch nicht mehr vor Anstrengung oder Schmerzen, sondern aus dem ungeheuren Glücksgefühl heraus, dass sie es nun geschafft hatte.

Padre Gianni war nicht hier, auch der Mann nicht, der sie in Landeck verkauft hatte. Nicht ihr Vater, dem die Scham ins Gesicht geschrieben stand, als er sich von ihr verabschiedete und ihr den Rucksack über die Schultern hängte. Nicht der Hof mit seinen Fallen oder das Brennen an den Fingerknöcheln, die Nächte, in denen sie den Käuzchen gelauscht und sich gewünscht hatte, selbst zwei Flügel zu besitzen. Nicht Adele mit ihrem Drang, zu beschützen und zu retten, die dabei nicht begriff, dass Menschen zuweilen stolperten, aber dann wieder aufstanden. Und zwar stolz darauf, es selbst geschafft zu haben. Keine Struwwelpeter, die einem Grenzen setzten und Verbote aussprachen, die einen im Kreis laufen oder durch ein Labyrinth irren ließen, das keinem anderen Zweck diente als dem Vergnügen dessen, der es erdacht hatte.

Edna nahm die reine Luft in sich auf, die von den Wiesen her wehte, und schloss die Augen.

Hier gab es nur sie und Emil. Und Jacob.

Jetzt war alles möglich.

35

Tag 6 – Distanz: 138 km

Einhundertachtundreißig Kilometer entfernt saß Max noch immer auf dem eichenholzfarbenen Laminatboden in einer Ecke der Küche im ersten Stock, in einem Gebäude, das an einen Legostein erinnerte und das er immer mehr hasste. Besonders jetzt, da Adele nicht da war und sich lieber irgendwo in der Weltgeschichte herumtrieb. Eigentlich wusste er ja, wo sie war. Es hatte mit dieser verrückten Alten zu tun, Signora Edna Weiss, und einer Lawine an Problemen und blödsinnigen Ideen, die jeden überrollte, der es zu seinem Unglück mit ihrem Sturkopf zu tun bekam.

Erst als seine Hand kribbelte, weil seine Finger das Handy so fest umschlossen, in dem gerade erst Adeles Stimme erloschen war, begriff Max, dass er am Ende war.

Er sah auf den Haufen Papiere, alles unbezahlte Rechnungen. Wie sollte er Adele bloß beibringen, dass er schon vor einigen Monaten seinen Job gekündigt hatte? Und dass er ihre gesamten Ersparnisse für Solarpaneele ausgegeben hatte. Oder dass er schon mit dem Vermieter gesprochen hatte, dass sie bald ausziehen würden, während Adele – zögerlich wie immer – ihn um eine gewisse Übergangszeit gebeten hatte, in der sie zweigleisig fahren würden, ohne zu wissen, dass sie sich mehr Zeit nicht leisten konnten.

Aber die Paneele waren ein Schnäppchen gewesen. Ein Superschnäppchen. Das war der beste Rat, den er von diesem selbstgefälligen Idioten Bernie je angenommen hatte.

Was verstand Adele schon davon, die immer in ihrem winzigen, nach Zirbelholz riechenden Lädchen hockte? Und was Signora Edna? Wer war diese Frau eigentlich, dass sie ihnen ständig dazwischenfunkte und seine Pläne durchkreuzte? Max wusste genau, dass das niemals aufhören würde, und wie er das wusste. Signora Edna würde immer da sein und Adele wie ein Klotz am Bein hängen, weil sie sie an ihre demente Mutter erinnerte, die am letzten Tag ihres Lebens einen Kopfsalat nicht von einem Strauß Rosen hätte unterscheiden können. Bei ihrem Tod hatte sie Adele mit dem schlechten Gewissen zurückgelassen, dass sie es nicht geschafft hatte, dieses leere, kaputte Hirn mit ihrer Liebe und der Erinnerung an die Familie zu füllen, die sie einmal gewesen waren.

Und was hatte Adele sich jetzt in den Kopf gesetzt? Wollte sie Edna retten, weil sie bei ihrer Mutter versagt hatte? Sich für sie aufopfern, sie vielleicht zu ihnen nach Hause holen, damit sie nicht ins Altersheim musste, weil sie es nicht ertrug, in den trüben Augen den gleichen Ausdruck wie bei ihrer Mutter zu sehen, ihre letzte, hilflose Frage noch einmal zu hören, auf die sie keine Antwort gehabt hatte: »Warum bin ich hier? Bring mich nach Hause, Adele. Ich will heim und nicht an diesem Ort eingesperrt sein.«

Aber Edna war nicht Adeles Mutter. Sie war nicht mit ihnen verwandt. Und er würde niemandem erlauben, sich zwischen ihn und sein Glück zu stellen. Dazu hatte er zu viel ertragen müssen, die Kälte im Lager der Obst- und Gemüsegenossenschaft, die Vorwürfe und Demütigungen, die seinen Stolz gebrochen hatten.

Max sah auf den Wandkalender mit dem Foto von ihm und Adele auf Hochzeitsreise in Wien – damals waren sie so jung gewesen, die Haare fielen ihnen locker in die Stirn und die Schultern ihrer Jacken waren so breit wie ihr Lächeln. Darunter die kleinen Quadrate für die Tage des Monats. Es blieben ihnen nur noch zwei Tage, um Edna zu finden und sie dazu zu bewegen, dass sie wieder nach Hause kam. Oder um sie notfalls mit Gewalt zurückzubringen, bevor die Seniorenresidenz das Zimmer anderweitig vergab. Es war ihm schon gelungen, den Termin zu verschieben. Anscheinend hatten die Nonnen die Verzweiflung in seinen Augen gesehen, den Film, der in seinem Kopf ablief: die Paneele, die zu bezahlen waren, die Handwerker, die bestellt waren, das triumphierende Grinsen von Bernie und seinen Kollegen, die nie an ihn geglaubt hatten und denen er an seinem letzten Arbeitstag mit dem größten Vergnügen den Rücken gekehrt hatte. Er war gegangen, ohne sich noch einmal umzudrehen.

Max musste daran denken, was er seiner Frau als Letztes am Telefon gesagt hatte: »Du musst sie aufhalten. Du musst die Polizei anrufen. Du tust das zu ihrem Besten, Adele, du musst an ihr Wohl denken.«

Und er hatte kein schlechtes Gewissen, wenn das Beste, was er sich für Signora Edna vorgestellt hatte, diesmal auch das Beste für Adele und ihn war.

36

Die Christophorus-Statue und der Zen-Wanderer

Der Weg nach St. Christoph führte Edna immer bergab.

Als sie dort ankam, stellte sie fest, dass rund um die Kapelle, eingeklemmt zwischen den Bergen, ein ausgewachsenes Dorf entstanden war. Edna musste genau hinsehen, um in den Häusern und den Gebäuden mit den Panoramafenstern noch Spuren dessen wiederzuerkennen, was hier früher einmal gewesen war. Die Kapelle bildete nicht mehr das stille Zentrum der Wälder und vereinzelten Bauernhöfe. Die neugebauten Hotels, für die auf den Stahlpfeilern der Skilifte Werbung gemacht wurde, lockten jetzt Touristen und Lärm an. Alles hier war grell und bunt.

Edna stand vor der rosa gestrichenen Fassade der Kapelle, ihre Hände waren feucht wie die eines kleinen Mädchens, das sich nicht hineintraute. Sie sah sich das Wappen der Bruderschaft an: ein Schild, das in drei Felder unterteilt war; die beiden oberen zeigten nebeneinander ein Lamm und ein goldenes Kreuz, das untere, das spitz auslief, drei kleinere rote Kreuze. Links davon in der von einem beinahe bis zum Boden reichenden Steildach bedeckten Steinwand öffnete sich der Gang zur Kapelle.

An der Mauer hing ein Schild in Erinnerung an einen gewissen Heinrich Findelkind, mit der Aufschrift BRUDERSCHAFTSKAPELLE. *1368 von Heinrich Findelkind erbaut.* ER WAR DER GROSSE MENSCHENFREUND UND HELFER IN DER NOT AUF DEM ARLBERG.

Doch was sie wie ein Fausthieb traf, war das Schild darunter. Sie las nicht, was dort geschrieben stand, sondern sah sich nur das Bild an. Einen Augenblick meinte Edna, ein Strudel würde sie mitreißen. Selbst in der Zweidimensionalität einer Schwarzweißfotografie sah der heilige Christophorus noch genauso aus, wie sie ihn in Erinnerung hatte: um die Stirn eine breite Binde, den Stock in der Hand, das Jesuskind, das auf seiner Schulter saß, die kurze Tunika und der lange zerrissene Umhang.

Edna drehte den Splitter von der Statue zwischen den Fingern, ihre andere Hand umklammerte den Griff des Transportkäfigs, und so zwang sie ihre Beine, ihr durch den Gang zur Kapelle zu folgen.

Obwohl es heller Tag war, beleuchteten zwei große Laternen, die von der Decke hingen, den dunklen tunnelartigen Durchgang. Edna wandte sich nach rechts, wo einige Marmorstufen hinaufführten, die genauso weiß waren wie die Wände und die Gewölbedecke. Die Wendeltreppe wand sich steil und eng nach oben. Dort kam sie mit dem Transportkäfig nicht weiter, daher beschloss sie, ihn unter einer Heiligenstatue abzustellen, die von einem Gitter geschützt war. Und sich mit Emil auf der Schulter auf den Weg hinauf zu machen. Der Papagei legte den Kopf schief und sah mit gesträubtem Gefieder misstrauisch auf den Gang. Edna merkte die Anspannung in seinen Krallenfüßen, die sich in ihr T-Shirt bohrten. Sie selbst spürte die gleiche Kälte und Angst, die ihr den Schweiß über den Rücken laufen ließ.

Die Glastür wurde gerade geöffnet, und Edna trat beiseite, um einen jungen Mann vorbeizulassen, der es sehr eilig zu haben schien, dort hinauszukommen. Dann näherte sie sich der Statue des heiligen Christophorus.

Sie hatte ihn gleich entdeckt. Er war genau dort, wo er zu sein hatte, hinten in der Ecke links neben dem Bogen, der den

Eingang zum Altarbereich bildete. Der Bogen wurde nun von einem riesigen Fernsehgerät auf einem Transportwagen blockiert, das mit seiner modernen Technik nicht zu den alten Fresken und den vergoldeten Stuckrahmen passen wollte.

Der heilige Christophorus stand also immer noch da, in seinem Reiseumhang, der die Knie freiließ, schwer gebeugt unter dem Gewicht des Christuskindes auf seiner Schulter, den langen Stab fest auf den Boden gestützt und ein wenig nach vorn geneigt, um sich mit dessen Hilfe vorwärtszubewegen. Aber eine Binde trug der Heilige nicht um die Stirn. Er verdrehte sich in einer sehr dynamischen Bewegung, die im Körper des nackten Christuskindes auslief, das mit seinem kleinen Arm die Richtung angab.

Während Ednas Blick suchend an der glatten Oberfläche des Holzes entlanghuschte, umklammerte ihre Hand fest den Splitter aus der Statue. Sie fragte sich, warum die Oberfläche keine Schnitte aufwies. Und das Jesuskind war nackt, wo war sein langes Gewand geblieben? Das Gesicht des Heiligen war von langen Locken umrahmt, ein starker Wind schien sie zu bewegen, ihm die Sicht zu trüben und seinen Bart in krausen Wellen wehen zu lassen. Der Statue fehlten die Gelassenheit und Strenge und, wie Edna bemerkte, auch ein paar Zentimeter im Vergleich zu der vier Meter großen Skulptur, an die sie sich erinnerte. Sie sah sich die Hände und Füße an. Dort hatten die Schwabenkinder sich ihre Splitter herausgeschnitten. Doch die von diesem heiligen Christophorus waren glatt und unversehrt.

»Mit dem Papagei können Sie hier nicht bleiben.«

Edna fuhr herum, sah aber nur eine wirre Lockenmähne vor sich und runde, aufblitzende Brillengläser.

Als sie endlich mehr erkannte, fixierte die Frau sie mit strenger Miene. Sie trug ein elegantes Kleid aus schwarzem Samt und eine Jacke mit Goldknöpfen und stützte sich mit der Hand auf dem Lesepult ab. Auf dem Fernseher liefen jetzt abwechselnd Bilder in Schwarzweiß und Videos in Farbe.

»Entschuldigen Sie, ist das die Statue des heiligen Christophorus?«

Die Frau musterte sie mit hochgezogenen Augenbrauen. Edna merkte, dass sie gerade etwas sehr Dummes gesagt haben musste. Oder konnte es sein, dass die Frau ihre Sprache nicht verstand? Während sie darüber nachdachte, fühlte sie sich wie damals auf dem Hof, wo sie schnell begriffen hatte, dass der Dialekt, der in ihrer Familie und in ihrem Dorf gesprochen wurde – eine Mischung aus italienischer Sprachmelodie und ansatzweise deutschen Kehllauten –, für die anderen nur wie ein unverständliches Wortgewirr klang, das sie zum Lachen brachte. Wohingegen für Edna das Deutsch, das dort jenseits der Berge gesprochen wurde, zwar viel weicher und melodiöser klang, sie davon aber nur jedes dritte Wort verstand. Oft genug hatte sie sich eine Kopfnuss eingehandelt, wenn sie einen Befehl nicht erfasste oder ihn nicht sofort ausführte. Niemand hatte je begriffen, was ihr Problem war, oder sich darum bemüht, eine Erklärung dafür zu finden, warum sie stets die Letzte war oder bei jedem Satz, den man an sie richtete, die Augen aufriss, als wäre sie begriffsstutzig. Dass sie so langsam war, schrieb man bald einer angeborenen Faulheit zu, die es mit resoluter Strenge auszumerzen galt. Und damit gab man sich zufrieden. Edna war es aus ihrem Dorf gewöhnt, sich zu fühlen wie eine aus verschiedenen bunten Flicken zusammengesetzte Decke, während alle anderen, die sie kannte – Leute wie ihr Vater, die auf winzigen Höfen an den felsigen, kargen Berghängen ihr Dasein fristeten, oder die aus der Stadt, die sich in der Sprache ihrer Mutter unterhielten –, klare Einfarbigkeit liebten. Auch wenn ihre Mutter oft zu ihr gesagt hatte: »Du wirst nie zwei Wollfäden finden, die genau die gleiche Farbe haben, Edna. Nicht einmal, wenn sie beide orange sind. Einer wird immer mehr gelblich, der andere rötlicher sein.« Edna mochte es nicht, anders als die anderen zu sein, doch sie hatte sich daran gewöhnt, unauffällig zu bleiben, möglichst wenig und nur leise zu reden, damit man nie ganz begriff, wer sie war.

»Ist das hier die Originalstatue?«, fragte sie langsam und betonte jedes einzelne Wort.

»Ach, Sie meinen die, die hier vor dem Brand stand?«, fragte die andere Frau in perfektem Deutsch zurück.

Edna wusste nichts von einem Brand, noch begriff sie, was die Frau damit meinte, die jetzt ungeduldig beide Hände hoch zu ihrer goldgeränderten Brille führte und sie zurechtrückte. Dennoch nickte sie.

»Die ist verbrannt.« Die Frau wandte sich dem Pult zu und blätterte in dem Buch, das darauf lag.

Edna begriff, dass sie von ihr keine weiteren Erklärungen zu erwarten hatte.

Sie warf dem heiligen Christophorus einen letzten Blick zu und bekreuzigte sich, bevor sie sich mit einer langsamen Drehung umwandte und zusammen mit Emil die Kapelle verließ. Als sie an dem Gebäude vorbeikam, in dem früher das Gästehaus gewesen war – heute war es ein Sternerestaurant –, sah sie, wie eine Gruppe vornehmer Herrschaften, alle in roten Jacken mit dem Wappen der Bruderschaft auf der Brusttasche, dort hineinging.

Auf einmal hatte sie wieder den Duft des *Melchermuas* in der Nase, einer Speise, die aus Milch, Butter und Mehl in einer Eisenpfanne zubereitet wurde und mit der sie sich vor vielen Jahren auf der Reise den Bauch vollgeschlagen hatte, als sie ein kleines Mädchen gewesen war und seit Tagen nichts Warmes zu essen bekommen hatte. Einen Moment lang spürte sie das angenehme Gefühl von damals.

Ohne auf die Autos zu achten, die neben ihr vorbeifuhren, war Edna in Gedanken bei den Informationen, die sie nach dem Besuch der Kapelle auf dem Schild neben der Tafel gelesen hatte (ein Brand 1957, die Kapelle wurde zerstört, die Statue war verbrannt und wurde ersetzt). Vor ihren Augen tauchten Bilder auf von Flammen, die zitternd in den Himmel aufstiegen, Kirchenbänke, Votivgaben und Gemälde in einer großen, grauen Wolke verschlangen. Das Heulen des Feuers, wenn es Holz zerfraß, kannte sie gut, und sie hatte sich stets davor gefürchtet, weil es sie an die Hölle erinnerte.

Edna dachte an die Kapelle, an die Flammen, an ihren Splitter, den sie gut verwahrt in der Tasche trug.

Anders als Priska glaubte sie nicht an Vorzeichen, aber sie fragte sich doch, ob es mehr als ein unglücklicher Zufall war, dass sie den Splitter auf beiden Reisen nicht an seinen Ursprungsort zurückbringen konnte. Dieses Stück Holz sollte wohl auf jeden Fall bei ihr bleiben.

Edna lief jetzt wieder den Pfad entlang, sie hustete, dass die Lungen schmerzten. Es war der Husten, der sie schon seit dem Abend des Unwetters quälte.

Doch es schien jemandem noch schlechter zu gehen als ihr.

Sie erkannte den jungen Mann, der aus der Kapelle des heiligen Christophorus gestürmt war, an seinem neonfarbigen Rucksack. Er war noch nicht weit gekommen, saß jetzt mit dem Rücken an einen Felsblock gelehnt und massierte sich den Knöchel.

»Alles in Ordnung?«

Der junge Mann sah auf und ließ den Hosensaum wieder über den Schuh gleiten.

Er hob die Hand. »Alles gut, danke.«

Er versuchte aufzustehen, wobei er sich mit schmerzhaft verzerrtem Gesicht an dem Felsblock abstützte.

»Haben Sie sich den Knöchel verstaucht?«

Der junge Mann lächelte krampfhaft. »Ist nicht schlimm.«

»Ich habe Arnikasalbe dabei, wenn Sie möchten …« Während Edna ihren Rucksack öffnete, ging ihr Blick unwillkürlich zu dem kupferfarbenen Bart, der das Gesicht des jungen Mannes umrahmte. Seine Augen funkelten hellblau wie geschliffene Aquamarine, und seine Haut war von der Sonne verbrannt. Wo sich die Ränder eines anderen T-Shirts abzeichneten, war sie allerdings ganz weiß.

»Ich habe Sie gesehen, als Sie vorhin aus der Kapelle gerannt sind.«

Er nickte. »In geschlossenen Räumen wird mir immer ganz anders. Jedes Mal, wenn ich es wieder versuche, bekomme ich keine Luft, und schließlich muss ich nach draußen.«

»Sind Sie wegen der Statue hineingegangen?« Edna reichte ihm ihre Salbe.

»Nein, eigentlich war ich bloß auf der Suche nach etwas Abkühlung wegen der Hitze hier draußen«, sagte er und versuchte vergeblich, den Verschluss der Tube zu öffnen. Edna nahm sie ihm sanft ab und schraubte sie auf (nach unten drücken und im Uhrzeigersinn drehen). Dann gab sie ihm die offene Tube zurück.

»Ich bin schon seit einiger Zeit zu Fuß unterwegs. Immer allein«, sagte er. Es klang stolz, aber auch ein wenig so, als falle es ihm schwer, nicht in Gesellschaft zu sein. »Ich hatte schon alles, Regen, Wind, sehr viel Sonne auch. Heute ist es aber so schwül, dass man fast umkommt.« Er massierte seinen Knöchel. Auf einmal wirkte sein Gesicht entspannt »Diese Salbe wirkt ja Wunder!«

Edna kannte dieses Gefühl sehr gut. Zuerst brannten die verspannten Muskeln höllisch, aber dann spürte man nichts mehr und konnte weiterlaufen. Oder tanzen.

Als sie den jungen Mann wieder musterte, fielen ihr die sauberen Schuhe und die Hose aus Hightechmaterial auf, die unglaublich viele Taschen und Reißverschlüsse hatte. Edna war noch dabei, alle zu zählen, als er ihr die Hand reichte und sich höflich vorstellte, doch seinen Namen verstand sie nicht.

»Was ist das für ein Name?«

»Das ist tibetisch. *Tenzin* bedeutet ›beschützt vom Dharma‹, der zweite ›Licht der Wiedergeburt‹.«

Edna nickte schwach. Aber sie war immer noch etwas verwirrt. Was war das nur für ein Name?

Außerdem lag Tibet ja in Asien, und seiner weißen Haut nach zu urteilen, kam der junge Mann eher aus dem Norden, zweifellos aus einem Land, das näher bei ihrem lag.

Sie beschloss, sie würde ihn »Tenzin Lorenzo« nennen.

»Gehen Sie auch den Pilgerweg?«, fragte er.

Edna überlegte kurz. Sie wusste, dass sie die gleiche Reise noch einmal rückwärts unternahm, die sie nach ihrer Flucht vom Hof gemacht hatte. Aber sie hätte nicht sagen können, ob das der Weg war, den dieser junge Mann meinte.

»Ich will nach Deutschland, nach Ravensburg.«

»Mit Ihrem Papagei? Und den ganzen Weg zu Fuß?«

»Bis nach Langen. Wir kommen von St. Anton und freuen uns, dass es endlich wieder abwärtsgeht.«

»Das heißt, Sie waren ganz oben auf dem Arlberg?« Tenzin Lorenzo war stehen geblieben. »Respekt, das ist eine unglaublich steile Strecke.« Er ging weiter, stolperte aber gleich wieder über einen Stein. »Im Ernst?«, fragte er, blieb erneut stehen und starrte sie an, als sähe er sie zum ersten Mal. Er kramte in den Taschen seiner Kleidung, dann nahm er den Rucksack ab und holte einen flachen rechteckigen Gegenstand heraus.

»Soweit ich weiß, ist er fast tausendneunhundert Meter hoch und damit der höchste Punkt auf allen Wegen, die nach Santiago de Compostela führen«, sagte er, drückte auf eine Taste und wischte mit der Fingerspitze über den Bildschirm, der jedoch dunkel blieb. »Komisch, das Teil habe ich kurz vor meiner Abreise gekauft«, sagte er leise, beinahe als spräche er mit sich selbst. »Es ist ganz neu. Man hat mir gesagt, es müsste so funktionieren ...« Er versuchte es noch einmal und wischte wieder mit dem Zeigefinger über die Oberfläche.

Edna kam plötzlich ihr *Südtirol-Pass 65+* in den Sinn. »Dieses Gefühl kenne ich, Herr Tenzin. Diese Dinger funktionieren nie. Ich glaube, die haben einen Mechanismus, der sie sofort nach dem Kauf abstellt.«

Tenzin Lorenzo versenkte den Gegenstand wieder in seinem Rucksack. »Jedenfalls ist Langen hier gleich um die Ecke, Richtung Westen, da muss ich auch hin.« Mit einem befriedigten Lächeln setzte er sich den Rucksack auf und packte unter dem besorgten Blick von Emil den Griff des Transportkäfigs. »Dann können wir ja zusammen gehen, was meinen Sie?«, fragte er, während er munter den Weg voranging.

Tenzin Lorenzo hatte schon für sie entschieden.

Sehr verehrte Herrschaften, Bühne frei für das Wunder!

»Es wird phantastisch, Edna, du wirst schon sehen.«

In Jacobs Augen blitzten tausend Funken auf, während er dem gerupften, schläfrigen Papagei auf eine umgedrehte Holzkiste half. Er hatte sie genau in der Mitte des Gänseverschlags aufgestellt, der gerade leer war, weil die Tiere draußen auf der Weide die Sonne genossen.

»Ich hab mir gedacht, wir könnten noch eine kleine Vorführung einbauen. Hab ich dir nicht gesagt, wir werden mit Emil durch die ganze Welt reisen, und die Leute werden in Gold bezahlen, um ihn zu sehen. Wohin willst du? Nach Japan? Vielleicht nach Amerika, stimmt's? Ich glaube, da ist es wohl immer warm …«

Edna nickte überzeugend, selbst wenn die Namen dieser fremden Länder sich in ihrer Phantasie vermischten wie die Farben auf einer Murmel.

»Zunächst können wir Anjas Ersparnisse verwenden.«

»Du weißt, wo sie die versteckt hat?«

»Ich glaube schon. Aber wir leihen sie uns nur, als eine Art gegenseitiger Gefallen«, fügte er hinzu, weil Edna ihn streng ansah. »Denn wir werden zu ihren Eltern gehen und ihnen erzählen, was passiert ist.«

Das hielt Edna für eine gute Idee, dann war es ja eigentlich kein Diebstahl.

»Natürlich müssen wir noch viel mit Emil arbeiten. Ihm etwas beizubringen ist schwer, aber wenn er Hunger hat, lässt er sich leichter dazu bringen. Nein, wir werden ihn sicher nicht hungern lassen«, meinte Jacob und schüttelte entschieden den Kopf. »Aber wir können ihn mit Leckerbissen locken.«

»Das habe ich schon versucht«, seufzte Edna resigniert.

»Aber nicht hiermit. Schau mal.« Jacob näherte seine geschlossene Hand ihrem Gesicht, und als er sie langsam öffnete, starrte Edna zunächst auf die Sonnenblumenkerne und dann in Jacobs Augen, in denen Entschlossenheit aufblitzte.

»Sonnenblumenkerne?«, fragte sie zweifelnd.

»Genau, das ist es! Und jetzt pass auf!«

Jacob streckte den linken Arm auf Schulterhöhe aus, in der anderen Hand hatte er die Sonnenblumenkerne. »Komm, Emil!«, rief er den Papagei zu sich.

Edna beobachtete, wie Emil sich eine Feder glättete und sich mit dem Schnabel unter dem Flügel kratzte. Dann neigte er sich vor und sträubte ängstlich sein Gefieder.

»Emil, komm zu mir!«, wiederholte Jacob lauter. Doch der Papagei schüttelte sich nur und stieß einen ängstlichen Pfiff aus.

»Vielleicht solltest du auf ihn zugehen, aber mach ihm keine Angst«, riet Edna. Wenn Jacob seinem Papagei die Befehle in so grobem Ton gab, wie es die Bauern bei ihnen taten, würde es Emil nur weiter einschüchtern.

Jacob hörte auf sie. Er verkürzte den Abstand zwischen sich und dem Papagei, hielt ihm die Hand unter den Schnabel, doch der stibitzte sich überraschend schnell einige Sonnenblumenkerne, und bevor Jacob nach ihm greifen konnte, war er schon auf einen Heuballen geflattert.

Edna musste laut lachen.

»Das wird noch, du wirst schon sehen«, brummte Jacob und nahm das Heft, in dem er seine Fortschritte notierte. Aber er tat sich schwer mit dem Bleistift. Er setzte sich neben Edna und zog krakelige Kreise und Linien, wobei er fester aufdrückte als nötig.

»Du musst den Stift leichter führen«, riet Edna ihm. »Schau mal, so«, und sie legte ihre Finger um Jacobs Hand, so wie Martin es bei ihr getan hatte. Doch als sie spürte, dass Jacob sich verspannte, nahm sie sie wieder weg.

»Entschuldige«, sagte sie mit angehaltenem Atem, da ihr einfiel, dass Jacob es nicht leiden konnte, wenn man ihn anfasste. Manchmal kam es ihr so vor, als steckten unter seiner Haut unsichtbare Glassplitter, die bei jeder Berührung schmerzten. Mit der Zeit war Edna zu der Überzeugung gelangt, dass Jacob in seiner eigenen schweigsamen Art empfindlicher war als andere. Sie konnte ihn verstehen.

Doch dieses Mal zuckte er nur mit den Schultern. »Nein, das ist schon in Ordnung. Wenn du meinst, es ist zum Lernen nötig, darfst du«, sagte er und sah sie nicht an. Behutsam legte sie ihre Hand wieder um seine.

Gemeinsam schrieben sie den ersten Satz:

Regel Nr. 1: Emil ist eine Zimperliese wie Edna – Befehle also nicht schreien.

Jacob musste losprusten, und Edna ließ sich von seiner Begeisterung anstecken. Sie wollte ihm so gern glauben, dass der Paradiesvogel ihre Rettung war.

Doch bis jetzt hatte er ihr nur Unglück gebracht.

37

Der Pilgerpfad

Die Bäume zeichneten Schatten, die auf dem Weg miteinander Fangen spielten. Über die sacht geschwungenen Bergflanken zogen sich saftig grüne Almen. Eigentlich fühlte Edna sich hier zu Hause. Aber Langen lag nicht gleich um die Ecke, wie sie nach Tenzin Lorenzos Worten geglaubt hatte.

»Haben Sie gesagt, dass dies hier der Pilgerweg ist?«

Der junge Mann nickte. »Sie sind bestimmt schon einigen Pilgern begegnet. Man erkennt sie an der Jakobsmuschel, die an der Kleidung oder am Wanderstock hängt.«

»Oder am Rucksack?«, fragte Edna, die an die zwei Frauen von der Kapelle zurückdachte.

»Natürlich. Und daher auch die gelbe Muschel als Symbol auf den Wegweisern.«

Edna erinnerte sich. Sie hatte sich immer gefragt, was zum Teufel das bedeuten solle. Für sie hatte dieses Zeichen wie Sonnenstrahlen ausgesehen, darauf hätte sie ihre festen Schuhe verwettet. Was für ein Glück, dass sie es nicht getan hatte, dachte sie erleichtert.

»Vielleicht haben Sie es ja nie bemerkt, aber die Hauptverkehrsadern über die Berge verlaufen auf sehr alten Pfaden.« Der junge Mann stolperte, fing sich aber schnell wieder. »Heerstraßen von den Römern, teilweise sind sie sogar noch älter, aus der Zeit des Bernsteinhandels. Im Mittelalter haben die Pilger diese Wege benutzt, ein weitverzweigtes Netz, das die wichtigen Orte der Christenheit verbindet. Denken Sie nur an die Via Francigena, die Frankenstraße, die quer durch Europa von Rom nach Canterbury führt, oder an den Weg, auf dem wir gerade unterwegs sind. Wir folgen jahrhundertealten Fußspuren. Diesen Weg nahm man, wenn man nach Santiago de Compostela wollte oder nach Rom. Finden Sie das nicht inspirierend?«

Edna hätte gern entgegnet, dass sie vielleicht selbst zu diesen uralten Fußspuren beigetragen hatte – die Erinnerung daran war noch zu frisch, um nostalgisch zu werden. Außerdem, was fanden die Leute nur so großartig an der Vergangenheit, dass sie immer zurückblickten und davon schwärmten? Sie selbst war äußerst dankbar, nicht mehr darin gefangen zu sein, aber sie wollte Tenzin Lorenzos Begeisterung nicht dämpfen. »Seit wann sind Sie denn schon unterwegs?«

»Ehrlich gesagt, bin ich erst vor kurzem losgelaufen. Aber ich will bis nach Spanien.«

Tenzin Lorenzo wirkte entschlossen, gespannt wie ein Bogen, der einen Pfeil aufs Ziel richtet. Seine Augen leuchteten, aber seine Schuhe waren deutlich zu starr. Sicher verfügte dieser junge Mensch über einen bewundernswerten Optimismus. Aber er war vollkommen ahnungslos. Man geht niemals in funkelnagelneuen Lederschuhen auf Wanderschaft. Zumindest, wenn man nicht vorhat, Höllenqualen zu erleiden.

»Wie sind Sie eigentlich darauf gekommen, den Pilgerwegen zu folgen?«, fragte Edna.

Er zuckte mit den Achseln. »Ich nehme an, aus dem Grund, warum man überhaupt auf die Reise geht. Lust auf frischen Wind um die Nase.«

Edna bemerkte, dass er ein hübsches Lächeln hatte, so eins, das die Augen mit einbezog und sie zum Funkeln brachte.

»Es ist auch auch der Weg, den die Schwabenkinder gegangen sind. Haben Sie schon mal von denen gehört?«

Aus der Art, wie er nur stumm den Kopf schüttelte, schloss Edna, dass inzwischen wohl zu viel Zeit vergangen war, als dass die Welt sich noch an sie erinnerte. Es war eine Narbe, an die viele nie mehr erinnert werden wollten.

»So nannte man die Kinder, die aus den armen Bergregionen aufbrachen, um auf den Bauernhöfen jenseits vom Arlberg zu arbeiten. Wenn man in der Kapelle von St. Christoph ankam, schnitt man mit seinem Messerchen einen Splitter aus der Statue und bewahrte ihn in der Jackentasche auf. Er sollte gegen Heimweh schützen.«

»Aus der Statue, die beim Brand zerstört wurde?«

Edna nickte. Und wieder schien sie weit fortgerissen zu werden und in den Strudeln ihrer Erinnerung zu versinken.

»Hm, interessant.« Dann blieb Tenzin Lorenzo abrupt stehen. »Frau Weiss«, rief er. »Wissen Sie eigentlich, wie man einen Leuchtballon steigen lässt?«

38

Wald-Rave

Während sie Emil dabei zusah, wie er mit Tenzin Lorenzo im Gras spielte, dachte Edna, was für ein netter Kerl dieser junge Mann doch war, den sie zufällig getroffen hatte und der den Transportkäfig den ganzen Tag für sie auf- und abgeschleppt hatte. Ein Stück lang hatte er ihn sich sogar unter den Arm geklemmt. Anfangs hatte sie sich dagegen gewehrt, aber er hatte ihr versichert, dass er so besser laufen könne, weil er dann den Schmerz im Knöchel nicht so spüre. Edna fragte sich, warum er dann die ganze Zeit humpelte, während ihr selbst der Weg nur halb so schwer vorkam.

»Sie haben mir noch gar nicht das mit den Leuchtballons erklärt. Warum haben Sie mich gefragt, ob ich das kenne?«

»Das werden Sie schon noch erfahren«, antwortete er und verbarg eine Hand hinter dem Rücken, während Emil danach suchte, so munter und vergnügt, wie sie ihn schon lange nicht mehr gesehen hatte.

»Ich habe nie begriffen, warum, aber ich glaube, er mag Männer einfach lieber. Es war ein Junge, der ihn gerettet hat, und vielleicht erinnert er sich noch irgendwie daran in seinem verrückten Kopf.« Vielleicht hatte auch er nie aufgehört, nach Jacob zu suchen. Emil hatte lieber bei Flo auf der Schulter gesessen als bei Priska. Er konnte Adele nicht ausstehen, obwohl er sie schon so lange kannte. Aber er hatte sich anstandslos von Fer streicheln lassen.

»Es heißt, dass diese Tiere ein unglaubliches Erinnerungsvermögen haben. Papageie und Raben sind so intelligent wie Schimpansen.«

»Wir mögen keine Raben«, sagte Edna.

»Dann müssen Sie hier gut auf ihn achten. Denn in dieser Gegend gibt es jede Menge von ihnen. Vor meiner Reise habe ich mir ein Buch gekauft. Darin steht alles über die Tierwelt der Alpenregion. Wussten Sie eigentlich, dass Kolkraben eine Flügelspannweite von über einem Meter haben?«

Edna fand es amüsant, wie angeregt Tenzin herumgestikulierte. »Ich sehe, Sie haben Ihre Reise vor Ihrem Aufbruch gut geplant. Sie haben nichts dem Zufall überlassen.«

Er zuckte mit den Schultern. »In den letzten Wochen hatte ich viel Zeit zum Nachdenken. Und mit Internet, Streetview und all den anderen Satellitenkarten kann man sogar die Straßenschilder an Kreuzungen erkennen. Und Sie, haben Sie das hier schon lange geplant?«

»Ungefähr seit achtzig Jahren«, sagte sie vollkommen ernst.

Tenzin Lorenzo sah sie bewundernd an, und man konnte ihm anmerken, dass ihn eine Frage beschäftigte, die er ihr nicht zu stellen wagte.

»Und da machen sich meine Freunde über mich lustig ...«

»Aber dann«, fuhr Edna fort, »kommt immer etwas anders, als man gedacht hat, und man muss wieder ganz von vorne anfangen. Was meinen Sie, wollen wir weiter?«

Als sie die Lichtung erreichten, färbte die untergehende Sonne sie in leuchtende Rot- und Gelbtöne.

Edna bemerkte, dass der »Campingplatz«, wie Tenzin Lorenzo ihn genannt hatte, nicht ganz das war, was sie sich darunter vorgestellt hatte. Ein großes rundes Zelt füllte die Mitte des Platzes aus, daneben brannte das Lagerfeuer. Kleinere Zelte waren zwischen den Baumstämmen befestigt wie Vogelnester.

An den unteren Zweigen baumelten Windlichter. Überall sah sie junge Leute, die Gitarre spielten oder trommelten.

Sie musste entschieden die Brille auf der Nase hochschieben, um zu erkennen, was sie da vor sich hatte: lauter Paare, die sich küssten und umarmten. Sofort schaute sie verlegen weg, auf den Transportkäfig und ein Rädchen, das sich etwas langsamer drehte, ein besonders schönes Grün an einem Baum. Die jungen Menschen fühlten sich offensichtlich gar nicht gestört, sie luden Edna herzlich ein, sich zu ihnen zu gesellen.

Tenzin Lorenzo schien sich hier wohlzufühlen. Mit einem strahlenden Lächeln grüßte er in die Runde, als würde er jeden Einzelnen kennen. Und alle grüßten fröhlich zurück.

Sie umarmten ihn, drückten ihm eine Flasche Bier in die Hand, fragten ihn, wie die Reise gewesen sei und ob es bei ihm auch so viel Regen gegeben habe wie bei ihnen im Norden, so dass sie erst vor kurzem hier aufgeschlagen waren.

Edna setzte sich ein wenig abseits. Sie sah sich um, konnte aber nichts Vertrautes entdecken.

»Jacob, erinnerst du dich daran, wie wir Kinder diese Berge überquert haben? Damals gab es nur Stille, Eisluft, die von den Gletschern herabwehte, Heimweh und Angst vor dem Unbekannten, das sich hinter jeder Wegbiegung verbarg.«

Nun ja, Jacob war auf ihrem Weg zum Hof gar nicht dabei gewesen. Sie hatten sich erst dort kennengelernt. Doch Edna kam es vor, als ob er immer an ihrer Seite gewesen wäre, und sie spürte den Schmerz, den wir empfinden, wenn wir etwas verloren haben, das dennoch immer bei uns bleibt. So viel von Jacob hatte sie niemals erfahren. In ihren Erinnerungen war er immer der Junge von damals geblieben. Als sie sein Foto in der Zeitung entdeckte, hatte sich auch etwas in ihr gesträubt, in diesem von der Zeit verwitterten Gesicht ihren Jacob zu erkennen. Doch an seiner Narbe hatte sie ihn wiedererkannt. Narben können nicht täuschen. Wenn die Haut verletzt wurde, veränderte sie sich so unauslöschlich, dass man nie wieder derselbe war. Und ob die Haut oder die Seele, das machte keinen Unterschied. Wo ein Bruch, ein Spalt klaffte, kam man an einen Scheideweg.

So war es mit Jacobs zerschnittenem Lid und mit ihren eigenen Narben. Die vielleicht nicht so auffielen, aber deren Wunden nicht weniger geblutet hatten.

»Traurige Gedanken?«

Die junge Frau hatte sich neben Edna gesetzt, ohne dass sie es bemerkt hatte, sosehr war sie in ihren Erinnerungen versunken.

»Ach, das passiert mir auch öfter«, sagte die Frau und reichte ihr eine Flasche. »Nur zu, keine falsche Höflichkeit.«

Erst wollte Edna ablehnen. Von Fremden sollte man nichts zu trinken annehmen. Aber diese Frau sah sie an wie jemand, der viel wusste. »Meine Freundin hat mich sitzengelassen. Hat dich etwa auch jemand verlassen?«

Was für eine merkwürdige Frage. Edna nahm die Flasche und sah sie sich an. Der Inhalt lief zähflüssig an der Glaswand entlang, es handelte sich wohl um Saft. Sie trank einen Schluck und stellte erstaunt fest, dass er gar nicht übel schmeckte. Angenehm fruchtig. Vielleicht eher nach Kräutern ... Alpenkräutern ...

»Ich habe *ihn* verlassen«, erklärte Edna und nahm noch einen Schluck. Er glitt ihr gut die Kehle herunter. Wärmte im Magen mit einem Feuer, das stach und brannte, und danach fühlte man sich gestärkt. »Aber jetzt hole ich ihn mir wieder zurück.«

»Sehr gut, genauso geht das«, sagte die junge Frau und

packte die Flasche, als Edna sie ihr hinhielt. »So viel Mut hätte ich auch gern.«

»Immer einen Fuß vor den anderen. Das ist gar nicht so schwer, Mädchen.« Die Flasche wanderte zwischen beiden hin und her. Edna war eigentlich nicht durstig, aber sie wollte das Gefühl von Wärme und Entspannung nicht missen, das dieser Saft mit dem besonderen Geschmack in ihr auslöste.

»Wenn es doch nur so einfach wäre ...«

Ein angenehmes Schwindelgefühl trug Edna mit sich fort.

Und irgendwie wollte ihr nicht in den Kopf, warum eine andere junge Frau, die nun den Kerl ihr gegenüber küsste, einen Bart hatte. Und muskulöse Arme, einen Stiernacken. Beinahe hätte sie laut gelacht. Alles war so verrückt. Zwei Männer, die sich küssten? Ihre Brille musste schon sehr beschlagen sein.

»Frau Weiss, gefällt es Ihnen hier? Warum lassen Sie Emil nicht raus?«

Edna betrachtete immer noch die zwei Gestalten, die sich eng umschlungen hielten, und überlegte, wo der Schnurrbart des einen aufhörte und der Bart des anderen anfing.

Sie fragte sich auch, was mit ihrer Brille nicht stimmte.

»Die junge Frau«, sagte sie und zeigte auf den leeren Platz neben sich (wohin war sie bloß verschwunden?), »die gerade noch neben mir saß, hat mir einen Saft zum Probieren gegeben, Herr Tenzin. Er schmeckte ausgezeichnet. Aber ich glaube, jetzt habe ich ein paar Probleme mit meiner Brille«, sagte sie und rieb die Gläser mit einem Zipfel ihres Unterhemds.

»Saft ... sind Sie sicher?«

Edna nickte.

»Schmeckt nach Kräutern und wärmt wie Ihre Arnikasalbe?«, lachte er. »Dann haben Sie wohl *Killepitsch* probiert, Frau Edna. Ganz offensichtlich kennen Sie sich aus.« Tenzin

Lorenzo winkte einer der beiden Gestalten zu, die einander immer noch umarmten.

»Das ist David«, sagte er. »Er hat mich letzten Monat gefriendzoned.«

»Gefrendsohnd ...«, flüsterte Edna und grübelte, ob ihr das etwas sagen sollte.

»Er hat gesagt, dass wir bloß Freunde sind«, erklärte ihr Lorenzo.

»Ach, das ist doch schön. Freunde sind wichtig.«

Tenzin Lorenzo schwieg einen Augenblick, als wolle er etwas hinzufügen, müsse aber noch auf den richtigen Moment warten. Ermutigend lächelte Edna ihn an. (Schüchternheit, Tenzin Lorenzo war ein schüchterner Junge.)

»Das hier«, sagte er schließlich lächelnd und reichte ihr einen Luftballon mit einem kleinen Batterieschalter, »ist Ihr Leuchtballon. Sie müssen ein Kärtchen mit Ihrem Wunsch daran hängen. Wir lassen sie für Manuel steigen. Aber da Sie ihn nicht kannten, wird er sich wohl kaum daran stören, wenn Ihr Gedanke nicht ihm gilt. Haben Sie einen Traum, Edna? Oder jemanden, dem Sie eine Botschaft schicken wollen ... Vielleicht halten Sie das hier ja für albern, aber wir glauben fest daran. Wenn Sie mit aller Kraft an jemanden denken, wenn Sie sich tief in Ihrem Inneren Ihren größten Wunsch vorstellen, wird der Wind ihn mit sich forttragen. Und zwar genau dorthin, wohin Sie wollen.«

Tenzin Lorenzo drückte ihr außerdem noch einen Stift und ein Kärtchen mit einem Faden daran in die Hand.

Als er verschwunden war, sah Edna länger unschlüssig Ballon und Kärtchen an, ohne zu wissen, was sie damit anstellen sollte. Sie hob den Kopf. Fing Emils Blick auf, der ebenso zweifelnd schaute wie sie. Sie dachte, dass sie schon so lange Zeit nicht mehr an Magie und Zauberei glaubte. Und sie konnte sich kaum vorstellen, ausgerechnet jetzt damit anzufangen.

39

Die Leuchtballons

Sie hatten alle Leuchtballons im selben Moment steigen lassen, nachdem sie Stifte und Kärtchen untereinander herumgereicht und einander beim Anschalten geholfen hatten. Ein Mann mit vielen Tätowierungen auf den Armen, der sie kurz an den Jungen mit den goldenen Schuhen erinnert hatte (seltsamerweise liefen hier alle lieber barfuß herum), hatte den Ballon für sie gehalten. Und schließlich hatte es auch Edna geschafft, ihr Kärtchen, das abgefallen war, erneut daran zu befestigen und das kleine LED-Licht anzuschalten.

Edna war mitten im Geschehen: Sie lachte, bangte und werkelte zusammen mit den anderen. Mit all diesen jungen Leuten, die sie nicht kannte und die, nachdem sie jemand zur Ordnung gerufen hatte, nach dem gemeinsamen ziemlich misstönenden Countdown, der in einem *Wooow* endete – gerade so lang wie die Windströmung, die die Ballons nach oben trug –, plötzlich ganz still wurden, so dass nur noch die Nacht die Lichter auf ihrem Weg begleitete, zusammen mit ihren Gedanken und ihren Wünschen. Denn die wichtigsten Dinge lassen sich nicht so einfach aussprechen, wie Edna nur zu gut wusste.

Sie hatte drei Namen auf das Kärtchen geschrieben und fragte sich, wo ihr Ballon wohl hinfliegen würde.

»Wer weiß, wohin der Wind ihn trägt«, flüsterte Tenzin Lorenzo ihr zu.

Vielleicht würde jemand, der die Ballons sah, denken, es seien verlangsamte Sternschnuppen.

Als die Gesichter der jungen Menschen vom Schein der Luftballons erleuchtet wurden, konnte Edna auf einmal keinen Unterschied mehr zwischen Männern, Frauen, Hautfarben ausmachen. Im bunten Lichterschein sahen sie alle gleich aus, dachte sie und nahm noch einen Schluck. Vielleicht, weil die Träume alle Menschen gleichmachten. Bei dem Gedanken musste sie lächeln. Sie war inzwischen so müde, dass sie nicht mehr klar denken konnte.

Tenzin Lorenzo besorgte ihr einen bequemen Platz zum Schlafen.

In der angenehmen Wärme der nebeneinander vor dem Zelt ausgebreiteten Schlafsäcke sahen Edna und der junge Mann hoch zum Himmel und betrachteten die Sterne.

»Herr Tenzin«, fragte Edna, die sich zum zweiten Mal etwas von diesem erstaunlichen Gebräu in ihre Wasserflasche hatte füllen lassen, »wer war Manuel?«

Der junge Mann drehte sich zu ihr hin. Er lag neben ihr, den Kopf auf einen Arm gestützt. »Jemand, den alle hier sehr gernhatten. Aber das haben Sie bestimmt schon gemerkt.«

»War er ein Freund von Ihnen?«

»Ein ganz besonderer Freund.«

Edna nahm die Brille ab. »Stimmt, Sie haben es ja sehr mit Freundschaft«, überlegte sie laut, während sie die Gläser putzte. David ... Manuel ... Diese seltsame Gemeinschaft, die sich hier in den Bergen verabredet hatte ... »Was ist mit ihm passiert?«

Tenzin Lorenzo nahm den kleinen Bildschirm aus dem Rucksack, der endlich doch funktionierte. »Schauen Sie.«

Vorsichtig hielt er ihn ihr vors Gesicht und wartete gemeinsam mit ihr, dass die Bilder erschienen.

Edna sah eine Geburtstagsfeier, junge Menschen, die sich

gegenseitig unter Gelächter und hochspritzenden Wasserfontänen in einen Pool warfen. Und dann einen Gleitschirm. Da war er: Manuel, wie er sich umdrehte und den Daumen hochreckte zum Zeichen, dass alles in Ordnung war, ein Lächeln unter dem Helm und der breiten Schutzbrille. Sie sah das entwaffnende Vertrauen ins Leben von jemandem, der noch jung war, seine Lust zu rennen, ohne jemals anzuhalten, und allen Ballast abzuwerfen. Sie sah sich selbst. Nicht wie sie wirklich einmal gewesen war. Aber wie sie sich in einem tief verborgenen Winkel ihrer Seele fühlte, der seit ihrem Aufbruch immer mehr an die Oberfläche drängte. Sie sah sich selbst, wie sie sich in diesem Augenblick fühlte, während sie den grenzenlosen Himmel betrachtete und an ihren kleinen Leuchtballon dachte.

»Er war verrückt nach Fliegen. Gleitschirmfliegen. Er ist viele Dutzend Male von diesen Bergen hier gestartet.« Tenzin war ernst geworden und sprach zögernd. »Ein einziges Mal hat genügt, ein einziger, blöder Unfall. Der Gleitschirm ist in einen Fluss gestürzt. Er hat das Ufer nur um wenige Meter verpasst. Es war so knapp. Eine kurze Bö. Manuel war noch festgeschnallt und konnte nichts tun. Wenn so ein Teil sich einmal mit Wasser vollgesaugt hat, zieht es einen in die Tiefe.«

Tenzin Lorenzo schaltete das Gerät aus und legte es in den Rucksack zurück. »Wissen Sie, was mich wirklich wütend macht? Was ich nicht vergessen kann? Wir hatten uns schon seit mehreren Wochen nicht mehr gesehen, aber ein paar Tage vor dem Unfall hatte er mir eine Nachricht geschickt. Nichts Wichtiges, nur ein kurzer Gruß. Und ich hätte ihm so gern gesagt, nein, ich hätte ihm sagen *müssen*«, verbesserte er sich, »was ich empfand, wie ich mich fühlte, nachdem wir gestritten hatten und ich unsere Wohnung verlassen hatte. Dass es mir leidtat. Oder ihm einfach nur ein Hallo schicken. Doch ich habe es nicht getan. Ich stand da, mit dem Smartphone in der einen Hand, einem Glas Wein in der anderen, um mich herum das Gelärme, die Partystimmung auf der Piazza, und da habe ich es ausgemacht und eingesteckt. Ich habe gedacht, dafür wäre immer noch Zeit. Doch die haben wir jetzt nicht mehr. In der Nacht wache ich auf, sehe ihn da sitzen, wie er auf meine Antwort wartet und sich fragt, wieso ich mich nicht melde, und dann möchte ich dieses Telefon nehmen und ihm sagen, dass alles gut ist. Dass ich für ihn da bin und dass ich ihn niemals mehr verlassen werde.«

»Ich bin sicher, dass er das wusste«, flüsterte Edna.

Doch sie sagte nicht die Wahrheit. Worte sind manchmal alles, was wir haben. Und falls man sie nicht findet, wenn man sie braucht, nagt das an einem wie ein Geschwür, das einen auszehrt. Die einfachsten Worte sind fast immer die, die am schwierigsten auszusprechen sind. Weil sie einen zwingen, aufrichtig zu sein, und nicht zulassen, dass man sich hinter ihnen versteckt. Sie schicken einen hinaus auf ein offenes Spielfeld, wo man dann nackt und schutzlos spielen muss.

»Wollen Sie wissen, warum man wirklich auf Reisen geht, Frau Weiss? Weil es manchmal nicht zu ertragen ist, an einem Ort zu bleiben. Weil wir hoffen, dass, während wir davonlaufen, etwas passiert, was uns wieder auf die Füße bringt. Und weil wir denken, dass wir durch Vergessen vielleicht wieder kitten können, was kaputtgegangen ist.«

Er sah sie an. »Die Wahrheit ist, dass Manuel tot ist. Und ich kann mir keinen Ort vorstellen, der dem Himmel näher ist als hier.«

Einige Schlucke Killepitsch und etliche philosophische Gedanken später packte Edna in aller Ruhe ihre Brille weg. Tenzin Lorenzo hatte ihr sehr traurige Erinnerungen erzählt. Doch sie trieben sanft und schwerelos davon wie auf der Oberfläche eines ruhigen, tröstlichen Meeres, das den wunderbaren, beruhigenden Duft von Bergkräutern verströmte. Der Wind verfing sich in den Zweigen wie ein sanftes Flüstern, das einen aufforderte, Ruhe und Frieden zu finden. Vielleicht gab es ja das Böse, aber im Moment war es ganz fern.

Sie fühlte sich im Einklang mit einer Welt, die sie fest und sicher in den Armen hielt. Obwohl der Boden unter ihr ja ein wenig schwankte. Und warum waren ihre Hände plötzlich so lang? Auch Emils Schnabel sah anders aus, länger und schmaler. Größer. Und jetzt veränderte er sogar seine Form! Aber alles war gut – sagte sie sich mit einem Lächeln –, sie würde dem morgen nachgehen.

Denn es gab immer ein Morgen. Edna atmete tief durch, um das Schwindelgefühl loszuwerden. Sie öffnete den Schlafsack einen Fingerbreit, gerade so weit, um ein wenig Bewegungsfreiheit zu haben, und stellte die Flasche aufs Gras, genau einen Schritt entfernt, damit sie sie leicht wiederfand. Dieser Saft war einfach ein Göttertrank. Auch wenn sie fürchtete, dass ihre Flasche inzwischen fast leer war. Sie musste nun sparsamer mit ihm umgehen.

Sie sah zu der Kiste, in der Emil schlief. Emil war erst blau, dann grün, wie eine blinkende Reklametafel. Seit wann änderte er denn seine Farben? Und ja, sein Transportkasten war wirklich alt und abgewetzt.

»Wollen Sie eine Geschichte hören, Herr Tenzin?«, fragte sie leise, und ihr Lächeln war nur ein bisschen schief. »Ich verspreche Ihnen nicht, dass sie Sie von Ihrem Schmerz heilen wird. Aber eines können Geschichten, und zwar alle Geschichten, bewirken. Hören Sie einfach zu. Und dann reden wir weiter.«

Das verwöhnte Mädchen und der Transportkäfig

Auf einem Bauernhof zwischen Hügeln und Wäldern in einem Land, das damals so weit entfernt schien, hatten zwei Kinder sich unter den ausladenden Ästen eines riesigen Kirschbaums verabredet. Dieser Kirschbaum war ihre Zuflucht, ein geheimer Ort, an dem sie sich sicher fühlten, selbst wenn es hier keine Sicherheit gab. Sie legten sich gern auf dem Rücken ins feuchte Gras, um durch die Zweige die Himmelsausschnitte zu betrachten.

Edna lag neben Jacob. Sie ahmte ihn in allem nach, bemühte sich, den Kopf auf den Arm zu betten, so wie er, und redete sich ein, dass es so wirklich bequem war.

»Die Nichten und Neffen der Bauersleute sind gekommen«, sagte er plötzlich, ohne die Augen von den Wolken abzuwenden.

Edna hatte niemanden zum Hof kommen sehen. Zumindest niemanden, den sie nicht kannte. Aber Neuigkeiten drangen stets mit etwas Verspätung zu ihr. Jacob dagegen war der Erste, der etwas mitbekam, wie ein Fuchs, der jede Fährte aufnahm.

Jetzt wehte ein anderer Wind. Sie mussten wieder an die Arbeit zurück. Bald darauf lernte Edna die Nichten und Neffen kennen. Vor allem ein Mädchen in einem rosafarbenen Dirndl und mit blonden Haaren, die zu so straffen Zöpfen geflochten waren, dass sie glänzten und man meinen konnte, sie wären mit Zuckerguss bestrichen. Edna sah, wie sie mit ihren Puppen und Stofftieren spazieren ging; sie transportierte sie in einer Hundekiste mit kleinen Rädern. Sie sprach mit ihnen, als könnten sie sie verstehen. Edna kannte dieses Gefühl und sehnte sich nach ihrer Puppe zurück, die ihr so viele Male zugehört hatte, ehe die Bauersfrau sie ihr weggenommen hatte.

Als das Mädchen sie ansah, bückte Edna sich schnell über ihren Rechen, so tief, dass sie einen Buckel machte wie eine wütende Katze. Sie mochte es gar nicht, wenn ihr jemand dabei zusah, wie sie sich abschuftete. Einen genauen Grund dafür hätte sie nicht nennen können, aber in diesen Moment wünschte sie sich mit all ihrer Kraft, unsichtbar zu sein.

Wenn Edna erfuhr, dass die Neffen und Nichten der Bauersleute in der Nähe waren, ließ sie sich unter allen möglichen Ausreden Arbeiten übertragen, Hauptsache, sie waren weit weg vom Hofgebäude. Auch wenn sie anstrengender waren oder sie stundenlang in der Sommerhitze arbeiten musste.

Sie fragte sich auch, was Jacob von ihnen hielt und weshalb er sich für sie interessierte. Vor allem für das Mädchen. Sie hatte eigentlich ein langes blasses Gesicht, als ob man sie zu lange in einem Schrank eingesperrt hätte. Und wenn sie ihm nun gefiel? Wenn er lange Gesichter hübsch fand? Edna musste allerdings zugeben, dass ihre Kleider wirklich wunderschön waren.

Edna lief durch den Garten (eine Abkürzung, einmal schräg durch die Beete, zwei Kurven nach rechts, kleiner Weg), um die Schweine zu füttern, als sie auf das Mädchen stieß. Beinahe wären sie zusammengeprallt, weil Edna die Angewohnheit hatte, immer auf ihre Fußspitzen zu schauen anstatt vor sich auf den Weg. Sie zog den Kopf ein und versuchte, sich so klein zu machen, dass sie beinahe im Boden versank. Da sie immer noch nicht aufschaute, um dem Mädchen nicht in die Augen sehen zu müssen, entdeckte sie auf einmal zwischen den Puppen in dem Kasten … auch ihre eigene!

Es war ein Reflex, schnell und ohne böse Absichten: Sie streckte den Arm aus, um sie zu berühren. So plötzlich war die Freude über sie gekommen, dass kurzzeitig ihr Verstand aussetzte. Als wäre es das Natürlichste der Welt. Diese Puppe hatte Martin ihr geschenkt. Da war es nur normal, sie wieder in den Arm nehmen und fest an sich drücken zu wollen, nach all der Zeit und ihrer Angst, sie nie wiederzusehen.

Doch ihre Hand griff ins Leere. Das Mädchen hatte die Kiste zurückgezogen und starrte sie mit harten Augen an, kalt wie der Stahlsplitter, der Jacobs Lid zerschnitten hatte.

Edna war verletzt und gedemütigt.

Da begriff sie, dass die Puppe nun nicht mehr ihr gehörte. Die Puppe, die ihr Bruder ihr geschenkt hatte, das Werk seiner Hände, für das er lange Dezemberabende bis spät in die Nacht gearbeitet und das er ihr schließlich so stolz überreicht hatte, als wäre es das kostbarste Geschenk auf der Welt, gehörte ihr nicht mehr.

Später im Stall, wo es dunkel war und beißend nach Mist und Heu roch, dachte Edna, dass es vielleicht besser so war, denn sonst hätte sie ihrer Puppe all das erzählen müssen, was geschehen war, seit sie getrennt worden waren. Und unter den Dingen, die sie niemandem erzählt hatte, gab es so Schreckliches, dass es ihr in der Seele weh tat. Vielleicht hätte die Puppe es besser bei dem Mädchen mit den Zuckergusszöpfen, die sicher keine so schlimmen Gedanken hatte.

Auch Jacob mochte sie. Er lächelte ihr zu, wenn er sie traf, und begleitete sie zum Teich.

Bis Edna eines Tages einen Schrei aus dem Garten hörte und alle zusammenliefen, um zu sehen, was passiert war.

Das Mädchen heulte ohrenbetäubend. Neben ihr stand Jacob, starrte auf den Boden und rieb sich verlegen den Nacken. Vor ihnen lag die Kiste im Staub.

Zwischen ihnen stand seelenruhig Mela, die alte Mähre, und kaute langsam und zufrieden ein Büschel Löwenzahn.

Eilfertig stellte Jacob den Kasten auf und wischte den Dreck ab, aber als er eine Bewegung machte, um das Mädchen zu trösten, hielt er auf einmal ein Rädchen in der Hand. Daraufhin heulte sie nur umso lauter los. Sogar der Großbauer musste sich die Ohren zuhalten, als er zu ihr ging.

An dem Abend befahl Jacob Edna, ihm zu folgen. Sie würden nicht gleich fortlaufen, hatte er ihr erklärt, aber sie sollten dieses Mal ihre Flucht bis in die kleinsten Einzelheiten planen.

Er hatte schon eine Idee. Eine von denen, die weder Bastian noch dem Großbauern gefallen hätten, befürchtete Edna, während ihre Hände schweißnass wurden.

»Sieh mal, ich hab's gewusst!«, sagte Jacob triumphierend, als sie vor dem Abfallhaufen hinter dem Schuppen standen. Dorthin warf man alle Dinge, die kaputt waren. Und dort lag auch die Kiste des Mädchens mit den Zuckergusszöpfen. »So machen das die Reichen: Wenn etwas kaputt ist, werfen sie es einfach weg und kaufen sich etwas Neues«, sagte er und zerrte kräftiger, um die Kiste unter dem ganzen Gerümpel hervorzuholen.

»Mela hat das einfach großartig gemacht«, fuhr Jacob fort, die Worte kamen abgehackt aus seinem Mund, weil er sich so abmühte, »sie ist mit den Hufen darübergetrampelt.« Er lachte. »Ich wollte sie gerade in den Stall bringen, da habe ich den Kasten gesehen, den jemand dort im Sand vergessen hatte ... Aber da war es schon zu spät. Zu schade! Mela war schon darübergetrampelt.«

»Mela ist faul, aber nicht blind. Sie macht so etwas nicht«, entgegnete Edna, während sie die Bleche entgegennahm, die er ihr reichte, um sie dann auf dem Boden zu einem anderen Haufen aufzustapeln.

»Wenn man sie nett darum bittet, dann schon.« Jacob lächelte und zeigte ihr einen Zuckerwürfel, den er aus der Tasche gezogen hatte.

Missbilligend schüttelte Edna den Kopf. »Du hast dich in Gefahr gebracht, Jacob!« Die Schläge vom Großbauern waren eine echte Strafe. Aber nichts konnte Jacob den Kopf zurechtrücken. Seine Wunde war immer noch nicht geheilt, und sein Lid hing träge über dem Auge herunter. Niemand wusste, ob es jemals wieder so werden würde wie vorher.

»Aber Emil hat jetzt seinen Kasten. Verstehst du denn nicht, Edna?«

Stumm starrte sie ihn an.

»Komm schon, das ist ganz leicht! Ich bringe ihn in Ordnung – da ist doch bloß dieses Rädchen abgegangen –, und Emil hat seinen Transportkäfig. Den Transportkäfig, mit dem wir um die Welt reisen werden!«

An dieser Stelle hätte Edna Jacob eigentlich umarmen und ihm sagen müssen, dass das eine großartige Idee war. Aber sie brachte es nicht über sich. Immer sprach er nur von Emil, nichts anderes zählte für ihn. Und wegen Emil war sie …

»He, jetzt schau doch nicht so traurig!« Jacob war näher gekommen und hatte ihr einen Kuss auf die Wange gedrückt. Edna fühlte, wie ihr das Blut ins Gesicht schoss. Ein langer Schauer lief ihr die Wirbelsäule hinab, angenehm zwar, weil die Berührung warm und weich war, aber es schmerzte auch.

»Was machst du da?«

»So was tun doch die Erwachsenen …«, entschuldigte er sich und wich zurück.

Die Erwachsenen tun schlimme Dinge, hätte Edna ihm am liebsten ins Gesicht geschrien. Innerlich brüllte sie es heraus, auf ihrer Haut spürte sie wieder die Spucke des Knechts, und Dunkelheit erfüllte ihr Herz. Warum konnte Jacob sie nicht hören?

»Zuerst muss man fragen. Ganz höflich.« Und man muss aufhören, der Knecht hätte aufhören müssen, als sie ihm gesagt hatte, dass sie das nicht wollte.

Verlegen rieb Jacob sich den Nacken. »So was wie ... ›bitte‹?«

Edna nickte. Bei Jacob könnte es ein »Bitte« tun.

»Komm schon, Edna. Ich dachte, es würde dir gefallen. Ich habe gesehen, dass sie deine Puppe hatte ... Der haben wir es aber gezeigt.«

»Du hast gesagt, du hast es für Emil getan.« Ihre Augen brannten, und ihre Armmuskeln waren so angespannt, dass sie schmerzten.

Jacob sah zu Boden und sagte nichts mehr. Stumm arbeiteten sie weiter. Und schnell, denn auf dem Hof hatte nichts Zeit. Dafür gab es zu viele Augen, die alles sehen wollten, zu viele Ohren, die lauschten.

»Du und Emil, ihr seid das Wichtigste für mich. Ich lerne auch, bitte zu sagen, wenn es dich glücklich macht«, flüsterte Jacob ihr ehrlich betroffen zu und wollte gehen. »Das habe ich noch zu niemandem gesagt ...«

Hatten seine Wangen sich gerötet? Vielleicht wegen der anstrengenden Arbeit.

»Ich mag dich, Zimperliese. Auch wenn du manchmal ganz schön verrückt wirkst.«

Jacob drehte sich um und ließ sie vor der Tür zum Schlafraum allein.

Aber diesmal fühlte sich Edna nicht allein.

Ihr Herz klopfte heftig. Sie spürte es bis in die Schläfen und den Hals. Sie wollte Jacob ins Gesicht schreien, was sie empfand, alle Gefühle, die sich in ihr verbargen wie die Früchte in von Dornen geschützten Brombeerbüschen. Ihren Zorn, ihre Dankbarkeit. Die Zuneigung, die sie vereinte, und dieses merkwürdige Gefühl, das sie in ihr hinterließ, fast wie ein Zuhause, obwohl ihr echtes inzwischen wer weiß wo verlorengegangen war.

Aber wie in ihren Albträumen war kein Laut über ihre Lippen gekommen. Während ihre Gedanken in einem Gefühl von Ohnmacht ertranken, sah sie zu, wie die Schatten Jacob verschluckten. Und sie war in ihr Bett zurückgekehrt.

In dieser Nacht hatte sie ihre Dinge wieder ordentlich in den Ecken ihres Lagers ausgelegt (ein alter Kiefernzapfen, ein Holzsplitter, ein seltsam geformter Stein). Neben sich aber hatte sie Platz für Jacob und Emil gelassen. Einen Platz in ihren Träumen. Einen Ort nur für sie drei, wo niemand hinkommen oder ihnen weh tun konnte.

40

Erzähl mir eine Geschichte

»Sie haben es ihm doch gesagt, oder?« Tenzin Lorenzo wischte sich mit dem Handrücken über die Lippen und stellte die Flasche wieder auf den Boden zwischen seinen und Ednas Schlafsack. Genau auf den Kreis, den sie dort eingedrückt hatte.

»Was gesagt?« Es war dunkel, natürlich, die Sonne hatte sich ja schon vor einer Weile verabschiedet. Und doch war alles zu dunkel um sie herum. Was erzählte sie Tenzin Lorenzo gerade? Sie drückte sich hoch und sah dabei eine andere Edna, die im Schlafsack liegen blieb und sie anlächelte. Jede ihrer Bewegungen war langsam und zerfiel in zahllose Einzelbilder.

»Dass auch Sie ihn gernhatten und er Ihnen etwas bedeutete«, sagte Tenzin und ging mit der Stimme leicht nach oben, als sei er gespannt auf ihre Antwort.

Edna erinnerte sich. »Natürlich nicht«, brummte sie. »Ich bin nie eine Zimperliese gewesen, selbst wenn er vom Gegenteil überzeugt war. Glauben Sie mir«, flüsterte Edna hinter vorgehaltener Hand, als würde sie ihm ein großes Geheimnis anvertrauen, »in mancher Hinsicht war Jacob die größere Zimperliese.« An dem Abend, als er sie vor der Tür zum Schlafraum stehengelassen hatte, war er doch tatsächlich rot geworden. Sie war sich noch nie so sicher gewesen wie in diesem Moment. »Aber Sie können sich gar nicht vorstellen, wie oft ich bereut habe, dass ich es ihm nie richtig gesagt habe.« Wenn sie ihm die Wahrheit gesagt hätte, wäre später vielleicht alles anders gekommen. Dann wären sie, Jacob und Emil jetzt noch zusammen. So wie alte Freunde. Oder vielleicht wäre in ihren Herzen auch ein stärkeres, festeres Band entstanden?

»Ich bin mir sicher, dass Jacob es begriffen hat«, versicherte ihr Tenzin Lorenzo.

»Sehen Sie, wozu Geschichten da sind?«, fragte sie ihn lächelnd. »Haben Sie es jetzt verstanden? Ihr Manuel hat es ebenfalls gewusst. Er wusste, dass er auf Sie zählen konnte. Aber Sie haben recht, man sollte Dinge besser aussprechen. Sonst kann großer Schaden entstehen. Aber nicht in Ihrem Fall«, fügte sie hastig hinzu, ehe Tenzins seliges Lächeln wieder verschwand. »Sie haben nichts falsch gemacht. Sagen Sie mir doch, welches Paar streitet sich nicht manchmal oder ist verschiedener Meinung?«

Doch plötzlich fiel ihr etwas auf: Tenzin Lorenzo war ein Mann. Und Manuel war auch einer. »Verzeihung, ich möchte nicht indiskret erscheinen. Sie beide ...« Edna fehlte der Mut, den Satz zu beenden.

Er nickte strahlend.

Edna schluckte trocken. Also hatte es nicht an ihrer Brille gelegen, dass sie beobachtet hatte, wie die beiden Bärtigen sich geküsst hatten ...

Sie sah Tenzin Lorenzo an. Im Grunde ein ganz normaler junger Mann. An dem war doch alles in Ordnung, dachte sie und zwang sich, nicht in Schnappatmung zu verfallen (durch die Nase einatmen, durch den Mund ausatmen, dreimal wiederholen). Und das galt auch für seine Freunde und Freundinnen, die alle so nett waren. Und selbstbewusst.

Seufzend griff sie nach der Trinkflasche mit dem Killepitsch.

»Der ist richtig gut, was?«

»Stimmt«, antwortete Edna.

»So etwas Leckeres kann doch nur illegal sein«, meinte

Tenzin Lorenzo grinsend, der genau genommen schon etwas schief in seinem Schlafsack hing.

Edna starrte ihn mit weit geöffneten Augen an, die Trinkflasche halb in der Luft. »Was meinen Sie damit?«

»Hm, sagen wir mal so, hier geschehen Dinge, die eigentlich nicht erlaubt sind ... Ist Ihnen der süßliche Geruch überall auf der Lichtung nicht aufgefallen?«, sagte er und zwinkerte ihr zu. »Glauben Sie etwa, das ist Baumharz?«

Wenn sie jetzt darüber nachdachte, hatte sie ihn auch gerochen, bei den Zelten und in den Kleidern der jungen Frau, die sich neben sie gesetzt hatte.

»Danke«, sagte sie, richtete sich auf und schob die Flasche mit einer entschiedenen Bewegung weit weg von sich. »Ich glaube, ich werde mich jetzt ein bisschen aufs Ohr legen.«

Sie glaubte schon lange nicht mehr an das, was Padre Gianni erzählt hatte, und bezweifelte stark, dass es überhaupt eine Hölle gab. Trotzdem hatte sie wenig Lust auf weitere Probleme.

»Sie müssen sehr müde sein, Frau Edna«, erklärte Tenzin Lorenzo gähnend. »Ehrlich gesagt, ich bin's auch. Wissen Sie, ich bin nicht sehr sportlich.«

»Das habe ich mir schon gedacht, Herr Tenzin«, murmelte sie und drehte sich in ihrem Schlafsack auf die Seite. »Aber keine Sorge, das ist nur eine Frage der Übung. Und der Beharrlichkeit. Mit kleinen Schritten erobert man die ganze Welt.«

»Ich bin auch noch nie auf einen Berg gestiegen. Ich bin eher der Typ Städter. Einer von diesen Langweilern, die in winzigen Büros vor ihrem Computer hängen. Mein Fenster zur Welt ist ein Monitor voller Pixel«, fügte er seufzend hinzu. »Ich bin erst seit zwei Wochen Buddhist. Und die ganze Ausrüstung hier ist neu. Ich habe mich von einem Verkäufer im Einkaufszentrum beraten lassen«, erklärte er, als vertraue er ihr damit ein Geheimnis an, dessen er sich zwar schämte, dem er sich aber mutig stellte. »Seit Manuel tot ist, wusste ich, dass ich mein Leben ändern muss.«

Edna wälzte sich ein wenig in ihrem Schlafsack auf der Suche nach einer bequemen Lage. Nun hatte sie beinahe Mitleid mit dem jungen Mann.

»Die Ausrüstung ist sehr gut. Aber bitte«, in diesem Punkt konnte sie einfach nicht lügen, »die Schuhe, nehmen Sie das nächste Male weichere, ja ...«

»Natürlich, Frau Edna. Weichere Schuhe. Sie haben recht. Weichere Schuhe«, wiederholte er, als wolle er es sich genau einprägen.

Edna drehte sich auf die andere Seite und dachte an Jacob, an die Ballons. Ob er von seinem Krankenhauszimmer aus wohl auch den Mond sehen konnte? Vielleicht sogar das kleine Licht ihres Ballons? Würde er es verfolgen, obwohl er natürlich nicht wusste, woher dieser schwache Lichtschein kam, der sich einen Weg durch die endlos weite Dunkelheit der Nacht bahnte? Obwohl sie erkannte, wie abwegig das war, musste Edna bei der Vorstellung lächeln, dass Jacob jetzt genau wie sie auf dem Rücken lag und in den Himmel schaute. Vielleicht dachte er gerade an zwei Kinder, die einander etwas versprochen hatten. Ganz leise, damit niemand außer Emil es hören konnte.

Edna war weder traurig oder bedrückt, noch hatte sie ein schlechtes Gewissen, weil sie glücklich gewesen war. Denn ja, heute hatte sie einen schönen Tag verbracht. Manchmal braucht man Mut, um glücklich zu sein. Ihr war das lange nicht gelungen. Also, glücklich zu sein. Mutig schon.

Durch das, was damals auf dem Hof passiert war, hatte sie gelernt, mutig zu sein. Als könnte sie durch jede Gelegenheit, bei der sie in der Zeit nach dem Hof Mut bewies, den Mangel daran in jener einzigen Nacht abbüßen, als sie sich hinter der

Mauer zusammengekauert hatte. Dieser einen Nacht, die so schnell vergangen war, wie eine Eidechse davonflitzte, und doch so entscheidend für ihr Leben und das der Menschen, die sie liebte. Als wäre ihr gesamtes künftiges Leben, besser gesagt das Leben, das sie eigentlich hätte leben sollen und nicht gelebt hatte, dort auf der anderen Seite der Mauer geblieben.

Edna hatte gelernt, dass Mut nicht darin bestand, plötzlich aufzuspringen, sondern aus Zweifeln und Angst geboren wurde.

Jenes wahre Glück, das nur mit Freiheit einhergeht, hatte sie jedoch nie erfahren. Frei war Edna niemals gewesen. Denn sie konnte zwar mutig sein, manchmal sogar sehr glücklich, aber nie so ganz, da sie niemals völlig frei war, wenn Jacob nicht dabei war. Und er war dort zurückgeblieben.

Sie musste nur zurückkehren. Es war so einfach geworden, seit sie die Dinge von dieser Warte aus betrachtete und alles andere so weit entfernt wirkte: ihr Ort, ihr Haus, das hinter Kletterpflanzen verborgen war.

Jedes Teilchen fand jetzt an seinen richtigen Platz. Edna fühlte sich erfüllt, und wie viel ihr und Emil auch noch fehlte, sie würden jetzt rasend schnell ihr Ziel erreichen. Bald brach der Morgen an, und die Sonne würde wieder ihre Schritte lenken. Ein vollkommener Tag, um sich wieder auf die Reise zu machen.

»Frau Edna ...«

Tenzin Lorenzos Stimme war nur ein Flüstern. Edna hätte sich schlafend stellen können, aber sie antwortete ihm.

»Was ist noch?«

»War das Leben auf dem Bauernhof hart?«

Seufzend drehte Edna sich auf den Rücken und blickte nach oben zu den Sternen.

»Warum interessiert Sie das? Ihr jungen Leute wollt immer alles über die Vergangenheit wissen. Ihr sehnt euch nach allem zurück. Nach eurer Kindheit, den Märchen, die man euch vor dem Einschlafen erzählt hat, nach den Liedern, die ihr damals gehört habt. Und nach den Filmen im Fernsehen. Als ich in eurem Alter war, habe ich nur an den nächsten Tag gedacht. Höchstens noch daran, wie ich den heutigen überlebe.«

»Sie müssten sich doch eigentlich gern erinnern ... Ich für meinen Teil möchte niemals Manuels Stimme vergessen. Zum Glück habe ich Aufnahmen von ihm.«

Edna hatte Emil. Das war ungefähr genauso viel wert.

Sie seufzte tief auf. »Man wird Ihnen oft erzählen, dass damals jede Hand für die Feldarbeit gebraucht wurde. Und dass Kinder davon nicht ausgenommen waren: Es sei ihnen gar nicht so schlecht gegangen, denn sie bekamen Geld dafür. Immer noch besser als zu verhungern, oder? Und glauben Sie mir, das kam vor. Wenn es nicht genug gab, musste man mit dem Wenigen so gut wie möglich auskommen. Und damals waren die Familien groß. Die Metzger, wenigstens die anständigen, ließen bei den gehäuteten Kaninchen in der Auslage etwas Fell an den Pfoten, zum Beweis dafür, dass es keine Katzen waren. Die sollen nämlich so ähnlich schmecken. Jedenfalls ...« Edna zog den Schlafsack hoch und drehte sich zu Tenzin Lorenzo um. »Ohne Jacob hätte ich nie überlebt. Vielleicht hätte man mich auch irgendwann gehen lassen, wenn man mich nicht mehr gebraucht hätte«, sagte sie und sah wieder das Gesicht des Knechts vor sich, der sie zu sich heranwinkte. »Aber ich wäre heute niemals der Mensch, der ich dank ihm geworden bin.«

»Diese Knechte und die Besitzer des Hofes ...«

»Wissen Sie, was wirklich seltsam ist? Ich habe nie wieder an sie gedacht. Na ja, vielleicht ab und zu mal. Aber mit jedem

Tag, der sich zwischen mich und den Hof schob, habe ich nur noch an Jacob gedacht.«

»Und jetzt kehren Sie zu ihm zurück.«

»Obwohl ich nicht weiß, wie das werden wird.«

Tenzin Lorenzo streckte suchend seine Hand zu ihr aus.

»Sie müssen unbedingt zu Jacob und ihm sagen, was Sie für ihn empfinden.«

Edna lachte. »Es ist doch so viel Zeit vergangen.«

Doch dem jungen Mann war es ernst, er lachte nicht mehr, als ihre Blicke sich trafen. »Manches ändert sich auch nicht mit der Zeit. Das habe ich von Ihnen gelernt. Und ich bin sicher, dass Sie beide nie aufgehört habt, sich gern zu haben.«

Er nahm Ednas Hand.

»Erzählen Sie Jacob die ganze Wahrheit – auch das, was Sie ihm damals nicht gesagt haben und auch sonst niemandem. Sie werden schon sehen, dass alles gut wird. Vor Ihnen liegt eine große Chance, Frau Edna.«

Edna lächelte ihn an, ihr Gesicht war nun entspannt und strahlte Dankbarkeit mit einer Spur Wehmut aus. Sie spürte, wie eine unglaubliche Ruhe ihren Atem und ihr Herz erfüllte. Vielleicht fühlte sich so das wahre Glück an? Oder die Freiheit?

41

Tag 7 – Distanz 148 km

Einhundertachtundvierzig Kilometer entfernt saß Max auf einem blauen Samtstuhl inmitten von Dutzenden anderer blauer Samtstühle und meinte zu ersticken.

Gab es eigentlich Fluchtwege aus dem Saal, fragte er sich verzweifelt, denn er hatte eindeutig das Gefühl, dass die Wände sich immer enger um ihn schlossen und er keine Luft mehr bekam.

Er zwang sich, zur Bühne zu sehen, sich auf das zu konzentrieren, was Lisa und die anderen Schauspieler dort veranstalteten. Die zum Glück Bademäntel trugen! Doch trotzdem fiel sein Blick immer wieder unvermeidlich auf das Handy, das neben ihm auf der Lehne seines Stuhls balancierte. Er hatte seinen Pullover ein wenig darübergeschoben, um so der Versuchung zu widerstehen, ständig auf das Display zu sehen; nachdem ihn die Handwerker zum dritten Mal angerufen hatten und wissen wollten, wann denn die Arbeiten beginnen würden, hatte er es stumm gestellt. Den Vibrationsalarm hatte er sicherheitshalber angelassen.

Max beobachtete Lukas, der seine Mutter mit dem Handy filmte. Er wirkte unglaublich stolz. Wie ähnlich er ihr doch sah. Und Adele! Von seinem Vater, diesem miesen Schlägertypen, der sich nach zehn Jahren davongeschlichen hatte wie ein räudiger Hund, hatte Lukas Gott sei Dank nicht einmal einen Leberfleck, wie Max erleichtert feststellte. Als Lisa vor elf Jahren zu ihm und Adele in die Küche gekommen war und blass, mit zusammengekniffenem Mund verkündet hatte, sie sei schwanger, war er für die Unterstützung seiner Frau dankbar gewesen, ohne sie wäre er vor Überraschung und Enttäuschung zusammengebrochen. Siebzehn, das war lächerlich jung, um über ein ganzes Leben zu entscheiden. Lisa war doch noch ein Kind. Adele hatte kein Wort gesagt. Sie und ihre Tochter hatten einander nur stumm angesehen mit den gleichen stolzen, grauen Augen, diesen Augen, die man nie ganz ergründen konnte.

»Wir werden tun, was nötig ist«, hatte Adele schließlich gesagt und dabei einen überraschenden Kampfgeist an den Tag gelegt, durch den er sich klein und unwesentlich vorkam.

So war seine Frau eben. Ein Fels in der Brandung, doch mit einem Herzen weich wie Wachs. Wenn Probleme auftraten, stählte sie das nur, und dann wirkte sie stark und selbstsicher. Doch sobald alles wieder eitel Sonnenschein war, schmolz dieses so starke Herz dahin, als hätte es seine Aufgabe erfüllt, und versank in Erschöpfung und düsteren melancholischen Gedanken, selbst wenn Adele selbst so tat, als wäre nichts.

Mit der Zeit und wachsender Erfahrung in ihrem Zusammenleben hatten sie beide sich immer mehr daran gewöhnt, einander etwas vorzuspielen. Sie täuschten sich Stärke vor, Freude, Optimismus und Freundlichkeit, um dahinter zu verbergen, wie die Distanz zwischen ihnen sie bedrückte und ebenso der graue Alltag, in dem sie sich aufrieben zwischen der Verantwortung, eine Familie durchzubringen, und diesem unterschwelligen Gefühl, irgendetwas sei ihnen entglitten, als sie gerade nicht aufgepasst hatten. Aber wo und wann war das geschehen? In welchem Moment war etwas schiefgelaufen in ihrem Leben?

Und jetzt, da sich ihnen endlich die Chance bot, noch einmal neu anzufangen, was tat Adele da? Sie hatte Angst. Angst vor Veränderung, all das kaputte Gerümpel der Vergangenheit hinter sich zu lassen. Und dazu gehörte auch der Problemfall Edna.

Als das Handy vibrierte, setzte sein Herz kurz aus, als hätte er einen elektrischen Schlag bekommen. Hastig griff Max nach dem Telefon, aber es entglitt ihm. Schließlich erwischte er es und drückte aufgeregt auf *Anruf annehmen*. Es war Adele.

Gebückt, als müsste er unter einem niedrigen Balken hindurch, schlich er sich aus dem Saal. Und verschwand hinter der nächsten Ecke.

»Adele! Hast du sie gefunden?«

Ein langer Seufzer der Erschöpfung streifte seine Wange.

Ihre Stimme klang so wunderschön, dachte Max. Wie sehr er sie vermisst hatte. Doch jetzt war es an der Zeit, Mut zu beweisen. Und zu tun, was getan werden musste.

42

Der Papagei, der Gold wert war

Bevor sie weiterging, hatten die jungen Leute darauf bestanden, ihr in den Rucksack »wenigstens« eine Flasche Killepitsch und zwei »Tütchen« mit Kräutern oder Ähnlichem zu packen. »Damit können Sie sich prima entspannen und an uns denken, wenn Sie wieder zu Hause sind«, hatten sie mit ihren strahlenden Gesichtern hinzugefügt. Und sie hatte sich überreden lassen, aber eher, um wegzukommen, als wegen der Dinge selbst.

Die Sonne stand jetzt schon hoch am Himmel, und Edna konnte sich überhaupt nicht erklären, warum sie so lange geschlafen hatte. Selbst Emil hatte sie nicht geweckt. Seit dem Vorabend knabberte er kleine Zweige, die ihm die jungen Leute immer wieder freundlich durch das Käfiggitter hinhielten. Er nahm sie vorsichtig mit dem Schnabel, dann ergriff er sie mit dem Fuß und drehte sie hin und her, zerknabberte sie langsam, bis sie so dünn waren wie Zahnstocher. Wenn es in dem Tempo weiterging, würden sie nie nach Ravensburg kommen.

Ednas und Tenzin Lorenzos Wege hatten sich in der Nähe von Langen getrennt.

Sie hatte abgelehnt, dass er sie bis in den Bahnhof begleitete, aus Sorge, er würde dann herausfinden, dass sie kein Geld für die Fahrkarte hatte.

Einer der Männer in hellblauem Hemd und Uniform hatte ihr gesagt, mit ihrem restlichen Geld würde sie vielleicht bis

Bregenz kommen, aber bis zu ihrem Ziel würde es doppelt so viel kosten.

Edna hatte sich winzig klein gefühlt, wie eine Figur auf einem Brettspiel. »Los, bitte würfeln ... Gehe ich zwei Felder vor, oder bleibe ich einen Tag stehen?« Ein »Gehe zurück« stand außer Frage.

Der Mann in Uniform hatte ihr geraten, einen Freund oder einen Verwandten anzurufen – »Vielleicht Ihre Tochter?« –, und ihr sein Handy angeboten.

Edna tat so, als würde sie überlegen, und versicherte ihm schließlich lächelnd, sie würde seinen Rat befolgen. Doch sobald sie und Emil wieder allein waren, war das Lächeln erloschen, und auf ihrem Gesicht zeichneten sich nur noch Sorgen und Erschöpfung ab.

Hätte sie eine Tochter gehabt, die sie anrufen konnte, wäre sie schon längst selbst auf die Idee gekommen. (Die Struwwelpeter waren ja nie die Hellsten.)

Sie lief mit Emil am Rand des Busparkplatzes entlang. Die Berge dahinter umrahmten die Landschaft, aber diesmal wirkten sie auf Edna nur furchtbar bedrückend. Nun meldete sich auch der Schmerz in ihrem Bein wieder, der sie am Abend vorher verschont hatte, heftiger und beharrlicher denn je.

Zwischen die von der Sonne erhitzten, schmiedeeisernen Streben einer Bank hatte jemand eine Zeitung geklemmt. Den umgeknickten Ecken und zerknitterten Seiten nach war sie wohl vom Vortag. Aber es war immerhin eine Zeitung mit Artikeln, Fotos und vielleicht neuen Informationen über Jacob. Mit klopfendem Herzen schlug sie sie auf, machte sich nicht einmal die Mühe, sich hinzusetzen. Seite für Seite blätterte sie durch, während sie sich fragte, ob sie tatsächlich Informationen über Jacob aus der Zeitung bekäme. Schließlich handelte es sich bei ihm ja nicht um einen berühmten Schauspieler oder

Musiker. Nicht mal um einen Politiker. Es war schon ein Wunder gewesen, dass sie sein Foto überhaupt in der Zeitschrift gefunden und erfahren hatte, wo er sich aufhielt.

Ihr Blick wanderte zu einer Überschrift weiter unten. Die wenigen Zeilen versetzten sie so in Aufregung, als wäre sie wieder ein kleines Mädchen. »*Überschwemmung.*«

Die ersten Opfer, die ins Krankenhaus von Ravensburg eingeliefert worden waren, hatte man schon entlassen. »*Kinder kommen nach Hause*«, »*Ein Wunder*«, »*Großartige Leistung der Hilfskräfte*«, »*Ärzte zufrieden.*«

Weiter unten las sie: »*Zustand stabil*«, »*Im Laufe des Freitags sind sie wieder bei ihren Familien*«, »*entlassen*«.

Edna bemühte sich, die Informationen aufzunehmen und in eine logische Reihenfolge zu bringen. (Durch den Mund einatmen, durch die Nase ausatmen, dreimal wiederholen.) Was hatte sie Neues erfahren?

Jetzt wusste sie, dass die meisten der ins Krankenhaus Eingelieferten bereits entlassen worden waren. (Was war mit Jacob? Jacob Kneip?) Der Artikel erwähnte weder Jacob noch andere Namen, bemerkte sie mit einer Enttäuschung, die sich tief wie ein Pfeil in ihre Rippen bohrte.

Vielleicht war er ja einer der Patienten, die bereits nach Hause entlassen worden waren?

Oder, dachte Edna, und schon kehrten Mut und Tatendrang zu ihr zurück, Jacob gehörte zu denen, deren Zustand stabil war, und wurde bald entlassen. »Bald« hieß so etwas wie ... Freitag. Das wäre ... morgen.

Somit blieb ihr nur ein Tag, um sich Jacob zurückzuholen, ihm Emil zu bringen und ihr Versprechen einzulösen, ihm zu erzählen, was damals wirklich passiert war. Und vor ihr lagen noch ungefähr hundert Kilometer. Was eigentlich gar nicht so viel war. Doch ohne Geld oder einen fahrbaren Untersatz gestaltete sich die Sache schwierig. Nach allem, was vorgefallen war, wagte sie es nicht, Adele anzurufen. Außerdem hatte sie den Zettel mit Adeles Telefonnummer mitsamt den letzten paar Münzen bei Jeremias liegen gelassen, eben weil Adele es so eilig gehabt hatte (auf dem viereckigen Tischchen neben dem Telefon, rechts davon, sie hätte ihren Rucksack darauf verwettet). Der andere Zettel mit Adresse und Telefonnummer von Adele und Max steckte in ihrem Portemonnaie. War also auch weg.

Edna befreite Emil aus dem Käfig und half ihm auf ihre Schulter. Als sich sein kleiner Körper kräftig an ihren Hals schmiegte, erfüllte sie das mit Zuversicht. Die Krallen, die sich in das Fleisch ihrer Schulter bohrten, machten ihren Verstand wacher. Obwohl ihr im Augenblick keine Lösung für ihr Problem einfallen wollte.

Sie setzte sich unter die ausladende Krone einer Kastanie und entfaltete ihre Karte. Das hatte sie schon länger nicht mehr getan (ungefähr seit ihrer Fahrt mit Fer). Edna beschloss, dass sie den Weg zu Fuß fortsetzen konnte, selbst wenn sie diese Etappe damals auf dem Karren zurückgelegt hatte. Es war noch ziemlich weit, aber sie konnte es schaffen.

Doch ihr Bein machte ihr einen Strich durch die Rechnung. Nun verteilte sich der Schmerz nicht mehr auf den gesamten Muskel, sondern drückte wie ein Dorn immer an derselben Stelle. Wie stete Tropfen, die sich beharrlich in etwas hineinfressen.

Inzwischen setzte sie sich nur ungern hin, weil sie wusste, dass ihr das Aufstehen hinterher sehr schwerfallen würde. Der Schmerz würde dann nur umso heftiger wüten und sie schnell vergessen lassen, welche Erleichterung ihr die Ruhepause gebracht hatte.

Emil war von ihrer Schulter hinunter auf ihren Arm getrippelt. Sie hob ihn an ihr Gesicht, und er starrte sie wie immer mit seinem Monokelauge an. Es sah komisch aus, wie er den Kopf schräg legte und dabei den Hals so verdrehte, als wäre er aus Plastilin.

»Eigentlich müsste ich eifersüchtig sein, weißt du? Mit mir hast du nie gespielt.«

Sie und Emil blieben für den anderen immer ein kleines Rätsel, obwohl sie ihr ganzes Leben miteinander verbracht hatten. Sie hatten heitere Tage erlebt, wie zum Beispiel den, als sie ihren ersten Lohn in der Mühle bekam, und den, als sie ihr Freund zum ersten Mal eingeladen hatte. Oder wenn der Garten im Frühling zu neuem Leben erwachte – die Hecken kaum mehr als Gestrüpp. Die Sommernachmittage, in denen die Sonne sengend auf den Garten schien und sie sich mit einer Limonade erfrischte, während Emil an seinem Strohhalm knabberte.

Aber es hatte auch dunkle Tage gegeben, in denen sie die Sonne nicht mehr sahen, obwohl sie ganz sicher dort oben hinter den Wolken war. Zum Beispiel den Tag, als ihre Mutter gestorben war. Oder als sie herausgefunden hatte, dass ihr Mann sie betrog. Damals hatte sie gedacht, dass sie es im Grunde verdiente. Denn sie hatte als Erste ihr Versprechen nicht gehalten. Sie hatte ihn gerngehabt. Aber nie geliebt. Sie war aufrichtig gewesen und hatte ihm ein Heim und Respekt geschenkt. Doch sie hatte ihm nie vertraut. Und als er ging, hatte sie ihm den Rücken zugewandt und ihr Haus und die Rosen in ihrem Garten betrachtet. Und schließlich die Tür geschlossen, als wäre er nie dort gewesen. Als hätte es dort immer nur sie und Emil gegeben. Und ihre Erinnerungen. Und sie hatte sich nie mehr so einsam gefühlt wie mit ihm.

Jedes Mal, wenn etwas Neues begann, hatte sie die Ärmel

aufgekrempelt, dachte sie und sah in ihren Rucksack. Ordnung in ihre Sachen zu bringen, war ihr Allheilmittel, um schlechte Laune zu vertreiben. Also, was war ihr noch geblieben?

Die Arnikasalbe hatte sie Tenzin Lorenzo gegeben. Den Heidelbeerlikör hatte Roland einkassiert. Sie hatte noch die Kappe mit der Schrift vorn (die Unglück brachte). Zwei Paar Strümpfe (mit Löchern). Zwei Cracker (feucht geworden). Einen Stapel Flyer mit anzüglichen Bildern (ordinär und geschmacklos). Ein Glas Honig für Adele (die vielleicht niemals mehr ein Wort mit ihr wechseln würde). Den alten Splitter aus einer Heiligenstatue (die inzwischen verbrannt war). Ein Schafsknöchelchen, mit dem man (wie genau das funktionierte, wusste sie nicht) die Zukunft vorhersagen konnte.

Beim Anblick des Astragals musste sie an Priska denken, an deren Reise mit Flo. Doch gleich darauf flatterte Emil neben sie, und flink wie eine Eidechse hatte sein schwarzer Schnabel ihr das Knöchelchen aus den Fingern gerissen.

Emil hielt den Astragal mit einem Fuß an den Schnabel und knabberte daran herum. Mit einem Sprung war er unten im Gras und stolzierte dort wie ein Huhn herum.

»Komm sofort zurück, Emil.« Edna hatte noch nicht vergessen, wie er ihr im Wald weggeflogen war, ebenso wenig ihre große Angst, ihn für immer verloren zu haben. Die Angst steckte ihr immer noch in den Knochen, so dass ihre Hände zitterten, sie konnte sie einfach nicht kontrollieren. So etwas war ihr noch nie passiert. Sonst funktionierte sie mehr oder weniger anstandslos: Ihr Gehirn sandte einen Befehl an den entsprechenden Körperteil, der dann eventuell eine Weile brauchte, um sich zu entscheiden und sich in Bewegung zu setzen, doch dann befolgte er ihn. Das Knie beugte sich, ihre Hände schlossen sich um einen Gegenstand. Aber diesmal konnte sie nur auf ihre Finger starren, die auf und ab zuckten und auf den Rucksack trommelten wie Steppschuhe.

Emil lief einfach weiter, ohne auf sie zu hören, ihn interessierte nur eins, sich irgendwo mit seiner Beute zu verstecken, wo er unerreichbar für sie war.

Edna wurde wütend, sie schimpfte mit ihm. Brüllte ihn an. Sie stand auf und stampfte mit dem Fuß auf. Drohte ihm, wenn er nicht sofort zurückkäme, würde sie ... Schließlich gab sie auf, als sich in ihrem Kopf alles drehte, und seufzte tief auf.

»Emil, bring das hierher«, bat sie ihn nun ganz ruhig, obwohl sie ihm am liebsten jede Feder einzeln ausgerissen hätte. Aber was nützte es schon, diesen Hohlkopf anzubrüllen? »Emil, bring das hierher«, bat sie noch einmal freundlich, aber bestimmt. »Bitte.«

Der Papagei blieb stehen. Er hatte den Kopf schief gelegt und starrte hinauf zum Himmel, als würde er nachdenken. Dann drehte er sich einmal genau um hundertachtzig Grad und trippelte wie ein gehorsamer Soldat auf sie zu. Einen Schritt entfernt von ihren schweren Schuhen blieb er stehen, sah sie mit einem Aufblitzen in seinen dunklen Augen an, um dann den Schnabel zu öffnen und den Astragal loszulassen, der exakt vor ihr auf den Boden fiel.

Mit stolz hervorgereckter Brust und angelegten Flügeln stand Emil nun vor ihr und schien auf irgendetwas zu warten (wie ein dressierter Pudel), bis Edna endlich begriff, was ihr bisher immer entgangen war. Sie holte hastig ein paar Nussreste aus ihrer Tasche und hielt sie ihm auf der offenen Handfläche hin. Er verputzte sie mit sichtlichem Vergnügen, zufrieden wie jemand, der seine Pflicht erfüllt hat.

Edna konnte kaum glauben, was sie eben gesehen hatte und was die wahrscheinlichste Schlussfolgerung daraus war.

Um eine Bestätigung zu erhalten, warf sie den Astragal von

sich, und zwar noch weiter als zu der Stelle, von der Emil zu ihr zurückgekehrt war.

So machte es doch der Hund von Max auch, wenn Lukas Stöckchen warf ... Und sie hatte immer geglaubt, dass ihr Emil diesem plumpen kurzbeinigen Jack Russell an Intelligenz haushoch überlegen war.

Als Emil sich den Astragal mit einem Schnabelhieb geschnappt hatte, wiederholte Edna ihren Befehl genau im gleichen Tonfall, freundlich aber bestimmt, und achtete darauf, dass sie die Worte einschließlich des »Bitte« in genau der gleichen Reihenfolge sagte.

Emil schien das Ganze Spaß zu machen, er drehte sich eifrig um sich selbst und trippelte in dem gleichen ungelenken Hühnergang auf sie zu. Er ließ den Astragal genau vor ihren Schuhen fallen und erwartete seine Belohnung.

Hastig griff Edna nach dem Rucksack und suchte darin nach Jacobs Foto.

»Das hast du ihm beigebracht, stimmt's?«, fragte sie ganz leise und gepresst den Jungen, der sie schief angrinste. Irgendwo in ihrem Kopf sah sie, wie Jacob gelassen den Kopf schüttelte und meinte: »Zimperliese, du hast mir doch beigebracht, dass man bitte sagen muss, wenn man fragt.« Sie sah ihn vor sich mit hochroten Wangen, genau wie in der Nacht, als sie gemeinsam den Transportkäfig geholt hatten und er sie hatte küssen wollen. Der Nacht, in der er in der Dunkelheit verschwunden war, aber sie sich trotzdem nicht mehr so allein gefühlt hatte.

»Und jetzt lerne ich wieder etwas von dir«, dachte Edna, während ihr vom Wind auseinandergetriebene Bilder durch den Kopf gingen, die sich zu einem Ganzen zusammensetzten, als er sich plötzlich legte.

Manchmal hatte sie das merkwürdige Gefühl, dass Jacob,

dieser verrückte Zauberer, zäh wie ein Salamander, der selbst Feuer überlebte, all dies vorhergesehen hatte.

Die traurigen Augen, die sie von dem Foto verstohlen anzusehen schienen, schienen aufzuleuchten, und sie meinte, seine freche Stimme zu hören, wenn er ihr aufgeregt vor dem Schuppen von seinen Plänen erzählte, von den Worten, die er Emil beibringen wollte, von den Ländern, die sie drei gemeinsam sehen würden, weil sie eine Sensation auf den Straßen zeigten, wie sie noch keiner zu träumen gewagt hatte.

»Du hast immer daran geglaubt«, sagte Edna leise. Nun ja, es war nicht unbedingt eine Weltreise, die sie und Emil jetzt machten. Aber zumindest ein guter Anfang, dachte sie und lachte in sich hinein.

Als sie aufblickte, weil es um sie herum immer lauter wurde, fragte sie sich, was all diese Leute da zu lachen und zu pfeifen hatten. Da entdeckte sie mitten auf dem Parkplatz ihren Papagei. War das wirklich ihrer? Schwarzer Schnabel, rotes Köpfchen, blauer Rücken, grüne Flügel: Das war Emil! Er apportierte Stifte, Steinchen, Strohhalme und silbernes Bonbonpapier. Eine kleine erheiterte Menge klatschte Beifall und pfiff anerkennend. Emil war ganz in seinem Element. Er richtete sich auf, plusterte sich auf, reckte die Brust vor und bewegte sich ganz selbstsicher unter ihren bewundernden Blicken. Es war beinahe rührend zu sehen, wie eifrig er bemüht war, es jedem recht zu machen. Doch am seltsamsten war das, was nebenbei passierte: Bei jedem Hüpfer von Emil fielen klingend Münzen in die Kappe, die sie vorhin im Gras vergessen hatte (oder hatte Emil sie vor die Füße seines Publikums gezerrt? Sie konnte sich nämlich nicht erinnern, dass sie die Kappe überhaupt aus dem Rucksack geholt hatte … den sie allerdings auch nicht geschlossen hatte). Die Baseballkappe, deren Schrift vorn wie eine Prophezeiung klang und ihr vielleicht doch kein Unglück brachte.

Ob Sieger oder nicht, Emil war auf jeden Fall ein Champion, dachte Edna und steckte das Foto zurück in den Rucksack.

Die Fotografie

Sie wusste nicht einmal, wie so ein Fotoapparat aussah. Der Bruder des Großbauern hatte einen mitgebracht, als er zusammen mit dem Mädchen mit den Zuckergusszöpfen aus der Stadt zu Besuch gekommen war.

Er glich dem Struwwelpeter in nichts. Mager, die Beine dürr wie Stecken, Weste und Hemd legte er niemals ab, und seine Haut war weißer als ein frisch gewaschenes Leintuch, das man auf die Wiese zum Bleichen ausgelegt hatte. Stets schaute er nach oben, wenn er über den Hof lief, und trug diesen schwarzen Kasten, dessen waagrecht ausgerichteten Glasaugen geradeaus starrten. Alles schien ihn in höchstes Staunen zu versetzen. Stundenlang konnte er hinter diesem Kasten hocken und die Bienen beobachten, die sich auf die Blüten setzten, den Bach, im Wind schwankende Grashalme oder Kornähren. Oder die Knechte bei der Arbeit.

Danach schloss er sich in sein mit Büchern vollgestopftes Zimmer ein und kam erst zum Abendbrot wieder heraus.

Eines Abends nach dem Durchzählen befahl der Großbauer den Kindern, sie sollten sich in einer Reihe an der Vorderseite des Hofes aufstellen.

Viele von ihnen hatte noch nie einen Fotoapparat gesehen. Die mutigsten wagten es, ihn anzufassen, und drängten sich um den Mann, der sie bat, nur ja vorsichtig zu sein und zu tun wie ihnen geheißen, aber sehr freundlich und ohne zu brüllen wie der Großbauer.

Jacob hatte es an ihre Seite geschafft. »Jetzt wird er gleich sagen, wir sollen lächeln.«

Edna riss erstaunt die Augen auf, als der Mann genau das von ihnen verlangte. Und so verewigte der schwarze Kasten Jacobs Lausbubenlächeln und ihren verängstigten, überraschten Blick.

Der Bruder des Großbauern war ein seltsamer Mensch, aber warmherzig. Sie hatte gehört, wie er mit dem Großbauern über die Kinder, über ihre Erziehung und Schulbildung sprach und nachdenklich den Kopf schüttelte. Ehe er den Hof verließ, hatte er Edna die Fotografie geschenkt. Sie wusste nicht, warum er ausgerechnet sie ausgewählt hatte. Vielleicht einfach nur, weil sie zufällig vor ihm stand, als er mit der großen Tasche in der einen und der Fotografie in der anderen reisefertig die Tür seines Zimmers zuzog. Als Edna wieder von dem Bild aufgesehen hatte, war er schon nicht mehr da. Das unerwartete Geschenk machte sie stolz und glücklich, als ob sie einen kleinen Schatz in Händen hielt, dessen Sinn sie noch nicht begreifen konnte. Doch tief in ihrem Inneren spürte sie auch einen großen Verlust, als hätte sie zusammen mit diesem Mann, der so plötzlich auf den Hof aufgetaucht war, etwas auf immer verloren. Vielleicht die Möglichkeit, so glücklich zu sein wie das Mädchen mit den Zuckergusszöpfen.

43

Das Meer zwischen den Bergen

Sich mit dem gerade verdienten Geld die Fahrkarte zu kaufen war Edna eine tiefe Genugtuung gewesen. Auch dass sie sich nach so langer Zeit endlich wieder auf eine richtige Toilette setzen und sich danach die Hände mit lauwarmem Wasser waschen konnte, hatte ihr die unmittelbare Freude über die kleinen Dinge ins Gedächtnis gerufen.

Am späten Nachmittag stiegen Emil und Edna in Bregenz aus dem Zug und mischten sich unter die Menschen, die es anscheinend alle eilig hatten. Paare begrüßten einander, Koffer wechselten auf dem staubigen Bahnsteig von einer Hand in die andere.

Es war die erste größere Stadt auf ihrer Reise. Häuser, die ihnen jetzt so hoch wie Wolkenkratzer erschienen, Parks und Gassen, mit hellen Steinen gepflasterte Wege und Fachwerkhäuser. Doch die größte Überraschung für sie war die enorme Weite der Wasserfläche des Bodensees, in der sich die Mole und bunte Bootsschwärme spiegelten. Leicht wie Aquarelltupfer glitten sie dahin (und es gab sogar ein Amphitheater mit einer auf dem See schaukelnden Bühne, aus der zwei gewaltige Hände herausragten und einen ebenso riesigen Kartenfächer schwenkten!).

Man nannte ihn auch das Schwäbische Meer, obwohl es nur ein See war, eingeschlossen von viel Land mit Häfen, Städten und Dörfern und sattgrünen, sich bis zu den flach auslaufenden Ufern erstreckenden Wäldern. Dieser See war so groß, dass man nie sah, wo er endete, und der Horizont immer ein wenig hinter dem Punkt lag, den man gerade noch ausmachen konnte.

Edna sah hinaus auf den See, diese unendliche Fläche von frischem, kristallklarem Wasser, von dem die Schwabenkinder immer geträumt hatten, wenn an heißen Sommertagen die Sonne ihre Haut zeichnete wie mit Peitschenhieben. Sie nahm seine Blautöne in sich auf, in denen sie alle Farbschattierungen der Wolle ihrer Mutter erkannte. Obwohl er eigentlich gar nicht kristallklar war – wer weiß, was die Algen verbargen, über die die Bootskiele streiften –, war sie auf einmal glücklich, der wunderbare Anblick machte sie sprachlos.

An den Ufern goss der Sommer helles Licht auf Beine, die man in die Sonne hielt, und auf glänzende Rücken, die sich ins Wasser stürzten.

Überall konnte Edna die überschäumende Freude spüren, dass es endlich Sommer war. Doch ein wenig von der Winterkälte steckte immer noch in ihr. In ihren müden Armen und den Wirbeln, die manchmal blockierten wie verrostete Getriebe und sie nicht so schnell vorankommen ließen wie geplant, während sie in Gedanken schon bei Jacob war.

Edna faltete ihre Karte auseinander und ging noch einmal die Strecke durch. Diesen Teil der Reise hätte sie mit dem Zug oder einem Postbus zurücklegen sollen, weil der Karren, der sie von Ravensburg fortgebracht hatte, bis Langen am Bodensee entlanggefahren war. Aber sie hatte nun wieder kein Geld mehr und konnte sich nur die langsame Gangart ihrer festen Schuhe erlauben. Nachlässig steckte sie die Karte in ihren Rucksack, ohne darauf zu achten, ob die Ecken verknitterten. Was half sie ihr jetzt noch? Nun war sie auf sich selbst angewiesen und musste versuchen, so schnell wie möglich nach Ravensburg zu kommen.

Edna ging zum Ufer, weil sie sich mit dem Seewasser den Nacken kühlen wollte. Eine junge Frau fotografierte sie und fragte sie, wie ihr Vogel denn heiße. Edna konnte sich kaum mehr auf den Beinen halten, und auf der Aufnahme wirkte ihr Lächeln krampfhaft. Die junge Frau wünschte ihr noch viel Glück. Dankend lehnte Edna jede Hilfe ab.

Doch bis zur Wasserfläche kam sie nicht mehr, denn vorher fiel sie hin. Die Kiesel bohrten sich wie Granatsplitter in ihre Knie und die bloßen Arme.

Eine Frau half ihr auf. Deren kleine Tochter beobachtete sie aus einiger Entfernung. Sie wollte nicht näher kommen, auch dann nicht, als ihre Mutter sie bat, in ihrer Handtasche nach einem Pflaster zu suchen. Das Mädchen machte sich ganz lang, reichte ihr die Schachtel und zog dann die Hand schnell wieder zurück.

Edna konnte es ihr nicht verübeln. Mit ihren zerrissenen schmutzigen Kleidern, den an den Schläfen klebenden Haaren, der sonnenverbrannten Haut und den mit Blasen bedeckten Händen war sie sicher kein Anblick, auf den man stolz sein konnte.

Die Frau dagegen lächelte freundlich. Sie fragte Edna, woher die Wunden an den Händen stammten, und ließ sie erst dann weitergehen, als sie ihr versicherte, dass ihre Tochter sie demnächst abholen würde.

Während ihrer Reise hatte sie bemerkt, dass diese schlichte Behauptung anscheinend allen genügte und sie dann keine weiteren Fragen stellten.

Als sie der Frau und ihrer Tochter nachsah – und ihnen hinterherwinkte –, blieb ihr Blick an ihren Händen haften, die einander suchten und zusammenfanden, um sich dann ganz fest zu halten.

Diese zärtliche Verbindung der Liebe und des Vertrauens, eine Mutter und eine Tochter im Gegenlicht, winzige, vereinte Gestalten vor zerfaserten Wolken, erfüllte Edna mit einer seltsamen Wehmut. Etwas entging ihr, oder sie hatte es bereits verloren, ohne es zu bemerken, aber das war vor langer Zeit gewesen. Als sie ein Kind gewesen war, hatte sie nicht verstanden, dass sich ihre Mutter, die sie doch liebte, an dem Morgen, als sie zum Hof aufgebrochen war, nicht von ihr verabschiedet hatte.

Um sich ein wenig zu erholen, hielt Edna an einem riesigen Betonpilz an, der in Wirklichkeit ein Kiosk war, mit runden Tischchen unter dem roten Hut mit den weißen Tupfen und bunten Stühlen im Inneren.

Sie wurde immer niedergeschlagener. Obwohl um sie herum junge Menschen lachten und Ball spielten, weil Sommer war, konnte sie ihre Gedanken nicht davon abhalten, sie immer wieder an denselben Ort zurückzubringen.

Sie lief quer über die Rasenfläche, um den Weg etwas abzukürzen, ohne auf die Rufe zu achten oder auf den Ball, der knapp an ihrem Ohr entlangschrammte. Was ihr nachgerufen wurde: »He, Alte« und »Spinnst du?«, bekam sie mit. Doch sie tat so, als hätte sie nichts gehört.

Als sie zum Himmel aufsah, erkannte sie, dass ihre drängendsten Probleme im Moment nichts mit ihrer Vergangenheit zu tun hatten. All ihre Sorgen lösten sich auf angesichts der Sonne, die sich langsam tiefer über dem Horizont senkte.

Beim Gedanken, wo sie übernachten sollte, bekam Edna eine Gänsehaut.

Sie zählte die ihr verbliebenen Münzen. Zählte sie noch einmal und kam zu dem Schluss, dass Emil und sie sich das Abendessen teilen mussten, wesentlich mehr als ein Sandwich war wohl nicht drin. Sie würden es langsam essen, und dabei würde ihr bestimmt eine gute Lösung einfallen.

Sie setzte sich an einen ganz hinten gelegenen Tisch neben einen Herrn, der Zeitung las.

Edna konnte nur noch an die kommende Nacht denken und daran, wo sie diese wohl verbringen würde. Sie versuchte, sich den Ort einzuprägen, weil sie sich später, wenn es erst einmal richtig dunkel wäre, nur noch auf ihre Erinnerung verlassen konnte.

Es war vielleicht nicht der klügste Plan und auch nicht besonders vielversprechend, aber sie könnte zum Seeufer gehen und sich dort auf dem Gras schlafen legen. Sie hatte immer noch Rolands Jacke und den Rucksack. Es war ein warmer Tag, auch die Nacht würde mild sein.

Weiße Segel glitten in langsamen Drehungen übers Wasser, ein paar Tauben pickten Krümel vor einer Bank an der Mole auf. Edna beobachtete die Menschen, die mit dem Smartphone in der Hand und abwesendem Blick vorüberhasteten. Wie Marionetten. Das galt auch für die Jogger, die – Kopfhörer auf den Ohren und diese blinkenden Ziegel am Arm – blind vorwärtsliefen.

Nur eine junge Frau auf einer Bank blickte direkt auf den See, der in einer fast unnatürlichen Stille dalag.

Nachdem Edna aufmerksam die Karte studiert hatte, bestellte sie ein Glas Leitungswasser und einen Toast, den sie sich mit Emil teilen würde.

Inzwischen hatte sich ein Mann der jungen Frau, die auf den See hinaussah, von hinten genähert. Lächelnd hielt er ihr die Augen zu, als wolle er sie überraschen.

Ein hübsches Bild, dachte Edna. Die Sonne, die in tausend Splittern aus Gold und Purpurrot unterging, die laue Brise, die ihr zärtlich die Haare zerzauste. Wie in der Schlussszene eines

Films. Einer von denen, die ihr gefielen, mit Julie Andrews, und im Hintergrund lief immer Musik.

Edna überlegte, wie der Film hieß, den sie sich bei Roland angesehen hatte. Sie erinnerte sich zwar an den blonden Pagenschnitt von Julie Andrews und die Bergkulissen aus Pappmaché, aber nicht an den Titel, und ihr war es doch noch nie passiert, dass sie so wichtige Details einfach vergaß. Da erregte etwas anderes ihre Aufmerksamkeit: Die idyllische Szene löste sich auf einmal in heftige Bewegungen und fuchtelnde Arme auf.

Die junge Frau war aufgesprungen, schlug mit ihrer Handtasche auf den Mann ein und ging schnell über die Straße, während er ihr hinterherlief. Was hatte sie denn bloß?

»Er war zu spät.«

Edna drehte sich in die Richtung, aus der die Stimme kam. Der Mann am Nebentisch mit der malvenfarbenen Jacke beobachtete, wie die junge Frau wütend davonstapfte, als liefe sie im Takt einer Marschmusik.

»Verzeihung? Was meinen Sie?«

»Sie ärgert sich, weil er zu spät zur Verabredung gekommen ist. So ist es immer. Es ist immer eine Frage der Zeit«, sagte der Mann, während er seine feinen, wie in Ton geschnittenen Lippen kräuselte und seine Zeitung sorgfältig zusammenlegte.

Edna fiel seine Uhr auf. Das Glas war klar und durchsichtig, der Rand glänzte golden wie das Gestell seiner Brille.

Das erinnerte sie an ihre Brillengläser, die ein wenig trüb waren, und in diesem Moment sah sie sich selbst, als ob die Sonne unvermittelt um einen Schritt weitergerückt wäre und sie in einer dunklen Ecke zurückgelassen hätte, während der Rest im strahlenden Licht lag.

»Wie können Sie da so sicher sein?«

»Weil das mein Beruf ist«, erwiderte der Herr achselzuckend. »Ich repariere Uhren. Da lernt man viele Dinge. Sie zum Beispiel tragen keine. Man sieht, dass Sie sich nicht hetzen lassen.« Er lachte. »Oder Sie haben Angst zu sehen, wie schnell die Zeit vergeht.«

Sie hatte nie eine Uhr haben wollen, nicht einmal, als Adele damit gedroht hatte, ihr eine zu Weihnachten zu schenken. Denn in ihrem von Kletterpflanzen verborgenen Häuschen waren Uhrenzeiger verboten, die doch die Zeit nur beschleunigen würden. Um zu wissen, dass die Tage vergingen, genügte es ihr, dass sie an jedem das Gleiche in der gleichen Abfolge tat. Wie sie auch immer die gleichen Wege durch den Ort nahm. Von der Zeitungslektüre in der Bar bis zum Abend, wenn sie ins Bett ging, nachdem sie Emils Schale mit frischem Wasser gefüllt hatte und er auf der Sitzstange einschlief, die Zeit verlief innerhalb der sicheren Grenzen ihrer Alltäglichkeit. Und wurde vom langsamen Rhythmus ihres Gartens vorgegeben, genau wie damals, als sie und Jacob den Lauf der Jahreszeiten beobachtet und sich dabei nur an dem großen Kirschbaum auf dem Hof orientiert hatten. Niemals am mechanischen Ticken einer Uhr. Als ob sie vergessen wolle, dass die Zeit verging, indem sie jeden neuen Tag zwang, genauso zu sein wie die vergangenen.

»Wegen der Zeit habe ich jemanden verloren, der mir sehr viel bedeutete. Seitdem glaube ich wohl, ich müsste allein klarkommen. Wissen Sie, so, als ob man ein Kind ins Wasser wirft und ihm dann sagt, dass es die Arme bewegen muss, um nicht unterzugehen.«

»Einen Freund oder eine Liebe?«, fragte er und lächelte unschuldig.

»O nein, wir waren doch nur Kinder. Aber«, fuhr Edna fort, nachdem sie einen Schluck getrunken hatte, »ich kann mich sehr gut behelfen. In meinem Ort kenne ich jeden Platz, an dem es eine Uhr gibt« – die Kirche, die Anzeigetafel an der Apotheke, die Sonnenuhr auf der Fassade an dem Haus in der Stadtmitte –, »und ich weiß auch, wie lange ich von einer zur anderen brauche.«

Der Mann rieb sich das Kinn. »Und wenn Sie unterwegs sind?«, fragte er, neugierig geworden

»Meine Tage sind wie eine gerade Linie. Von einem Startpunkt zu einem Ziel. Ich stehe am Morgen auf, wenn die Sonne aufgeht, und bei Sonnenuntergang gehe ich schlafen. Bis zum nächsten Tag. Aufbruch. Ankunft.«

»Eine gerade Linie ... Sehr interessant. Ich dagegen glaube, dass die Welt sich im Kreis bewegt, wie die Zeiger einer Uhr. Und der Kreis ist die absolute Form, wissen Sie? In allen Künsten. Überlegen Sie mal, Leonardo da Vinci hat seinen berühmten Menschen in einen Kreis gezeichnet. Stimmgabeln erklingen in Frequenzen, die man durch wunderschöne Kurven abbilden kann. Die perfekte Harmonie scheint durch die Kreisform ausgedrückt zu werden.«

Edna überzeugte das nicht. Für sie musste alles einen Anfang und ein Ende haben. Klar und deutlich definiert. Als ob man einen Kuchen backen würde. Man stellt sich die Zutaten auf dem Tisch zurecht, knetet, schiebt den Teig in den Ofen, und dann holt man den fertigen Kuchen wieder heraus.

Und genau diesen Weg verfolgte sie jetzt: Sie ging zurück zu Jacob, weil ihre Geschichte so enden musste. Und nur so würde sie enden. Sie, Jacob und Emil, als ob sie zusammen von dem Hof fortgegangen wären.

»Und was hat es mit Ihrem Freund auf sich, den Sie verloren haben?«

»Er war ein guter Freund. Er hat sich um mich gekümmert.«

Der Mann nickte. Er schaltete sein Telefon aus, das geklingelt hatte, und steckte es in einer ruhigen Bewegung in die Innentasche seiner malvenfarbenen Jacke.

»Er hat Ihnen gefehlt. Sie hätten Ihre Freundschaft gern länger behalten.«

Edna nickte. Auch wenn sie sich nicht vorstellen konnte, wie Jacob und sie als Erwachsene zusammen an einem Tisch in einer Bar saßen und sich unterhielten, so wie sie jetzt mit dem Uhrmacher. In ihrer Vorstellung war Jacob immer ein Kind geblieben.

»Wenn etwas endet, dann bedauern wir es. Meinen Sie nicht, das ist so eine Art Sehnsucht, ein Wunsch nach Unendlichkeit?«

Die Sonne spiegelte sich auf den klaren Gläsern seiner Brille. Der Mann lächelte sie an, während der See hinter ihm sich in silberne Wellen auflöste. Sein Gesicht war so glatt und perfekt, dass Edna bezweifelte, ob er jemals überwältigenden Schmerz erfahren hatte. Schlimme Dinge berührten solche Menschen nicht, dachte sie.

»Sehnen Sie sich nach etwas, was Sie verloren haben?«

»Nach meinem Vater. Seine Uhr war die einzige, die ich niemals repariert habe. Es würde zu viel Mühe kosten, alle Teile zu besorgen. Inzwischen sind sie selten und schwer zu beschaffen. Außerdem ist sie auch nicht viel wert.«

»Das kann doch nicht so schwierig sein wie der Plan, einen alten Papagei über die Alpen zu demjenigen zurückzubringen, der ihn gerettet hat«, meinte Edna kichernd. Plötzlich konnte sie über ihre Geschichte lachen. Sie sah sich und Emil wie in einer Aufnahme aus einem Film, winzige Gestalten oben auf den Berggipfeln und dazu dieser Transportkäfig mit den verrosteten Rädern, der inzwischen zu ihrer beider Zuhause geworden war wie ein Schildkrötenpanzer.

Sie zweifelte, ob der Mann sie verstanden hatte. Oder ob er

ihr überhaupt zuhörte. Er sah auf einen Punkt in den Wellen, aber dort waren weder sie noch Emil. Und noch weniger ihre Geschichte.

»Stellen Sie sich vor, sie hat noch ein ganzes Jahr lang, nachdem mein Vater gestorben war, die Minuten und Stunden angezeigt. Vielleicht, ja vielleicht, weil ich so wütend auf dieses Stück Eisen war, das noch funktionierte, während er nicht mehr da war, habe ich sie beiseitegelegt«, sagte er und kniff die Lider zusammen. »Ziemlich anmaßend, finden Sie nicht? Als ob Uhren eine Seele hätten, meine ich.«

»Meiner Meinung nach sollten Sie sie wirklich reparieren. Es war doch nicht diese Uhr, die Ihnen den Vater genommen hat.« Das wäre ja so, als würde man von ihr verlangen, Emil aufzugeben, weil er sie an Jacob erinnerte. »Vielleicht wollte sie Sie einfach daran erinnern, dass Ihr Vater niemals ganz gegangen ist.« Denn Menschen verschwinden nie vollständig. Es sei denn, man will es so. Manchmal hatte sie sogar den Eindruck, dass die Erinnerungen genauso lebendig waren wie die Gegenwart und dass die Gefühle, die sie hervorriefen, den Grundton des täglichen Lebens bildeten.

Der Mann nickte, und sie betrachteten gemeinsam die Menschen, die mit gesenktem Kopf achtlos umherliefen, während sich neben ihnen die Wasseroberfläche endlos kräuselte.

Als er aufstand, stellte die Kellnerin bereits die Stühle hoch.

»Nun ja, ganz sicher war die Unterhaltung mit Ihnen keine Zeitverschwendung.« Der Mann lächelte ihr zu, ehe er ging, wünschte ihr viel Glück und nahm die Sonne mit sich. Edna blieb in ihrer Schattenecke zurück mit eiskalten Füßen in den festen Schuhen.

»Und denken Sie immer an den Kreis ...«, sagte er, als er sich zum letzten Mal umwandte, mit glänzenden Brillengläsern und von der Brise leicht verwehten Silberhaaren.

Was wollte er ihr damit sagen?

In aller Ruhe aß Edna ihren Toast zu Ende, genoss ihn bis in jeden einzelnen Käsefaden und gab Emil den Teil ohne Schinken. Sie hatte von den Menschen, denen sie begegnet war, gelernt, dass jeder seine ganz persönlichen Überzeugungen und Schwächen hatte. Manchmal tat sie sich schwer, sie ganz und gar zu verstehen. Aber sie hatte auch gelernt, dass es manchmal besser war, nicht für alles eine Erklärung zu suchen. Denn früher oder später versteht man es. Es geschieht immer etwas, was uns vom eigentlichen Weg abbringt, und das ist wie eine Antwort. Aus demselben Grund suchte Edna auch nicht mehr nach verlorenen Gegenständen: Jedes Mal, wenn sie nach etwas suchte, kam etwas anderes zum Vorschein, das vor längerem verlorengegangen war, aber niemals das, was sie brauchte. Und so war sie zu der Überzeugung gelangt, dass die Dinge dann geschahen, wenn es sein sollte, und man sich nicht zu sehr auf etwas versteifen sollte. Im Grunde hatte sie immer dann Neuigkeiten über Jacob erfahren, wenn sie fest glaubte, dass schon alles verloren sei.

Edna betrat eine Grünanlage und lehnte sich mit dem Rücken an einen großen Baumstamm. Von hier konnte sie den See aus einem anderen, sichereren Blickwinkel betrachten.

Schwer und ausladend hingen Zweige über dem Wasser. Alle Geräusche kamen aus weiter Ferne zu ihr. Außer dem Rauschen des Windes. Aber um sie herum war dennoch Leben. Vom anderen Ufer schienen Lichter herüber. Und wenn die Sonne aufging, würde sie sich wieder auf den Weg machen.

Was ihr fehlte, war Zeit. Sie hatte nur noch einen Tag, einen einzigen Tag, um nach Ravensburg zu kommen.

Edna sperrte Emil in den Transportkäfig, nachdem sie ihm gute Nacht gewünscht hatte. Und dann ging sie erneut ihre Habseligkeiten durch.

Sie beschloss, dass die Kappe ihr als Kissen dienen würde. Sie wickelte sich in ihre Jacke und dachte, dass die zitternde Linie am Horizont ihr Zielpunkt für den nächsten Tag wäre.

Dann wurde es Nacht, richtig Nacht mit ihrer Dunkelheit und ihren Sternen. Dem Widerschein des Mondes auf dem Wasser. Und genau in dem Moment, als sie gerade wegdämmerte, stieß Emil den schrillsten und qualvollsten Schrei aus, zu dem seine kleinen Lungen fähig waren.

44

Verzeih mir, Jacob

Schlagartig drehte sich Edna nach dem Transportkäfig um. Er stand neben ihr, aber ihr Rucksack war nicht mehr darauf, und ihre Hand fühlte nur eine leere Fläche.

In der Dunkelheit konnte sie nichts erkennen.

Sie versuchte aufzustehen. Konzentrierte sich darauf, sich auf den Ellbogen abzustützen und das Becken anzuheben. Nahm alle Kraft in diesem Teil ihres Körpers zusammen, der jedoch nicht reagierte. Edna holte Luft, schloss leicht die Augen und zählte bis drei. So verlangsamte sie ihren Herzschlag und glich ihn dem immer gleichen Rhythmus der Wogen an, die ans Ufer klatschten. Emil war genauso angespannt wie sie und klammerte sich an das Gitter seines Käfigs.

Als es ihr endlich gelang, ihr Bein zu bewegen und das Knie seitlich zu beugen, machte der explosionsartige Schmerz in ihrem Körper Edna klar, dass ihre Befürchtung zutraf. Sie stützte sich auf einem Arm ab, ihre Finger verkrallten sich im Ufersand, der ihr die Haut aufschürfte. Vom Becken abwärts gehorchte ihr der Körper nicht mehr, er war ein einziger zuckender Schmerz, der ihr die Luft nahm. Bei jedem Atemzug drang der Schmerz wie mit Messerklingen in sie ein. Ihr war übel und vor Anstrengung ganz schwindelig.

Sie versuchte es noch einmal, während Emil sie aufmerksam beobachtete. Doch da fiel sie hin, keuchte, in ihre Nase drang Sand ein, auch in die Ohren, in den Mund. Sand legte sich auf ihre Augen.

Edna dachte nicht mehr an ihren Rucksack, und sie bemerkte kaum, wie hinter ihr etwas davonhuschte.

Nun war es geschehen, das Schicksal hatte entschieden und die letzte Karte ausgespielt.

Sie kam nicht mehr weg von hier. Sie würde Emil nicht zu Jacob bringen.

Ihr Weg endete, wo das Meer begann, auf einem Strand aus schwarzen Steinen, die nichts Gutes für sie verhießen.

Es gab keinen Kreis, das Leben verlief in einer geraden Linie mit einem Ziel, von dem es kein Zurück gab. Aber es war ein schwacher Trost, dass sie mit ihrer Vorstellung richtiggelegen hatte, im Gegensatz zu dem Uhrmacher mit dem Silberhaar und seinen perfekten Kreisen.

In Ednas Kopf liefen die Bilder durcheinander, sie hörte Stimmen, die ihr zwar vertraut waren, sich aber verloren.

Sie sah den Imker vor sich, wie er lächelnd zu ihr sagte: »Alles ist im Fluss, Edna. Das Leben wird nicht an dem gemessen, was man erreicht hat. Es ist alles im Fluss und im Werden. Leben und Tod. Wie in einem Bienenstock«, erklärte er heiter und laut genug, um das Dröhnen des Motors zu übertönen und den Fahrtwind, der seine Haare zerzauste.

Dann war da der Junge mit den goldenen Schuhen, der eine seiner Haarsträhnen eindrehte und leise zu ihr sagte: »Sie sind schon ein Champion, Frau Edna.«

Wieder wurde es dunkel um sie, aber das machte ihr keine Angst. Der Himmel war übersät von kleinen Sternen, die zitterten wie aufsteigende Leuchtballons, die von der Erde wegstrebten. Und jetzt stand Tenzin Lorenzo neben ihr am Bahnhofseingang. Er sah sie mit seinen aquamarinfarbenen Augen an und umarmte sie fest. »Sie haben jetzt eine große Chance. Ich hatte sie nicht. Enttäuschen Sie uns nicht, Edna.«

Und genau das tat sie doch. Sie würde sie alle enttäuschen. Nur ein Gedanke quälte sie noch mehr.

Sie dachte an Jacob. An sein Lausbubengesicht, nicht an das des alten Mannes aus der Zeitschrift.

»Verzeih mir, Jacob«, sagte sie ganz leise, als könnte er sie hören.

Im Morgengrauen schlief sie ein. Stunden später weckten sie eine säuerliche Bierfahne und eine Hand, die sich auf ihr Gesicht legte.

45

Tag 8 – Distanz: 236 km

Max hatte einen Entschluss gefasst: Er würde diese unangenehme Situation auf seine Weise klären. Durch Lukas' Internetrecherche hatte er auf dem Handy genug Beweise dafür, dass Signora Edna Weiss labil und absolut unzurechnungsfähig war. Bernie hatte dazu ebenfalls klare und vernünftige Worte gefunden, die Max sich noch einmal durch Kopf gehen ließ, während er den Fahrersitz einstellte und den Rückspiegel in die richtige Position brachte, der ihm seinen finsteren Gesichtsausdruck und seinen entschiedenen Blick zeigte. Höchstwahrscheinlich würde die Polizei auf ihrer Seite sein. In Situationen wie bei Edna könne ein von einem Arzt unterzeichnetes Dokument den Ausschlag geben, hatte er gesagt. Und das lag jetzt sorgfältig zusammengefaltet neben Max auf dem Beifahrersitz. Welche Erleichterung, dass er dieses ärztliche Gutachten aus dem vorigen Sommer hatte, als man sie nach den »kleinen Aussetzern«, wie Edna sie in ihrem üblichen verantwortungslosen Leichtsinn genannt hatte, untersucht und mit einem Zauberwort ihre unbestreitbare Verwirrtheit bestätigt hatte.

Altersdemenz: Um nichts anderes handelte es sich nämlich. Schon früher hatten sich bei Edna die ersten Anzeichen einer Krankheit gezeigt, die jetzt dazu geführt hatte, dass sie irgendwo in der Weltgeschichte herumirrte. Es hätte Max nicht überrascht, wenn man sie wie eine Landstreicherin auf der Straße aufgreifen würde, vollkommen orientierungslos, mit diesem sonderbaren Papagei, oder vielleicht hatte man sie auch bis aufs Hemd ausgeraubt.

Nun musste er nur einmal über die Berge und dieses Problemkind Edna daran hindern, weiteres Unheil anzurichten. Wenn er die Nacht durchfuhr, würde er sie mit etwas Glück und ein paar Tassen Kaffee bis zum nächsten Morgen einholen. Durch die letzten Posts mit dem Hashtag *#Edna&Emil* – was für ein lächerlicher Trend, verrückten Leuten zu folgen, dachte er achselzuckend, aber mit unverhohlenem Grinsen –, wusste er, dass Edna am Bodensee war, genauer gesagt in Lindau.

Wenn er sie fand, würde er sich bestimmt nicht wie Adele durch Mitleid erweichen lassen oder Zeit damit verschwenden, sich das Gefasel dieser Alten anzuhören. Und er war sicher, am Ende würden ihm alle dankbar sein: Adele, Edna und sogar ihr gerupfter Papagei, der einmal gründlich von einem Tierarzt untersucht werden sollte und es verdient hatte, den Rest seines Lebens in einer komfortablen Voliere zu verbringen. In einem gesunden Abstand zu dem Wahnsinn und dem Egoismus dieser Frau. Das hatten sie sich alle verdient.

Als plötzlich eine der hinteren Türen seines Wagens geöffnet wurde, drehte Max sich ruckartig um. Lukas saß schon auf der Rückbank und hatte die Hände durch die Lücke zwischen den beiden Vordersitzen geschoben. Er lächelte Max unbefangen an und fragte aufgeregt: »Dann holen wir jetzt Signora Edna zurück?«

Max ließ den Kopf sinken und seufzte. Na ja, vielleicht konnte Lukas bei der Suche noch nützlich sein.

»Leg den Sicherheitsgurt an, mein Junge. Wir haben eine weite Fahrt vor uns.«

Lukas klatschte ihn ab, dann lehnte er sich zurück.

Uns bleibt keine Zeit mehr

An dem Tag, als sie begriff, dass Träume so scharf ins Herz schneiden können wie Messerklingen, war sie noch ein kleines Mädchen. Jedes Mal, wenn sie den Mann, der das Geheimnis von Emil und dem Schuppen kannte, auch nur von weitem entdeckte, sah sie sich panisch um wie ein verängstigtes Tier. Sie versteckte sich hinter einer Kuh, wenn sie zum Melken oder Ausmisten im Stall war, und hielt sogar den Atem an, bis sie das Geräusch seiner Schritte nicht mehr hörte. War sie dagegen im Garten, lief sie schnell in die Küche und nahm in Kauf, dass man sie ausschalt, weil sie mit einem leeren Korb zurückkam und nichts von dem mitbrachte, was man ihr aufgetragen hatte. Sollten sie sie doch als halsstarrige dumme Gans beschimpfen, die alles vergaß, wenn sie nur nicht in seiner Nähe sein musste.

Eines Abends im August, die anderen Kinder reparierten mit einem Knecht die Zäune, schickte man sie los, um die zum Bleichen auf der Wiese ausgebreitete Wäsche hereinzuholen. Der Mann überraschte sie von hinten. Edna spürte, wie ihr Herz hart in ihrem Brustkorb hämmerte und die Schläge laut in ihren Ohren dröhnten. Fest drückte sie ein Laken an sich, als wäre es ein Zauberschleier, der die Macht hatte, sie zu beschützen. Sie musste an Anja denken, die sich immer in ihr Bettzeug eingewickelt hatte wie in einen Kokon, um sich vor der ganzen Welt zu verstecken und in einen Schlaf zu fallen, aus dem niemand sie aufwecken konnte.

»Wie stehen denn die Dinge zwischen dir und Jacob?«, fragte

der Knecht sie lächelnd. Er wirkte wie jemand, der freundlich sein und nur ein paar Worte wechseln wollte. Doch Edna würde sich nicht mehr täuschen lassen. Sie wich zurück, und ohne seine Freundlichkeit zu erwidern behielt sie ihn im Auge, so wie Emil es tat, wenn er Gefahr witterte.

Edna hatte Jacob nicht einmal bemerkt, der ganz in der Nähe mit Werkzeugen in der Hand stehen geblieben war. Er sagte nichts, sondern starrte Edna bloß an und danach lange den Knecht. Der zog die Nase hoch, wischte sich mit dem Handrücken den Schweiß von der Stirn und ging.

»Was hat er zu dir gesagt?«, fragte Jacob, als sie allein waren.

»Ach, nichts Wichtiges.«

»Aber du bist so blass, als hätte dich ein Gespenst berührt.«

»Mich hat gar niemand berührt«, sagte sie grob und mit einer solchen Vehemenz, dass er verstummte.

Jacob nickte, als habe er begriffen, dass es nur Ednas Angelegenheit war, doch diesmal bestand er darauf, sie ins Haus zu begleiten.

Als sie abends im Bett lag, fragte Edna sich, was von ihren Träumen geblieben war, von alldem, was sie auf dem Hof zu finden gehofft hatte. Nichts, nicht einmal mehr ihre Puppe. Sicher, da war noch Jacob. Aber wie lange würde sie das noch aushalten? Wie lange konnte sie sich noch in ihrem Kokon verstecken? Er war so dünn und leicht zu zerreißen wie ihre Träume, die in Stränge zerfaserten und ihr das Herz abschnürten.

46

Bert

»Großer Gott! Ich dachte ja schon, ich hätte einen schlimmen Kater, aber Sie sehen wirklich wie ausgekotzt aus.«

Zuerst nahm Edna nur ein T-Shirt mit Fettflecken wahr, das sich über einem dicken runden Bauch spannte. Ihr Blick ging hinauf zu einem zerrauften Bart und dann noch höher zu den schütteren Haaren über der Stirn. Der Mann hatte Hängebacken und verströmte einen unangenehmen Kneipengeruch.

»Können Sie aufstehen?«

Er packte sie am Handgelenk und zog. Edna spürte, wie sich der Muskel in ihrem Bein spannte und sich brennende Schmerzwellen hindurchzogen. Sie sank zurück.

»Ich glaube, Sie haben sich was gebrochen.«

»Es ist nicht so schlimm, ich muss das Bein nur in dieser Position halten und darf es nicht bewegen. Könnten Sie bitte die Transportkiste öffnen und meinen Papagei rauslassen?«

Der Mann zog erstaunt eine Augenbraue hoch.

»Er hat noch nichts zu fressen bekommen und wird hungrig sein. Er ist daran gewöhnt, sehr früh etwas zu bekommen.«

»Jawohl, Madame.« Der Mann richtete sich auf. Dann hielt er inne und überlegte, sein Blick ging von Edna zu Emil und zurück zum Transportkäfig.

»Schauen Sie in meinen Rucksack, er ist oben draufgebunden. Dort müsste etwas Essbares drin sein. Oder nein«, verbesserte sie sich dann hastig, »bringen Sie ihn mir doch lieber.« Einem Fremden konnte man nicht einfach so vertrauen.

»Sind Sie sicher, dass Sie Ihre Tasche auf dem Käfig festgebunden haben?«

Edna schaute zur Transportkiste. Der Mann hatte recht: kein Rucksack.

Sie erinnerte sich an das Gefühl der glatten Oberfläche unter ihrer Hand, daran, dass ihr etwas abhandengekommen war und an die undurchdringliche Dunkelheit um sie, die auf ihren Augen gelastet hatte. Die Erkenntnis schmeckte salzig und brackig wie die Brise, die vom See zu ihr drang.

»Haben Sie sich auch genau umgeschaut?«

Der Mann nickte. »Hatten Sie Wertsachen drin?«

»Sicher, alles, was mir geblieben ist!«, rief Edna entsetzt aus, obwohl sie sich bemühte, ihre Stimme fest klingen zu lassen.

»Portemonnaie?«

»Nein.«

»Papiere, Geld?«

»Nein!«, brach es aus Edna heraus. Immer dachten die Leute nur an die gleichen Dinge!

»Schmuck, Geschenke für die Enkel ...«

»Nicht so etwas!« Stattdessen Ingwerpastillen, eine Flasche mit einem Zaubersaft, eine Karte, die ihren Sinn verloren hatte ... Aber wie sollte er das wissen?

»Warten Sie hier ... Übrigens«, der Mann blieb stehen und rieb sich verlegen den Nacken, »ich bin Bert.« Lächelnd streckte er ihr die Hand hin; er hatte einen festen Händedruck und schwielige Finger, ein guter Arbeiter.

Bert verschwand im Gebüsch, während Edna Emil unter dem Schnabel kraulte und ihm versicherte, dass alles gutgehen würde, obwohl es ihr selbst schwerfiel, daran zu glauben. Wie sollte sie denn bloß weiterlaufen mit diesem verletzten Bein?

Bert kehrte zurück und schwenkte den Arm triumphierend durch die Luft, in seiner Hand baumelte ihr Rucksack.

»Ich verwette meinen Kopf, dass es die Ratten gewesen sind«, sagte er, als er ihr den Rucksack gab. »Die haben hier ihre Höhlen. Bei all den Resten, die die Touristen liegen lassen ...«

Freudig blickte Edna ihn an. Also hatte sie doch einmal Glück! Dann aber stutzte sie. Nicht wegen der Ratten, nein, die machten ihr wie alle Nagetiere nichts aus. Doch vielleicht wäre es unvorsichtig, den Rucksack vor Bert zu öffnen – wer weiß, was er denken würde, wenn er den Killepitsch entdeckte. »Illegal«, hatte Tenzin Lorenzo ihn genannt. Aber sie hatte sich überreden lassen, die Flasche mitzunehmen. Und zugegeben, es war eine gute Entscheidung gewesen; gerade wollte sie nichts lieber, als sich mit diesem wunderbaren Zeug den Mund zu spülen. Aber vor Bert ging das nicht.

»Ich glaube kaum, dass die Viecher viel Schaden angerichtet haben, ich sehe keine Löcher«, beruhigte er sie. »Hm, Sie werden auch hungrig sein, Frau ... Entschuldigung, wie war noch mal Ihr Name?«

»Den habe ich Ihnen nicht genannt«, murmelte sie. »Edna Weiss. Und irgendwie werde ich es jetzt schaffen, aufzustehen und nach Ravensburg zu kommen. Emil und ich werden doch jetzt nicht aufgeben«, sagte sie und klopfte sich den Sand von den schweren Schuhen.

Der Mann unterdrückte ein Lachen und räusperte sich vernehmlich. »Ich komme gerade von einer ziemlich abgefahrenen Party. Aber Sie schlagen alle, die ich da getroffen habe, um Längen, glauben Sie mir.«

»Was ist denn an uns so seltsam? Helfen Sie mir lieber auf die Beine.«

Bert legte ihr einen Arm um die Schultern und zog sie unter sichtlicher Anstrengung hoch. »Und jetzt?«

»Bringen Sie mich da zu der Bank. Mir wird schon etwas einfallen.«

»Sie sind wirklich Edna Weiss?«, fragte er, als könnte er es nicht fassen.

Misstrauisch sah Edna ihn an. »Ich denke schon.«

Der Mann strich sich nachdenklich über seinen Bart. Dann sah er ernst auf Emil. »Die Frau mit dem Papagei«, sagte er und rieb sich den Nacken. »Sie sind die, die dringend nach Ravensburg muss, um ihren Freund zu treffen ... Verdammt ...«

»Genau.« Edna verstummte, keineswegs beeindruckt von Berts staunender Bewunderung. Sie sah ihn scharf an. »Und woher wissen Sie das?«

»Na ja, anscheinend hat jemand eine weite Reise auf sich genommen, um zu Ihnen zu kommen. Und ich glaube, diese Person wird sich sehr freuen, Sie hier anzutreffen.«

47

Es geht weiter

Edna blieb auf der Bank sitzen und wartete.

Sie überlegte, wer denn hier nach ihr suchte. Bert war verschwunden, gleich nachdem sie zugestimmt hatte, dass er die Person herholen solle, so dass sie ihn nicht mehr danach fragen konnte. Jetzt bereute sie ihre übereilte Entscheidung. Bert hatte ihr im Fortlaufen noch etwas zugerufen: Es bleibe wenig Zeit und vermutlich sei die Person schon wieder abgereist. Wo er ihr begegnet war, blieb für Edna ein weiteres Rätsel. Und sie hasste es, wenn Teile eines Puzzles sich nicht ineinanderfügten. An diesem Morgen kam es ihr sogar vor, als würden sie nicht nur nicht ineinanderpassen, sondern als hätte sie das einzige Stück verloren, das das Bild komplettieren konnte.

Jemand suchte nach ihr …

War Adele vielleicht doch nicht nach Hause gefahren? Hatte sie sie nicht vergessen können und sich auf ihre Spur gesetzt?

Oder war es Tenzin Lorenzo, dessen Pilgerpfad ja auf ihrem Weg lag? Oder Priska und Flo mit ihrem Bus … Aber warum sollten ausgerechnet sie nach ihr suchen?

Ihr kamen auch die Leute vom Fernsehen und ein paar wütende Struwwelpeter in den Sinn. Denn sie hatte so einiges auf dieser Reise angestellt.

Edna rieb sich die Augen. Obwohl es früher Morgen war, schien die Sonne schon hell. Sie überzog den See mit Goldtönen.

Auf den Zweigen der Bäume trugen Vögel einen Wettstreit aus, wer am grellsten pfeifen konnte. Eichhörnchen mit ihren buschigen braunen Schwänzen wagten sich auf der Suche nach Futter ab und zu mit großen Sprüngen auf das von gelben und violetten Blüten getupfte Gras (Löwenzahn und Glockenblumen).

Irgendwo weiter hinten, zu weit weg, um etwas zu erkennen, entdeckte sie nun im Gegenlicht der Sonne eine Gestalt und neben ihr eine zweite, kleinere. Beide kamen schnell auf sie zu. Edna kniff die Augen zusammen und legte sich eine Hand schützend darüber. Das Bild wurde scharf und klar, doch ihr hämmerndes Herz zerschlug es gleich wieder in Einzelteile, war ihr doch kurz die Luft weggeblieben, als sie erkannte, wer da so schnell auf sie zukam.

Kurze Zeit später saß Edna immer noch auf der Bank. Nie hätte sie sich vorstellen können, dass sie gleichzeitig so glücklich sein könnte und so schuldbewusst, weil sie einem Menschen so unrecht getan hatte. Sie war noch wie betäubt.

Und sie hätte nie gedacht, dass sie einmal zugeben müsste, wie wunderschön die Farbe von Adeles Lidschatten war. Hier in diesem Licht glitzerte er wie die Oberfläche des Sees.

Bert war losgezogen, um Croissants und Brot zu kaufen. Adele und sie saßen nebeneinander auf der Bank mit Blick auf den See.

»Wie hast du mich gefunden?«

»Eigentlich«, sagte Adele und schob sich die Sonnenbrille zurecht, »wollte ich ja hier ein paar Tage Urlaub machen.«

»Irgendwo zwischen Bregenz und Lindau? Oder vielleicht in Ravensburg?«

»Warum nicht?« Adele hatte den Strohhut abgenommen,

und so fielen ihr die Haare ungebändigt über die Schultern. Sie waren kupferrot, mit ein paar johannisbeerfarbenen Strähnen.

»Eine neue Haarfarbe?«

»Das Blond war so langweilig geworden. Ich habe mir gedacht, diese Tage gönne ich mir nur für mich selbst. Und wissen Sie was, Signora Edna? Ich fühle mich wie ein neuer Mensch.«

So sah sie auch aus. In ihrem festen Blick lag eine Selbstsicherheit, die sie noch nie an ihr bemerkt hatte. Adele schien eine andere geworden zu sein.

»Aber das ist nicht die ganze Wahrheit. Eigentlich hat Lukas Sie gefunden. Und wissen Sie, wie? Mit seinem Smartphone und einem von diesen ›Hashtags‹. Er sagt, Sie kommen ganz groß raus in den sozialen Medien. Wenn man *#Edna&Emil* eingibt, findet man jede Menge Bilder. Sie haben ja eine weite Reise hinter sich«, sagte Adele und lächelte verschmitzt, während sie Edna ihr Telefon reichte.

Edna sah mit hochrotem Gesicht und flachem Atem zu, wie Adele durch die Fotos scrollte. Da war Emil auf Flos Schulter. Sie und Emil im Oldtimer. Sie allein, wie sie – sichtlich angeheitert – zwischen Bäumen und Zelten vor einem Lagerfeuer tanzte. »Weiter, weiter, Adele«, dachte sie, während ihre Wangen vor Verlegenheit brannten. An diesen Moment konnte sie sich nicht erinnern, aber sie wusste noch, dass eine junge Frau um ein Foto von ihr gebeten und gefragt hatte, wie ihr Papagei hieß, bevor sie sich am Waldrand niedergelassen hatte.

»Florian Brugger hat einen Artikel über Sie geschrieben.«

»Flo?«

Adele nickte. »Er hat einen Reiseblog, dem viele folgen.«

»Und Bert?«

»Ich bin Ihnen also gefolgt. Aber wie ich Ihnen schon gesagt habe, sollte das auch mein Urlaub sein.« Adele lächelte.

»Bert spielt ausgezeichnet Geige. Er hat seinen Abschluss am Konservatorium gemacht. Aber er ist nicht diszipliniert genug. Ich glaube, man hat ihn aus dem Orchester geworfen, weil er immer zu spät kam. Wirklich schade eigentlich.« Sie seufzte tief. »Ich habe ihn gestern Nacht auf einem Fest kennengelernt. Einem ziemlich seltsamen Fest.« Adele verbiss sich ein Lächeln und sah hinunter auf ihre Schuhspitzen. »Na, jedenfalls sind wir jetzt hier. Und Ihr Bein sieht ziemlich übel aus. Wissen Sie, eigentlich müsste ich Sie sofort in die Notaufnahme bringen.«

Edna hob das Kinn, ihr Blick glitt hinüber zu Emil, der auf einem Bein stand und lauschte.

»Dem Bein geht es schon besser. Es tut nur noch weh, wenn ich zum Beispiel hier draufdrücke …«

Ein Blick von Adele brachte sie zum Verstummen. Sie sah Edna durchdringend an. Es war Adeles Hang gewesen, für andere zu entscheiden, weil es ja nur zu ihrem Besten war, der für Edna den Ausschlag gegeben hatte, ihre Hilfe nicht anzunehmen, als sie sich unter der Burg von Landeck getroffen hatten. Aber dieser Gedanke blitzte nur kurz in ihrem Kopf auf.

»Dieses Stück Weg könnten wir im Auto zurücklegen. Auf meiner Karte sind keine Wanderschuhe eingezeichnet, und ich erinnere mich noch an die Fahrt auf dem Karren«, sagte sie leise, aber bestimmt, mit zitternden Lippen, während Adele nur ein gequältes Lächeln zustande brachte.

»Signora Edna …«

»Ich weiß, das ist nur schwer zu verstehen. Aber glaub mir, dahinter steckt eine ganz eigene Logik«, sagte sie mit der Zähigkeit eines Baums, der sich beugt, um nicht vom Wind gebrochen zu werden. Sie war nicht so weit gekommen, um jetzt aufzugeben. Gerade jetzt, da doch nur so wenig fehlte: ein bisschen Glück, ein wenig Kraft.

Adeles Blick verlor sich in der glitzernden Oberfläche des Sees. »Wussten Sie eigentlich, dass dort draußen, weitab vom Ufer, drei Grenzen verlaufen? Ja, dort stoßen drei Länder aufeinander. Und wenn jemand mitten auf dem See mit dem Boot unterwegs ist – so wie diese Leute dort auf dem Ausflugsschiff –, bekommt man gar nicht mit, dass man gerade mit einem Bein in einem Land ist und mit dem anderen in einem zweiten. Wohin gehört man dann eigentlich?«

»Das hängt wohl davon ab, wie man sich selbst in diesem Moment sieht«, sagte Edna. »Wenn man ein gutes Bier trinkt, wird man sich als Deutscher fühlen. Vielleicht auch als Schweizer, wenn man auf das gegenüberliegende Ufer schaut. Oder als Österreicher, wenn man an sein Zuhause denkt und sich fragt, ob man die Fensterläden auch fest geschlossen hat.«

Edna erinnerte sich daran, wie man sich fühlte, wenn man einen Berg bestieg. Wenn man den Gipfel fast erreicht hatte und sich jeden Schritt über seine persönlichen Grenzen hinaus erkämpfen musste. In diesem Moment war man eins mit dem Boden. Aber erst die Vorstellung, sich zu erheben und eins mit dem Himmel zu werden, trieb die Beine an.

»Sie meinen also, es sei gar nicht so wichtig?«, fragte Adele. »Ich habe immer geglaubt, dass es einem im Leben sehr hilft, wenn man genau weiß, wer man ist und was man will. Wenn man etwas hat, worauf man aufbauen kann. Jedes Mal, wenn ich glaubte, ich hätte es gefunden, habe ich versucht, das Richtige zu tun. Für Max ist das so einfach, mir geht es da ganz anders. Ich habe mich doch so bemüht, habe meine besten Jahre hingegeben und gekämpft, um Lisa das zu ersparen, was ich durchmachen musste. Und was hat sie getan? Mit siebzehn ist sie schwanger geworden. Mit Lukas. Genau in dem Alter, als ich sie bekommen habe. Und je mehr ich mich bemühe, dass alles gut läuft, desto mehr entgleiten mir die Dinge. Stellen Sie sich vor, Signora Edna, vor ein paar Tagen hat mir Lisa gesagt, dass sie nicht in meinem Laden arbeiten will. Ihr ist der Gedanke so zuwider, dass sie lieber zurück an die Uni gehen würde.«

»Lisa?« Lisa, die sitzengeblieben war, weil sie die Schule schwänzte, um am Teich zu sitzen und zu malen? Lisa, die ihre Sommerferien damit verbrachte, ihrer Mutter zu helfen, und stundenlang das Schaufenster dekorierte?

Adele nickte. »Und wie sie mich dabei angesehen hat ... Und in welchem Ton sie mir an den Kopf geworfen hat, dass alles, woran ich immer geglaubt habe und was ich mir aufgebaut habe, einen Dreck wert ist ... Sie hätten sie mal sehen sollen. Sie war so hart und kalt, aber auch enttäuscht, als würde sie sich für mich schämen. Und dann ist da Max mit seinem Plan von dem *Bed & Breakfast*. Max, der nie etwas merkt und nur alles hinter sich lassen, endlich neu anfangen will ...« Adele überkreuzte die Beine und ließ sie baumeln. Das hatte sie schon als junges Mädchen so gemacht, wenn sie im Garten zusah, wie Edna neue Blumenzwiebeln in die Erde setzte. Dann hatte sie dagesessen und sie dabei beobachtet, bis es Abend wurde, Edna von ihren Plänen und von dem erzählt, was sie erlebt hatte. Edna hatte am Ende immer bereits die Hälfte davon vergessen.

»Adele, ich glaube, wir müssen manchmal selbst den Menschen, die wir lieben, erlauben, dem Wind zu folgen. Zu tun, wozu sie Lust haben. Spürst du ihn auf der Haut?« Sie hatte keine Ahnung, woher sie dieses Bild hatte, doch einen Moment lang, während sie beide den See betrachteten und ihre Haare leicht von seinem sanften Hauch verweht wurden, sah sie wieder sich und Priska am Lagerfeuer.

»Lisa schämt sich nicht für ihre Mutter. Lisa hat Angst.«

»O nein, doch nicht Lisa«, widersprach Adele spöttisch.

Edna hüllte sich enger in ihre Jacke. »Im Krieg haben ein paar deutsche Orte kurz hinter der Grenze – die kannst du sogar von hier aus sehen – eine interessante Strategie entwickelt, um Fliegerangriffen zu entgehen. Dort hat man nachts in den Häusern alle Lampen eingeschaltet, genau wie es für die Städte der nahen Schweiz angeordnet war. Als die Bomberpiloten die Lichter sahen, dachten sie, sie flögen über neutrales Gebiet, und warfen keine Bomben ab.«

»Ja, interessant«, sagte Adele, aber eigentlich wusste sie nicht, warum Edna ihr das erzählte.

»Um zu überleben, muss man jeden Tag mühsam einen Plan entwickeln. Das haben uns Millionen Jahre Evolutionsgeschichte gelehrt. Wer Angst zeigt, hat geringere Überlebenschancen. Wir haben die Lektion nur zu gut gelernt. Es ist alles nur ein Spiel, um zu verbergen, wer wir sind. Und um nicht in den anderen Menschen die Ängste widergespiegelt zu sehen, die wir vor uns selbst verstecken.«

Viele Menschen, denen sie begegnet war, hatten sich nicht sofort als das gezeigt, was sie wirklich waren. Sie hatte Fer für einen Gauner gehalten und Tenzin Lorenzo für ein verwöhntes Jüngelchen, das den Unterschied zwischen einer Kletterhalle und einem echten Berg nicht begriff. Auch an Bert hatte sie gezweifelt.

Doch es hatte an der Brille gelegen, durch die sie sie gesehen hatte – nur die hatte sie getäuscht.

Adele seufzte tief. »Und was ist mit Ihnen, Signora Edna, was haben Sie alles vor mir verborgen?«

Edna dachte an die Stapel mit den *Stern*-Ausgaben, an das Foto von ihr und Jacob, das so lange Jahre an der Innenseite ihres Küchenschranks gehangen hatte. An den Schuppen, den sie nicht einmal mehr in ihrer Erinnerung betreten hatte. Auch wenn dessen Schatten stets über ihr gehangen und selbst den strahlendsten Himmel verdunkelt hatte. »Ich habe es auch vor mir selbst verborgen, Adele.«

Ein Schwanenpaar glitt über den See.

»Signora Edna, wenn Sie das Bein nicht stark bewegen, dann tut es auch nicht weh, oder?«

Edna nickte. Sie hatte die ganze Zeit Adele angesehen.

»Ich glaube, das ist das Verrückteste, was ich je getan habe.« Adele holte tief Luft. Dann lachte sie kopfschüttelnd. »Also nächste Station Ravensburg?«

Edna spürte, wie sie von den Spitzen ihrer schweren Schuhe bis zu den Wurzeln ihrer zerrauften Haare neue Kraft durchzuckte, fast wie ein Stromschlag. Nun durfte sie endlich wieder hoffen.

Bert verabschiedete sich am Damm von ihnen, bevor sie in Adeles Auto einstiegen.

Der Schlüssel drehte sich im Zündschloss. Es roch nach Benzin, und dann erschütterte das Anlassgeräusch (kaum mehr als ein Jaulen) den Innenraum.

»Bist du sicher, dass er startet?«

»Den Schlüssel dreimal drehen, erinnern Sie sich?«

Beim dritten Mal startete der Motor wirklich. Mit einem Seufzer der Erleichterung klappte Adele die Sonnenblende herunter.

Edna saß mit Emil auf der Rückbank.

»Wie geht es meinem Garten? Hat der Regen die Löcher weiter ausgehöhlt?«

»Ach, wo Sie gerade Ihren Garten erwähnen, Sie können sich nicht vorstellen, was während Ihrer Abwesenheit passiert ist.«

Plötzlich machte das Fahrzeug einen Satz, und alles war still. Edna hatte die Transportkiste auf dem Schoß, mit dem ängstlich krächzenden Emil darin.

Adele prallte gegen die Rückenlehne. »Alles in Ordnung?«, fragte sie und schaute prüfend in den Rückspiegel. Sie rückte ihre Sonnenbrille zurecht und drehte den Schlüssel im Zündschloss. Einmal. Zweimal. Edna zählte bis zum dritten Mal mit. Aber es folgten ein vierter und ein fünfter Versuch. Bis Adele schließlich so heftig auf das Lenkrad schlug, dass die Hupe losging.

»Diese verdammte Mistkarre!«

Emil kratzte sich mit dem Krallenfuß am Schnabel, während Edna versuchte, sich mit ihrem Gesicht in die Lücke zwischen den Vordersitzen zu quetschen, weil sie wissen wollte, was passiert war.

Türenknallend stieg Adele aus dem Wagen, lief einmal um ihn herum, öffnete die Abdeckungen und prüfte die Ventile. Dann stieg sie wieder ein, ließ sich gegen die Rückenlehne des Fahrersitzes sinken, hielt den Atem an und verdrehte die Augen zum Himmel, obwohl Edna das eigentlich nur ahnen konnte, weil diese hinter der Sonnenbrille verborgen waren.

»Und jetzt?«, fragte Edna.

Adele griff nach ihrer Handtasche und steckte den Arm tief hinein. Sie holte ihr Smartphone heraus, drückte auf Tasten, strich mit der Spitze des Zeigefingers über das Display.

»Der Zug nach Ravensburg geht in genau zwanzig Minuten. Das können wir noch schaffen.« Sie hatte sich bereits die Tasche umgehängt und die Wagentür aufgerissen. »Was meinen Sie?«

Adele griff sich den Transportkäfig und legte sich Ednas Arm über die Schulter.

Mit Hilfe des Stockes gelang es Edna, sich abzustützen, und humpelnd hätte sie es zumindest einige Meter auch allein geschafft. Adele ließ sie jedoch nicht los.

»Der Bahnhof ist nicht weit, Signora Edna.«

»Was ist mit dem Wagen?«

»Den hole ich, sobald Sie in den Zug gestiegen sind.«

Edna wusste nicht, wie sie Adele sagen sollte, dass sie keinen Cent mehr hatte.

»Keine Sorge«, sagte diese, als hätte sie ihre Gedanken gelesen, und steckte ihr einen Geldschein in die Tasche der Lederjacke, »das geben Sie mir beim nächsten Mal zurück, wenn ich Ihnen am Donnerstag Ihre Einkäufe bringe. Nachdem Sie Ihren Freund getroffen haben und wir alle wieder glücklich zu Hause sind, zusammen mit diesem Papagei, der so viel wiegt wie ein ausgewachsener Truthahn«, meinte sie mit einem angestrengten Lächeln.

»Adele, ist heute Freitag?«

Sie überlegte kurz, dann schaute sie auf. »Ja, genau.«

»Heute wird Jacob entlassen.«

Die Blicke der beiden Frauen kreuzten sich, und auf ihren Händen kribbelte der Sand, der ihnen zwischen den Fingern durchrann.

48

Helmut

Der Hauptbahnhof lag auf der Insel Lindau (was für ein Ort für einen *Hauptbahnhof*!). Eine lange Brücke verband sie mit dem Festland, die Gleise begannen am äußersten Ende der Insel und verliefen über einen Damm zum Ufer.

Edna spürte, wie Adele sie nun stärker stützte.

»Fünfzehn Minuten, Signora Edna. Wir können es schaffen.«

Aber sie war sich nun gar nicht mehr sicher. Das Ufer kam ihr noch so weit entfernt vor, obwohl sie schon die ersten Häuser erkennen konnte.

Es war nicht so leicht, mit Adele Schritt zu halten, wenn man ein Bein kaum bewegen konnte und der Griff des Wanderstocks tief in die Handfläche einschnitt, so dass die Wunden dort höllisch brannten.

»Kommen Sie!«

Adeles Griff um ihre Hand wurde noch fester, und ein ebenso unerwartetes wie kostbares Vertrauen erfüllte Edna. Ein warmer Hauch, der sie wie auf einer Woge forttrug und sie antrieb, weiterzulaufen und nicht aufzugeben.

Auf einmal musste sie lachen, als sie sich vorstellte, was für ein komisches Bild sie wohl abgaben: sie humpelnd, Adele, die den Transportkäfig auf dem Skateboard hinter sich herzog, und Emil, der sich mit weitaufgerissenen Augen am Gitter festklammerte. Adele wandte sich mit fragendem Blick zu ihr um und stimmte dann ein in ihr herzhaftes Gelächter über die Absurdität der Situation und über ihrer beider Mut und Verrücktheit.

Edna öffnete die Jacke, damit die frische Luft ihren Hals kühlen konnte. Adele warf ihren Strohhut fort und scherte sich nicht darum, dass er sich in den Büschen verfing oder ihre Haare wie Flammen von ihrem Kopf wegzuckten.

Es fehlte nur noch so wenig.

Als der Damm endete, standen sie vor einem Verbotsschild und einem gelben Wegweiser, der anzeigte, wo es zu Fuß weiterging. Hohe Gitter versperrten den Durchgang. Irgendwo dahinter mussten die Bahnsteige sein, auch wenn sie sie noch nicht sehen konnten.

Den Polizeitransporter sah Edna hingegen sehr klar und deutlich vor ihnen. Er war zwischen einer Grünanlage (zwei Tannen, vier Linden, ein Buchsbaumgehölz) und der Straße postiert.

Wie jedes Mal, wenn sie eine Uniform sah, was bei ihr instinktiv Abneigung hervorrief, fragte sie sich gleich danach, ob sie etwas zu befürchten hatte, und rief sich ihre »Sünden« ins Gedächtnis wie damals bei Padre Gianni. Die Liste war jedoch nicht allzu lang. Sie war immer eine vorbildliche Staatsbürgerin gewesen. Aber halt, eine Sache gab es nun schon, die ihr schwer im Magen lag. Sie schaute zu Emil und dem Rucksack auf dem Transportkäfig, und ein eiskalter Schauer lief ihr den Rücken hinauf bis zum Haaransatz.

»Wie lange noch, Adele?«

»Lang genug, damit ich Sie in diesen Zug setzen und Ihnen dann hinterherwinken kann«, keuchte Adele.

Edna sah Polizisten aus dem Transporter steigen und dahinter an kurzer Leine Hunde. Es waren Malinois, Belgische Schäferhunde, wendig und schnell, mit einer Spitzengeschwindigkeit von fünfzig Stundenkilometern. Sie folgten jedem Kommando und waren ausgezeichnete Spürhunde.

Edna fiel auf, dass sie nicht die Einzige war, die die Polizisten und alles, was sich dort drüben nicht weit von ihnen tat, bemerkt hatte.

Auch Adele war sichtlich nervöser geworden. Sie schaute immer wieder zu den Polizisten, und Edna kam es vor, als beschleunige sie ihren Schritt. Anscheinend hatte sie ein schlechtes Gewissen. Doch was hatte Adele bloß von der Polizei zu befürchten?

In ihrem Rucksack steckte dagegen eine Flasche Killepitsch *(»So etwas Leckeres kann doch nur illegal sein …«, »Hier geschehen Dinge, die eigentlich nicht erlaubt sind …«)*, und sobald die Hunde nah genug waren, würden sie anschlagen, auch wenn keiner ein Suchkommando gegeben hatte. Edna betete inbrünstig, dass Emil müde von der Reise war und außerdem genügend damit zu tun hatte, sich an den Gitterstäben des Transportkäfigs festzuklammern, so dass er sie nicht bemerkte.

Doch die Hunde kamen nun direkt auf sie zu.

»Ich kann nicht glauben, dass er es wirklich getan hat«, schimpfte Adele.

»Was getan? Und wer?«

Adele schien sie nicht gehört zu haben.

»Signora Edna, wenn Sie die Polizisten weiter so schuldbewusst anstarren, werden sie uns bestimmt anhalten. Warum sind Sie denn so nervös?«

»Emil mag keine Hunde.« Im Grunde war das nicht einmal gelogen.

»Nun ja, so sieht es aus, als wären wir wirklich auf der Flucht.« Adeles Satz endete in einem zögerlichen Lachen. Ihre Augen blickten ernst, vielleicht sogar besorgt.

»Wie lange noch?«

»Ein paar Minuten, aber der Zug könnte Verspätung haben«, sagte Adele. Gerade in dem Moment traf sie der Windstoß eines vorüberfahrenden Zugs und brachte sie ins Wanken.

Während sie die Grünanlage hinter sich ließen, fragten sie sich lieber nicht, ob der Zug, der gerade an ihnen vorbeigekommen war, Ednas gewesen wäre. Dann ging es noch einmal nach rechts in Richtung See. Aus eleganten Hotels traten Touristen auf die Straße, die sie mit belustigten Blicken verfolgten. Schwarze Motorräder mit chromblitzenden Armaturen belegten den Bahnhofsvorplatz, wie ein Schwarm am Boden hockender Raben standen sie in Reih und Glied aufgebockt. Der Geruch von Algen lag in der Luft, die Messingbeschläge an der Bahnhofstür glänzten wie neu. Riesige Lüster aus Eisen hingen im Innern unter der Decke, und man sah einen Fußboden mit Schachbrettmuster.

Die riesige Wanduhr zeigte 15.05 Uhr, während ein abfahrender Zug mit seinem Dröhnen Glasscheiben und ein Herz erzittern ließ.

Wie ein Häuflein Elend saß Edna auf der Bank, als müsste sie nachsitzen, und konzentrierte sich auf die kleinen weißen Quadrate vor ihren Füßen. Vollkommen identische Vierecke, die sich mit den schwarzen abwechselten. Wie viele es wohl waren? Wie lautete die perfekte Anzahl?

Ein Geräusch ließ sie zum Eingang blicken, und Edna sah, wie die Türen sich gleichzeitig öffneten und zwei Polizisten mit zwei Malinois hereinkamen. Nein, das war nicht die perfekte Anzahl, an die sie gedacht hatte.

Adele stand immer noch in der Schlange am Fahrkartenschalter. Einer der Polizisten ging auf sie zu (wollte er wirklich zu ihr?). Mit einem aufgesetzten Lächeln drehte Adele sich zu ihr um. Falls sie ihr damit Mut machen wollte, gelang ihr das mit ihrem blassen Gesicht kaum. Während Adele die Personen zählte, die noch vor ihr an der Reihe waren, und dabei den Polizisten den Rücken zudrehte (absichtlich?), sah Edna sich auf der Suche nach einer Lösung für ihr Problem um: Punkt eins, Beweise loswerden.

Einer der Malinois, der an der Seite seines Hundeführers die Warteschlange inspizierte, war stehen geblieben. Er hatte eine Fährte aufgenommen, und gerade, als Edna stumm flehte, er möge doch bitte einfach seinen Kontrollgang fortsetzen, wandte er sich seitwärts ab und richtete seine große schwarze Trüffelnase auf sie. Der Ruck an der Leine hatte den Polizisten alarmiert, der sie nun ins Visier nahm.

Ednas Handflächen wurden feucht. Hektisch sah sie sich um, und ihr Blick blieb an jedem Detail hängen, das sich als wichtig erweisen konnte: Glastüren, Fahrkartenschalter, Zeitungen, Toiletten, Gepäckstücke, ein Mann mit einem hellbraunen Aktenköfferchen.

Dann dasselbe zurück: ein Mann mit einem hellbraunen Aktenköfferchen, Gepäckstücke, Toiletten, Zeitungen, Fahrkartenschalter.

Sie nahm Emil und folgte den Hinweispfeilen.

Es fiel ihr schwer vorwärtszukommen, während sie sich auf den Wanderstock stützte und gleichzeitig den Transportkäfig hinter sich herzog. Sie wollte auf jeden Fall zurück sein, ehe Adele sich umdrehte und sich fragen konnte, wohin sie wohl verschwunden war. Und das Schnuppern des Hundes zusammen mit den harten, militärischen Schritten, die hinter ihr näher kamen, stellten eine sehr überzeugende Motivation dar.

Das Untergeschoss öffnete sich vor ihr zu mehreren schmalen Gängen. Hier konnte sie keine Hinweispfeile mehr entdecken.

»Brauchen Sie Hilfe?«

Edna drehte sich in die Richtung, aus der die etwas derb klingende Stimme kam, die sie angesprochen hatte. An einer Wand mit mehreren offenen Türen lehnte ein kräftiger Mann – schwarze Lederjacke und krauser, melierter Bart –, schob sich eine verspiegelte Sonnenbrille nach oben und sah sie keineswegs freundlich an.

Seine Frisur trug zu dem ungepflegten Eindruck bei, der Mann wirkte, als habe er sich beim Aufstehen am frühen Morgen weder die Zähne geputzt noch Deo unter die Achseln gesprüht, sondern sich stattdessen die Haare an beiden Seiten des Kopfs mit einer Messerklinge abrasiert. Und nun steckte dieses Messer vielleicht in seinem Stiefelschaft. Edna zuckte bei diesem Gedanken innerlich zusammen. Doch irgendetwas an ihm kam ihr auch vertraut vor. Sie konnte zwar nicht sagen, was es war, aber jenseits jeder Vernunft vermittelte es ihr ein Gefühl von Sicherheit.

»Suchen Sie die Toiletten?«

Edna nickte. Natürlich, das war es: Er trug die gleichen eng anliegenden, steifen Lederhosen wie Roland, bei denen ihr allein schon beim Anblick die Luft wegblieb und sie sich unwillkürlich fragte, wie man sich damit hinsetzen konnte. Außerdem hatte er die gleiche …

»Die Jacke«, sagte er und deutete auf ihre Lederjacke. »Wo haben Sie die her?«

»Die hat mir ein Freund gegeben, Roland.«

Langsam wanderte der Blick des Mannes wieder nach oben bis zu ihren Augen. Er musterte sie scharf, als wolle er ergründen, was sie vorhatte.

»Roland und weiter?«, fragte er und klang jetzt ein wenig misstrauisch.

»Der Roland, der in einem Wohnwagen an dem See mit dem

Kirchturm im Wasser lebt«, sagte sie barsch, damit er sie endlich vorbeiließ. »Und jetzt entschuldigen Sie mich, ich hab's eilig.« Edna sah ihm weiter direkt in die Augen. Und der Mann blickte streng und konzentriert zurück. Bis seine Züge sich auf einmal entspannten und er herzhaft lachte.

»Rolli! Unser Freund, der Philosoph. Ein großartiger Kerl. Jeder Freund von Rolli ist auch unser Freund«, sagte er, drehte sich um und deutete auf seinen Rücken. Die Lederjacke zeigte das gleiche Emblem: ein Totenkopf, bei dem rechts und links zwei Flammen aus den Schläfen züngelten. Das war allerdings eine Überraschung!

»Was treibt er denn so? Wissen Sie, dass wir gemeinsam durch halb Europa gefahren sind?«

»Ihm geht es so weit ganz gut. Muss den Wohnwagen etwas herrichten, aber ...« Als plötzlich ein Hund bellte, zuckte sie zusammen. Nicht nur Emil – der sich innen am Gitter festkrallte und zu lauschen schien – hatte Angst vor Hunden. Auch sie hatte schlechte Erinnerungen an sie.

Der Mann, plötzlich ganz ernst geworden, zog die Nase hoch. »Heute sind ganz schön viele Bullen unterwegs ... Wen die wohl suchen ...« Nachdenklich kratzte er sich am Kinn, während er ihren Blick nicht losließ.

Edna hielt den Atem an.

»Hmm, wirklich ganz schön viele Bullen«, wiederholte er und legte den Kopf schief. Verschränkte die Arme vor der Brust und musterte sie gründlich. »Haben Sie Schwierigkeiten mit dem Gesetz?«, fragte er leiser und schaute sie noch einmal lange von oben bis unten an (von wirklich weit oben, denn er war sehr groß, mindestens einen Meter neunzig).

Edna kam es sogar vor, als hätte er ihr zugezwinkert, aber so flüchtig, dass sie es sich auch nur eingebildet haben konnte. Himmel, er war Roland wirklich sehr ähnlich!

Sie holte tief Luft. »Ich muss etwas loswerden.«

Der Mann streckte ihr ganz ernst die Hand hin. »Helmut«, stellte er sich vor und schüttelte ihre mit kurzem, festem Druck.

»Edna Weiss.« Sie beugte sich zum Transportkäfig herunter, um den Rucksack zu öffnen. Darin musste sie nicht lange suchen. Vorsichtig nahm Helmut die Flasche entgegen, die sie ihm reichte, und hielt sie gegen das Licht, um sich anzusehen, was sie enthielt. Er brummte kurz. Dann schraubte er sie auf und nahm einen langen Schluck.

»Spitzenmäßig!«, rief er, nachdem er sich den Mund abgewischt hatte, dann setzte er die Flasche gleich wieder an die Lippen.

»Was tun Sie denn da? Geben Sie her.« Edna riss sie ihm aus der Hand. »Wir müssen das verschwinden lassen, Herr Helmut. Das ist illegal.«

»Sind Sie sicher?«

»Natürlich.« Edna ging zum Waschbecken der Damentoilette, die Helmut ihr gezeigt hatte, und kippte den Killepitsch aus. »Mir hängt deswegen eine Hundemeute im Nacken.«

»Schade, das Zeug war wirklich gut. Allerdings ...«, meinte Helmut auf einmal und kräuselte die Nase, als ob ihm etwas aufgefallen wäre. Er wühlte in Ednas Rucksack, die viel zu sehr damit beschäftigt war, den Killepitsch bis zum letzten Tropfen zu leeren, um ihn davon abzuhalten. Als seine Hand wieder auftauchte, hielt sie die Tütchen mit den Kräutern.

»Das sind Bergkräuter«, verteidigte Edna sich, immer noch auf die aus der Flasche strömende Flüssigkeit konzentriert. »Aber für meinen Geschmack haben sie ein zu strenges Aroma ... Wenn Sie wollen, können Sie die behalten.«

»Ich würde ja meinen, dass die hier Sie wirklich in Schwierigkeiten bringen könnten.«

Der Lärm eines einfahrenden Zuges und eine krächzende Lautsprecherdurchsage ließen sie beide aufhorchen.

»Was hat er gesagt?«, fragte Edna und runzelte fragend die Stirn.

»Zug nach ...«

»Hat er Ravensburg gesagt?« Edna betrachtete ihr Bild im Spiegel: ein geisterblasses Gesicht mit weitaufgerissenen Augen.

»Hm, ich bin mir nicht sicher, aber um die Uhrzeit könnte das hinhauen.«

Bestimmt waren schon zwanzig Minuten vergangen. Wieder einmal – schon wieder – sollte die Zeit gegen sie gewinnen. Und sie stand in einer Bahnhofstoilette, um eine Flasche loszuwerden, zusammen mit einem Motorradfahrer mit der gleichen Lederjacke wie sie ...

Erneute Zuggeräusche – diesmal von einem, der abfuhr – ließen Edna das Herz in die Hose sinken. Ihr Zug war weg.

»Ich werde niemals dort ankommen.« Beinahe lautlos kamen diese Worte über ihre Lippen. Haltsuchend griff Edna nach der Toilettentür, während sie sich erschöpft auf den WC-Sitz sinken ließ, ihr Bein schmerzte, war hart wie ein Stück Eisen, das nicht zu ihr gehörte.

»War das Ihr Zug?«

»Ich fürchte schon. Ich muss einen Freund besuchen. Aber er wird bald aus dem Krankenhaus entlassen. Und wenn ich nicht bis heute Nachmittag nach Ravensburg komme, werde ich ihn wohl verpassen.« Ganz zu schweigen von der Möglichkeit, dass Jacob bereits weg war. Man konnte ihn genauso gut auch schon heute Morgen entlassen haben. Oder vor Tagen, zusammen mit den anderen. Sie war dumm gewesen und hatte in ihrer Naivität an die einfachste Version geglaubt. Wo sollte sie dann nach ihm suchen? Nun war sie fast am Ende ihrer Reise angelangt und stand beinahe wieder am Anfang, alles war verworrener als in dem Moment, als sie einen Artikel aus einer Zeitschrift herausgerissen hatte, damit er ihr den Weg wies.

»Und Sie müssen ihm diesen ...«, Helmut beugte sich vor, um in den Transportkäfig zu schauen, »Papagei bringen?«

»Es ist viel komplizierter, Herr Helmut. Aber ja, im Grunde geht es darum.«

Helmut richtete sich wieder zu seiner vollen Größe auf und griff dann nach ihrer Hand.

»Wenn Sie bis heute Nachmittag in Ravensburg sein müssen, dann verspreche ich Ihnen, das werden Sie! Wir lassen niemals einen Bruder im Stich. Sie tragen unsere Kutte, Edna«, sagte er ernst. »Wenn Roland Ihnen die gegeben hat, heißt das, Sie haben sie sich verdient. Sie sind eine von uns. Und wir ...« Er setzte sich die Brille mit den verspiegelten Gläsern wieder auf, und kurz sah Edna sich selbst darin auf einer Toilettenschüssel sitzen mit dunklen Augenringen und um sie herum seltsam schwankenden Wänden. »Wir lassen nie einen von uns im Stich. Kommen Sie mit, es gibt noch einen anderen Ausgang.«

Helmut half Edna beim Aufstehen, und nachdem er die Tütchen eingesteckt und sich ihren Rucksack über die Schulter geworfen hatte – alles in einer klaren Reihenfolge, deren perfektes Timing Edna nur bewundern konnte –, öffnete er seine Ledertasche und deutete darauf. »Los.«

»Was soll ich tun?«

»Sie denken doch nicht ernsthaft daran, dieses Teil abstrakter Kunst aufs Motorrad mitzunehmen ... Los, jetzt stecken Sie Ihr Huhn hier in die Tasche.«

»Ich kann doch nicht ...«

»Wollen Sie jetzt nach Ravensburg oder nicht?«

Edna nickte.

»Na gut, das ist die einzige Möglichkeit, die Ihnen bleibt. Und jetzt schnappen Sie sich dieses Vieh und stopfen es hier rein. Tun Sie, was ich sage, Edna.«

Draußen vor dem Bahnhof sah Adele sich um und fragte sich, wo Edna nur abgeblieben war, während sie ihre Gesichtsmuskeln zu dem unbekümmertsten und fröhlichsten Ausdruck, der ihr möglich war, zwang. Sie musste einen gelben Punkt visualisieren, der größer und größer wurde ... und die Dunkelheit verschwinden ließ. Aber momentan sah sie nichts als das verkniffene Gesicht des Polizisten, der sie mit Fragen überhäufte. Ein Polizist, der – das wollte sie sich eigentlich nicht eingestehen – ganz sicher von ihrem Mann geschickt worden war, um Edna zu suchen. Warum sonst all diese Fragen über die »ältere Frau, die humpelte und etwas verwirrt aussah«? Ob sie denn »freundlicherweise« und einfach nur »wegen einer reinen Routinekontrolle« sich ausweisen könnte?

»Wir sind doch nicht auf der Flucht«, versuchte sie zu scherzen, aber der Beamte blieb ernst.

Ein ohrenbetäubendes Röhren brachte sie dazu, sich die Ohren mit den Händen zuzuhalten, aber obwohl sie sie mit aller Kraft daraufpresste, schmerzten ihre Trommelfelle.

Das Motorrad blieb einen Schritt vor ihnen stehen. Durch die getönten Visiere der Helme konnte sie nichts erkennen. Als die Beifahrerin auf dem Sozius es hochklappte, blieb ihr jedoch die Luft weg.

»Adele, steig da drüben auf. Ich erklär dir alles später!«

»Signora Edna, ich habe gerade den Herren hier erklärt, dass wir nicht ...«

Ein zweites Motorrad hielt neben dem Bürgersteig. Der Fahrer winkte Adele. »Deine Freundin hat bereits alles entschieden. Spring auf. Tut mir leid, Prinzessin, aber Schimmel waren aus.«

»Los, Adele. Tu, was er sagt.« Aus der Tasche, die zwischen Edna und dem Rücken des Bikers klemmte, streckte auf einmal Emil sein Köpfchen heraus.

Der Mann, der sie angesprochen hatte, packte sie am Arm und schwang sie unter ihrem überraschten Aufschrei hinter sich auf den Sitz, ehe beide Motorräder losbrausten.

»Sehen Sie sie?«, schrie Edna. Der Helm war ihr zu groß, und sie hatte das Gefühl, mit dem Kopf in einem Wespennest zu stecken, in dem der ganze Schwarm unglaublich laut summte.

»Sie sind hinter uns. Und ...«, sagte Helmut mit einem Blick in den Rückspiegel, »wir sind nicht allein. Die Bullen haben Sie aber wirklich ins Herz geschlossen.«

»Wie meinen Sie das?« Edna versuchte, sich umzudrehen, um einen Blick auf die Straße hinter sich zu werfen. Hinter den letzten Rädern von Helmuts Freunden (Motorradfahrer sahen doch einer aus wie der andere! Wie Soldaten in schwarzen Uniformen) hatte sie den Polizeitransporter ausgemacht, aber es war das grüne Auto (einen Farbton entfernt von Gelb, zwei von Flaschengrün) direkt dahinter, das ihre Aufmerksamkeit weckte.

Ein Schlagloch zwang sie, sich enger an den Rücken ihres Fahrers zu schmiegen, denn dieser sauste auf der geraden Strecke mit einer Geschwindigkeit dahin, die sie sich nicht einmal hätte träumen lassen, als sie im Schwarzweißfernseher den Start der ersten Mondrakete miterlebt hatte. Festgeklammert an einen Unbekannten, den sie auf der Bahnhofstoilette kennengelernt hatte, raste sie nun schnell wie ein Geschoss zwischen Feldern und Landschaften durch, die wie verwischte Flecken an ihr vorüberzogen, und sie hatte das Gefühl, dass ihr unter dem Druck des scharfen Fahrtwinds Fetzen aus Kleidung, Haut und Strümpfen gerissen wurden.

Helmut bog von der Bundesstraße ab, die bis jetzt übers Land geführt hatte, in die erste Ortschaft auf ihrem Weg. Er schlängelte sich durch Straßen, die so eng waren, dass sie dort nicht einmal mit Emils Transportkäfig durchgekommen wäre. Mit einer gewissen Wehmut dachte Edna an diese Kiste auf vier Rädern, die sie in der Bahnhofstoilette zurückgelassen hatte, und an all die Straßen und Wege, die Emil und sie damit zurückgelegt hatten. Er war in ihrem unbequemen Inneren eingepfercht gewesen, und sie hatte ihn durch den Regen gezogen. Der Kasten hatte gute Dienste geleistet. Das würde sie Jacob erzählen.

»Sie sind hinter uns.« Helmuts Stimme klang fest und entschieden.

Edna wusste, dass er sich damit weder auf das Motorrad seines Freundes bezog, der Adele fuhr, noch auf die anderen Motorradfahrer, die so laut wie eine ganze Büffelherde ihre Eskorte bildeten. Sondern auf die »Bullen«.

Und auf das grüne Auto, das direkt dahinter folgte.

Helmut legte sich in eine enge Kurve, dann bogen sie nach einer weiteren hinter einem Bauernhof auf einen unbefestigten Feldweg ein, bis um sie herum nur noch Bäume waren.

Edna stockte der Atem.

»Vielleicht sollten Sie anhalten, Helmut! Egal, was die Polizisten suchen, wir haben nichts zu verbergen.« Zumindest nicht mehr. »Überlassen Sie das mir. Ich kann ganz gut mit Worten umgehen.«

»Ich glaube kaum, dass das jetzt richtig wäre.« Helmut schüttelte den Kopf. »Erinnern Sie sich an die Tütchen mit den Kräutern? Ich habe sie eingesteckt. Und eins kann ich Ihnen versichern: Das sind keine Bergkräuter.«

»Was reden Sie denn da?«

»Wer auch immer die Ihnen gegeben hat, Edna, wollte Ihnen etwas Gutes tun. Aber ich glaube kaum, dass die Polizei das verstehen würde. Ihre Kräuter sind ziemlich illegal.«

Edna hielt den Atem an. Sie hatte ihren Killepitsch weggeschüttet und ... »Das ist doch nicht möglich. Sie sind so verantwortungslos, Helmut! Ich habe Ihnen doch gesagt, dass man hinter mir her ist. Glauben Sie mir jetzt?«

»Scheiße!«

Mit diesem Wort hatte Helmut, den Blick starr auf den Rückspiegel gerichtet, in dem gerade wieder der Polizeitransporter hinter einer Kurve aufgetaucht war, soeben ihrer beider Gedanken zusammengefasst. Genauso deutlich und klar, wie der Schmerz in ihrem Bein ihr sagte, noch einen Kilometer auf diesem schaukelnden Gefährt und sie würde für den Rest ihres Lebens nicht mehr laufen können. Edna war an den Schmerz gewöhnt. Seit der Zeit auf dem Hof hatte sie gelernt, ihn zu ertragen. Er hatte sie sogar gestärkt, wenn sie sich ein Knie aufgeschürft hatte oder ihre Stirn vor Fieber glühte. Denn sie wusste, dass es eine Pein gab, die heftiger und hartnäckiger war als alles andere und die sich in so dunklen und verschlungenen Höhlen ihrer Seele verbarg, dass keine anderen Schmerzen sie jemals dort aufspüren konnte. Wenn sie trotz ihres Bohrens, der Angst vor den Händen des Knechts und der dunklen Schatten im Schuppen, die ihr die Luft zum Atmen raubten, am Leben blieb, konnte sie auch eine Schürfwunde oder das Fieber überstehen.

Dennoch fand sie jetzt nicht die gleiche Kraft, sie war wie gelähmt von der Furcht, es nicht zu schaffen. Doch sie wollte es sich nicht eingestehen. Es fehlte nur noch so wenig. Man musste nur fest daran glauben.

Edna versuchte, sich auf die Straße zu konzentrieren. Aber es gelang ihr nicht. Vor ihren Augen verschwamm alles und wurde größer oder kleiner.

Der Wind trug sie fort, und sie glaubte plötzlich, ganz woanders zu sein. Unter der Wasseroberfläche eines Sees, dessen Wellen über ihr zusammenschlugen. Oder kopfüber von den Ästen eines Baumes hängend, wie damals als kleines Mädchen, als sie noch nicht die Schrecken eines zwischen Wäldern versteckten Hofs jenseits des Gebirges kannte. Als sie einfach nur so baumelte und die Welt auf dem Kopf stand, Himmel und Erde die Plätze getauscht hatten.

Vor ihnen ballten sich schwarze Wolken zusammen und legten sich über das Blau des Himmels. Sie fuhren nun mitten ins Auge des Sturms, und Edna hatte Angst. Um sich, um Emil. Und um Jacob.

»Es ist hart, an einem grauen Tag zu erwachen. Dann hält dir der Teufel die Augen zu«, sagte Padre Gianni, wenn die Morgendämmerung nur einen vor Nässe triefenden Himmel enthüllte. Aber es gab eine Nacht, nicht einen Tag, an dem der Teufel ihnen allen die Augen zugehalten hatte. Die Nacht, an die sie sich nie mehr erinnern wollte und die nun auf den schwarzen Schwingen der Wolken zurückkehrte, die Regen verhießen.

Hier begann eine Reise, von der sie noch nicht wusste, wie sie enden würde. Sie spürte wieder das gleiche Kribbeln und das Pochen in den Schläfen. Den Geschmack von Angst auf der Zunge. Es war alles wie damals.

Wenn der Teufel dir die Augen zuhält
Die Flucht – Erster Teil

Sie hatten die Flucht bis in die kleinsten Einzelheiten ausgetüftelt und den Plan viele Male überarbeitet (drei Skizzen, zwei Karten). Und doch konnte Edna ihre Angst nicht ablegen. Sie lag mit verschwitzten Händen reglos auf ihrem Schlafplatz und starrte den Vollmond an, der sich in den Zweigen hinter dem beschlagenen Fenster verfangen hatte. Aber sie sah ihn nicht, da ihr Kopf zu voll mit anderen Bildern und bruchstückhaften Gedanken war.

Edna bekam kaum Luft, und in dem stickigen Schlafraum war ihr so heiß wie sonst nicht einmal im Juli. Sobald es so dunkel geworden war, dass man nichts mehr sehen konnte, hatte sie ihre Sachen für die Flucht hervorgeholt und alles übergestreift. So viel sie konnte (einiges davon hatte Jacob für sie gestohlen). Pullover (drei aus dicker Wolle), Röcke (zwei), Strümpfe (vier). Und dann hatte sie sich in ihre Decke eingewickelt.

Denn wohin sie nun wollten, konnten sie weder Koffer noch andere schwere Gepäckstücke mitnehmen.

Aber es lag nicht an den Kleidungsstücken, die sie auspolsterten und steif machten wie eine Leiche, oder an der am Hals kratzende Wolle, dass sie schwitzte, als müsste sie unter der sengenden Sommersonne Getreide ernten, sondern vielmehr an den Gedanken an das, was noch geschehen würde, und der Angst, etwas falsch zu machen.

Im Schlafraum herrschte Dunkelheit und Stille, die nur vom leisen Schnarchen der Kinder und den sich von den Wänden lösenden Schatten durchbrochen wurde, die im Rascheln des Windes wie Skelettarme tanzten.

Edna roch den Schnee, nur eine schwache Spur zwischen dem Gestank nach Mist und dem strengen Heugeruch. Um ihren Herzschlag zu beruhigen, konzentrierte sie sich auf diesen Geruch, der so dünn war wie ein Faden Garn. Wenn sie ihm folgte, konnte sie sich an den Duft des Waldes, an das Kribbeln der kalten Luft auf den Wangen und sogar an dieses Gefühl von Schwerelosigkeit erinnern, das einen überkam, wenn auf der Erde kein Laut zu hören war und die Füße in der Schneedecke versanken, so glatt und weich, wie es wohl auf der Oberfläche des Mondes sein musste. Sie fühlte sich bereits frei. Doch dann war der Geruch verschwunden, Mistgestank hatte ihn überdeckt, mehr hatte es nicht bedurft, um sie wieder nach drinnen in diesen stickigen Raum zurückzuholen und sie daran zu erinnern, wie viel zwischen ihr und dem Wald lag, zwischen ihrem Bett und der Freiheit. Schmal wie eine Wand, und doch undurchdringlich wie ein nächtlicher Wald.

Dann spürte sie, wie ihr der Schweiß den Hals hinablief, das Laken allmählich unter ihren Händen zerknitterte und feucht wurde.

Sie hatte keinen Schutzengel, der ihr Gesellschaft leistete oder sie vor bösen Geistern beschützte. Padre Gianni hatte ihr versichert, dass es keine bösen Geister gab und auch keine Waldkobolde. Stattdessen hatte er immer vom Teufel erzählt, von den Versuchungen, mit denen er Jesus vom Glauben abbringen wollte und wie er ihn in der Wüste auf die Probe gestellt hatte. Edna wusste nicht genau, ob der Teufel wirklich weniger angsteinflößend war als die Waldgeister. Auf jeden Fall war sie allein. Selbst wenn das schwere Atmen der Kinder durch den Schlafraum wogte und irgendwo hinter den Heuballen, die den Mädchenbereich von dem der Jungen abtrennte, Jacob sein musste.

Anjas Platz war leer geblieben, wie ein böses Omen. Edna konnte nicht hinsehen, ohne dass es ihr einen Stich versetzte.

Nicht einmal ihr zerfledderter Kiefernzapfen oder der Christophorus-Splitter konnten ihr in diesem Augenblick Mut einflößen, da sie diese in den Rucksack gepackt hatte, der zusammen mit Jacobs Gepäck schon im Holzstapel auf sie wartete (rechte Ecke des Holzstapels, vier krumme Äste, zwei dreieckige Scheite). Emils Transportkäfig dagegen stand in seinem sicheren Versteck näher bei der alten Mauer, denn er war zu sperrig und schwer, um ihn beim Rennen hinter sich herzuzerren. Ach ja, Emil. Als sie an ihn dachte, zersprang das Bild in ihrem Kopf in tausend dunkle Teile. Und sie meinte, in einen Abgrund zu stürzen.

Den Fluchtplan hatte Jacob bis in die kleinsten Details erarbeitet. Am Abend vorher sollte sie Emil in den verlassenen Schuppen bringen, wo sie ihn dann bei Sonnenaufgang abholen wollten.

Über diesen Punkt hatten sie lange nachgedacht. Wenn Emil bis zur Flucht bei den Gänsen bliebe, würden diese aufwachen, sobald sie beide nur einen Fuß in den Verschlag setzten, und Alarm schlagen, was ihnen die Hundemeute und die Bauern direkt auf den Hals hetzen würde. Aber sie konnten ihn auch nicht zu sich in den Schlafraum mitnehmen, das war zu gefährlich. Sie trauten niemandem.

Dann kam Jacob die Idee: Emil sollte im Schuppen übernachten.

Es war die sicherste Wahl. Er konnte ja nicht verstehen, warum Edna so ein Gesicht zog und ihre Wangen auf einmal ganz blass wurden, als hätte sie ihre Füße in Eiswasser getaucht.

Damit Emil sich still verhielt, hatte sie ihm die doppelte Futterration gegeben – die sie sich vom Mund abgespart hatte, Frühstück, Mittagessen und Abendessen, obwohl niemals annähernd genug für sie selbst da war –, denn mit vollem Bauch (wo steckte er bloß all das Zeug hin, da er doch immer noch eher kahl und dürr aussah?) wäre er träger und schläfriger. Falls er krächzte, würde der Wind seine Stimme wegtragen, wie durch einen Zauber, der eigens für diese Nacht ausgesprochen worden war – Edna hatte von den Frauen, die die Kräuter sammelten, gehört, dass der Wind anhalten würde, der seit Tagen heftig blies und Schneewölkchen vor sich hertrieb.

Jacob gegenüber hatte sie geschwiegen, gefangen in einer großen Blase von Scham. Sie konnte ihm nicht sagen, dass im Schuppen schreckliche Dinge geschahen und Emil sich fürchten würde, wenn sie ihn dort alleinließen. Voller Angst, die einem das Blut in den Adern stocken ließ und einem die Stimme raubte, selbst wenn man am liebsten laut aufschreien würde. So wie es bei ihr gewesen war.

In den letzten Monaten hatte sie Jacob überredet, dass er seine Dressur im Verschlag mit den Gänsen fortsetzte (vielleicht konnte er ja auch einer von denen etwas beibringen!), während sie selbst dem Schuppen nicht länger entgehen konnte. Der Knecht war zu ihr gekommen.

Er hatte noch viele Male diese Dinge mit ihr gemacht. Aber es hatte nie begonnen, ihr zu gefallen, anders als er ihr versprochen hatte. Der Schmerz war niemals zu Vergnügen geworden. Mit der Zeit hatte es bloß ihre Angst in Hass verwandelt. Es brannte bei ihr da unten. Auch wenn sie auf die Toilette ging. Und selbst wenn sie ihre Regel hatte, hielt ihn das nicht ab. Er sagte dann »Blut zu Blut«, als ob das etwas Gutes wäre.

Edna lag starr in ihrem Bett und dachte an den Rucksack: vier Scheiben Roggenbrot (für Emil), ein Glas Honig (um bei

Kräften zu bleiben), eine Trinkflasche mit Apfelsaft (zu wenig, ja, aber sie würden auf Gebirgsbäche stoßen und reichlich Schnee). Sie seufzte. Im Winter kam man auf keinen Fall zu Fuß über den Pass. Man musste die Route um einige Umwege verlängern, aber sie hatte keine Vorstellung, wie das aussehen sollte.

Jacob dagegen war überzeugt, dass der Karren der fliegenden Händler ihre Rettung sein würde. Er hatte sie auf dem Hof gesehen und hatte sie reden gehört, während das Geschäft ausgehandelt wurde: Getreide und Milch in solchen Mengen, dass man zwei Tage brauchte, um sie zusammenzustellen. Der Großbauer machte nicht gern Geschäfte mit Fremden, schon gar nicht mit Zigeunern. Aber sie hatten bar und im Voraus bezahlt, was wirklich selten vorkam. Jacob kannte alle Vertragsbedingungen. Er kannte das Wo und Wann. Und er war sicher, dass sich ihnen nie wieder eine solche Gelegenheit bieten würde. Edna und er müssten sich nur bei Sonnenaufgang am Rand des Hofgrundstücks einfinden, wo die alte, bröckelnde Mauer es von der Welt abgrenzte. Dorthin schaffte man die Waren, und dort würde auch der Karren stehen: neben den Futterkrippen für das Rotwild und bei dem Häuschen, in dem die frisch gefüllten Milchkannen gelagert wurden, um dann auf die Karren für die Milchgeschäfte in der Stadt geladen zu werden.

Es blieb ihnen nur wenig Zeit, denn sobald alles aufgeladen war, würde es schnell gehen müssen, hatte Edna eingewandt. Und womit wollten sie die Reise bezahlen?

Aber Jacob hatte noch mehr gesagt, mit seinem schiefen Grinsen wie bei seinen besten Einfällen, die sie letztendlich immer in Schwierigkeiten bringen sollten. »Wir können ja heimlich aufspringen«, hatte er gesagt und ihr zugezwinkert. »Und wenn man uns entdeckt, dann laufen wir weg. Aber da sind wir schon weit fort von hier. Oder ...«, hier schnaufte er langsam aus und senkte die Stimme, die immer tiefer und ernster klang, »ich könnte auch etwas dabeihaben, für das sie ein Auge zudrücken.«

Jacob hatte das Zeichen gegeben. Er hatte es zweimal wiederholt: einmal Husten, dann Stille. Am Fenster wehte im Wind der Vorhang, der abwechselnd den Mond bedeckte und wieder freigab.

Edna hatte tief durchgeatmet: Es war so weit.

Sie hatte die Decke zur Seite geschlagen, sich ihre festen Schuhe angezogen (zwei Knoten, denn wenn sie rennen mussten ...) und war zum Eingang geschlichen, immer an der Wand entlang, unter dem Fenster, leise wie eine Katze. *Das schaffst du, Zimperliese.*

Jacob wartete mit einem Grinsen auf sie, auf dem der Mond tanzte. Er hatte die Wollmütze auf dem Kopf, und auch er schien um drei Größen dicker geworden zu sein.

Die Tür des Schlafraums wurde nachts verriegelt, aber an einer Stelle (Öffnung an der Schmalseite), kam man in den Heuschober. Sie würden oben aufs Heu klettern und dort durch die Dachluke hinausschlüpfen, durch die sonst die Ballen verladen wurden. Es war nicht ganz einfach, deswegen hatte Jacob ein Seil dabei (wo er das wohl herhatte und wie er es geschafft hatte, es zu verstecken?). Er hatte es sich um die Schulter gewickelt, mit der anderen Hand hielt er Edna fest und zeigte ihr, wo sie die Füße hinsetzen musste.

Doch der Mond, der die Bodenbalken in silbernes Licht tauchte, hatte sich plötzlich verdunkelt. Nicht durch eine der milchigen Wolken, die am Nachthimmel dahinjagten. Nein, jemand stand vor ihnen und versperrte ihnen den Weg.

Bastian.

49

Die Geschichte von dem Jungen, der sich das Paradies nahm

Edna saß auf Helmuts Motorrad – zwischen ihnen in der Tasche steckte Emil, der ab und zu den Schnabel heraussteckte, ihn aber verschreckt vom Fahrtwind schnell wieder zurückzog – und überließ sich ihren Erinnerungen. Aber gerade war es nicht Bastian, sondern eine andere, viel unmittelbarere Gefahr, die ihr Herz schneller schlagen ließ. Sie wurden von der Polizei verfolgt. Außerdem war da noch ihr Bein, das sich anfühlte wie unter Tonnen von Stein zerquetscht und auf spitze Scherben gepresst.

»Jetzt wird's ernst«, sagte Helmut und gab ein Zeichen. »Keine Sorge. Die Jungs kümmern sich darum.«

Links und rechts von ihnen schwärmten zwei schwarze Flügel aus chromblitzenden Motorrädern zu zwei vollkommenen Diagonalen aus. Die Fahrer, unter deren Helmen lange Bärte hervorlugten, trugen alle die gleichen Jacken mit dem Totenschädelemblem, aus dem seitlich Flammen schlugen. Grüßend legten sie die Hand mit der Kante an die Stirn. Edna beobachtete, wie sie langsamer wurden und sich verteilten. Als plötzlich einer mitten auf der Straße stehen blieb, bekam sie einen Schreck.

»Keine Sorge, das ist nur ein Ablenkungsmanöver, damit wir Zeit gewinnen«, beruhigte Helmut sie. Täuschte der Mann dort wirklich eine Panne vor? Er stand in der Mitte der beiden Fahrspuren und hob scheinbar verzweifelt die Hände zum Himmel. Die anderen Motorradfahrer stellten sich um ihn herum, ließen ihre Fahrzeuge einfach so stehen, wo sie waren, und brachten damit den gesamten Verkehr zum Erliegen. Und dann baten sie auch noch die Polizei um Hilfe!

War das eigentlich legal?

Legal oder illegal, nachdem sie das laute Hupen, die aufheulenden Motoren und Rauchwolken hinter sich gelassen hatten, hüllte sie jetzt nur noch das sanfte Rauschen des Windes ein. Und zum ersten Mal, seit sie auf Helmuts Motorrad gestiegen war, konnte Edna aufatmen, obwohl die Luft, die unter dem Helm durchkam, nach Plastik und von der Sonne erhitztem Gummi stank und ihre Haare vom Schweiß so feucht waren wie eine Orchidee in einem Gewächshaus.

»Signora Edna, Sie schulden mir einige Erklärungen.« Sichtlich geladen kam Adele auf sie zu. Sie trug den Motorradhelm unter dem Arm, ihre Haare waren zerzaust und klebten ihr an der Stirn. Sie hatten an einer Raststätte angehalten, um Rast zu machen.

»Wir fahren nach Ravensburg. Herr Helmut und Herr René haben sich netterweise bereiterklärt, uns mitzunehmen.« Was war denn daran nicht in Ordnung? Adele hätte doch eigentlich froh sein müssen, stattdessen sah sie sie besorgt an. Edna hatte von Anfang an gewusst, dass sie sie besser nicht in die Angelegenheit hineingezogen hätte (geringes Anpassungsvermögen).

»Ihnen geht es nicht gut! Was habe ich vorhin gesagt? Wir müssen dringend in ein Krankenhaus!«

»Da fahren wir doch hin, Adele.«

Adele schnaubte nur kurz und schüttelte den Kopf.

»Sie sind Edna!«, rief da ein kleiner Junge und rannte auf sie zu. »Die Frau, die mit ihrem Papagei über die Berge läuft!«

Adele konnte es nicht fassen.

»So ungefähr, mein Junge«, sagte Edna, während ihr der Geruch von Kaffee, Reifen und Benzin in die Nase stieg. »Und heute ist ein perfekter Tag, um anzukommen.« Sie zwinkerte ihm zu.

Der Junge rannte aufgeregt zu seinen Freunden, deutete auf Edna, sah noch einmal zu ihr und tippte grüßend an den Schirm seiner Kappe, unter der ein sommersprossiges Lausbubengesicht von einem Ohr zum anderen grinste. Sofort fühlte sie sich an Jacob erinnert, aber wahrscheinlich lag es daran, dass sie es kaum noch erwarten konnte, endlich anzukommen.

Adele wollte Erklärungen von ihr. Edna hatte sich inzwischen daran gewöhnt, dass ab und zu jemand auftauchte wie das Kaninchen aus dem Hut des Zauberers und von ihrer Reise wusste. Aber ganz gleich, welche Fragen Adele ihr stellen wollte, sie würde sich gedulden müssen. Jetzt mussten sie erst einmal etwas essen. So wie Adele auf das Tablett in Helmuts Händen schaute, war sie allerdings genauso ausgehungert wie Edna selbst.

Helmut war aus der Ratstätte zurückgekehrt und hatte Brötchen und einige Flaschen Bier mitgebracht. Außerdem hatte er sich keineswegs der »Bergkräuter« entledigt, wie er Edna durch ein Zwinkern zu verstehen gab.

»Wir sind fast da, Edna. Nervös?«, fragte er sie und nahm einen kräftigen Schluck. Dann brachte er sie auf die Rückseite der Raststätte, weg von den Leuten, aber in direkte Nähe der Motorräder.

»Ich bin nicht so weit gegangen, um jetzt Angst zu haben.« Natürlich hatte sie welche. Aber ein paar schlimme Gedanken würden sie nicht aufhalten. Hieß mutig vorwärtsschreiten nicht genau das?

Er nickte energisch und sah sie mit Hochachtung an.

»Schauen Sie mal, ist das nicht Ihr Emil?« René hatte aus irgendeinem Abfallkorb eine fleckige zerknitterte Zeitung gefischt und hielt sie ihr jetzt aufgeschlagen unter die Nase. Edna schob sich die Brille zurecht und kam etwas näher. Von den Seiten stieg ein unangenehmer Geruch wie nach faulen Eiern auf. Sie bemühte sich, Renés Finger zu folgen, der auf ein grobkörniges Foto deutete, auf dem ein großer Ara zu sehen war, einer wie Emil. Aber er war es nicht. Selbst ein Kind hätte bemerkt, dass bei diesem Vogel die Farben umgekehrt angeordnet waren und er zu einer ganz anderen Spezies gehörte.

»Verdammt, ich hab mich geirrt«, sagte René ein wenig enttäuscht. »Das hier ist ein *Pa-ra-dies-vo-gel*«, er betonte jede einzelne Silbe feierlich. »Aber was für ein Tier ...« Er zuckte mit den Schultern und verzog die Lippen. »Für mich sah das wie ein Papagei aus ...«

»Das *ist* auch ein Papagei.« Edna stöhnte innerlich auf. Musste sie denn immer alles erklären? »Schauen Sie sich den Schnabel an. Sehen Sie, wie gekrümmt der ist? Und die Flügel ... da unten ...« Genau dort begann der Artikel: *»Die Legende vom Paradiesvogel. Die Kinder von Jacob Kneip erzählen die unglaubliche Geschichte eines Papageis, der mit den Gänsen spielte.«*

Edna las den Artikel in einem Zug durch, ohne sich von dem Schmerz in ihrem Bein, dem Verkehrslärm und dem Aufheulen der Motorräder ablenken zu lassen.

»Wir müssen los«, sagte sie am Ende der letzten Zeile, reckte das Kinn, und ihr Herz klopfte so schnell, wie Helmuts Motorrad auf gerader Strecke fuhr. Nur dass auf Ednas Weg lauter Schlaglöcher und Pfützen waren, die sie durchschüttelten.

Jacobs Kinder. Der Paradiesvogel ... Jacob war nur noch einen Schritt entfernt, hinter ein paar Wegbiegungen. Wie sehr sie sich danach sehnte, endlich zu ihm zu kommen, der im Artikel nicht mehr war als ein mit ein paar Tropfen Tinte gedruckter Name. Leider stand dort nichts über das Krankenhaus, über seine Entlassung ... *Entlassung*, was für ein Wort, als ob er im Gefängnis säße. Edna dachte, dass es schon irgendwie komisch war, wie die Ereignisse sich ineinanderfügten, damit sie zu Jacob gelangte.

»Was steht in dem Artikel?«, fragte Adele und riss René die Zeitung aus der Hand.

Er zuckte nur mit den Schultern. »Etwas von einem Papagei ... Stimmt's, Frau Edna?« Doch sie war schon dabei, die Tasche über Emil zu schließen und nach ihrem Stock zu greifen. »Ja, von diesem Papagei, der auf einem Jahrmarkt gefunden wurde. Und von einem Jungen, der ihn auf dem Hof versteckte, wohin man ihn zum Arbeiten geschickt hatte. Ich glaube, er hat ihm sogar etwas beibringen können. Aber vielleicht soll der Artikel etwas ganz anderes bedeuten ...«, sagte René und rieb sich den Nacken. Er sah Adele über die Schulter und las noch einmal in der Zeitung, um in den fettgedruckten Sätzen eine Antwort zu finden.

Wie würde es sein? Würde Jacob sie wiedererkennen? Wäre er gar noch böse auf sie? Oder würde er ihr verzeihen, wenn sie ihm die Wahrheit erzählte?

In der letzten Kurve, bevor es zurück auf die Hauptstraße ging, bemerkte Edna einen Wagen, den sie kannte (grün wie die schuppige Haut einer Smaragdeidechse, einen Farbton entfernt von Gelb, zwei von Flaschengrün), der etwas abseits von den anderen geparkt war, davor mit dem Rücken an die Motorhaube gelehnt und lustlos an Brötchen kauend zwei Gestalten, die ihr bekannt vorkamen. Sie drehte sich fragend nach Adele um, die sich jedoch bloß ängstlich an René klammerte und nichts bemerkt zu haben schien.

Edna hoffte, sie habe sich getäuscht, aber die beiden hatten ausgesehen wie Max und Lukas. Die Müdigkeit, der unablässig pochende Schmerz und die Angst spielten ihr anscheinend einen Streich.

Wie wahrscheinlich war es wohl, dass sie es wirklich waren? Und was sollten sie hier verloren haben?

Eigentlich glaubte sie nicht daran. Aber sie hatte den Wagen gesehen. Und sie war sich auch beinahe sicher, dass er ihnen vom Bahnhof in Lindau gefolgt war. Wie viele grüne Autos fuhren wohl in diesem Moment auf der Welt herum? Nein, nicht »grün«, korrigierte Edna sich: dunkelgrün, smaragdeidechsengrün.

Doch das war nicht der passende Moment, um sich in Haarspaltereien zu verlieren, dachte sie und schüttelte den Kopf, um diesen Unsinn aus ihrem Hirn zu bekommen. Ein Unsinn, der in ihr jedoch böse Vorahnungen geweckt hatte, die sie so beharrlich verfolgten wie das monotone Dröhnen des Motors.

»Helmut!« Sie klopfte mit den Fingern an den Rücken seiner Lederjacke, um auf sich aufmerksam zu machen, wartete ab, bis er sich leicht zu ihr umwandte, um dann laut dorthin zu sprechen, wo sie sein Ohr vermutete (wegen des Helms konnte man das nicht so genau bestimmen). »Glauben Sie, man kann jemanden zu etwas zwingen, was der nicht will, zum Beispiel in ein Altersheim zu gehen? Auch wenn es dort sehr schön ist.«

»Auf keinen Fall, würde ich sagen.« Der Wind riss Teile seiner Stimme und seiner Worte mit sich fort, die sie wieder zusammenzusetzen versuchte. »Außer«, er lachte, »die Person hat nicht mehr alle Tassen im Schrank. Dann wird ein Betreuer bestellt, und sie ist angeschmiert. Der entscheidet dann alles für sie, wo sie wohnt, was mit ihren Kindern geschieht. Mit den Hunden, wenn sie welche hat. Oder mit Ihrem Emil. Einem

Freund von mir ist das passiert: irreversibles Koma, hieß es. Seine Frau hat alles verkauft: seine Plattensammlung, sein Sofa. Sogar seinen Bock, stellen Sie sich das mal vor! Dann sind wir gekommen, seine Freunde. Jemand von uns hatte gelesen, wie man Leute aus seinem Zustand wieder aufweckt, ich glaube, in einer Zeitschrift ... im *Stern*?«, sagte er und wurde langsamer.

Edna nickte. »Den kenne ich gut!«

Nun sah man beidseits der Straße Bauernhöfe, die bis ins kleinste Detail gepflegt wirkten: Geranienkästen an den Balkons, auf den Wiesen aufblasbare Planschbecken für die Kinder. Doch nichts von dieser heiteren Atmosphäre drang zu ihr durch, weil sie an die Untersuchung und die Diagnose des Arztes zurückdenken musste. Sie hatte noch alle Tassen im Schrank, selbst wenn dieser etwas anderes auf das Papier geschrieben hatte, das sie selbst mitunterzeichnet hatte.

»Was haben Sie gesagt? Sie kennen unseren Freund?«

»Nein, die Zeitschrift!«

»Ach natürlich. Also, wie ich schon sagte, wir sind hingefahren, und es hat gereicht, dass wir ihm Kopfhörer aufgesetzt und die letzte Aufnahme von Motörhead vorgespielt haben. Vom 20. November 2015 aus dem *Zenith* in München, zum Vierzigjährigen der Band und gleichzeitig das letzte Livekonzert des großen Lemmy. Wir waren alle dabei. Also, schon nach den ersten zehn Minuten hat mein Freund mit einem Lid gezuckt, dann mit dem anderen, und er ist aufgewacht. Ein Konzert, eine einzige wichtige Erinnerung unter vielen, stellen Sie sich das vor!«

Edna nickte abwesend, denn im Moment hatte sie nur Gedanken für das Dokument und das, was Max damit anstellen könnte. Außerdem fiel ihr ein, wie sie dem Arzt gesagt hatte, dass sie nur Adele und Max vertraue ... und falls ihr etwas zustieße, wenn ihr Hirn sie zu seltsamen, unverständlichen Dingen trieb oder sie und Emil in Gefahr brächte, dann ...«

»Aber keine Sorge«, sagte Helmut lachend und beschleunigte. »Für mich stimmt alles mit Ihnen. Wer könnte je entscheiden, ob jemand nicht mehr ganz richtig tickt? Schauen Sie sich doch an, Edna: Sie haben alles darangesetzt, so schnell wie möglich an Ihr Ziel zu kommen. Das nennt man Beharrlichkeit. Klar, das hat sicher auch was von Verrücktheit, aber nur für Menschen mit wenig Phantasie. Dabei ist es doch eine Frage von Herz. Und von Mut. Sie haben Ihren Traum und kämpfen dafür. Wie die Allergrößten. Denken Sie mal an John Nash – vor einiger Zeit habe ich den Film über ihn mit Russell Crowe gesehen –, also Nash hat den Nobelpreis für Mathematik gewonnen, wussten Sie das? Na ja, dann hat er behauptet, er wäre der Herrscher über die Antarktis und würde verschlüsselte Nachrichten von Außerirdischen dechiffrieren, und das hat genügt, dass alle ihn für verrückt erklärten. Also wirklich? Einen Nobelpreisträger ...« Helmut schnalzte missbilligend und schüttelte den Kopf über die Absurdität der Welt.

»Was ist mit diesem Nash passiert?«

»Er wurde eingewiesen, und man hat ihm das Hirn mit Elektroschocks gegrillt.« Helmut wurde wieder schneller. »Verdammte Leute ohne Phantasie!«

Während die Landschaft sie einhüllte und mit sich forttrug, dachte Edna über die Wahrheit nach, die sie Jacob erzählen musste (vorausgesetzt, sie kam ans Ziel), und über die Worte, mit denen sie diese Nacht beschreiben sollte. Denn das musste sie gut machen, musste die Worte sorgfältig wählen. Aber es würde nicht leicht werden: Die Worte waren so tief und schon so lange in ihr eingeschlossen, dass es neue Schmerzen bedeutete, wenn sie sie nun aus diesen Abgründen heraufholte.

Bastian
Die Flucht – Zweiter Teil

Bastian stand in der Tür. So im bleichen Gegenlicht des Mondes wirkte seine Gestalt angsteinflößend.

»Geh zur Seite«, sagte Jacob drohend. Seine Stimme klang fest und sicher. Nicht sehr laut, damit die anderen sie nicht hörten, aber auch nicht zu leise, um zu zeigen, dass er keine Angst vor ihm hatte.

Bastian achtete jedoch nicht auf ihn. Er hatte sich zu ihr umgedreht, fast schien es, als hätte er Jacob gar nicht gesehen.

»Also hast du entschieden, auf welcher Seite du stehen möchtest.«

Edna konnte den Blick nicht von seinen finsteren, kalten Augen lösen.

Jacob hielt noch ihre Hand. Sie spürte den warmen Griff, der sich selbst dann nicht gelockert hatte, als Bastian aufgetaucht war. Nicht einmal für einen kurzen Moment hatte er sie losgelassen.

Sie dagegen befiel in der Nähe dieses Jungen mit dem Muttermal, das wie ein welkes Blütenblatt aussah, immer eine merkwürdige Unruhe. Nicht etwa wegen dieses schwarzen Flecks, der sich wie ein ewiger Schatten auf sein Gesicht gelegt hatte. Es waren seine Stimme, seine ausdruckslosen Augen und die Erfahrung, dass er stets anwesend war, wenn etwas Schlimmes auf dem Hof geschah: Wie an dem Abend, als die Knechte sie zu Tode erschreckt hatten, und ebenso an dem Tag, an dem sie und Jacob zum ersten Mal versucht hatten davonzulaufen.

Zudem hatte sie stets den vagen Eindruck gehabt, dass sein Gesicht hinter dem Fenster des Schuppens vorbeiglitt, wenn der Knecht diese Dinge mit ihr machte. Andererseits – es war doch nur Bastian, dachte sie und erinnerte sich an die vielen Male, wie sie zusammen die Schweine gefüttert hatten und er für sie den zu schweren Eimer geschleppt hatte. Es war doch nur Bastian. Einer von ihnen. Auf dem Hof gefangen wie sie.

»Komm mit uns«, sagte sie leise.

Jacob drehte sich zu ihr um. Jetzt hatte er den Griff freigegeben, aber nur für einen Augenblick.

»Wer die Regeln nicht befolgt, der findet ein schlimmes Ende, Edna. Ich habe dich gewarnt. Und wenn das passiert, dann wird niemand da sein, um dir zu helfen. Du verstehst das nicht, Edna. Es geht dir doch besser, seit du angefangen hast, zu gehorchen und das zu tun, was man dir sagt. Deine Freunde haben dir geholfen. Man muss nur nett sein.«

»Wovon redest du?«, ging Jacob dazwischen, mit gerunzelter Stirn, ein Bild der Verachtung.

»Frag sie doch selbst. Frag sie, was im Schuppen passiert. Und warum niemand euch Emil weggenommen hat. Alle wissen doch über den Paradiesvogel Bescheid.«

»Das geht dich nichts an.« Jacob schob ihn grob mit der Schulter beiseite. Es genügte, um den Weg frei zu machen und Edna mit sich zu ziehen.

Aber Bastian packte ihn am Pullover. »Ich weiß, was du in deiner Tasche versteckst.«

Jacob blieb stehen, eine Hand zur Faust geballt.

»Warum hast du das Heft geklaut? Und die Stifte? Und ...«, hier sah er Jacob direkt in die Augen, »... Anjas Ausweispapiere?«

»Lass uns bitte gehen«, flehte Edna. Sie wusste nichts von den Papieren, wusste nicht, wovon sie redeten, und es interessierte sie auch nicht. Das Einzige, was für sie zählte, war, so schnell wie möglich von hier wegzukommen. Ehe die anderen aufwachten, ehe es Morgen wurde und die Sonne ihnen ihre Chance zunichtemachte.

»Sie müssen draußen erfahren, was hier passiert, Bastian«, erwiderte Jacob.

»Glaubst du, dass das etwas ändert? Glaubst du wirklich, dass die das nicht schon wissen? Glaubst du etwa, die Leute da draußen kümmert es, was hier und auf Dutzenden anderen ähnlich verrufenen Höfen passiert? Oder dass in den Papieren nie unser wahres Alter steht ...«

Jacob riss sich los.

»Und wenn du wirklich helfen willst, Jacob«, meinte Bastian spöttisch, der ihnen immer noch den Rücken zukehrte, »warum hast du dann auch ihr Geld gestohlen, ihren ganzen Lohn? Sie konnte dich ja nicht mehr sehen ...«

Ruckartig drehte sich Edna zu Jacob um und suchte seinen Blick. Doch Jacob starrte Bastian nur herausfordernd an, als wäre sie gar nicht anwesend.

»Du weißt, was hier auf dem Hof passiert. Du hast auch gewusst, wo Anja ihren Lohn versteckt hat, dass sie ihn in ihrem Kissenbezug aufbewahrte«, fuhr Bastian fort. »Vielleicht hast *du* sie ja umgebracht.«

»Das waren die Knechte, Bastian.« Jacobs Stimme klang auf einmal brüchig. »Sie haben ihr das angetan, was sie auch mit mir gemacht haben. Vielleicht hat sie sich gewehrt. Und dann haben sie sie getötet. Wir sind alle in Gefahr. Du auch. Sie könnten eines Tages auch genug von dir haben. Und dann wird es dir leidtun, dass du nicht auf uns gehört hast.«

»Sie werden mich immer brauchen«, erwiderte Bastian mit kalter Stimme. Und Edna sah in den Fältchen seines Lächelns all die Schatten, hinter denen sich der wahre Bastian verbarg.

Der Bastian, der immer alles wusste, auch das von Emil. Bastian, der genauso war wie die Knechte, vor denen sie Angst hatte. Der wie sie geworden war, um zu überleben.

»Du hast von Emil gewusst«, flüsterte Edna, während sie versuchte, ihre Tränen zurückzuhalten, »und du hast es dem Knecht verraten …«

Er gab keine Antwort.

Im Schlafraum war nur das regelmäßige Atmen kleiner erschöpfter Körper zu hören, die sich auf ihren Matratzen wälzten.

»Was willst du, Bastian?«

»Das Geld, das du Anja gestohlen hast.«

Jacob kramte in seiner Tasche und reichte ihm ein Taschentuch. »Jetzt lass uns gehen.«

Sie hatten sich nicht mehr umgedreht, aber beide wussten, dass sie Bastian nicht trauen konnten. Ein Raubvogel hatte weitere Staubkörnchen aus der Sanduhr gepickt, und ihnen lief die Zeit davon, während ihnen mehr Schweiß am Nacken hinunterrann. Bastian würde Alarm schlagen.

Und dann hatten sie ja noch ein Problem.

»Emil ist nicht im Schuppen«, sagte Edna beinahe lautlos. Ihr Herz raste vom Laufen, aus Angst vor Entdeckung und vor allem, weil sie nicht wusste, wie Jacob reagieren würde.

»Wie? Was sollen wir denn jetzt machen, Edna?«

Sie sah Jacobs Gesicht seine tiefe Enttäuschung an.

Und das tat weh.

Jacob stand vor ihr, angespannt, verschwitzt und die Augen so dunkel, dass sie Angst bekam.

»Es tut mir leid, Jacob.« Sie konnte ihm doch nicht sagen, dass dort im Schuppen etwas Schreckliches passiert war und dass sie sie alle in Gefahr gebracht hätte, wenn sie diese Tür geöffnet hätte. Doch die Wahrheit lautete anders. Jacob hatte recht: Sie war eine Zimperliese. Und ihre Beine waren vor dieser Holztür wie gelähmt gewesen.

Sie hatte Emil nicht dort alleinlassen können. Sonst hätte er sich gefürchtet wie sie. Sie hatte seinen gellenden Schrei nur noch zu gut im Ohr. Was, wenn der Knecht ihn dort fand? Er ging ab und zu zum Schuppen. Hinterließ dort ein Stückchen Schokolade für sie oder etwas Rosinenbrot, das er im Stroh versteckte, vielleicht, weil er annahm, sie würde dann lieber dort hineingehen, so wie ein wildes Tier, ein Fuchs, der sich von einem Stückchen Käse ködern ließ. Oder wie der Rabe, den er gerettet hatte. Auch wenn sie inzwischen glaubte, dass er sich das alles bloß ausgedacht und dass er das Nest selbst ausgeraubt und die Küken getötet hatte. Alle Küken. Denn an diesem Mann gab es nichts Gutes. Und sie hasste ihn.

Sie hasste ihn so sehr, dass sie ihn am liebsten getötet hätte. Denn er fügte ihr Schmerzen zu, am Körper, aber es ging tiefer, vergiftete ihre Gedanken und das Glück und all die schönen Dinge, die sie mit Jacob hätte teilen können. Sogar den Kuss, den Jacob ihr gegeben hatte und der ihr schmutzig vorgekommen war, so schmutzig wie der Speichel des Knechts, der ihren Mund und ihren Schlüpfer damit füllte. Und der sich nicht abwaschen ließ.

»Was geht hier vor, Edna?«, fragte Jacob und packte sie am Arm. Er zitterte so sehr, dass er sie beinahe nicht festhalten konnte. Doch je fester Jacobs Griff wurde und je mehr er in ihren Augen nach Antworten suchte, desto enger wurde Ednas Kehle, und sie wäre am liebsten laut schreiend davongelaufen. Aber ihr kam kein Laut über die Lippen. Die Worte, alle Schreie der Angst und Schmerzen waren zusammen mit der Edna weggesperrt, die es nicht mehr gab. Weggesperrt in einen Käfig mit eisernen Gitterstäben, den sie auf den Grund des Meeres versenkt hatte. Und der dort verrottete.

Das Gebell der Hunde schreckte sie beide auf.

»Emil ist doch das Einzige, was wir haben. Wir gehen zusammen von hier weg, wir alle drei. Wir haben es uns unter dem Kirschbaum versprochen, erinnerst du dich?«

Ednas Gedanken flogen zu ihrem Hügel zurück, zu dem Abend, an dem Jacob ihr gesagt hatte, dass sie von hier fortgehen würden, und er ihr versprochen hatte, dass sie es gemeinsam tun würden. Sie dachte an all die Male zurück, an denen sie es sich gegenseitig wiederholt hatten, um ihren Pakt zu besiegeln.

»Jetzt hör mir gut zu.« Seine Stimme klang nun wieder wärmer und weicher, wie die Hand, die nach ihrer griff. Er sah ihr so tief in die Augen, dass Edna schon dachte, er würde endlich das entdecken, was sie ihm nicht sagen konnte. »Ich hole Emil aus dem Gänsestall. Sobald wir ihn in den Rucksack gepackt haben, musst du genau zwölf Minuten abzählen, Edna. Wir sollten uns lieber trennen. Ich weiß, wie ich die Hunde auf eine falsche Spur locke, aber das kann ich nicht, wenn Emil krächzt wie ein Geier und ihnen so zeigt, wo sie hinmüssen. Wir treffen uns dann bei der Mauer.«

»Lass mich nicht allein«, flehte sie und klammerte sich an ihn, während sie vor Angst nicht mehr klar denken konnte.

»Ich lass dich nicht allein, Edna. Gib mir nur die Zeit, um die Hunde abzulenken, durch den Wald zu rennen und zur Mauer zu kommen. Ich habe es ausprobiert: zwölf Minuten. Du musst nur zwölfmal bis sechzig zählen.« Jacob lächelte ihr zu, und plötzlich schien alles wieder an seinen Platz zu finden. Wirkte leichter. »Du kannst gut zählen, viel besser als ich. Du schaffst das. Kann ich mich auf dich verlassen?«

Edna nickte entschieden.

Sobald Jacob in den Verschlag schlüpfte, zeterten die Gänse los. Edna versuchte, sie zu beruhigen, aber sie schnappten nach ihr. Dann sah sie, wie Jacob in einer Wolke aus Flügeln und Federn wieder auftauchte.

Mit dem letzten Rest an Kaltblütigkeit packte er Emil in den Rucksack, streichelte ihn dabei noch einmal, um ihn zu beruhigen, dann half er Edna, ihre Arme in die Träger zu schieben, während unten auf dem Boden ein einziges Gezeter war und weiße Flocken durch die Luft wirbelten. Das Gebell wurde nun lauter und kam näher, dazu schrie jemand – einer der Knechte. Edna und Jacob sahen ihre Angst im Gesicht des andern gespiegelt, bleich wie der Mond, der dort rund hinter ihnen in den Wolken hing. Schneeflocken stachen ihnen in die Wangen.

»Lauf, Edna!«, rief Jacob mit aller Kraft, die er bis jetzt zurückgehalten hatte, dabei verzog sich sein Gesicht in tausend grimmige Falten wie das eines Kriegers.

Mit Emil auf ihren Schultern rannte Edna zum Wald.

Sie lief, so schnell sie konnte, ohne zurückzusehen. Lief, schlug sich mit ihren Armen eine Bresche in den Wald, ohne auf die Kratzer von Büschen und Ästen zu achten, die sich vor ihr schlossen und den Mond abdrängten.

Lauf Edna! Sie hörte Jacobs Stimme in ihrem Kopf. Aber auch die Schüsse und das Hundegebell. Ihr Herz klopfte immer schneller, und Galle stieg ihr die Kehle hinauf.

Im Herzen des Waldes angekommen, das aus Dunkelheit, Schnee und Eis bestand, begriff Edna, dass sie allein waren. Hier gab es nur sie und Emil, der vor Kälte zitterte. Und eine Bedrohung, die hinter ihnen wie ein Ungeheuer mit tausend Füßen und Armen lauerte. Sie waren nicht in Sicherheit. Selbst dann nicht, wenn sie keine Geräusche hörte. Sie wusste, dass sie sich nicht täuschen lassen durfte: Ein Jäger schlug dann zu, wenn es still war.

Durch den Schnee kam sie langsamer voran, er machte jeden Schritt schwer und ließ Spuren entstehen, die die Hunde zu ihr führen würden. Plötzlich war da ein langgezogenes Jaulen. Es wurde lauter, kam näher. Edna blieb keine Zeit zum Nachdenken, um abzuschätzen, wie weit entfernt es war, oder um zu begreifen, aus welcher Richtung es kam. Zweige zerkratzten ihr Wangen und Gesicht. Schneeböen peitschten ihr in die Augen und nahmen ihr den Atem.

Sie musste laufen, immer weiter. Zwölf Minuten. Zwölf Minuten ohne Jacob. Sie musste bloß zwölf Minuten durchhalten. Aber wie lang oder wie kurz waren zwölf Minuten? Einfach nur bis zwölf zu zählen, würde wohl nicht genügen (zwölf Minuten, sechzigmal zuckte der Zeiger, ging zwölfmal um das Zifferblatt, wie oft war das wohl? Wie viele Herzschläge im Takt ihrer Angst?). Verdammter Kopf, er konnte nicht zählen. Und dieser dumme Jacob hatte sie alleingelassen. Der hochnäsige Jacob, der immer meinte, er könnte alles besser oder schneller als sie. Der glaubte, dass er mit allem davonkommen würde und sogar dem Teufel ein Schnippchen schlagen könnte. Wenn ihm etwas zustieß ... Sie schüttelte den Kopf, um diesen Gedanken zu verjagen. Sie musste nur zählen (wie viele Finger bräuchte sie dafür? Eins, zwei, drei ...) und dann laufen und dabei gut auf Emil aufpassen.

Im Wald stiegen milchige Nebelschwaden auf, die die Gestalt von Verstorbenen annahmen.

Anjas Gesicht, das sich zwischen den Büschen verbarg, war traurig und stumm, wie ein Geist. Edna hatte ihr haselnussbraunes, von langen Wimpern umgebenes Auge entdeckt, wie es hinter einem Blatt hervorlugte und sich dann sofort wieder zurückzog. Anja schien Angst zu haben, sie rannte vor jemandem davon, genau wie sie in dem Moment.

(Zehn, elf ... Wie lang sind zwölf Minuten? Wie viele Meter, wie viele Atemzüge?) Und sie hatte Martin gesehen, sein freundliches Lächeln. Er hing an einem Ast und baumelte kopfüber. Als sie unter ihm hindurchging, verzerrte sich sein Gesicht. Zwei große Kieferscheren ragten zu beiden Seiten seines Mundes heraus, und seine Arme wurden lang und dünn wie Spinnenbeine, die sie packen wollten. Edna schloss die Augen und umklammerte die herunterhängenden Bänder der Rucksackträger (einundfünfzig, zweiundfünfzig ... da unten war die Mauer!).

Edna kauerte sich zwischen die Wurzeln der Eiche (die mit dem krummen Stamm, in dem die Eichhörnchen nisteten) und begann zu graben. Schlug ihre Finger in den Schnee. Ohne darauf zu achten, dass die Kälte ihre Finger steif und hart werden ließ, grub sie weiter, bis sie den Deckel des Transportkäfigs ertastete und ihr Herz vor Freude einen Satz machte: Er war dort, wo Jacob gesagt hatte. Wie zum Teufel er so etwas anstelllte, hatte sie nie begriffen, aber in seinen Händen verwandelte sich alles. Blei wurde zu Gold, traurige Tage füllten sich mit Hoffnung. Er würde zu ihr zurückkommen (sieben mal sechzig, und noch einmal eins, zwei ...).

Sie zerrte den Transportkäfig zur Mauer und ließ sich erschöpft gegen die kalten, bröckelnden Steine sinken. Eine alte Begrenzung, die ihren eigentlichen Zweck verloren hatte, an der für sie aber die Welt endete.

Edna sah nach, ob es Emil gutging, und als sie sein Monokelauge aus dem Rucksack spähen sah, schloss sie ihn hastig wieder.

Zwölf Minuten, hatte Jacob gesagt. Wie viel Zeit waren zwölf Minuten? Es war nicht so einfach, wie bis zwölf zu zählen. Sie hatte bereits zehn Umdrehungen des Zeigers (zehn mal sechzig) hinter sich. Aber wann sollte sie überhaupt anfangen zu zählen – ab dem Zeitpunkt, an dem sie auseinandergegangen waren, oder erst ab jetzt? Sie erinnerte sich nicht mehr (nutzlose Zimperliese!).

Vorsichtshalber fing sie nach der letzten Runde noch einmal bei eins an. Währenddessen konnte sie durch die bröckelnden Steine beobachten, wie auf der anderen Seite der Mauer der Karren eintraf. Und dass die Männer abstiegen, um die Säcke aufzuladen. Was für ein Glück, dass sie darum gebeten hatten, man möge die Waren näher an der Straße aufbauen, damit sie Zeit sparten und nicht noch durch den gesamten Wald bis zum Hof fahren mussten. Wann würde es wohl noch einmal so eine Gelegenheit geben?

»Sieben, acht.« Ihr Blick ging zwischen den Männern und dem Hof hin und her, von dem das Hundegebell nur deshalb leiser zu ihr drang, weil er so weit entfernt lag.

Und wenn sie nun ihren Spuren folgen würden?

»Neun, zehn.« Wie viele Minuten waren vergangen? Jacob hatte schon recht, als er sagte, dass man sich auf sie nicht verlassen konnte.

Die Schüsse klangen nun näher, und Edna hatte keine Finger mehr, mit denen sie hätte zählen können. Die Angst kroch ihr über die Haut wie Spinnenbeine, die sie zwickten, so dass sie nicht stillsitzen konnte.

Niemand kam aus dem Wald. Nichts regte sich zwischen den Bäumen. Der Waldrand war eine starre Grenze.

Wo blieb Jacob?

50

Ich habe Zählen gelernt

Sie hatte noch nie ein gutes Verhältnis zur Zeit gehabt, dachte Edna, während die Bilder vom Wald in ihrem Kopf schwächer wurden und der Wind das Gesicht eines Mädchens mit sich forttrug, das mit einem gerupften Papagei in einem Rucksack verängstigt hinter einer Mauer kauerte.

Helmut wusste, wie er fahren musste. Er hatte einige Abkürzungen genommen und war an den Ampeln ohne Zögern abgebogen, bis er sie schließlich auf das Schild mit der Aufschrift *RAVENSBURG* hingewiesen und triumphierend den Daumen gehoben hatte.

Diesmal würde ihr die Zeit keinen Strich durch die Rechnung machen. Sie hatte gelernt, zwölf Minuten zu zählen (siebenhundertzwanzigmal schnelles Zucken des Zeigers).

Jacob hatte ihr erklärt, dass sie mit dem von Anja »gestohlenen« Geld die Reise bezahlen würden. Er hatte es einen »gegenseitigen Gefallen« genannt: Sobald sie wieder in der Heimat wären, würden sie Anjas Dorf aufsuchen, ihren Eltern ihren Ausweis geben und alles erzählen. Damit Anja in ihrer Erinnerung weiterleben konnte und jemand für sie Blumen ablegte oder ein Gebet sprach.

Er hatte es für eine gute Idee gehalten im Gegenzug für diese Handvoll Münzen, die Anja nicht mehr helfen, sie drei dagegen retten konnten. Und Edna war dieser Plan ebenfalls ziemlich vernünftig vorgekommen.

»Wenn du ein unerwartetes Geschenk erhältst, Edna, musst du auf irgendeine Art etwas zurückgeben. Es ist wie danke sagen, nur hundertmal stärker. Wenn du das machst, wird dir das Leben wiederum etwas anderes zurückgeben. So funktioniert das.«

Jetzt klangen Jacobs Worte für Edna wie eine Prophezeiung. Eigentlich war Emil ihr unerwartetes Geschenk gewesen. Und diese Reise war ihre Art, das zurückzugeben, was Jacob ihr geschenkt hatte: ein Leben, die unbezahlbare Chance, sich ihr eigenes Glück aufzubauen.

Sie sah, wie Helmuts Helm sich leicht zu ihr umdrehte, dann zeigte sein behandschuhter Finger auf einen dunklen Fleck im Rückspiegel.

Der Polizeitransporter verfolgte sie (immer noch?), anders konnte sie es sich nicht erklären, warum er weiter hinter ihnen fuhr und abbog, wenn sie abbogen, trotz all der Bemühungen, ihn abzuschütteln.

Hinter ihrem Motorrad, dann dem von René und dem Transporter fuhr ihnen auch noch mit Höchstgeschwindigkeit das smaragdeidechsengrüne Auto hinterher. Jetzt war sie sicher: Das musste Max sein. Und dass er in Begleitung der Polizei unterwegs war, verhieß nichts Gutes.

»Macht Ihr Bein noch mit?«

Edna nickte.

»Prima, wir haben es fast geschafft, Frau Edna!«

Sie fuhren nicht mitten durch die Stadt, sondern wählten einen Weg um deren Türme und Tore herum, um Zeit zu sparen und auf dem kürzesten Weg zum Krankenhaus zu kommen. Helmut zeigte auf einen Hügel. Edna kniff die Augen zusammen und erkannte dort Gebäudeblöcke, die die Sonne zurückwarfen, Betonwürfel aus riesigen Bauteilen, die mitten im Grünen lagen.

Aus der Nähe wirkten sie beeindruckend, Kolosse aus Stahl und Glas, die wie riesige, zu einem umgedrehten U angeordnete Bienenkörbe aussahen. In der Mitte lag eine Grünanlage um einen trüben Teich. Der Rasen war dagegen gepflegt und mit gelben Blumen übersät, für die Edna gerade keinen Namen fand, weil sie nicht die Muße hatte, sich genauer damit zu befassen.

»Der stürzt auf das Gebäude«, rief sie und unterdrückte einen Aufschrei, als sie Helmut den roten Hubschrauber zeigte.

»Er landet gerade«, versicherte er ihr. »Schauen Sie mal genau hin!«

Der Helikopter war auf einem kreisförmigen Sockel gelandet, der wie eine riesige Tortenplatte auf dem Hauptgebäude thronte. Die Rotoren drehten sich immer noch, als die Glastüren aufgingen.

»Unglaublich ...«

Ihre Fahrt endete an einer rotweiß gestreiften Schranke. Helmut nahm den Helm ab. »Wir haben es geschafft, Edna. Und jetzt machen Sie schon und tun das, was Sie tun müssen«, sagte er und deutete auf den Eingang, durch den die Leute ins Gebäude hineineilten oder wieder herauskamen.

Nicht weit von ihnen hatten René und Adele angehalten. Und der Transporter der Polizei gleich neben ihnen.

Edna sah Helmut fragend an.

»Darum kümmern René und ich uns. Wir werden uns schon was einfallen lassen, nur keine Sorge«, lachte er und zwinkerte ihr zu.

Adele war abgestiegen und redete auf die Polizisten ein, dabei versperrte sie ihnen unauffällig den Weg, während sie ausladend gestikulierend und äußerst dramatisch ihre Version der Tatsachen schilderte: Ob denn niemand gesehen habe, wie schwer ihre Freundin am Bein verletzt sei? Sie benötige dringend ärztliche Hilfe. Sie könnten ihren beiden Schutzengeln bloß dankbar sein, die quasi aus dem Nichts aufgetaucht waren, meinte sie und streichelte währenddessen eifrig die Hunde, die mit ihren Trüffelnasen an ihr schnupperten, bevor sie sich Helmut und René zuwandten und deren Lederjacken wesentlich interessanter fanden.

Edna seufzte. Sie hätte es auch ohne Adele geschafft.

Sie mobilisierte alle verbliebenen Kräfte. Stützte sich schwer auf ihren Wanderstock. Beim ersten Schritt fühlte es sich an, als würde sie den Fuß in Treibsand stecken. In ihrem Kopf rauschte es, und obwohl das Tageslicht schwach und bleich war, weil die Wolken sich vor die Sonne geschoben hatten und keine Strahlen durchließen, blendete es sie.

Ihr Herz setzte einen Schlag aus, dann galoppierte es auf einmal davon, kannte kein Maß und keinen Takt. Gleich würde sie Jacob treffen, sie konnte es nicht glauben. Aber es war real, so wie ihre müden Schritte, die schwüle Luft und die weißen Schilder mit schwarzer Aufschrift, die sie mühsam entzifferte.

Edna hievte sich die ersten Stufen hoch. Es war zwar nicht so schwer, wie den Arlberg zu erklimmen und dabei noch einen auf einem Skateboard befestigten Transportkäfig hinter sich herzuzerren, aber mit diesem Bein wäre allein das morgendliche Aufstehen aus dem Bett eine Herausforderung.

Sie tastete nach Emil, der noch in Helmuts Tasche steckte, und streichelte über das Leder, wo es sich über seinem müden kleinen Körper wölbte. »Wir haben es großartig gemacht, Emil. Und jetzt«, sagte sie und holte so tief Luft, dass ihr beinahe schwindelig wurde, »gehen wir und holen uns Jacob zurück.«

»Jacob Kneip?« Die Frau mit dem Haarknoten und der winzigen Brille auf der Nase (wie konnte die sich nur darauf halten?) starrte sie aus dem Glaskäfig des Empfangs ausdruckslos an. Edna hatte weiche Knie und fürchtete, dass sie gleich umfallen würde, sollte sie noch länger hier warten müssen.

Neben der Verwaltungsangestellten mit dem Haarknoten stand eine Krankenschwester in ihrem Kittel und ließ ihren Blick zwischen ihrer Kollegin und Edna hin und her wandern. Sie schaute auch auf Ednas Tasche, die diese instinktiv an sich presste, während sie darauf achtete, dass Emil nicht hervorlugte.

»Genau, Jacob Kneip. Er wurde hier eingeliefert, und ich muss ihn besuchen.«

»Sie *müssen* ihn besuchen«, stöhnte die Frau genervt auf, während sie in ihren Unterlagen kramte und Akten durchblätterte. »Dann sind *Sie* also eine Verwandte ... Die Ehefrau?«, fragte sie mit einem scharfen Blick, durchdringend wie Stahl. »Oder seine Schwester?«

»Ich bin Edna Weiss. Eine Freundin.« Gab es ein Wort, eine Beschreibung, um all die Bilder darin einzufangen, die in ihrem Kopf abliefen? Ein Wort, das die Verbindung zwischen ihr und Jacob beschrieb?

»Dann kann ich Ihnen nicht helfen«, erklärte die Frau und musterte sie streng. »Wir haben sehr strenge Vorschriften und respektieren die Rechte von Angehörigen. Vor allem in einem Fall wie dem von Herrn Kneip. Es tut mir leid.« Mit einem künstlich höflichen Lächeln zuckte sie die Schultern und blätterte weiter in der Akte, die sie die ganze Zeit nicht aus der Hand gelegt hatte.

Edna holte tief Luft und atmete langsam aus, ehe sie ein krampfhaft freundliches Lächeln aufsetzte. »Danke.«

Sie machte auf dem Absatz kehrt und humpelte Richtung Ausgang.

»So einen Struwwelpeter habe ich ja noch nie getroffen«, brummte sie an ihre Tasche gewandt und bog dann im letzten Moment nach rechts zu den Toiletten ab. Sie öffnete eine der weißen Türen (die dritte links) und zählte bis zehn, während sie sich im Spiegel betrachtete. Die Sonne hatte etwas Farbe auf ihre Wangen gebracht, und an den weißen Stellen konnte man sehen, wo die Ärmel endeten. Die Haut über ihren Wangen war straff, schlug aber am Hals Falten. Eigentlich hatte sie sich recht gut gehalten, dachte sie stolz. Ob Jacob das wohl auch so sah? In aller Ruhe verließ sie die Toilette. Dann bog sie in einen Gang ein.

Jetzt musste sie nur noch herausfinden, wohin man Jacob gebracht hatte.

Edna spähte in einige Zimmer (in jedes zweite, gerade Zahlen brachten Glück), schloss die Tür aber schnell, wenn es dahinter dunkel war, weil sie leer waren, oder, schlimmer, wenn kraftlose Gesichter sie empört ansahen.

Sie kam in einen Raum mit schwarzen Stühlen und kleinen Sofas, auf denen Menschen warteten, Zeitung lasen und sich mit ihren Handys beschäftigten. Die Abteilungen waren mit großen Schildern an den Wänden ausgewiesen, aber welche suchte sie eigentlich? Es war ein merkwürdiges Gefühl: Etwas zu suchen, von dem sie nicht wusste, wie es hieß und das sich überall befinden konnte. Vielleicht lag es direkt vor ihrer Nase, oder sie war schon daran vorbeigelaufen. Jacob konnte genau hier sein, nur einen Schritt von ihr entfernt. Hinter jeder Tür, von der eine genauso aussah wie Dutzende andere.

Vorsichtig hob sie die Lederlasche der Tasche an. Sie seufzte einmal tief.

Emil reckte den Hals, drehte ihn ruckartig um ein Stück und legte dann den Kopf zur Seite, um sich einen Eindruck zu verschaffen. Er versuchte zu begreifen, was vor sich ging, genau wie sie, während sie darauf hoffte, sich an einem Detail, einer Kleinigkeit orientieren zu können.

Es quälte sie die gleiche Angst, einen Fehler zu begehen, die ihr in jener Nacht vor so vielen Jahren die Kehle zugeschnürt hatte, als sie mit ihren Fingern die zwölf schnellen Runden der Uhr abgezählt hatte, zwölfmal sechzig Zuckungen des Zeigers. Aber dann waren ihr keine Finger zum Zählen mehr geblieben, und die Zahlen waren durcheinandergepurzelt wie ein Satz Karten, durch den ein Windstoß fuhr.

Edna zwang ihr Bein, das gute Bein, einen Schritt zu machen. Und stellte fest, dass nichts auf dieser langen Reise ihr je schwerer gefallen war.

Dann nahm sie den gleichen Geruch wahr, den sie schon direkt am Eingang bemerkt hatte.

Manchmal genügte ein Geruch, um einen Ort in einfachen Gleichungen zu beschreiben, wie: Mistgestank – Bauernhof. Oder ... Desinfektionsmittel – Krankenhaus.

Vielleicht war es ja naiv und sehr vereinfacht, aber Edna war der Meinung, dass viele der Eindrücke, die man als Kind wahrnahm, einem am längsten erhalten blieben. Und auch die wahrhaftigsten waren.

Sie lief zwischen spiegelnden Oberflächen. Sah blank polierte Böden, metallisch glänzende Wagen für die Essensausgabe und blitzsaubere Gitter von Krankenhausbetten. Sie dagegen fühlte sich matt. Staubverdreckt und schweißverklebt. Aber sie war lebendig und voller Erwartung, als ob das Glück überall lauern könnte, hinter einer Tür oder der nächsten Ecke, um sie zu überraschen.

Sie bereute es nur, dass sie keine Butterkekse für Jacob hatte kaufen können. Der Killepitsch hätte ihm bestimmt auch geschmeckt, aber den hatte sie ja wegkippen müssen. Das hieß,

Jacob musste sich damit begnügen, Emil wiederzusehen. Sie lächelte in sich hinein, als sie sich die Begrüßungsszene ausmalte: Wie Emil aus der Tasche hervorkrabbelte und Jacob den Arm ausstreckte, damit der Papagei daraufklettern konnte.

»Frau Weiss.«

Sie fuhr herum und sah die junge Krankenschwester vom Empfang vor sich. Edna hätte gern etwas gesagt, wäre gern so schlagfertig gewesen wie Jacob, um sich eine Ausrede zu überlegen und so ihren Kopf aus der Schlinge zu ziehen. Denn gleich würde man sie fragen, was sie denn hier machte. Und ob sie sich ausweisen könnte, Papiere hätte oder eine Tochter, die sie abholen könnte ... Ihre Gedanken gingen wild durcheinander und lösten sich in tausend Teile auf.

»Keine Sorge, ich will Sie nicht fortschicken«, flüsterte die junge Frau, als wolle sie nicht, dass andere sie hörten. »Kommen Sie mit mir. Aber nur, wenn Sie mir versprechen, dass wir uns danach um Ihr Bein kümmern.«

Eine der letzten Türen am Ende des Ganges stand weit offen. Weiß gekleidete Menschen gingen hinein und kamen kurz darauf wieder heraus, in den Händen Vasen voller Blumen und noch frische Sträuße, dazu Briefumschläge. Ein goldener Staub schwebte in der Luft und nahm den Schatten, die auf dem hinteren Teil des schmalen Gangs lasteten, ihren Schrecken. Rechts von Edna war die Wand, links eine Reihe lauter gleicher Türen. Jemand vom Personal balancierte einen schweren Blumenstrauß vor sich her, der das halbe Gesicht bedeckte, und lief an ihr vorbei, ohne sie anzusehen. Der Duft von Klee und Löwenzahn streifte sie wie ein Windhauch. So rochen die Berge. Die Wiesen, die sie gerade hinter sich gelassen hatte. Merkwürdig, gerade hier wieder darauf zu stoßen, zwischen den prägnanten Gerüchen von Medikamenten und sterilisierten Laken.

Der Patient in diesem Zimmer musste sehr wichtig sein, dachte sie. Wegen all der Blumen ... die allerdings fortgebracht wurden.

»Hat man ihn schon entlassen? Bin ich zu spät gekommen?«, fragte sie atemlos.

Die junge Krankenschwester schüttelte den Kopf. Und sah sie sanft, aber traurig an. Es war der Blick von jemandem, der sich gern weniger ohnmächtig gefühlt hätte. Darin lag die gleiche Angst, jemanden zu enttäuschen, die sie so viele Male gegenüber Jacob empfunden hatte.

Was ging hier vor? Und wenn sie gar nicht zu spät gekommen war und er immer noch hinter dieser Tür lag? Doch die junge Frau blickte sie weiter stumm an. Und lächelte nicht mehr.

Sie hatte den anderen Schwestern ein Zeichen gegeben, eine von ihnen hatte sie angehalten und ihr etwas so leise ins Ohr geflüstert, dass Edna es nicht verstehen konnte.

Edna stand erstarrt auf dem Krankenhausflur, mitten in diesem reinen Weiß so auffällig wie ein Staubfleck, und sah sich um, unfähig, auch nur ein einziges Detail in sich aufzunehmen.

Bis die junge Frau sie sanft an den Schultern berührte und sie ins Zimmer führte.

51

Das leere Zimmer

Edna spürte, wie sich etwas in ihrem Inneren löste und sie mit sich in die Tiefe riss. Aber ehe sie zuließ, dass das Meer weiter anstieg und über ihr zusammenschlug, konzentrierte sie sich darauf, sich gegen seine Wellen zu stemmen.

»Herr Kneip war sehr schwer verletzt«, sagte die Krankenschwester leise.

Edna ließ den Blick über das Bett mit den weißen Laken schweifen, die perfekt strammgezogen waren und sich ebenso wenig bewegten wie ihr Atem. Von dort konnte man durch das Fenster den Park und die umliegenden Hügel sehen.

Vielleicht auch einen Ballon, der am Himmel hochstieg.

Sie fuhr mit der Hand über das Kissen. Emil schlüpfte aus der Tasche und hüpfte neben sie. Als sie ihn packen wollte, flatterte er auf den Nachttisch.

»Machen Sie sich keine Gedanken«, beruhigte sie die junge Frau. »Ich habe ihn schon am Empfang bemerkt. Ich werde Sie nicht verpetzen.«

Neugierig betrachtete Emil das Kabel der Nachttischlampe und den kleinen Block auf der Ablage und stürzte sich schließlich auf das Papier, um dessen Ecken anzuknabbern.

Diesmal schrie die Krankenschwester erschrocken auf und riss ihm den Block aus dem Schnabel. »O nein, der gehört Herrn Kneip, und wir müssen ihn seinen Angehörigen geben.«

Edna betrachtete den Block, das vergilbte Papier, den blauen Schutzumschlag, darauf ein Name in einer ihr bekannten

Schrift, die sie wie mit einer Schleuder in die Vergangenheit katapultierte: Das war Jacobs Schrift, und in all den Jahren hatte sie sich um keinen Querstrich verändert. Jacob und seine Manie, alles zu beschriften, um anzuzeigen, dass die Dinge ihm gehörten. Damit niemand sie ihm wegnehmen konnte. Und Edna wusste nur zu gut, woher diese Angst kam: Die Kinder auf dem Hof waren nicht freundlich gewesen, genauso wenig wie die Erwachsenen, die ihr ihre Puppe weggenommen hatten. Und Jacob ein Leben, dachte Edna mit einem traurigen Lächeln.

»Sie können ihn sich kurz ansehen, wenn Sie möchten.« Die junge Frau hatte bemerkt, dass es Edna in den Fingern gezuckt hatte und diese nun leicht zitterten. »Ich weiß, dass Herr Kneip sehr viel an diesem Block lag. Seine Kinder haben ihn gebracht, damit er etwas zeichnen konnte, das machte er immer, wie sie sagten. Aber er blieb die ganze Zeit unbenutzt liegen«, sagte sie mit einem Seufzen. »Herr Kneip ist nicht wieder aufgewacht.«

Vorsichtig nahm Edna den Block in die Hand, strich so behutsam übers Papier, als ob es schon von einer sanften Berührung unter ihren Händen zerfallen könnte wie eine vertrocknete Blüte.

Die junge Frau räusperte sich. »Ich muss jetzt meine Runde beenden und ein paar Patienten das Essen bringen. Die fragen sich bestimmt schon, wo ich stecke«, sie zwang sich zu einem gequälten Lachen. »Ich lasse Sie ein wenig allein.«

Edna schob sich die Brille auf der Nase zurecht.

»Wann ist es passiert?« Mehr musste sie nicht sagen. Die junge Frau begriff es auch so.

»Wir wollten eigentlich heute versuchen, ihn aufzuwecken und in dieses Zimmer zu verlegen, aber plötzlich verschlechterte sich sein Zustand. Es ist gestern passiert«, sagte sie. Ihre Stimme war dünn wie ein Zwirnsfaden, der sich Edna wie eine Schlinge um den Hals legte. Die Krankenschwester wartete einen Moment. Dann zog sie geräuschlos die Tür hinter sich zu, aber nicht ganz, vielleicht, damit Edna sich nicht so allein fühlte.

Edna drehte sich nicht um, sie verabschiedete sich nicht von der Frau, noch bedankte sie sich. Das war unhöflich von ihr, denn sie wusste genau, dass die junge Krankenschwester ihr einen einzigartigen Moment schenkte. Ihre Chance, sich von Jacob zu verabschieden.

Aber sie war zu wütend und traurig. Vollkommen leer.

Sie fühlte sich betrogen, wie an dem Tag vor vielen Jahren, als man sie am Ende ihres Fußmarschs übers Gebirge zusammen mit den anderen Kindern auf den Viehmarkt geführt hatte und nicht in ein Haus an einen mit lauter Köstlichkeiten gedeckten Tisch, wo sie warmherzig empfangen wurden, wie es Padre Gianni versprochen hatte.

Vielleicht hätte Jacob sich retten können, weil er schlau genug war zu begreifen, was das weiße Kreidekreuz auf der Jacke des Bauern bedeutete. Aber er hatte beschlossen, bei ihr zu bleiben, bei dem Mädchen, das ihm zugelächelt hätte, während ein Wagen es wegbrachte in die Schatten.

»Du hast von Anfang an versucht, mich zu beschützen«, flüsterte Edna. Sie saß auf Jacobs Bett und hielt seinen Block in der Hand. »Aber jetzt bist du nicht da, um mich wieder mit dir mitzunehmen.«

Sanft strich sie über den Deckel des Blocks und schlug ihn auf.

Gleich beim ersten Wort musste sie lächeln. *Erinerungen.* Und weiter. *Erinerungen und Eindrügge von Jacob Kneip.* Rechtschreibung hatte Jacob schon immer langweilig gefunden, und er beachtete ihre Regeln nicht. Und sie war keine gute Lehrerin gewesen.

Die Nachmittagssonne fiel auf die Zeichnungen. Ihre Berge. Ihre Tiere. Der Kopf eines Eichhörnchens zwischen den Zweigen eines Baums, das Fell eines Fuchses ganz detailgetreu. Gänse. Pläne zum Bau eines Heuschobers: Maße und Zeitvorgaben, Bauabschnitte.

Und Emil.

Edna klammerte sich wie elektrisiert am Laken fest, während ihre Hände vor Aufregung feucht wurden.

Emil. Und das Porträt eines Mädchens, dessen krauses Haar zu zwei unordentlichen Zöpfen gebändigt war. Runde Mondaugen in einem Meer von Sommersprossen.

»Wir haben uns in den Erinnerungen des anderen nie verändert«, lachte Edna. »Für dich bin ich immer ein Mädchen mit unordentlichen Zöpfen geblieben.« Jacob hatte immer viel besser zeichnen als schreiben können. Er hatte Gesichter und Pläne gemalt. Karten. Edna hatte sich nach ihrer Rückkehr auch an einer Karte versucht und sich bemüht, jedes Detail genau aufzuzeichnen, damit er stolz auf sie wäre. Die Karte, die ihre Schritte bis nach Ravensburg geführt hatte und die jetzt in ihrem Rucksack verstaut war. Als sie aufgebrochen war, hatte sie gedacht, darauf wäre alles vorhanden, was man zu dieser Reise wissen musste. Stattdessen hatte sie unterwegs entdeckt, dass eine Reise doch etwas anderes war als die Spur, die man auf einem Papier hinterlassen hatte.

Sie hielt Jacobs Welt in den Händen, diese Welt, die auch ihre und die von Emil war, aber welchen Sinn hatte sie ohne ihn noch?, fragte Edna sich. Und sie fragte sich wie Tenzin Lorenzo – damals hatte sie ihm versichert, dass er sich irrte –, ob nicht Vergessen und das Auslöschen jeglicher Erinnerung der einzige Weg wäre, die Vergangenheit wieder in Ordnung zu bringen.

Sie musste an Priska denken, an ihren Traum von einem Leben beständig auf Reisen, als Dach über sich einen Himmel voller Sterne.

An Roland und seinen Wohnwagen in der Dunkelheit, dahinter der hoffnungsvoll glitzernde See.

Jedem dieser Menschen hatte sie einen Teil ihrer Geschichte erzählt. Und die Leute hatten ihr zugehört und zusammen mit ihr an sie geglaubt. Aber sie hatte sie getäuscht. Das wirkliche Leben war kein Märchen. Manchmal geschahen die Dinge ohne logischen Zusammenhang, man musste darauf achten, den Felsbrocken auszuweichen und sich nicht erschlagen zu lassen.

Das Versprechen zweier Kinder besaß leider keine besonderen Zauberkräfte, die mächtig genug gewesen wären, sie zu retten. Wie jedes andere Versprechen konnte es nichts gegen Lügen, den Lauf der Zeit und die Angst ausrichten, die uns Fehler begehen lässt und auf immer lähmt. Jede Entscheidung hatte Folgen, unveränderbar und fest wie Fixsterne am Himmel.

So unveränderbar wie die Gestalt eines Jungen, der sich hinter eine Mauer duckte, während der Himmel um ihn herum sich in grauem Schlamm auflöste und auf der anderen Seite ein Karren wartete: Jacob auf der Zeichnung der letzten Seite seines Blocks.

Edna klappte den Block zu. Sie steckte Emil zurück in die Tasche und ging, ohne sich noch einmal umzudrehen. Es war ihr egal, ob jemand hinter ihr herlaufen oder sie aufhalten würde. Sogar Emil war stumm und regte sich nicht, er wartete auf den Sturm, wie jedes Mal, wenn er etwas angestellt hatte und danach zu Edna spähte, wie wütend sie sein würde, während er sich überlegte, wie er ihrem Zorn entgehen könnte. Für gewöhnlich gelang es ihm, ihr Herz zu erweichen, indem er mitleiderregend guckte und dazu seine spärlichen Halsfedern sträubte. Diesmal traf Emil jedoch keine Schuld. Er hatte nicht einen eben gepflückten und sorgfältig in der Vase arrangierten Blumenstrauß gefressen und bloß die Stängel übrig gelassen. Er hatte auch nicht den Terminkalender mit allen wichtigen Telefonnummern zu Konfetti verarbeitet oder die Fußmatte an der Eingangstür zerrupft, weil er sie für einen Baumstumpf hielt, in dem er ein Nest bauen konnte.

Ednas Wut richtete sich gegen sie selbst.

Sie holte Emil wieder aus der Tasche und half ihm, auf ihre Schulter zu klettern, wo er sich an ihre Wange schmiegte. Auch er war müde.

Edna ließ sich das Bein untersuchen. Sie nahm die Worte, die der Doktor sagte, und das Lächeln der Krankenschwester nur aus der Ferne wahr, während sie an etwas ganz anderes dachte.

Vor dem Ausgang wartete die Polizei auf sie. Zwei Männer in Uniform sprachen mit Adele, die in einigen Punkten vollkommen anderer Meinung zu sein schien, während etwas abseits Helmut und René mit gekreuzten Beinen an ihren Motorrädern lehnten und rauchten.

Auch an sie hatten die Beamten einige Fragen. In solchen Fällen – da stimmte sie mit Helmut überein, der kurz zu ihr gekommen war, ehe die Polizisten sie in die Mangel nahmen – war es am besten, nur das Nötigste zu sagen und distanziert, aber freundlich zu bleiben.

Edna hätte sich allerdings gar nicht so viele Gedanken machen müssen (natürlich ging es ihr gut; nein, niemand hatte sie zu etwas gezwungen; das waren alles ihre Freunde, ja auch die Motorradfahrer; was für eine Frage, natürlich war sie bei klarem Verstand! Was sie auch beweisen könne, indem sie bis hundert und wieder zurück zählte). Emils wildes Gezeter – das die großen Malinois veranlasste, jämmerlich wie Welpen zu fiepen und an ihren Leinen zu zerren – und ihre offensichtliche Traurigkeit schienen die Polizisten schneller als gedacht zu überzeugen. Erleichtert seufzte Edna auf.

Nun hätten sie sich eigentlich alle voneinander verabschieden und jeder seiner Wege gehen können. Auch wenn Edna diesmal keinen Plan hatte. Und keine Karte.

»Signora Edna!« Die Stimme kam von hinten, atemlos und leicht verzweifelt.

Als sie sich umdrehte, erkannte sie das grüne Auto, das natürlich Max gehörte, wie sie es sich gedacht hatte. Er kam mit Lukas im Schlepptau auf sie zu. Der Junge grinste sie an und begrüßte sie mit erhobener Hand.

Max teilte seine Fröhlichkeit ganz und gar nicht. Er runzelte die Stirn und schwenkte etwas in der Hand, ein Bündel Papiere.

»Sie sollten besser keinen Schritt mehr allein tun«, rief er. »Wissen Sie eigentlich, dass wir Sie überall gesucht haben? Und dass Sie um diese Zeit zu Hause sein und sich an die Vereinbarungen halten sollten? Sie enttäuschen viele Menschen, Edna.« Den letzten Satz hatte er ihr einen Zentimeter von ihrer Nase entfernt ins Gesicht geschleudert.

Max, der im Allgemeinen genau wie Adele Worte nie in angemessener Weise benutzte, hatte diesmal absolut ins Schwarze getroffen.

Sie hatte viele Menschen enttäuscht. Und wahrscheinlich hätte sie besser daran getan, zu Hause zu bleiben, Melissentee zu trinken und zuzusehen, wie die Blätter von den Bäumen in ihrem Garten fielen, während sie zählte, wie die Tage vergingen.

Und doch konnte sie Max gegenüber nicht zugeben, dass er recht hatte. Dem Max, der gerade mit hochrotem Kopf und blitzenden Augen vor ihr stand und seine Papiere so fest umklammert hielt, als wären es die zehn Gebote.

»Du schuldest mir eine Erklärung.« Adele schob sich zwischen ihn und Edna. Dann drehte sie sich zu ihr um, und die ernsten Falten um ihren Mund verschwanden. Ihre Stimme wurde weich. »Wie ist es gelaufen, Signora Edna? Haben Sie ihn gesehen? Was hat er gesagt?«

Jedes atemlose Innehalten, jede Frage aus Adeles Mund waren wie ein Haken, der ihr das Herz aus der Brust riss.

Als sie aufgebrochen war, hatte Edna geglaubt, vor ihr lägen ein paar geschenkte Tage, um auf ihren Spuren in die Vergangenheit zurückzureisen. Und nun wurde ihr bewusst, dass die Zeit ihr wieder einen Streich gespielt hatte, wie in jener Nacht, als ihr der Teufel die Augen zugehalten hatte. Auch damals war sie angekommen, als nur noch ein paar Körner in der Sanduhr verblieben waren. Aber dieses Mal hatte Jacob nicht auf sie gewartet. Er hatte beschlossen, vorher zu gehen. Und sie hatte sich noch nie so leer gefühlt.

Adele lächelte sie erwartungsvoll an, als würden sie sich gleich in das hektische Gewühl des Sommerschlussverkaufs stürzen, gegen alle Unbill gefeit durch ihren gewagten ultramarinblauen Lidschatten. Doch dann betrachtete sie Edna genauer und sah dort etwas, das ihre Begeisterung erlöschen ließ. Sie machte einen Schritt nach vorn, um sie in die Arme zu schließen. Aber sofort schoss Emil vor, und Adele wich zurück.

Es war besser so. Denn Edna wusste, dass Umarmungen nur dazu führten, dass man sich verlor und sich gehenließ. Umarmungen waren etwas für Zimperliesen.

Ein Donner zerriss krachend den Himmel, und alle vier schauten hoch zu den dicken Wolken. Es war richtig dunkel geworden, das einzige Licht kam von Blitzen, die ihr zuckendes Feuer über die Hügel ergossen, dass man glaubte, es wäre Nacht. Der Regen überraschte sie mit seiner Wucht, drängte sich zwischen die Wimpern, prasselte auf die sonnenverbrannte Haut, beschleunigte den Schritt der Menschen, die auf der Suche nach Unterschlupf davonstoben und sich den Kopf mit Kapuzen, Akten und Zeitungen bedeckten, auf denen die Tropfen beim Aufprall in winzige Nebelwölkchen zerplatzten.

»Hierher!«

Alle folgten Helmut und drängten sich unter dem Vordach zusammen, von wo aus sie den grauen Himmel betrachteten und zusahen, wie die vom Wind aus den Abfalleimern aufgewirbelten Papierfetzen über das Gras rollten, sich mit dem Laub vermischten und in Strudeln und Pirouetten nach oben tanzten.

Nur Max stand etwas abseits und telefonierte.

Als er zurückkam, durch den Regenschauer vom Haaransatz bis zu den Spitzen seiner Leinenschuhe völlig durchnässt, hatten sich seine dunklen Augenringe zu schwarzen traurigen Seen ausgeweitet. »Na großartig, Signora Edna, Ihren Platz in der Seniorenresidenz hat Ihnen jetzt jemand weggeschnappt. Jemand, der ›zuverlässiger‹ ist«, zischte er wütend und ließ sich gegen die Mauer sinken.

Adele saß neben Lukas auf dem Boden. Sie sagte nichts dazu und schmollte.

»Ich habe die Polizei nicht gerufen«, beteuerte Max nun. »Wie soll ich das erklären? Aber ich hätte es besser getan. Und was deine verrückte Idee betrifft, nicht mehr umzuziehen ...«

»Nicht jetzt, Max«, fuhr sie ihm über den Mund.

Helmut und René warfen einander einen sprechenden Blick zu.

»Und mach das Handy aus, bitte«, fügte Adele kurz angebunden hinzu.

Max brachte den krächzenden Frosch in seiner Tasche zum Schweigen und fuhr sich mit den Händen übers Gesicht.

»Hier, nehmen Sie«, sagte Helmut und bot ihm eine Zigarette an.

»Ich rauche nicht«, erwiderte Max erschöpft.

»Es gibt immer einen passenden Moment, um mit etwas anzufangen«, versicherte Helmut mit einem verschwörerischen Kopfnicken in Richtung Adele, auf deren Gesicht sich Gedanken widerspiegelten, die weitaus düsterer als der Himmel waren.

Edna hingegen interessierten weder Himmel noch Regen.

Sie hatte immer noch Jacobs letzte Zeichnung vor Augen. Die Spuren, die der Graphit auf dem Papier hinterlassen hatte. Gab es wirklich immer einen guten Moment? Um aufzubrechen. Um das Gebirge zu überqueren. Um zu versuchen, die Dinge wieder in Ordnung zu bringen, dachte sie, während sie in Gedanken wieder zu der Nacht des Teufels zurückkehrte und sich fragte, wie oft sie und Jacob sich seitdem an der Steinmauer berührt hatten.

Sie wünschte sich mit jeder Faser ihres Herzens, dass er sie noch hören könnte. Dann hätte sie ihm erzählt, was sich hinter der Tür des Schuppens verbarg und warum sie sie nicht hatte öffnen können, um Emil dort allein in der Dunkelheit zu lassen. Sie hätte ihm die Angst erklärt, die sie lähmte wie einen Hasen im Kornfeld beim Klang des immer näher kommenden Mähdreschers, und danach den Mut – als die Verzweiflung jeden anderen Gedanken ausgelöscht hatte –, der sie auf einmal erfüllt und ihre Beine in Bewegung gesetzt hatte, ohne dass sie sie hätte aufhalten können. Sie hätte ihm gesagt, dass er in ihrem Herzen war. Dass er immer dort gewesen war. Und sie nie zulassen würde, dass jemand ihn dort herausriss.

Der Regen fiel schneller und verwandelte sich für Edna in Schneegestöber, René, Helmut, Adele, Lukas und Max verschwanden darin, als hätte ein Kind sie ausradiert. Und sie blieb allein zurück mit Jacobs letzter Zeichnung und ihrer letzten Erinnerung an ihn.

Die Mauer, der Karren und der Staub in der Sanduhr
Die Flucht – Dritter Teil

Edna hatte den Geruch von modrigem Stein in der Nase, die Augen voll von der Dunkelheit des Waldes. Flink glitt ihr Blick von den letzten schneebedeckten Zweigen zum Karren auf der anderen Seite der Mauer. Die Männer waren beinahe fertig mit dem Beladen, und sie hatte mindestens elfmal bis sechzig gezählt. Vielleicht nicht immer in der gleichen Geschwindigkeit, manchmal war sie schneller geworden, manchmal hatten sich die Zahlen langsamer in ihrem Kopf abgezeichnet. Denn es war eiskalt, und ihre Finger waren inzwischen hart wie Eisenstäbe. Wenn sie sie bewegte, schoss ein brennender Schmerz bis in ihre Schläfen hinauf, und sie klapperte mit den Zähnen.

Wo blieb Jacob?

Er hatte ihr gesagt, dass sie die Händler bezahlen würden, damit sie sie mitnahmen. Aber Anjas Geld hatte jetzt Bastian. Was hatte Jacob noch gesagt und ihr dabei zugezwinkert?

Wir können immer noch heimlich auf den Karren aufspringen. Und einfach weglaufen, wenn man uns entdeckt. Aber dann sind wir schon weit fort von hier. Genau das hatte er gesagt.

Hundegebell schreckte sie auf. Es war die Meute, die der Großbauer zur Hirschjagd hielt. Jacob kannte jeden Einzelnen von ihnen beim Namen, weil er ihnen manchmal das Fressen brachte. Sie dagegen kannte nur ihre roten Kiefer mit den Zähnen, die wie Fangeisen zuschnappten, sobald sie sich ihrem Gatter näherte.

Und nun konnte sie schon spüren, wie sich diese Fangeisen

in ihr Fleisch bohrten. Es fühlte sich bestimmt an wie die Sensen in jener Vollmondnacht, hatte sie gedacht, als sie die Stimmen der Knechte hörte, die ihnen folgten. Oder ähnlich dem Schmerz, den sie empfand, wenn der Knecht im Schuppen diese Dinge mit ihr machte.

Sie hatte die Fäuste geballt, die Nägel in die Handflächen gebohrt, um sich gegen die Erinnerung zu wehren, die wie Eis auf heißen Wangen brannte.

Die Männer hatten die letzten Säcke auf den Karren geladen. Gleich würden sie losfahren. Dieser Gedanke beherrschte ihren Kopf.

Sie wandte sich dem Wald zu, aus dem Hundegebell drang: Jacob kam nicht.

Was würden sie mit ihr anstellen, wenn sie sie hier fanden?

Plötzlich verwandelte sich die Angst, die ihre Beine gelähmt hatte, in Verzweiflung, in eine Kraft, die ihre Muskeln anspannte und sie losrennen ließ.

Edna rannte. Schneller als die Schneeböen, rascher als die Gedanken, die in ihrem Kopf herumwirbelten. Sie zerrte den Transportkäfig, der Rillen im Schlamm hinterließ, hinter sich her, über den Schultern den Rucksack mit Emil, der darin hin und her geworfen wurde.

Sobald sie die Rückseite des Karrens erreicht hatte, warf sie den schweren Transportkäfig hinein. Dann sprang sie hinterher und versteckte sich zwischen den Säcken, indem sie eine Decke über sich zog. Ihr Herz raste. Im Dunkeln machen einem Gedanken mehr Angst.

Wo war Jacob (zwölfmal sechzig, zwölf schnelle Umdrehungen der Uhr: zwölf Minuten ... *Kannst du gut zählen, Zimperliese?*).

Edna erinnerte sich nicht einmal, wie lange sie dort drunter verborgen lag. Sie achtete auf die Geräusche, die zu ihr drangen. Auf das erste Licht, das grau und schwach zwischen den Wolken hindurchdrang. Und sie fragte sich, ob Emil Jacob ebenfalls vermisste.

Dann ging ein Ruck durch den Wagen, und die Pferde zogen sie mit ihrer Kraft von der Mauer und von dem Wald fort, der bei jedem Huftritt kleiner wurde. Fort von dem Hof, der dort hinter den verschlungenen Ästen lag, hinter den wilden Tieren und den Geistern der Menschen, die gestorben waren. Hatte Jacob, der so schnell und schlau genug war, um den Bauern zu entkommen, so gewitzt, um die Hunde auf eine falsche Fährte zu locken, sich von den Geistern erwischen lassen, von den Schatten des Waldes?

Edna hob die Decke hoch und beugte sich vor, um besser sehen zu können, konzentrierte sich auf die Mauer. Und plötzlich sah sie, wie sich ein dunkler Fleck vom Mauerwerk löste und schnell über den Schnee auf ihren Karren zulief.

Der Schatten nahm die Gestalt von Jacob an, erhielt seine zerzausten Haare, während die Welt um ihn, die schneebedeckten Bäume, die Felsen neben dem Weg verschwammen. Wie ein Pfeil schnellte er nach vorn in dem Versuch, sie zu erreichen, streckte den Arm nach ihr aus. Doch sie sah ihn nur an. Anstatt sich hinauszulehnen und ihm auf den Karren zu helfen, der immer mehr Meter voller Schlamm und Wind zwischen sie legte, saß sie einfach starr da, gelähmt vor Furcht.

Es war Emil, der wie ein Teufel im Rucksack tobte und sie damit aus ihrer Erstarrung löste. Rasch ging ihr Blick zu Jacob: Er war so nah. Sie musste bloß die Decke zurückschlagen, sich ganz fest an den Karren klammern und sich über den Rand lehnen. Ihn packen und dann fest, so fest sie konnte, ziehen. Sie konnte es schaffen, dachte sie und holte tief Luft. Jacob schien sie ermutigen und ihr das ebenfalls sagen zu wollen. Sein schmutzverkrustetes Gesicht verzerrte sich vor Anstrengung, seine Wangen waren feuerrot, und er blickte nur auf sie. Edna dagegen sah sie, die Männer, die ihn verfolgten, und sie erschienen ihr wie losgelassene Höllengeister. Sie sah nur die Männer.

Edna hatte noch einmal all ihre Kraft mobilisiert und in ihre Knie gelenkt, um sich aufzurichten, aber bei jedem ihrer Versuche drückte sie der Wind weiter nach hinten auf den Karren. Sie versuchte es wieder und wieder, ertrug den Schmerz der Kälte und der Luft, die in ihre Haut peitschte. Sie biss die Zähne zusammen, wischte sich mit dem Arm die Haare aus den Augen und hielt sich krampfhaft aufrecht.

Sie wollte nicht zum Hof zurück. Man hatte sie mit Lügen und Betrug dorthin gebracht. Dort hatten sie einander kennengelernt, in der Dunkelheit des Schuppens, bei der anstrengenden Feldarbeit und unter den Schnabelhieben der Gänse, die sie rupfen mussten. Und sie würden gemeinsam von dort fortgehen.

Jacob war nun so nah, kurz schien sein spitzbübisches Lächeln durch die erschöpften Augen zu huschen, während ihre Finger sich beinahe berührten. Da streckte sie sich noch etwas, klammerte sich mit einer Hand am Rand des Karrens fest (wie eine Kletterpflanze mit starken Wurzeln, Edna, wie eine Pflanze, die nicht einmal der Wind aus der Erde reißen konnte), dann war der Schmerz in Millionen Flammen explodiert und hatte ihre Finger in Brand gesetzt. Eis und Schnee, die sie von Emils Transportkäfig fortgewischt hatte, hatten sich im Pullover verfangen, hingen unter ihren Nägeln, in den Schnitten, in den Wimpern, und sie sah nichts mehr.

Ein Ruck hatte sie nach vorn geschleudert, und für einen Augenblick glaubte sie schon, sie hätte ihn. Sie erahnte Jacobs Hand, es fehlte nur noch ein winziges Stückchen, und sie hätte ihn halten können. Sie hatte es fast geschafft, und Jacob würde lächeln, wie immer, wenn er wusste, dass er recht hatte, oder wenn er jemanden herausforderte – das Schicksal, das harte Leben auf dem Hof, die Knechte.

Es war nur ein Augenblick. Dann sah Edna auf und erkannte direkt hinter Jacob den Knecht aus dem Schuppen, der von ihr, von Emil und ihrem Geheimnis wusste. Sie starrte in den Schnee und witterte ihn, den ranzigen Geruch nach schmutzigen Dingen, den er verströmte.

Er starrte sie an mit Augen, in denen weder Freundlichkeit noch Verständnis lag. Sein Gesicht verzog sich genauso wie damals, als er auf ihr gelegen hatte, sich heftig bewegte und auf einmal ganz anders klang.

Da überfiel sie die Angst wie eine heftige Woge, und plötzlich zog sie ihre Hand weg, versteckte sie in der Dunkelheit. Zog sie fort von Jacob.

Sie sah, wie die Höllengeister aus dem Wald kamen und sich auf ihn stürzten, sah, wie Jacob in den Schlamm fiel.

»Edna!«, schrie er, als sie sich im Karren versteckte. Seine Stimme drang aus immer weiterer Ferne zu ihr, vermischte sich mit dem Wind, aber sie hätte sie unter den tausend Lauten der Nacht immer noch herausgehört. »Warum hast du nicht auf mich gewartet? Ich hab's geschafft. Ich war dort.« Er versank immer weiter im schmutzigen Schnee und wehrte sich nicht, als die Männer ihn mit sich schleppten. Doch sein Blick blieb an ihr haften. Und es war, als ob alle bösen Geister des Waldes ihn geküsst hätten, um ihm Atem und Seele zu rauben, um ihm all sein Glück und seine Kraft auszusaugen. Jacobs Gesicht war nur mehr eine leere, harte Maske, wie die der Knechte, die ihn fortzerrten.

Edna presste Emil an sich, während sie sich fragte, was mit Jacob geschehen würde.

Und der Schmerz, der ihr das Herz zerriss, war stärker als

jedes andere Gefühl, das sie jemals gespürt hatte, sogar als die Schatten, die sich im Schuppen auf sie gelegt hatten.

Sie hatte gelernt, den Schmerz als Sehnsucht, Gewissensbisse, Schuldgefühl zu bezeichnen. Aber er würde nie mehr verschwinden. Er würde immer dortbleiben und seine kalten Finger in ihr Herz bohren, während sie sich wie seither in jeder Nacht fragte, wie sie das wiedergutmachen konnte. Und sie fühlte sich schmutzig wie ein Dieb dafür, dass sie Jacob Emil weggenommen hatte. Wie eine verlogene Hexe, weil sie ihr Versprechen gebrochen hatte.

52

Der Papagei, der sich für eine Gans hielt

Mit den letzten Regenwolken, die weiter nach Süden rollten, und der Landschaft, die ihnen im Seitenfenster hinterherkam, verschwand auch ihre letzte Erinnerung an Jacob.

»Er hat also auf Sie gewartet, weil er dachte, Sie wären noch dort im Wald?«, fragte Lukas, der hinten im Wagen neben ihr saß, mit großen Augen, die Hand fest um das Smartphone geschlossen.

Max fuhr, Adele war an seiner Seite. Beide hatten seit der Abfahrt kein einziges Wort mehr gesagt.

Edna nickte. »Er hat sein Versprechen gehalten: Wir würden zusammen weglaufen. Und er hat bis zum letzten Moment auf mich gewartet, bis er schließlich meinen Kopf aus dem Karren herausgucken sah. Da hat er versucht, zu mir zu kommen, und ist so schnell gerannt wie noch nie in seinem Leben. Aber dann ... ist es so gekommen, wie es kam.«

Sie hatte ihre Hand zurückgezogen, bevor die Männer ihn ergriffen, und sich eng an Emil gedrückt. Er war das Einzige, was ihr noch von Jacob geblieben war. Abgesehen von den Albträumen, die sie von da an in der Nacht quälten, und den Erinnerungen, die sie im Sommer heftiger überfielen, wenn sie den Schuppen wieder vor sich sah, die nackten, sonnenverbrannten Rücken und die aufblitzenden Sicheln, und auf ihrem Körper, zwischen ihren Schenkeln, das Gewicht des Knechts spürte. Dann sah sie auch Anjas Gesicht vor sich, wie es in der Wanne mit dem Korn versank und von dem Abgrund verschlungen wurde. Und Bastian, der mit ihr die Schweine fütterte. Natürlich auch Jacob. Aber niemals jene Nacht, die für sie immer so undeutlich geblieben war wie das Bild auf einem alten Fernseher und sich bis vor kurzem nie mehr zu einem so klaren Ganzen zusammengefügt hatte, dass es weh tat.

»Was ist mit Jacob passiert?«

»Er wurde zurück zum Hof gebracht. Dann kam der Krieg.« Der Krieg erreichte sogar diesen Hof, auf dem sich Edna keinen schlimmeren Schrecken hätte vorstellen können, als den, den sie selbst erlebt hatte. Doch einen solchen gab es, und die Wut des Krieges hatte sich auf die Felder entladen, auf denen sie sich den Rücken krumm geschuftet hatte. Er hatte schwarze Witwenschleier mitgebracht, in die Abschiede und Verzweiflung verwoben waren. »Als er vorbei war, hat Jacob begriffen, dass diese Welt, die in Trümmern lag, nicht seine Welt war.« Weder interessierte sie ihn, noch verstand er sie, schließlich hatte er immer in den Bergen gelebt, und dort gab es keine Grenzen. »Er hat sich seinen eigenen Platz gesucht und gefunden, möglichst nah am Wald, und ist nur sich selbst treu geblieben.«

Die Krankenschwester hatte ihr einige Details aus Jacobs Leben erzählt, bevor sie sich voneinander verabschiedet hatten und Edna das Krankenhaus verlassen hatte. Doch dann war sie ihr noch mit hochroten Wangen nachgerannt, um sie verlegen zu fragen, ob Emil wirklich der Paradiesvogel sei, von dem alle sprachen. Die junge Frau hatte eins und eins zusammengezählt, seine Farben und die unverwechselbare Gestalt auf Jacobs Zeichnungen miteinander verglichen, und da hatte es klick gemacht, als würde man einen Schlüssel ins richtige Schloss stecken. Aber das wäre ja vollkommen verrückt, hatte sie gesagt, viel zu ... »Wow!« – sie riss die Augen weit auf –, um wahr zu sein. Aber wenn es stimmte ...

Edna hatte die Lasche der Tasche hochgehoben und einen verschwörerischen Blick mit Emil gewechselt.

»Ja, so hat man ihn genannt«, hatte Edna gesagt und weiter in Emils dunkles, kluges Monokelauge gesehen, während sie daran denken musste, wie viel Unheil dieses zerrupfte Vogelvieh schon angerichtet hatte, seit sie ihn kannte. Er war schlimmer als der Teufel. Aber zwei Kinder, die in einem Hof am Waldrand gefangen waren, hatten an ein Märchen geglaubt und sich in den Kopf gesetzt, sich das Paradies zu nehmen.

Helmut und René, die dem grünen Wagen nachfuhren, kamen mit den Motorrädern an das Fenster heran, hinter dem Edna saß.

Lächelnd legten sie zum Abschied die Handkante an die Stirn, ein Gruß, den sie wiedererkannte und der ihr inzwischen selbst recht gut gelang. Das war ihre Art, einander viel Glück zu wünschen, während man gleichzeitig die Strecke im Blick hatte, die es noch zu bewältigen galt. Um zurückzuschauen, gab es den Spiegel, aber der diente nur dazu, sich den Rücken freizuhalten, vor allem von den Bullen. Das Abenteuer dagegen lag immer nur vor einem. Man musste es mit dem Fahrtwind aufnehmen, der einem ins Gesicht blies und einen herausforderte, schneller zu fahren.

Dass sie ja noch Helmuts Tasche hatte, fiel Edna erst in dem Moment ein, als sein Motorrad sich von der Seite des Wagens löste und vor ihm elegant in die Kurve legte, um sich schnell zu entfernen.

Würde sie je einen Weg finden, sie ihm zurückzugeben?

Edna sank tiefer in den Sitz und fragte sich, ob denn jede ihrer Reisen damit enden musste, dass sie etwas mit sich nahm und dann das Gefühl hatte, sie müsse es dem rechtmäßigen Besitzer zurückgeben.

An der nächsten Tankstelle hielten sie an. Max stieg aus dem Wagen, und Adele folgte ihm auf dem Fuß.

Sie durch die Fensterscheibe zu beobachten, wie sie heftig diskutierten – Max, der mit dem Zeigefinger die Brille nervös auf der Nase hochschob und dann verlegen auf seine Schuhspitzen sah, Adele, die die Augen verdrehte –, war, als würde man sich im Kino einen Stummfilm ansehen. In der ersten Reihe.

»Was machen die zwei?«

»Sie streiten sich. Erwachsene streiten sich immer«, erklärte Lukas stöhnend. »Genau wie Mama und Papa. Die haben sich auch immer gestritten. Diesmal ist es aber meine Schuld.«

Emil war aus der Tasche geschlüpft, unter Zuhilfenahme seines Schnabels auf Ednas Arm geklettert und knabberte nun an ihrem Ohr, demjenigen, wo ihr die Sichel ein Stückchen abgeschnitten hatte.

»Ich habe Oma gesagt, wo Sie sind, und Opa habe ich die Fotos gezeigt.«

»Welche Fotos?«

»Die von Ihnen mit den Hippies, Sie und Emil in dem Oldtimer, Emil und die Frau mit den komischen Haaren, die ... die ...«

»Schamanin.«

»Genau, Schamanin, und ...«

»Schon gut, schon gut, mein Junge, das reicht. Ich glaube, die hat mir schon jemand gezeigt.« Und das war äußerst peinlich für sie gewesen.

»Also ich glaube ja, Opa hat gedacht, Sie hätten den Verstand verloren, und deshalb müsste er kommen, um Sie zurückzuholen. Eigentlich sollte Oma das ja tun, aber die ist nicht gut in solchen Sachen. Sie kann sich nie entscheiden. Außerdem steckt Opa ganz schön in Schwierigkeiten. Oma auch, aber das weiß sie noch nicht.«

Edna beobachtete durch das Seitenfenster, wie Adele einen Schwamm in einen Eimer mit Wasser tauchte, um damit die Windschutzscheibe zu säubern. Doch als Max auf sie zukam und ihr etwas auf seinem Smartphone zeigte, ließ sie ihn fallen. Ihre Arme sanken kraftlos an den Seiten herunter, und die Brille, die ihr ganz schief auf der Stirn gesessen hatte, fiel ebenfalls, und sie erstarrte.

»Ich glaube, jetzt weiß sie es«, meinte Edna. »Was für Schwierigkeiten?«

»Opa hat eine Menge Sachen für das neue *Bed & Breakfast* gekauft, für die Bar und das Restaurant. Und Solarpaneele. Kilometerweise«, sagte Lukas und breitete die Arme aus, um zu zeigen, wie viele es waren. »Wussten Sie, dass man in Afrika mit Solarpaneelen 600 Millionen Menschen mit elektrischem Strom versorgen könnte?«, erklärte er mit leuchtenden Augen, doch Edna wirkte nicht interessiert. »Na, egal. Also, er hat jetzt diese Paneele, und wenn Oma nicht mehr umziehen will, weiß ich nicht, wozu er die noch braucht. Und er weiß es auch nicht. Vielleicht sollte er die nach Afrika schicken. Aber er hat das alles schon im Voraus bezahlt, damit er eine Förderung bekommt. Und seinen Job hat er auch schon vor einiger Zeit gekündigt. Und er hat Oma nichts davon erzählt. Aber jetzt vielleicht«, sagte er, während sie beobachteten, wie Adele Max anstarrte, der ununterbrochen auf sie einredete. Und je länger er mit Gesten seine Ideen und Pläne darstellte und sich ereiferte, desto blasser und nachdenklicher wurde sie.

»Und warum sollte Adele denn nicht umziehen?«

»Ihretwegen. Sie will Sie nicht im Stich lassen.«

Eine bleierne Traurigkeit überfiel Edna. Auch Adele versteckte sich hinter einer Mauer, ganz genau wie sie selbst. Sie sah auf das Leben jenseits dieser Grenze aus moosbewachsenen Steinen und dann zurück auf ihres, das sie verlassen sollte, auf ihre Pflichten und die Versprechen, die sie sich selbst gegeben hatte, und war nicht in der Lage, sich zu bewegen und eine Entscheidung zu treffen.

»Ihre Mutter ist in einer Klinik für Verrückte gestorben, und sie sagt immer, dass man die Menschen, die man liebt, nicht im Stich lässt. Und dass sie das nie mehr tun wird. Sie sagt, alles kommt früher oder später zu einem zurück. Es ist alles ein ewiger Kreislauf ... Ich glaube, das liegt an ihrem Karmadings: Von wegen jedes Ereignis ist umkehrbar, alles wiederholt sich ... so ungefähr wie in der Quantenphysik oder dem Zyklus der Epochen.«

»Du bringst einen ganz schön durcheinander, mein Junge.« Edna war schon ganz schwindelig. Emil war jetzt von ihrer Schulter heruntergeklettert und verfolgte hochkonzentriert Lukas' gestikulierende Hände.

»Haben Sie schon die Fotos vom *B&B* gesehen? Das war früher das Haus von Tante Ruth.«

Edna schüttelte den Kopf.

»Ich zeig sie Ihnen. Es ist wunderschön dort, so von Wald umgeben ... und es gibt auch einen Bach. Überall Nuss- und Apfelbäume. Ich habe noch nie so viele auf einem Haufen gesehen! Aber trotzdem ist es gar nicht so weit in die Stadt.«

»Nussbäume«, wiederholte Edna nachdenklich. Es war wirklich ein hübsches Fleckchen Land, so zwischen Wald und Wiesen.

»Ja, Emil mag doch so gern Nüsse. Können Sie sich vorstellen, wie er sich dort vollstopfen würde!«

»Alle Papageie sind ganz wild danach. Ich weiß auch nicht, warum. Denn im Regenwald gibt es gar keine!«

»Doch, schon. Palmnüsse.«

»Ich glaube kaum, dass die genauso schmecken.«

Edna sah, wie Lukas in schwindelerregendem Tempo Buchstaben eintippte und mit Daumen und Zeigefinger über das Display strich. Hin und wieder dachte sie über die Worte des Jungen nach, die für sie keinen Sinn ergaben, und an das, was sich gerade vor dem Auto abgespielt hatte. An den Streit von Max und Adele, Adeles Weigerung umzuziehen und den ganzen Schlamassel. Der Ort, an dem sie seit einer Ewigkeit gelebt hatte, existierte nicht mehr, Max hatte ihn für einen Traum zerstört, den seine Frau nicht teilen wollte. Der Anruf, durch den sie dem Zimmer im Altersheim entgangen war, wurde jetzt Adele zum Verhängnis.

»Lukas, du hat mich also damit gefunden?«

»Klar. Man muss nur Ihren Namen und den von Emil eingeben. Sie haben viele Follower, wissen Sie das?«

»Und wenn du jetzt nach ›Jacob Kneip‹ suchst ...«

Lukas hielt inne und sah sie verlegen an. »Ihrem Freund, der gestorben ist?«, fragte er, als wolle er sagen, dass man einen Toten nirgendwo mehr finden konnte. Aber er hatte nicht den Mut, das auszusprechen.

»Genau den.«

Mit zusammengepressten Lippen gab Lukas den Namen ein. Das Display leuchtete auf und füllte sich mit Buchstaben, die er schnell durchscannte.

»Da haben wir ihn! Schauen Sie!« Lukas gab ihr das Smartphone, und Edna las jede einzelne Zeile, wobei sie sich mit dem Daumen behalf, um nicht zu verrutschen. Sie beugte sich mit dem Gesicht so dicht über das Display, dass sie seine warme Oberfläche spüren konnte.

Der Artikel schilderte das Gleiche wie der in der Zeitung, die René ihr gebracht hatte. Aber darunter fand sie noch etwas anderes. Unter der Nachricht von seinem Tod und den Erinnerungen seiner Familie.

»Krass, was? Hier findet man alles!«, sagte Lukas mit einem triumphierenden Lächeln. Selbst wenn es sich um alte Nachrichten über den Freund handelte, schien Edna glücklich darüber, sie zu lesen. Außerdem war die letzte noch gar nicht so lange her.

»Hm ...«, murmelte sie in Gedanken vertieft. Alles war ein Kreis, ein vollkommener Kreis ... Was hatte der Uhrmacher noch mal gesagt? »Lukas, was hast du damit gemeint, dass sich alles wiederholt?«, fragte Edna, den Blick weiter auf das Display gerichtet, das sich in ihren Brillengläsern spiegelte, während sich in ihrem Kopf eine Idee formte.

Der Junge zuckte mit den Schultern. »Keine Ahnung ... Dass jedes Ende irgendwie der Anfang von etwas anderem ist. Wie bei einem Kreis, glaube ich.«

Als Max und Adele wieder in den Wagen stiegen, versank Adele tief im Sitz, Max seufzte einmal tief und rang sich ein gequältes Lächeln ab. Ednas Augen hingen gebannt am Seitenfenster auf der Suche nach irgendetwas, was zwischen den grünen Hügeln und dem wieder strahlend blauen sonnigen Himmel auftauchen würde, an dem die Wolken vom Westwind getrieben ihre Bahn zogen. Ihr Blick folgte einer Windmühle und einem gedrungenen Betonturm. Es gab noch mehrere davon, doch als Edna diesen einen Turm dort auf dem Hügel entdeckte, begann ihr Herz wie wild zu klopfen.

»Dort drüben war der Hof«, sagte sie und zeigte auf ein Waldstück, aus dem ein orangefarbenes Dach hervorsah. Ihr kam es so vor, als könnte sie den weißen Betonturm (quadratischer Grundriss, ein Fenster) berühren, der die Elektrizität gebracht hatte, indem sie mit dem Zeigefinger den Umriss bis ganz oben nachzog (rotes Ziegeldach, geformt wie eine spitz zulaufende Mütze ohne Schirm). Doch ihre Fingerkuppe wurden von dem kalten feuchten Glas des Seitenfensters blockiert, das ein unüberwindliches Hindernis zwischen ihr und der Vergangenheit bildete. Edna erfasste ein seltsames Schwindelgefühl, das sie zu dem Hügel hinzog und sie gleichzeitig abstieß, als stünde sie am Rand eines Abgrunds, die Spitzen der schweren Schuhe schon im Leeren und die Fersen noch fest auf dem Boden.

»Können wir hinfahren?«, rief Lukas aus.

Max schüttelte den Kopf. »Wir haben noch einen weiten Weg vor uns. Ich halte das für keine gute Idee.«

Adele warf ihm einen schiefen Blick zu. »Wenigstens das, Max.«

Sie parkten unter einem ausladenden Kirschbaum, der Edna nur zu vertraut war. Zärtlich strich sie über seine zerfurchte, von Insekten bewohnte und von der Sonne ausgetrocknete Rinde und nahm mit geschlossenen Augen den Geruch nach Pflanzensaft in sich auf. Gern hätte sie die Schuhe ausgezogen und das sanfte Kitzeln des Grases an ihren Knöcheln gespürt.

Max stand mit verschränkten Armen da, er hatte den Kopf schief gelegt und konzentrierte sich darauf, herauszufinden, wie viele Tassen überhaupt noch in diesem kranken Hirn vorhanden waren. Vielleicht dachte er jetzt das Gleiche wie sie, als sie eines Morgens nach dem Aufwachen den Kopf aus dem Zelt gesteckt und Priska dabei überrascht hatte, wie sie einen Baum umarmte.

Alle vier blieben oben auf dem Hügel stehen und schauten hinunter, dorthin, wo die Sonne goldene Schatten verbreitete und sich dann in der Dunkelheit des Waldes verlor.

Max legte schützend eine Hand über die Augen. Zum ersten Mal lächelte er wieder.

Adele und Lukas sahen einander verwirrt an.

Mit angehaltenem Atem blickte Edna hinunter auf bunte Sonnenschirme und lange Holztische, an die hübsche Mädchen in Dirndln Bierkrüge brachten. Etwas weiter hinten stiegen einige Kinder auf stämmige gescheckte Ponys. Frauen auf Liegen nahmen ein letztes Sonnenbad. An einem Teich saßen Männer und angelten.

»Signora Edna, Sie haben uns ja verschwiegen, dass Sie in einer Fünf-Sterne-Ferienanlage gearbeitet haben«, rief Max fröhlich.

Daraufhin warfen Adele und Lukas ihm einen sprechenden Blick zu, der ihn verstummen ließ.

»Es sieht alles ganz anders aus«, flüsterte Edna.

Der Hof bestand noch immer aus dem langen gedrungenen Hauptgebäude, das in der Mitte geteilt war, ganz so wie in ihrer Erinnerung. Doch die Hälfte mit dem Schlafraum der Kinder, der an die Verschläge für die Tiere, die Ställe und den Heuschober grenzte, hatte jetzt große Glasfenster, in denen sich das Grün der Wiesen und die Hügel spiegelten. Der Teich war gesäubert worden und nun so klar, dass man die Forellen dort ab und zu mit den glitzernden Schwanzflossen aus dem Wasser schnellen sah. Die alten Holzzäune, hinter denen nur schlammiger Boden gewesen war, umgaben jetzt frisch gemähten Rasen, der so gleichmäßig war, dass er aussah wie Teppichboden in einem Einkaufszentrum.

Emil machte einen Satz von ihrer Schulter auf den Boden. Er glättete seine von der ungeschickten Landung zerrauften Federn und hüpfte auf die Gänse zu, schöne weiße Tiere, nicht schlammverkrustet wie früher (und sie hatten noch all ihre Federn!). Doch diese flohen vor ihm und flüchteten sich in einer Wolke aus Staub und lautem Geschnatter hinter den Schuppen.

»Signora Edna, haben Sie das gehört?«, rief Lukas vollkommen überrascht. »Emil macht die Gänse nach!« Doch dann korrigierte er sich und schüttete sich aus vor Lachen, als er sah, wie der Papagei den Hals reckte und über die Wiese watschelte: »Nein, er glaubt, er ist selbst eine!«

Edna lächelte wissend. Emil war ja mitten unter Gänsen aufgewachsen, und dort hatten sie ihn irgendwie aufgezogen. Und ihn gerettet.

»Emil war erst ein Paradiesvogel und gleich danach eine Gans. Ich weiß nicht, ob er sich je so richtig als Papagei gefühlt hat.« Noch nie hatte sie Emil so lebhaft und glücklich gesehen.

Edna nutzte die Zeit, in der Max und Lukas an einem der langen Holztische Brotzeit machten und Adele sich die Beine vertrat.

Sie hatte nicht nur Jacob für immer verloren, auch ihre gemeinsame Vergangenheit war ausgelöscht worden und existierte nicht mehr. Schon im Laufe ihrer Reise hätte sie begreifen müssen, dass die Welt sich weitergedreht hatte, während sie sich in ihrem Haus hinter den Kletterpflanzen verschanzt hatte.

Sie lief über lange Wege, die zwischen Beeten und Wiesen mit angepflanzten Blumen hindurchführten (gelbe Margeriten und Ranunkel, Fliegen-Ragwurz, Holunder-Knabenkraut und Breitblättriges Knabenkraut, rosa Lungenkraut, Schafgarbe und überall kleine Büschel Löwenzahn). Ihre Erinnerung schob sich über die Gegenwart und löste sie auf. Der Duft nach Sonnencreme verflog immer mehr, während sie nun wieder der intensive Stallgeruch einhüllte, der stechende Gestank nach Heu kehrte zurück und biss ihr in der Nase. Ihr Fuß sank im Schlamm ein, obwohl unter ihren Schuhen nur Gras war. Ihr Blick blieb am Holzverschlag hängen, an den gleichmäßig aufgestapelten Scheiten, zwischen denen langbeinige

Spinnen ihre Nester woben, wo sie eigentlich freie Sicht auf die ebenen Felder hätte haben sollen, durch die sich jetzt Fahrradwege zogen. Sie musste sich setzen, in ihrem Kopf pochte es qualvoll nach all der Anstrengung, und ihr launisches Bein fühlte sich an, als wäre jeder einzelne Muskel darin durch einen Fleischwolf gedreht worden und nie mehr zu gebrauchen. Auch wenn man ihr im Krankenhaus gesagt hatte, sie müsse nur eine Weile entzündungshemmende Medikamente nehmen und solle das Knie beobachten.

Sie zog die schweren Schuhe aus, nachdem sie sorgsam die Schnürsenkel gelöst hatte (Doppelknoten, falls man schnell weglaufen musste ...) und ging quer über die Wiesen und Felder. Dort pflückte sie einen kleinen Strauß aus Raps und orangefarbenen Blüten, die so ähnlich aussahen wie Färberdistel. Und Mohn so rot wie das Blut und das Herz. Die Blumen des Vergessens und des Todes. Und dennoch schauten ihre Köpfe zwischen den Ähren hervor, als wollten sie gefunden werden. Edna band die Blumen mit einem Stängel Schlangen-Knöterich straff zusammen. Dann ging sie um den Teich und auf den Kornspeicher zu, in dem hinter großen Glasfronten weitere Gästezimmer untergebracht waren.

Mit wild klopfendem Herzen sah sie sich nach dem Schuppen um. Und fand die Tür. Das Holz ihrer Bretter war mit der Zeit grau geworden, von weißen Streifen durchzogen wie eine Hexenmähne. Der Schuppen lag abseits der Bereiche für die Feriengäste und vom geschäftigen Treiben in den Küchen, hier war kein Kinderlachen zu hören. Weit weg von der Sonne, bereits im Bann der ersten Bäume am Waldrand, im Schatten ihrer nach Harz duftenden Zweige. Edna blieb davor stehen wie vor einem Grabstein, dessen Inschrift sie lesen musste. Schweigend und ohne zu atmen. Als sie sich langsam von der ersten Annäherung erholt hatte und ihr Blut wieder durch die

Adern fließen spürte, strich sie behutsam über die Ränder der Tür und ließ zu, dass sie ein in dieser Art nicht vorhersehbares Verständnis für diesen Ort erfüllte, dem einzigen Winkel der früheren Welt, der gemeinsam mit ihr überlebt hatte.

Während sie die Finger spreizte und sie sternförmig gegen die Holzbretter legte, sah sie die Hand mit Erdrändern unter den Fingernägeln eines kleinen Mädchens vor sich, die ebenso zitterte wie ihre jetzt. Sie schloss die Augen und ließ sich von der Dunkelheit der Nacht einhüllen, obwohl das Blut in ihren Adern zu Eis gefror. Sie versuchte, sich an Jacobs Hand zu erinnern, die auf ihrer Schulter gelegen hatte, und fühlte sie genauso warm wie damals. Wie seine Stimme, deren Hauch sie zart an ihrem Hals spürte, und die sie einhüllte wie in einen Traum. »Ich hab immer gewusst, dass du Mut hast, Zimperliese. Aber nicht genug«, sagte Jacob lachend. »Bleib bei mir, dann wird dir nichts Schlimmes geschehen. Nie wieder.« Edna berührte ihre Wange genau dort, wo sein Kuss sie gestreift hatte. Den sie nie erwidert hatte. Sie öffnete die Augen und sah sich um.

Altmodische Motorräder und Autowracks türmten sich neben neuen Wagen, deren Karosserien blitzten. Eine Reise durch die Zeit, dazu der Geruch nach eingetrocknetem Öl und Benzin.

Sie dachte nicht an den Knecht, an die Schokolade, die im Heu versteckt war, nicht an das Licht, das wie eine seidene Schlinge durch das Fenster hereinfiel, sondern an Jacob und was er hier alles gefunden hätte. Mit welchem Schatz wäre er wohl aus dem ganzen Gerümpel aufgetaucht? Sie lächelte noch darüber, als sie einen Schatten bemerkte, dessen dunkle Silhouette sie unverzüglich wieder in die Angst zurückkatapultierte und erstarren ließ.

Der Griff an ihrer Schulter allerdings war sanft, wie eine Liebkosung, und sie drehte sich um.

Adele sah ihr lächelnd ins Gesicht.

»Es ist nicht so, wie Sie es sich vorgestellt haben, stimmt's?«

Edna schüttelte den Kopf. »Eigentlich nicht«, sagte sie seufzend. Sie richtete sich auf und lächelte ebenfalls. »Zum Glück ist es viel besser!«

Lautlos schloss Edna die Tür hinter sich. Sie wusste, dass man Geister besser nicht aufweckte, und die, die hier eingesperrt waren, würden sicher noch lange Zeit schlafen. Doch sie glaubte nicht, dass sie noch die Kraft hätten, sie zu quälen. Zumindest nicht mehr als ihre alten steif gewordenen Muskeln, dachte sie, während ihre Seele nun endlich wieder Ruhe fand.

Schwer auf ihren Stock gestützt lief sie mit Adele den Hügel wieder hinauf, wobei sie ihr schmerzendes Bein nachzog. Es wurde Abend, ein leichter Wind strich durch die Zweige, brachte den Geruch nach Blütenpollen mit und Abkühlung von der Nachmittagshitze.

Edna legte den kleinen Strauß unter dem Kirschbaum ab. Für Anja, für Bastian und alle anderen Schwabenkinder.

»Tausende Kinder – viertausend jährlich, wenn die Zeiten sehr hart waren, aber viele kamen mit Schmugglern, so dass man nicht weiß, wie viele es waren – sind drei Jahrhunderte lang über die Berge hierhergekommen. Kinder zwischen fünf und fünfzehn Jahren aus dem Tessin, aus Italien und dem Süden Österreichs verließen ohne ihre Eltern, einen Rucksack auf dem Rücken, ihre bettelarmen Dörfer und Familien, die sie verkauft hatten, um auf den reichen Höfen in Oberschwaben zu arbeiten«, erzählte Edna, deren Gesicht von den Schatten des Kirschbaums belebt wurde. »Manchmal begleitete der Dorfpfarrer sie« – wie Padre Gianni bei ihr – »und die Hütekindervereine beschützten sie nach ihren Möglichkeiten, um die Gefahren zu minimieren. Aber dann kamen die Faschisten, die Zwangsitalianisierung, die Einführung der Schulpflicht, und alles wurde anders. Die Vereine lösten sich auf. Doch Traditionen verschwinden nicht so einfach, Adele. Sie überleben mit den Umständen, aus denen sie entstanden sind: Armut und Verzweiflung.« Daher war Padre Gianni auch damals noch ins Dorf gekommen, weil er den Ärmsten unter den Bauern helfen wollte. Heimlich hatte er deren Kinder eingesammelt, und viele hielten das für eine gute Lösung, denn sie kannten die Wege noch. Und erinnerten sich an das, was die zurückgekehrten Kinder erzählten. Auch wenn sich nicht alle gern daran erinnerten und so mancher runde Mädchenbauch unter schweren Winterjankern versteckt und ihre Papiere zusammen mit all den nie entzündeten Geburtstagskuchenkerzen verbrannt wurden. Aber Leben zu schenken war immer noch besser, als zu bleiben und zu sterben.

Edna hatte nie Padre Gianni die Schuld gegeben, denn wenn sie jetzt darüber nachdachte, war er gut zu ihr gewesen. Obwohl er ihr diese Ideen über die Hölle und deren Teufel eingetrichtert und ihr die Märchen genommen hatte. Und er hatte sie gezwungen, sich im eiskalten Wasser zu waschen und sich die Haut mit Hirsebüscheln zu schrubben, um die Sünde Evas abzuwaschen, das schwere Erbe der Frauen. An manchen Abenden, wenn sie auf hohen Felsen über einem Abgrund aus Wolken um das Feuer saßen, nahm er eines der Kinder in die Arme und drückte es an sich wie ein guter Vater. Der Vater, den er nie gehabt hatte, wie er dann erzählte, da er noch jung aus dem Haus musste, um im Konvikt zu lernen. Dort mussten sie ihn nicht sehr nett behandelt haben, denn sein Gesicht sah immer ganz traurig aus, wenn er sich an die Jahre dort erinnerte.

Padre Gianni hatte wirklich daran geglaubt, dass diese Kinder auf den Höfen auf der anderen Seite der Wolken, die sich bei Sonnenuntergang purpurn färbten wie ein Wunder Gottes, Familien finden würden, die sie liebevoll aufnahmen und ihnen ofenwarmes Brot zu essen gaben.

Vielleicht hatte Padre Gianni ja Märchen genauso geliebt wie sie selbst. Auch wenn er andere Namen dafür erfand und es weder Prinzessinnen noch Schlösser darin gab. Nur Felder, die es zu pflügen galt, und Arbeit, die den Herrn mit Stolz erfüllen würde und durch die man noch tugendhafter wurde.

»Sie haben in all den Jahren nach Jacob gesucht. Dazu brauchten Sie also die Ausgaben des *Stern* …«, sagte Adele ganz leise.

»Und es war so knapp, aber wir haben uns wieder verloren.«

»Und was wird jetzt?«

Edna wusste, dass diese Frage nicht ihr galt, sondern Adele selbst. Sie fragte sich, welche Richtung nun ihr Leben nehmen würde, da sie durch einen absurden Zufall an eine alte mürrische Frau mit zotteligen Haaren gefesselt war, die mit einem Papagei redete, der genauso altersschwach war wie sie.

Ednas Blick ging zu dem Blumenstrauß auf dem Boden unter dem Kirschbaum, auf dem auch Jacob und sie nebeneinander gelegen und nach oben gesehen hatten, um die Blätter an seinen höchsten Zweigen zu zählen oder den Wolken Namen zu geben.

Der Himmel war noch über ihr, sie sah Ausschnitte von klarem, im Regen gereinigten Blau, die sich in den Rot- und Gelbtönen der Abenddämmerung färbten. Langsam ging die Sonne hinten am Horizont unter, für eine Nacht weit genug entfernt von den Menschen und ihrer Sucht, zu ihrem Licht zu gelangen.

Edna fragte sich, was mit Ikarus geschehen wäre, wenn ihm sein Vater nicht die Angst vor der Sonne eingegeben hätte. Wenn diese Scheu, sich der Sonne zu nähern, sein Herz nicht mit einer gewissen Anziehung erfüllt hätte, die ihn wie ein Strudel erfasst hatte. Angst ist ein Ungeheuer, das Dinge und Worte vergrößert und sie in Netze verwandelt, in denen wir uns schließlich verheddern. Angst ist auch der heiße Atem der Sonne, die unsere Flügel verbrennt und unseren Flug jäh beendet.

»Es wird all das geschehen, was wir selbst wollen, Adele«, sagte sie und suchte lächelnd ihren Blick.

»Manchmal habe ich Angst.« Adele schaute auf zu den weißen Spuren, die die Flugzeuge am Himmel hinterließen, und fragte sich, wohin ihre Reise ging. Wo landeten eigentlich all die Flugzeuge, die wir nicht bestiegen, sondern von denen wir nur die Spuren am Himmel sahen?

»Ich habe keine Angst mehr.« Nun sah Edna ebenfalls hoch zu den Flugzeugen. »Wie lange dauert eigentlich ein Flug nach Russland? Ein Freund hat mir gesagt, dorthin ist es sehr weit. Aber ich glaube, für mich ist es das gar nicht mehr.«

»Zeit für die Weiterfahrt«, rief Max fröhlich. Obwohl er müde war – die in Senf getunkten Würstchen und das mit Bier gekochte Sauerkraut lagen ihm schwer im Magen –, konnte er es kaum erwarten, wieder nach Hause zu kommen und dieses unangenehme Abenteuer hinter sich zu lassen.

Edna hingegen musste an den Artikel denken, den Lukas ihr auf dem Smartphone zu lesen gegeben hatte. Und die Idee, die dabei in ihrem Kopf Gestalt angenommen hatte, schien ihr nun der einzig gangbare Weg für sie.

»Ich brauche Zeit, Max. Nur noch einen Tag«, sagte sie stolz und entschieden.

53

Tag 9 – Distanz: 0 km

Sie hatten in einer Pension in der Umgebung von Ravensburg übernachtet. Lukas und Adele hatten die Kursänderung begeistert und auch mit Erleichterung aufgenommen. Letzteres galt vor allem für Adele, weil sie nun alle Entscheidungen auf den nächsten Tag verschieben konnte. Und vielleicht um noch einen weiteren.

Max hatte sich mit ihrem Enthusiasmus abfinden müssen und auch mit Ednas Blick, der ihm – er konnte gar nicht genau sagen, warum – Unbehagen bereitete.

Ein Stockwerk von Edna entfernt, hatte der Schlaf Max nicht wie erhofft in seine Arme geschlossen. Es war spätnachts, die Stunde des Teufels und der Hexen, und er saß immer noch unten im Garten auf einer Bank, um ihn herum Margeriten, Käuzchen- und Eulenrufe, Grillenzirpen und die Laute von anderen Insekten und Wildtieren. Da hieß es doch immer, der Wald wäre still und auf dem Land hätte man seine Ruhe. Nervös nestelte Max eine Zigarette aus dem Päckchen, das Helmut ihm geschenkt hatte.

Plötzlich hörte er Schritte, zu denen sich das Ticken des Wanderstocks gesellte, und als er in Ednas Gesicht blickte, trug das nicht gerade dazu bei, ihn zu beruhigen.

»Können Sie auch nicht schlafen?«, fragte er und zog an der Zigarette, worauf er husten musste. »Ich nehme mal an, dass

Sie viel zum Nachdenken haben. Ich an Ihrer Stelle hätte auch ein schlechtes Gewissen. Da haben Sie ja was Schönes angerichtet.« Er fixierte einen Punkt irgendwo vor sich. »Adele will nicht mehr umziehen. Sind Sie jetzt stolz auf das, was Sie getan haben, Edna? Sollten Sie aber nicht, oder?«, sagte er und richtete sich auf, als sie sich neben ihn setzte. »Jeder spricht über Ihre Geschichte, fragt sich, wer Sie sind und wieso Sie mit einem Papagei die Berge rauf- und runterwandern und wie ein Kobold durch Wälder und Felder streifen. Und meine Familie ist von Ihnen wie verhext. Adele und Lukas glauben, Sie wären wehrlos, und möchten sie beschützen. Sie sind von Ihrer Vergangenheit fasziniert.« Na ja, Lisa wenigstens nicht, dachte Max und wünschte sich fast in eine ihrer Aufführungen zurück. »Wissen Sie, dass Adele Ihretwegen sogar die Premiere ihrer Tochter verpasst hat? Und ich verrate Ihnen noch etwas: Ohne Adele ist die ganze Sache mit dem *Bed & Breakfast* sinnlos. Ohne sie ist überhaupt alles sinnlos«, sagte er ganz leise und drückte die Zigarette aus. Aber sie glomm weiter, und da zerquetschte er sie so heftig, dass aus dem Aschenbecher ein beißender Rauch nach verkohltem Kunststoff und Teer aufstieg.

Edna goss etwas Wasser aus ihrem Glas darauf. Zischen erlosch die Glut, und eine dünne Dampfschwade erhob sich.

»Ich bin sicher, dass es sich wirklich rentieren wird.«

»Was meinen Sie?«

»Das *Bed & Breakfast*. Ihr solltet dabei aber ein paar Kleinigkeiten beachten. Am Anfang müsst ihr dafür sorgen, euren Bekanntheitsgrad zu erhöhen und natürlich Qualitätsprodukte anbieten, die nicht so leicht zu finden sind. Zum Beispiel Kilepitsch«, sagte sie und zwinkerte ihm zu. »Ich kenne da jemanden, der euch ein paar Flaschen besorgen könnte ...«

»Sie meinen ...«, gab Max tonlos von sich. Er starrte ins Leere und fragte sich, was zum Teufel Edna da redete und worauf sie hinauswollte.

»Absolut. So sind die Regeln des Marketings. Regel Nummer eins: immer auf der Höhe der Zeit sein. Regel Nummer zwei: den Bekanntheitsgrad steigern. Regel Nummer drei: die Botschaft einfach, aber effizient vermitteln. Regel Nummer vier: sich von anderen abheben«, zitierte sie Isaaks Worte.

Max unterdrückte ein bitteres Lachen. »Sie heben sich ganz sicher von anderen ab, das ist schon mal klar. Aber«, er drehte sich zu ihr um und sah sie zum ersten Mal direkt an, »woher wissen Sie das alles?«

»Ich bin ein bisschen herumgekommen, Max. Habe die Augen offen gehalten. Und ich habe auch noch andere Ideen.«

»Ach wirklich?« Max hörte ihr jetzt interessiert zu. Edna nickte, sie war ernst und konzentriert. »Ihr braucht auch einen Blog, einen richtig professionellen Blog mit vielen Fotografien. Und Bewertungen. Ich kenne da jemanden, der euch helfen könnte. Und dann braucht ihr noch ein paar Angebote für Sinneserfahrungen. Die Kunden von heute lieben solche Dinge: Meditation im Freien, Kontakt mit der Natur.«

»An all diesen esoterischen Blödsinn glaube ich nicht.«

Edna legte ihm eine Hand auf den Arm, sie meinte es ernst. »Ich auch nicht, Max. Glauben Sie wirklich, dass ich mein Leben damit verbracht habe, Bäume zu umarmen? Aber das ist nun mal *Mar-ke-ting*. Dem Kunden das geben, was er verlangt.«

Verwirrt nickte Max. Er schaute nach oben, und für einen Moment nahm ihn die dunkle Weite des Himmels gefangen.

»Die Milchstraße«, flüsterte Edna und betrachtete die Sterne respektvoll und gelassen. »Wunderbar, nicht wahr? Nach der Legende eines kleinen Stammes, der in den Ebenen Argentiniens lebt, ist das der Staub, der vom Tanz der Nandus aufgewirbelt wurde. Von dort kommt Emil.«

»Von der Milchstraße?«

Edna sah ihn schräg von der Seite an und kniff die Augen zusammen. »Aus Südamerika natürlich. Was für eine Frage ...«

Max musterte Edna weiter prüfend und fragte sich, wer sie wirklich war, als auf einmal lautes Froschquaken die Stille unterbrach und ihn aus seinen Gedanken riss.

Er lächelte, als er aus dem Handy Lisas vertraute Stimme hörte. Wenig später verfinsterte sich jedoch seine Miene. Besorgt sah er zu Edna und hielt ihr sein Smartphone hin. »Es ist Lisa. Sie will mit Ihnen sprechen.«

»Ist es dafür nicht ein wenig spät?«, flüsterte Edna.

Max' Antwort war ein noch grimmigerer Blick. Sein Arm blieb weiterhin ausgestreckt, das Telefon hing in der Luft.

Kurz darauf gab Edna es ihm zurück. Ihre Ohren waren noch von Lisas schnellem Wortschwall angefüllt, ihrem Gelächter und dem Lärm aus der Kneipe, aus der sie sie angerufen hatte. Sie feierte etwas mit ihrer Theatertruppe, was, das hatte Edna schon wieder vergessen.

»Und, was hat sie gesagt?«

»Jemand hat ihr ein Video gezeigt, in dem Emil seine Kunststückchen vorführt und wie eine Gans schreit.« Edna hatte den Verdacht, dass dieser »Jemand« Lukas war. »Und ...«

»Und was?«, fragte Max ungeduldig.

»Sie hat es anderen gezeigt.«

»Und weiter?«

»Lisa hat etwas vom Chaos auf der Welt erzählt und von der Vermischung von Geschlechtern, Identitäten ... Keine Ahnung, ich glaube, ich habe das nicht so ganz verstanden. Nur, dass Emil perfekt dafür wäre. Genau, so hat sie es ausgedrückt: *perfekt!*«

»Wofür?«

Edna zuckte die Schultern. »Die jungen Leute haben ihn hoch gelobt. Sie wollen ihn für eine kleine Nummer in dem neuen Stück. Nichts Großes, nur ein paar Abende im Umland. Lisa hat gesagt: ›Emil wäre perfekt als Botschafter.‹«

»Großartig!«, rief Max, der allmählich Licht am Ende des Tunnels sah. Außerdem sah er Edna und Emil vor sich, wie sie in einem Zirkuswagen um die Welt tourten. »Und was haben Sie jetzt vor?«

»Was ich vorhabe, liegt doch auf der Hand, und das ist auch der Grund, weshalb ich zu dir gekommen bin. Ich schlage dir ein Geschäft vor, Max«, sagte Edna und reichte ihm die Baseballkappe mit der Aufschrift in der fremden Sprache. »Zu Adeles Bestem. Und zu dem von uns allen.«

Er nahm die Kappe und las die mit rotem Faden aufgestickten Worte.

»Wir beide sind uns ähnlicher, als wir glauben wollen«, sagte Edna leise.

Sie wirkte überhaupt nicht verwirrt auf ihn. Sondern sehr entschlossen. Unglaublich selbstsicher in dem, was sie ihm vorschlug.

»Wir haben beide unser Spiel verloren, Max. Aber es gibt immer noch etwas zu retten. Für dich und für mich.«

54

Das Mädchen mit den Goldknöpfchen und die Formel für den perfekten Moment

Es war wieder ein warmer Tag, den ein glasklarer Himmel in Blautönen von Azur, Türkis und Saphir erstrahlen ließ.

Rund um sie erstreckten sich Felder, auf denen das Korn sich ganz leicht in dem Wind wiegte, der den Waldgeruch ins Tal brachte und zwischen die Ähren schlüpfte mit einem Geräusch wie Sand, über den Füße laufen.

Nach einem anstrengenden Anstieg war die Kirche vor ihnen so unvermittelt aufgetaucht wie eine überraschende Belohnung für ihre Mühen. Vor den dunklen Tannen hob sie sich mit ihren weißen Wänden ab wie Margeriten auf einer Wiese, das rot leuchtende Spitzdach hatte sich unter die Baumwipfel gemischt. Edna wusste, warum man gerade diese Kirche für Jacob gewählt hatte.

»Sind Sie sicher, dass Sie das wollen?« Besorgt schaute Adele zu den drei Menschen hinüber, die sehr gefasst die Treppe herabkamen – der Mann im hellen Hemd, die blonde Frau mit den schulterlangen Haaren in einer weißen Bluse, das Mädchen vor ihnen mit bleichen Wangen. Dann ging ihr Blick wieder zu Edna, um in ihrem Gesicht mit den stolzen, tief eingegrabenen Falten zu erkennen, was sie gerade fühlte.

Außer den dreien waren nur sie und Edna hier. Lukas und Max waren nicht mitgekommen. Es gab auch keine Touristen oder Händler. Weder Lärm noch Hektik. Edna nickte. Sie half Emil aus der Tasche heraus und setzte ihn sich vorsichtig auf die Schulter.

Zusammen betrachteten sie den Himmel – denn Gewohnheiten legte man nicht so einfach ab, auch wenn man sie erst vor kurzem angenommen hatte – und suchten nach Spuren von öldunklen Wolken, die Regen verheißen konnten. Aber dieser Tag sollte wohl bis zu Ende perfekt verlaufen, dachte Edna und seufzte erleichtert, während sie versuchte, eine im Gras verborgene Grille zu finden, und ihre Lungen immer noch vom beruhigenden Geruch nach feuchter Erde erfüllt waren.

»Meinen Sie, das ist sie?«, fragte Adele leise und kam so nah, dass ihre Wangen sich berührten. Edna nickte. Sie erinnerte sich noch gut an den Artikel, den Lukas ihr im Auto gezeigt hatte. Dort hatte sie von der bevorstehenden Beerdigung gelesen und danach aufmerksam das Foto von Jacobs Familie betrachtet, jedes Gesicht und die dazugehörigen Bildunterschriften genau studiert. Das Mädchen, seine einzige Enkelin, sah zu ihnen herüber und lächelte über den Papagei, der von Ednas Schulter auf den Boden gehüpft war und nun mühsam durch das zu hohe Gras trippelte.

Edna lief ihm nicht hinterher. Sie beobachtete, wie er sich dem Mädchen näherte.

»Meinen Sie, er hat bei ihr die Ähnlichkeit mit Jacob erkannt?«, fragte Adele verwundert. Nach allem, was Emil sonst an Kunststückchen konnte – schreien wie Gänse, sich auf Kommando auf den Rücken werfen –, war sie bereit, alles zu glauben. Sogar, dass er Jacobs Enkelin erkannt hatte. Sie war aus diesem zerrupften Federvieh ja nie so recht schlau geworden. Und das ging ihr jetzt nicht anders.

Edna lachte herzhaft.

»Schau mal«, sagte das Mädchen, das inzwischen über die Wiese näher gekommen war, und hielt Emil ihren Strauß Goldknöpfchen hin, der prompt darauf flatterte, um das lange Samtband, das ihn zusammenhielt, anzuknabbern.

Überrascht zog das Mädchen ihren Arm zurück, und Emil landete mit verdrehten Flügeln auf dem Boden.

Adele erschrak und wollte ihm zu Hilfe eilen, doch Edna hielt sie zurück.

Inzwischen hatte Emil sich wieder aufgerappelt und unter heftigem Flügelschlagen die Erde abgeschüttelt. Das Mädchen und er beäugten einander. Er hatte den Hals lang gemacht und ließ sein Monokelauge von einem Detail der vor ihm aufragenden Gestalt zum anderen wandern. Die Kleine sah ihn ängstlich an. So aus der Nähe wirkte sein Schnabel beeindruckend, und sie wagte es nicht, den Papagei zu streicheln.

Emil musterte sie weiter. Er schien nicht zu wissen, wie er seine friedlichen Absichten beweisen sollte, damit man ihm das so verlockend vor seinem Schnabel baumelnde Samtband gab.

Er legte den Hals schief, gab sich verletzlich und schutzlos. Und spiegelte sich in den schwarzen Pupillen von Jacobs Enkelin.

Dann blähte er stolz wie die Vögel seiner Art die Brust und krächzte rau und entschlossen:

»Guten Morgen, Zimperliese!«

Verblüfft schaute das Mädchen zu Edna.

»Guten Morgen, Zimperliese!«, wiederholte Emil triumphierend, weil das Mädchen so reagiert hatte. Mit der Schnabelspitze packte er das Ende des Samtbandes, zog aber nicht daran, sondern sah das Mädchen durchdringend an, als frage er um Erlaubnis.

Die Goldknöpfchen landeten vor Emils Krallenfüßen, und er trippelte mit seiner Beute zurück zu Edna.

Adele beugte sich nach unten, um sie ihm abzunehmen, doch Emil verteidigte sie mit einem Schnabelhieb, der ihm einen bösen Blick und brummige Worte eintrug.

Edna hingegen hatte gelernt, ihn höflich zu bitten. Sie streckte ihm die offene Hand hin. Emil beäugte sie unschlüssig. Dann legte er die Goldknöpfchen darauf, schob sie sogar noch mit dem Schnabel genau in die Mitte und wich dann zurück, um zu sehen, ob er seine Arbeit gut gemacht hatte.

»Du musst ihm schon verzeihen.« Edna gab dem Mädchen lächelnd ihre Blumen zurück. »Es ist ein sehr starrköpfiger Papagei.«

»Wie hat er das gemacht?«, fragte sie mit großen dunklen Augen, deren Lider wie Halbmonde nach unten gingen. Hinter ihrem Erstaunen konnte Edna Jacobs Lausbubenfunkeln entdecken. Wenn er wieder etwas ausgetüftelt hatte und alle Teile genauso ineinandergriffen wie die Bolzen in einem Schloss.

»Manche Papageie können sprechen und Stimmen nachmachen. Viele geben Laute von sich. Das ist völlig normal für sie«, erklärte Edna. Sie wählte die Worte sorgfältig und ordnete sie in der richtigen Reihenfolge hintereinander an. »Sie tun das, um sich gegen ihre Feinde zu schützen, vor allem Affen verwirren sie, wenn sie deren Rufe nachahmen. Aber sie kommunizieren so auch mit ihren Artgenossen, um ihnen mitzuteilen, dass sie die Nacht überlebt haben, oder rufen einen Schwarm zusammen, wenn ...«

Das Mädchen schüttelte den Kopf. »Woher wusste er denn, dass Opa mich immer so genannt hat?«, fragte sie verwundert.

Edna klammerte sich an ihrem Wanderstock fest. Sie spürte, wie die Flut in ihr hochstieg, ihr Herz verschlang und ihre Augen mit Salz füllte. Aber trotzdem lächelte sie. Das Mädchen erwiderte instinktiv ihr Lächeln. Langsam wanderte ihr Blick von Ednas staubigen schweren Schuhen, über die die Wollsocken umgeschlagen waren, zu den an den Seiten aufgerissenen Kniebundhosen und noch weiter nach oben zum Saum der ärmellosen Bluse und dem Rundkragen. Dann bohrten sich ihre dunklen Augen in Ednas, und die fühlte sich, als würden sie tief in ihrem Inneren graben.

»Du bist Edna, oder? Und das muss dann Emil sein«, sagte das Mädchen und strahlte sie an, wie nur Kinder es vermögen. »Opa hat mir von dir erzählt. Er hat mir eure Geschichte erzählt. Aber nur mir.« Sie nickte bekräftigend. »Niemand sonst weiß, dass du seine ganz besondere Freundin warst.«

»Wirklich?« Edna konzentrierte sich darauf, dass ihre Stimme nicht brach, während die Welt um sie bebte und sie sich fühlte, als würde sie im Boden versinken.

Das Mädchen nickte wieder. »Den anderen hat er nur die Geschichte vom Paradiesvogel erzählt«, erklärte sie abfällig und zeichnete Anführungszeichen mit ihren Fingern, die schnell wie Schmetterlinge durch die Luft flatterten. »Aber nur ich weiß, dass er damals nicht allein war. Und dass ihr versucht habt, gemeinsam wegzulaufen.«

Edna sah wieder Jacobs Hand, wie sie sich suchend nach ihrer ausstreckte, seine vom Rennen glühenden Wangen. Und dann die Knechte, die ihn packten und immer weiter in die Dunkelheit fortschleppten. Immer weiter zurück. In die Vergangenheit, in eine Zeit und an einen Ort, an dem sie ihn nie wieder treffen konnte.

Das Mädchen reckte ihr den mageren Arm entgegen, ihre Hand umklammerte fest die Goldknöpfchen. »Opa sagte, wenn jemand etwas Gutes für dich tut, dann musst du einen Weg finden, um etwas zurückzugeben.«

Edna strich sanft über die Blumen. Ihre Finger glitten über das Samtband. »Ja, wie in einem Kreis.«

»Emil kann sie behalten.« Ein Zahnlückenlächeln brachte die halbmondförmigen Augen zum Strahlen. »Oder du kannst sie behalten, wenn du gelbe Blumen magst.« Sie schaute zu dem Papagei, der sich mit Adele angelegt hatte. Das Mädchen lachte über seine lustigen Trippelschritte und wie er stolperte, weil er nicht gleichzeitig den Schnabel öffnen und nach vorn hüpfen konnte. Koordination war noch nie Emils größte Stärke gewesen. Aber er gab sein Bestes, Adele zu beschäftigen.

»Willst du ihn streicheln?« Edna hob Emil vom Boden, strich ihm sanft die Federn am Köpfchen glatt und wartete ab, bis sein kleiner Körper sich beruhigt hatte. Das Mädchen hielt den Atem an, wie damals Edna und Jacob, als sie Emil zum ersten Mal gesehen hatten, auf der Sitzstange im Verkaufsstand eines wie ein Kaiser gekleideten Zauberers. Zögernd näherte sie ihre Hand dem Rücken des Papageis. Stoppte kurz davor und bat mit den Augen Edna um Erlaubnis, die nickte und zusah, wie die kleinen Finger langsam über Emils Federn glitten.

»Opa hatte recht. Es ist, wie über Seide zu streicheln«, sagte das Mädchen lächelnd. »Manchmal tat es ihm leid, dass er ihn nicht mehr bei sich hatte, er machte sich jede Menge Sorgen um ihn. Wenn wir in den Wald gingen und er mir beibrachte, die Tiere an ihren Lauten zu erkennen, sagte er immer, dass Emil nur einmal gähnen müsste und dann würden alle davonlaufen, selbst die größten. Stimmt das?«

Edna nickte. »Was für Sorgen machte sich denn dein Opa?«, fragte sie und gab sich selbstsicherer, als sie war. Denn das Einzige an ihr, was nicht zitterte, war dieser verfluchte Knoten in ihrem Hals, der ihr die Kehle zuschnürte und sich wie eine Faust in ihren Magen grub.

Das Mädchen zuckte mit den Schultern und kniff die Augen zusammen, während sie sich erinnerte. »Er fühlte sich schuldig, glaube ich. Er sagte immer, er hätte schneller rennen müssen. Oder stärker sein und nicht aufgeben sollen.«

Jacob, der sich nach ihr umdrehte, als man ihn fortschleppte, und der den Blick nicht von ihr wandte, als wolle er sie nicht ziehen lassen. Der schwere Atem der Knechte. Die Fesseln an seinen Handgelenken. Ihre vereinten Blicke, die sich immer stärker ineinander versenkten, je weiter ihre Hände sich voneinander entfernten. Und die Welt um sie, die in Schnee und Schlamm versank. Bis ein Ruck des Karrens und eine dunkle Kurve für immer das Band zerrissen, das sie vereinte.

Die Bilder liefen jetzt in immer schnellerer Folge ab. In Ednas Kopf drehte sich alles, ihr Herz verkrampfte sich, Krallen schienen sich in ihr Fleisch zu bohren.

»Ist er noch lange auf dem Hof geblieben?«, fragte sie mit einem Knoten im Hals.

»Darüber hat er nicht gern geredet. Nur über dich und Emil.«

»Rosa!«

Der Mann und die Frau, deren Gesichter Edna im Gegenlicht nicht erkennen konnte, winkten das Mädchen zu sich.

»Als du fortgegangen bist, haben sie ihn wieder zurückgebracht. Aber Opa sagte, dass man ihm nicht einmal mit Fußtritten den Willen davonzulaufen austreiben konnte. Und als sie ihn an einen anderen Hof verkauften, hat er immer nach dir gesucht. Und hat gehofft, dich nirgendwo zu treffen, weil das bedeutet hätte, dass sie dich erwischt hatten.«

Edna schaute zu Boden. Sie hatte sich gerettet, sie war nach Hause zurückgekehrt. Frei für einen Neuanfang.

»Er war froh, dass Emil bei dir war«, sagte das Mädchen noch. »Denn er wusste, dass du dich um ihn kümmern würdest. Er sagte, du warst toll.«

Jacob, der sie Zimperliese genannt hatte. Jacob, der vor dem Schlafraum errötet war.

»Ich muss los. Mama und Papa rufen nach mir. Und du weißt ja, wie die Erwachsenen sind, die haben keine Geduld«, erklärte sie und verdrehte die Augen.

»Hat er es geschafft wegzulaufen?«, fragte Edna, weil sie noch etwas Zeit gewinnen wollte.

»Er hat es ganz oft versucht, bis er groß genug war, um den letzten Großbauern niederzuschlagen, danach ist er dann einfach weggegangen. Auch mein Opa war toll.«

Edna hätte das Mädchen gern zurückgehalten und sich noch mehr von Jacob erzählen lassen. Aber dann sah sie ihr nach, wie sie auf ihren dünnen Beinen davonlief und die langen Haare sich zu einer Welle legten, als sie sich noch einmal umdrehte und ihr zuwinkte.

»Wie kann ich dir etwas zurückgeben?«, rief Edna laut genug, damit sie sie noch hören konnte. »Für die Goldknöpfchen.«

Das Mädchen zuckte mit den Schultern. »Das heißt dann wohl, dass mir morgen etwas Schönes passiert.« Sie winkte ein letztes Mal und sprang dann davon wie ein Zicklein.

»Sie haben ihm Emil gebracht«, sagte jemand hinter ihr. »Das bedeutet viel, glauben Sie nicht?« Es war Adele, die zusammen mit ihr beobachtete, wie das Mädchen ihre Eltern bei der Hand nahm.

Edna nickte. »Ein Uhrmacher hat zu mir gesagt, der Sinn von Zeit bestünde darin, weite Kreise zu ziehen und die Dinge zu verwandeln, aus einem Ende einen Neuanfang zu machen. In dem Moment habe ich es nicht verstanden. Aber anscheinend begreifen Kinder das viel besser.«

Sie atmete tief durch. Die frische Luft des Sommerabends trug den Geruch nach Getreide zu ihr. Der nächste Tag versprach, ein perfekter Tag zu werden, um die Berge zu überqueren. Aber – sie schloss die Augen, und ihr Herz machte einen Satz – ihre Reise war zu Ende.

»Adele, was wolltest du mir eigentlich über meinen Garten sagen?« Ednas Trauer wurde zu sanfter Wehmut, sie verflog allmählich wie roter Sand, der vom Wind verweht wird. Es fiel ihr schwer, sich davon nicht fortziehen zu lassen.

Adele lächelte. »Ich glaube, das sollten Sie lieber selbst sehen, sobald wir zurück sind.«

Edna nickte stumm und blickte weiter auf den Horizont. Sie ließ ihre Erinnerungen los, und noch nie hatte sie sich gleichzeitig so stark und so verletzlich gefühlt wie in diesem Moment.

»Bist du immer noch böse auf Max?«

Adele zuckte die Achseln. »Er hat sich von seinem Traum hinreißen lassen, und ich kann ihn deswegen nicht hassen. Eigentlich habe ich mich in ihn verliebt, gerade weil er so kindlich naiv ist und manchmal zu viel redet, übertreibt und für sich Welten erfindet, die es nie gegeben hat. Aber er ist ein guter Mensch. Außerdem glaube ich, dass es mir eine Lehre sein wird. Ich habe gelernt, mich nicht mehr zu fragen, ob etwas mit meinen Spiegelneuronen nicht in Ordnung ist. Ich denke, die funktionieren ganz gut, wie sie sind.«

Diese Erkenntnis war ein Befreiungsschlag gewesen. Edna konnte ihr nur recht geben.

»Ich dachte gerade an deinen Urlaub. Es tut mir leid, dass ich ihn unterbrochen habe. Also«, hier räusperte sie sich, »wenn ich und Emil nicht gewesen wären, lägst du jetzt wohl am Strand und würdest den Sommer genießen, der vor uns liegt. Oder du würdest auf dem Marktplatz einer der Städte am See sitzen und ein Glas Wein trinken. Über einige habe ich schon etwas gehört, sie haben viele hohe Kirchtürme und alte Stadttore. Und auf den Inseln gibt es Parks und Gärten, die aussehen, als würden sie aus dem Wasser auftauchen. Eine heißt wirklich so, die ›Garteninsel‹«, sagte sie mit wehmütig belegter Stimme.

»Ich habe Sie gesucht, Edna. Nur durch Sie hat meine Reise

überhaupt einen Sinn gehabt«, meinte Adele. Und jetzt würden sie auseinandergehen müssen. So wie sie ihre Mutter in dem Krankenhauszimmer alleingelassen hatte, in dem sie nichts wiedererkannte, fern von ihren Sachen, ihren Katzen, ihren Lieben. Auch wenn sie allmählich deren Namen vergaß und selbst sie manchmal ansah, als wäre sie eine Fremde.

»Was ist mit Bert?« Edna zwinkerte ihr zu. »Willst du mir nicht erzählen, wie du ihn kennengelernt hast? Von dem Fest …«

Schnell wechselte Adele das Thema. »Nun, da gäbe es noch so viele Städte, die man besichtigen könnte«, meinte sie und legte den Kopf schief, als ob ihr dieser Gedanke noch nie gekommen wäre und sie es nun für eine ausgezeichnete Idee hielt. »Dieser Blog, von dem ich Ihnen erzählt haben, also Florians Blog, hat sehr gute Tipps. Restaurants am See, gute Weinkeller …«

»Kennst du Killepitsch?«, fiel ihr Edna begeistert ins Wort. »Ein Kräutersaft. Obwohl ich ja denke, dass auch Alkohol drin ist. Ich habe ihn auf meiner Gebirgsüberquerung getrunken. Hilft sehr gut gegen Erschöpfung.« Sie hatte wieder das Bild von sich vor Augen, wie sie unter dem Sternenhimmel im Schlafsack neben Tenzin Lorenzo lag. Sie dachte an die ruhige Abendstimmung um sie herum, wie die Trinkflasche zwischen ihnen hin und her ging und der Berg bereits hinter ihr lag.

»Den sollte ich wohl mal probieren. Wenn er Ihnen die Kraft geschenkt hat, die Berge zu überqueren, Signora Edna, dann will ich einen ganzen Vorrat davon. Sie könnten mich begleiten und stützen, wenn ich anfange zu torkeln. Was meinen Sie dazu?«

»Dass ich jetzt Verpflichtungen habe«, sagte Edna stolz.

»Ach wirklich?«

»Aber sicher. Max hat mir alles über das *Bed & Breakfast* erzählt, und ich war der Meinung, dass er eine zugkräftige Werbefigur benötigt.« Sie beugte sich zu Adeles Ohr. »Ich habe ihm ein paar Tipps gegeben«, flüsterte sie. »Ich glaube, dass wir jetzt Geschäftspartner sind.«

»Im Ernst?«

Edna nickte feierlich.

»Also, ich verstehe nicht …«

»Das bedeutet, Adele, dass ich Sie häufig besuchen muss, weil ich mich ja vergewissern will, ob meine Ersparnisse gut angelegt sind.« Sie holte tief Luft. »Und falls mal jemand nach Emil fragt. Ich habe nur eine Bedingung gestellt: Dass dort neben dem Haus in seinem Namen ein Tierheim gebaut wird. Für Papageie, denen es weniger gutgeht.« Die in Ketten gelegt und deren Flügel mit Stahlscheren gestutzt wurden, Wildvögel, die aus dem Wald entführt und verkauft wurden: Für all diese Tiere sollte dort eine riesige Voliere errichtet werden mit Nussbäumen, auf denen sie sich ausruhen konnten. Schließlich musste auch Emil seinen Kreis schließen und dafür danken, dass er gerettet worden war. Und bekanntlich überlebten Papageie häufig diejenigen, die für sie sorgten, dachte Edna, während sie das zerzauste Gefieder dieses großartigen Urgesteins bewunderte, das genauso alt war wie sie. Und dann blieben sie allein zurück, ohne jemanden, der ihnen zuhörte und der sie verstand, und wurden manchmal entsorgt wie Dinge, die keiner mehr brauchte. In der Voliere würden sie eine Heimat finden.

»Signora Edna, das ist ja phantastisch. Lukas wird begeistert sein.«

»Und als Geschäftspartnerin, die einen gewissen Kapitalanteil miteingebracht hat und eine eigene Marke *(#Edna&Emil)*, könnte ich sagen, dass wir beide ein paar Tage Urlaub für eine Marktsondierung brauchen, während Max sich um alle Details bei der Einrichtung des *B&Bs* kümmert, ehe er wieder zu uns stößt. Ich glaube kaum, dass er etwas dagegen einzuwenden hat, wenn es ein wenig länger dauert«, sagte sie und schob sich die Brille hoch, die immer ein wenig schief saß. Von dort, wo sie saßen, sah man keine Straße. Nur Wiesen und Hügel, Dächer von Bauernhöfen, Zäune. Und doch hatte sie einen Hauch von Benzin und auf Asphalt verschmortem Gummi in der Nase. »Ich muss noch eine Tasche zurückgeben ...« Sie hatte nur laut gedacht. Ein ziemlich dummer Gedanke, denn sie wusste ja gar nicht, wie sie Helmut erreichen sollte.

Aber Adele nickte, als ob sie den Vorschlag sehr vernünftig fände. Doch dann verfinsterte sich ihre Miene wieder.

»Edna, also das mit dem *Bed & Breakfast* ... Das dürfen Sie aber nicht nur für mich tun oder weil Sie sich mir verpflichtet fühlen.«

Edna lächelte. »Vor langer Zeit hat jemand versucht, mir einzureden, dass man am besten nur seine Pflichten erfüllt und sich streng an die Regeln hält«, sagte sie, immer noch den Blick auf den Horizont gerichtet. »Aber es war ein anderer, der sich nie an Pflichten hielt, der mich gerettet hat. Ich halte das immer noch für einen sehr beruhigenden Gedanken, daher erwarte von mir nicht das Gegenteil.« Ednas Stimme klang fest und voll, aber auch ungewohnt sanft.

Keine Reise verlief immer auf sicheren Wegen, nicht einmal dann, wenn man ein ganzes Leben gebraucht hatte, um sie zu planen. Die Dinge liefen immer so, wie sie mussten, manchmal nahmen sie eben bizarre und unverständliche Formen an. Aber schließlich war der einzig richtige Weg der, den man in den eigenen Schuhen zurückgelegt hatte.

Adele nickte, ihr Herz war endlich frei, und ihr wurde unendlich leicht.

Emil war auf Ednas Schulter geflogen. Alle drei betrachteten sie die in das abendliche rosafarbene Licht getauchten Hügel, während die untergehende Sonne noch mit ihrem goldenen Schein gegen die Dunkelheit der Nacht ankämpfte.

Wohin sie auch gingen, wie viel Distanz auch zwischen ihnen liegen würde, an Zeit, Erde, Himmel, Schritten oder Staub, sie wären immer ein Teil des anderen, dachte Edna. Wie Namen, die mit zittriger Hand auf ein Kärtchen geschrieben wurden, das an einem zwischen den Schatten der Nacht aufsteigenden Leuchtballon hing: Edna und Jacob, zwei Kinder, die an Märchen glaubten, und der Papagei mit den Zauberfedern, ihr Winkel vom Paradies, in dem sie sich das Versprechen gegeben hatten, das ihrer beider Rettung gewesen war.

Weit hinten, wo die Hügel in sanften Schwüngen in die Ebene ausliefen, meinte sie nun eine Mauer mit bröckelnden Steinen zu sehen, und zwei Kinder, die im Licht der untergehenden Sonne Fangen spielten. Aber das war vielleicht nur ein anderes Märchen.

Danksagung

Jedes Buch schließt die Mühen und die Wunder von mindestens zwei Reisen ein: die Reise, die es auf seinen Seiten erzählt, und die, die es zu dem gemacht hat, was es ist – ein Wesen mit einem Körper aus Papier und einer Seele aus Worten.

Ich habe immer geglaubt, dass es vor allem Begegnungen sind, sogar die verpassten, erwarteten, erhofften, die Veränderung bringen. Edna und Emil hatten Glück, weil sie Menschen gefunden haben, die ihnen zugehört und sich um sie gekümmert haben, indem sie sie bis zur letzten Zeile begleiteten. Sind Reisen denn jemals zu Ende, wenn wir sie weiter in uns tragen und sie immer aus unserer Erinnerung hervorkramen können, wenn wir das Bedürfnis verspüren?

Viele Menschen haben meine Reise zu etwas ganz Besonderem gemacht. Und tun dies weiterhin.

Ich danke:

Meinem Vater. Ich nehme dich mit, wohin ich auch gehe, du läufst an meiner Seite, bist in meinem Herzen und in jedem meiner Schritte.

Meiner Mutter, meinem Licht, meinem Fels in der Brandung.

Meiner Schwester Ylenia, durch die ich H. D. Thoreau entdeckt habe und welche Möglichkeiten sich jenseits der Angst eröffnen. Dort werde ich immer sein.

Daniel, Nilak und Loki, meinen Neffen, in deren Augen ich mich jedes Mal verliere, wenn wir uns zulächeln.

Edoardo, mit dem ich Leben, Träume und eine Familie mit Pfoten und Federn teile. Und der auch auf den verschlungensten Pfaden an meiner Seite ist. Von ihm habe ich das Reisen gelernt.

Max Arduino, der eigentlich ganz vorn stehen müsste. Und Isabella, meiner Stimme.

Ich danke all denen, die mich mit den Schwabenkindern bekannt gemacht haben, so dass ich ihren Spuren folgen konnte, denen, die sich meiner Fragen angenommen und mir Anhaltspunkte für meine Recherchen geliefert haben, dem Museo Venosta (Vintschger Museum), dem Bauernhaus-Museum Allgäu-Oberschwaben Wolfegg, dem Stadtarchiv Ravensburg.

Ich bedanke mich bei Mattia Signorini und Sara Benatti. Ihr habt Edna den Mut gegeben, den ersten Schritt zu gehen, sich selbst zu erforschen und die Berge zu überqueren.

Ich kann mich gar nicht oft genug bei Vicki Satlow bedanken. Ohne dich, ohne deinen Instinkt und deine einzigartige Art, direkt ins Zentrum der Geschichten vorzustoßen, wäre dies alles nie möglich gewesen.

Elisabetta Migliavada und der Schönheit aller Anfänge. Für mich sind sie mit deiner Freundlichkeit und deiner Entschiedenheit untrennbar verbunden.

Adriana Salvatori, die zuzuhören wusste und sich mit all ihrem Talent meiner Geschichte angenommen hat. Elisabetta, Adriana, wärt ihr nicht gewesen, hätte sich Edna öfter verirrt.

Dem Verlag Garzanti. Danke, dass ihr an Edna geglaubt habt.

Den Buchhändlerinnen und Buchhändlern, die Aufklärer und Lenker durch die Dunkelheit sind. Ich habe mich schon immer in Buchhandlungen zu Hause gefühlt.

Mariarosa Lombardo, meinen Kollegen und all meinen Schülern. Das sage ich euch nicht oft, aber ihr seid großartig! Ich betrachte euch als meine zweite Familie.

Meinem Clan mit vier Pfoten und zwei Flügeln. Von euch habe ich viel gelernt: den Stolz der Freiheit, Loyalität und dass jeder Funken Liebe einen Keim in sich trägt, der nie verschwendet wird.

Mein besonderer Dank gilt Ihnen, meinen Leserinnen und Lesern, die mich bis hierher, wirklich bis zum letzten Wort begleitet haben, das den Kreis schließt und mit dem alles neu beginnt.

Ich wünsche jedem von Ihnen eine glückbringende Zauberfeder und einen Wunsch, den Sie wie einen Leuchtballon aufsteigen lassen können, der mit seinem Schein die Dunkelheit erleuchtet.

Ein Gespräch mit Romina Casagrande

Wer sind die Schwabenkinder?

Dieses Geschichtskapitel habe ich entdeckt, als ich einige Jahre lang in Südtirol als Lehrerin gearbeitet habe. Von dort sind im Lauf von drei Jahrhunderten, genauer gesagt ab dem 18. bis Mitte des 20. Jahrhunderts Hunderte von Kindern aufgebrochen, um über Grenzen hinweg auf einer langen Reise die Berge zu überqueren. Sie haben ihre bitterarmen Familien und Dörfer verlassen, um auf den reichen Höfen Oberschwabens zu arbeiten. Wie Vieh wurden sie auf den Märkten angeboten und verkauft. Manchmal wurden sie vom Dorfpfarrer begleitet, und ein katholischer Verein fungierte als Bürge. Als diese Vereine Ende des Ersten Weltkriegs aufgelöst wurden, bedeutete das keineswegs das Ende dieses Phänomens, die Aktivität wurde nur meist auf illegale Weise fortgeführt.

Obwohl ich in einer Kleinstadt wohne, die noch zu diesem geographischen Gebiet gehört, wusste ich lange Zeit nichts über die Schwabenkinder und war betroffen, wie lange sich diese »Tradition« gehalten hat und wie klein die Kinder oft waren – fünf bis fünfzehn Jahre –, die monatelange harte Arbeit erwartete und vielen Gefahren ausgesetzt waren. Viele von ihnen sind nie zurückgekehrt.

Warum waren Sie der Meinung, dass es wichtig sei, über diese Kinder zu schreiben?

Als ich begriffen habe, wer diese Schwabenkinder waren, und sie mit Hilfe von Tagebüchern, Erlebnisberichten und Archivquellen für mich einen Namen und ein eigenes Leben erhielten, habe ich mich sehr unwohl gefühlt bei dem Gedanken, dass ich ihre Geschichte nicht früher gekannt habe. Aufgrund meiner Ausbildung hat es mich schon immer fasziniert, wie sich Erinnerung in historische Erzählung verwandelt. Die persönliche Erinnerung ist wie die der Geschichtsschreibung nur ein Zerrspiegel der Realität: Wie viel von dem, was sie beinhaltet, wollen wir bewahren, und wie viel von dem, was ihr fehlt, wollten wir auslöschen?

Ich habe schon immer geglaubt, dass es für jede Zurückhaltung in dieser Richtung einen Grund gibt, den man untersuchen muss. Das ist, als würde man ein Buch lesen und sich dabei fragen, warum eine Seite eingerissen ist und eine andere ein Eselsohr hat. Im Fall der Schwabenkinder fand ich es so besonders, dass sich ein Phänomen von diesem Ausmaß so lange halten konnte, obwohl viele Menschen daran beteiligt waren und es so weit und so lange verbreitet war. Doch gerade wenn sich etwas lange hält, wird es leicht zu etwas, was man eben schon immer so gemacht hat, aus einer Entscheidung wird Gewohnheit, die diese Praxis tief im sozialen Gefüge verwurzelt und ihr Akzeptanz verschafft. Ich halte das für eine sehr konkrete Gefahr, die wir auch dadurch bekämpfen müssen, dass wir solche Dinge wieder an die Oberfläche bringen.

Edna ist eine unvergessliche Figur, und sie lehrt uns, dass es im Leben immer eine zweite Chance gibt. Wie ist die Idee zu dieser Figur entstanden?

Die Geschichte der Schwabenkinder, die von Jacob und Edna, nimmt viele dramatische Wendungen. Aber mir war es wichtig, dass die Geschichte auch eine Spur Hoffnung, eine positive Seite beinhaltete. Man begreift ja erst, dass man einen Schmerz überwunden hat, wenn man sich dabei ertappt, dass man wieder lächeln möchte, dass man die kleinen Probleme nicht mehr so ernst nimmt, von denen man sich sonst erdrücken lässt. Ich glaube, hinter jedem Lächeln, das aus tiefem Schmerz geboren wird, steckt sehr viel Mut. Das hat nichts mit Oberflächlichkeit zu tun, sondern damit, dass man das Leben jeden Tag als Geschenk begreift. Und im Gedenken an die Vergessenen, an Stimmen, die sich oft nicht erheben können, ist Edna entstanden, eine hochbetagte Frau, an die die Gesellschaft keine Erwartungen mehr hat. Eine Frau, die durch tiefen Schmerz gegangen ist, sich deshalb aus der Welt zurückgezogen hat und sich hinter den Hecken eines gepflegten Gartens versteckt, um von dort aus wie ein stummer Zuschauer zu beobachten, was draußen in der Welt vor sich geht. Bis sich ihr diese große Chance eröffnet.

Edna und Emil verkörpern den Mut, der aus der Erkenntnis entsteht. Auf ihrer langen Reise über die Berge, trotz der unausweichlichen Probleme, denen sie sich stellen muss, durchlebt Edna die Last der Jahre wie etwas, wofür sie die Verantwortung trägt, Resignieren kommt nicht in Frage. Und das halte ich für sehr wichtig in einer Welt, in der die Lebenserwartung ständig steigt, aber der Wert und der reiche Schatz des Alters immer geringer geschätzt werden. Vielleicht würde es uns helfen, die Vergangenheit durch die Erinnerung unserer Großeltern oder anderer alter Leute kennenzulernen, um unsere so komplizierte Gegenwart besser zu verstehen.

Außerdem gibt es da die Hoffnung, die uns – wie schon im alten Pandora-Mythos – als Trost bleibt, weil sie Erlösung verspricht. Und ich glaube, jeder von uns hat schon mal in irgendeinem speziellen Moment in seinem Leben innegehalten und sich beim Blick zurück gefragt, was er ändern würde, wenn er eine zweite Chance bekäme: ein Versprechen einhalten, etwas sagen, was er nie sagen konnte und für sich behalten hat, also die Entscheidung treffen, der er sich damals hätte stellen müssen, als er stattdessen in einer ausweglosen Situation feststeckte. Mir passiert das oft, und Schreiben ist vielleicht ein Weg, all die *sliding doors* auszuprobieren, die sich mir vor der Nase geschlossen haben und ohne die alles anders verlaufen wäre. Edna sagt genau das, sie fordert uns dazu auf, weder auf den Kalender noch auf die vergehende Zeit zu achten, sondern für ausgleichende Gerechtigkeit zu sorgen, selbst wenn man dazu die Berge überqueren muss. Auch wenn man als Einziger daran glaubt und es wie Wahnsinn erscheinen mag. Aber das gehört zum Wachsen, zum Reifen dazu. Und zu der Verantwortung, die man auf der Suche nach dem Glück übernehmen muss. Erst sie lässt zu, dass man frei ist. Und das ist der Kern unseres Menschseins.

Sie haben ja die gleiche Reise wie damals die Schwabenkinder unternommen. Wie hat sich das für Sie angefühlt?

Die Route der Schwabenkinder war wirklich sehr anspruchsvoll, noch heute zieht sie sich hinauf über gewundene Pfade mit großen Höhenunterschieden. Es war eine von den alten Römern angelegte Heerstraße, die im Mittelalter zu einem Pilgerweg wurde. Die Berge trennen ja keineswegs, sondern sind oft ein Dreh- und Angelpunkt, ein Ort der Begegnung, wo Grenzen, auch heute noch, fließend sind und aufweichen. Während ich die steilen Pfade hinaufgestiegen bin, habe ich daran denken müssen, wie jung die Kinder waren, die dort entlanggelaufen sind, an die feindlichen Bedingungen einer damals noch wilderen Natur, an den hohen Schnee, die Kälte, an die große Entfernung von ihrem Zuhause und an ihr Heimweh.

Das, was ich mit meinen Augen gesehen habe, habe ich dann mit Fotos und Bildern aus unterschiedlichen Zeiten verglichen. Vieles, was Edna über die Veränderung dieser Landschaft durch den Tourismus äußert, entstammt Beobachtungen, die ich unterwegs gemacht habe. Trotzdem ist mir der Eindruck einer immer noch erhabenen Natur geblieben, der der Mensch sich mit großem Respekt näherte. Am Ende der schwierigsten Aufstiege stößt man gewöhnlich auf kleine, alte Kapellen mit beeindruckenden Votivgaben, und unterwegs begegnet man oft Pilgern, die die Jakobsmuscheln tragen.

Im Zentrum Ihres Romans steht ein Versprechen. Wie viel bedeutet Ihnen ein einmal gegebenes Wort?

Loyalität ist mir wichtig. Anderen gegenüber, aber vor allem gegenüber sich selbst. Es bedeutet, zu allem treu zu stehen, was man ist. Ich glaube, die Sichtweise Pirandellos, dass jeder aus unzähligen Ichs besteht und es hinter vielen Masken verbirgt, ist heute aktueller als je zuvor, diese verzweifelte Suche nach dem richtigen, dem attraktivsten Image, mit dem man sich den anderen präsentiert. Oft fühlen wir uns von der Angst des Scheiterns erdrückt, doch Scheitern ist ja gleichzeitig der Beweis dafür, dass wir etwas versucht haben, und nur dadurch ist es uns möglich, zu wachsen und uns zu entwickeln. Das sollte man schon kleinen Kindern beibringen. Scheitern ist nur etwas für Mutige.

Edna begegnet auf ihrer Reise ganz unterschiedlichen Menschen, und von jedem lernt sie etwas. Glauben Sie, dass das so zwischen Menschen passiert, die sich auf ihrem Lebensweg begegnen?

Davon bin ich überzeugt. Im Leben ist es genau wie auf einer Reise, wir wissen nie, wie lange Menschen, denen wir begegnet sind, bei uns bleiben werden, aber aus der Begegnung gehen wir immer verändert hervor. Leute, die auf einer Reise kurzzeitig in unser Leben treten, entscheiden selbst, wie sie sich uns darstellen wollen, und enthüllen uns Einzelheiten, die sie für wichtig halten. Dadurch rekonstruieren sie eine ganz individuelle Geschichte, aus der wir zwangsläufig etwas lernen. Oft erregen diese unvollständigen Erzählungen unsere Neugier und fordern uns geradezu dazu auf, selbst die Lücken darin zu schließen, da nicht alles erzählt werden kann. Wir fragen uns, woher diese Menschen kommen und was sie erwartet.

Für viele Figuren, die Edna Auszüge aus ihrem Leben erzählen, habe ich mich durch Begegnungen auf meinen eigenen Reisen durch die Berge inspirieren lassen, besonders der auf den Spuren der Schwabenkinder. Und manche dieser Begegnungen sind eine Aufforderung an die Sensibilität und Phantasie des Lesers, ein wenig mit dem zu spielen, was ungesagt bleibt. Wie auf jeder echten Reise.

Die Berge und Landschaften auf Ednas Reise sind die anderen wichtigen Protagonisten dieser Geschichte. Welches Verhältnis haben Sie zur Natur?

Der immer neue Kontakt mit der Natur ist unabdingbar für mein persönliches Gleichgewicht. Um mich mit Schönheit zu erfüllen. Ich lebe inmitten einer wunderbaren Landschaft, außerdem hole ich mir die Natur in gewisser Weise mit den Wesen mit zwei Flügeln und denen mit vier Pfoten nach Hause, die meine Familie vervollständigen. Wenn wir ihr aufmerksam lauschen, kann uns die Natur meiner Meinung nach alles lehren, was wir benötigen. Sie hält immer einen Rat für uns bereit oder eine schützende Umarmung. Das mag jetzt natürlich wie eine in Teilen idealisierende Einschätzung wirken, aber ich habe versucht, diesen Respekt und dieses Staunen in die Geschichte von Edna und in ihre Sicht auf die Dinge einfließen zu lassen. Zum Schreiben von *Als wir uns die Welt versprachen* bin ich jeden Tag mit dem Fahrrad einige Kilometer die Tiroler Hochebene hinaufgefahren, von dort aus kann man über das ganze Tal sehen. Edna, Emil und Jacob sind dort entstanden. Sie tragen die Farben meiner Heimat in sich, ihre Rauheit und ihre Inspirationskraft.

Haben Sie für Emil Ihre eigenen Papageie als Vorbild genommen?

Papageie sind äußerst komplexe, faszinierende Wesen, sehr intelligent und wissbegierig. Und es ist faszinierend zu beobachten, wie sie die menschliche Sprache lernen, denn sie imitieren nicht einfach Laute, sondern kommunizieren damit einen genauen Sinn. Tito, so heißt einer meiner Papageie, kann zahlreiche Worte benutzen und ihnen genau ihren Sinn zuordnen. Wenn einen kurz nach dem Aufwachen so ein wenige Gramm schweres Wesen mit einem »Guten Morgen!« begrüßt, und sich bemüht, mit dir zu kommunizieren, ist das jedes Mal von neuem eine Erfahrung, an die man sich nur schwer gewöhnt, ohne jedes Mal zu staunen wie ein kleines Kind – und aus der wir lernen, wie warmherzig Tiere sind. Die oft missverstanden und schlecht behandelt werden. Es geht einem ans Herz, wenn man sieht, wie stark ihr Bedürfnis ist, sich uns verständlich zu machen und uns anzunähern.

Sie stammen aus Südtirol, einer Grenzregion. Das ist ein sehr präsentes Thema in Ihrem Roman, was bedeutet es für Sie?

Ich lebe in diesem Grenzland Südtirol, und in gewissem Sinn bin ich selbst ein »Grenzmensch«, da mein Vater Italiener und meine Mutter deutsch ist.

Meine Heimat Südtirol hat eine lange, sehr gemischte Geschichte hinter sich. Und einige Wunden haben sich nie vollkommen geschlossen, sie sind wie ein Stachel im Fleisch der Gegenwart.

Aufgrund der Erfahrungen, die ich und meine Familie in ihrem Leben gemacht haben, bin ich überzeugt, dass man sich unbedingt sein historisches Gedächtnis zurückerobern und den Gründen für den entstandenen Bruch nachgehen muss, um ihn zu schließen. Edna kommt durch viele Orte, an denen es keine klaren Grenzen gibt, das kann ein Gebirge sein oder auch ein See. Mir gefällt der Gedanke, dass sich dies in uns widerspiegelt. Wir sind Gebiete, deren Grenzen sich ineinander verflechten und sich auflösen.

Schreiben Sie schon an einer neuen Geschichte?

Auch wenn es mir schwerfällt, mich von Edna zu verabschieden, die doch so lange in meinem Kopf war, arbeite ich an einem neuen Roman. Dort spüre ich einem Bruch in der Geschichte meiner Region nach, der selbst heute noch starke Auswirkungen auf die Befindlichkeiten ihrer Bewohner hat. Historische Ereignisse, die sowohl aus der italienischen als auch aus der deutschen Geschichtsschreibung gelöscht wurden. Gleichzeitig ist es aber auch die Geschichte von ganz normalen Menschen, die sich ihren eigenen Grenzen stellen, um sie zu überwinden.

Es geht um Freundschaft, um Geheimnisse und um die Frage, wie viel man dafür von sich selbst opfern und verlieren würde, nur um sie zu bewahren und die zu beschützen, die wir lieben.